Die Klägeraufrechnung im Prozess

Europäische Hochschulschriften
Publications Universitaires Européennes
European University Studies

Reihe II
Rechtswissenschaft

Série II Series II
Droit
Law

Bd./Vol. 4395

PETER LANG
Frankfurt am Main · Berlin · Bern · Bruxelles · New York · Oxford · Wien

Nicole Brückner

Die Klägeraufrechnung im Prozess

Unter besonderer Berücksichtigung der Rechtskraftreichweite

PETER LANG
Europäischer Verlag der Wissenschaften

Bibliografische Information Der Deutschen Bibliothek
Die Deutsche Bibliothek verzeichnet diese Publikation in der Deutschen Nationalbibliografie; detaillierte bibliografische Daten sind im Internet über <http://dnb.ddb.de> abrufbar.

Zugl.: Leipzig, Univ., Diss., 2006

15
ISSN 0531-7312
ISBN 3-631-55113-4

www.peterlang.de

Vorwort

Die Untersuchung wurde im Mai 2005 fertig gestellt und im Wintersemester 2005/2006 von der Juristenfakultät der Universität Leipzig als Dissertation angenommen.

Mein Dank gilt all jenen, die zum Gelingen der Arbeit beigetragen haben. Zu nennen ist hier insbesondere mein Doktorvater, Herr Professor Dr. Ekkehard Becker-Eberhard, der mich in meinem Vorhaben stets unterstützt und gefördert hat. Ihm sowie den Herren Professor Dr. Thomas Rauscher als Zweitgutachter und Professor Dr. Eberhard Schilken als Drittgutachter danke ich zudem für die zügige Erstellung der Gutachten. Aufrichtigen Dank schulde ich darüber hinaus Herrn Professor Dr. Toichiro Kigawa, der mich während meiner Wahlstation in Tokyo 2001 zum wissenschaftlichen Arbeiten angespornt und inspiriert hat.

Die Arbeit an einem umfangreichen wissenschaftlichen Projekt wie diesem wäre ohne den Rückhalt und die Unterstützung aus meinem privaten Umfeld nur schwer durchzuhalten gewesen. Insbesondere meinen Eltern und Gunar Wähner, der mich in allen Phasen meines akademischen Werdegangs auf vielfältige Weise unterstützt und ermutigt hat, möchte ich herzlich danken. Großes Danke auch MW.

Der Freistaat Sachsen hat die Promotion mit einem Graduiertenstipendium großzügig gefördert. Die vorliegende Arbeit wurde von der Universität Leipzig und der Dr. Feldbausch-Stiftung Landau/ Pfalz mit dem Preis für eine herausragende Dissertation des Jahres 2006 ausgezeichnet. Auch dafür gilt mein Dank.

Leipzig, im April 2006 *Nicole Brückner*

Inhaltsverzeichnis

§ 1 Die Klägeraufrechnung im Rahmen der Lehre von der allgemeinen Prozessaufrechnung

A. Einführung und Gang der Darstellung

I. Einleitung

Die Aufrechnung des Klägers im Prozess ist ein in der rechtswissenschaftlichen Literatur seit jeher vernachlässigtes Thema. Während zur Prozessaufrechnung im Allgemeinen zahlreiche gerichtliche Entscheidungen und wissenschaftliche Abhandlungen zu finden sind, stellte bereits der BGH[1] vor langer Zeit (1967) fest, dass eine eingehende Erörterung der Frage bezüglich der analogen Anwendbarkeit des § 322 II ZPO auf Aufrechnungen des Klägers in der bisherigen Literatur und Rechtsprechung nicht zu finden ist. Von einigen wenigen Ausnahmen abgesehen, hat diese Feststellung auch heute noch Bestand. Nicht zuletzt angeregt durch zwei weitere Entscheidungen des BGH aus den Jahren 1984[2] und 1992[3], betreffend die Rechtskrafterstreckung einer vom Kläger erklärten Aufrechnung, sind in folgender Zeit immer wieder vereinzelt wissenschaftliche Auseinandersetzungen um diesen Schwerpunkt aufgetreten und äußerst kontrovers diskutiert worden. Im Übrigen aber beschränken sich die einschlägigen Kommentierungen zu § 322 II ZPO auf die schlichte Erwähnung der Thematik am Rande. Man ist gar der Meinung, der Adressatenkreis dieses besonderen prozessualen Problems sei unter den Skurrilitätensammlern zu suchen[4]. Bei dieser Lage kann es nicht verwundern, dass es im Zusammenhang mit einer Aufrechnung des Klägers im Prozess zu gravierenden Erörterungslücken und daraus resultierenden Fehlbeurteilungen gekommen ist. Verwirrungen treten darüberhinaus auf, wenn Fragen der Zulässigkeit einer klägerischen Aufrechnung im Prozess und deren materiellen Wirksamkeit sowie deren spätere Rechtskrafterstreckung nicht deutlich getrennt werden. Ungeachtet vereinzelter Betrachtungen zur Klägeraufrechnung in dieser oder jener Hinsicht ist eine umfassende Untersuchung des gesamten Themas bislang nicht vorhanden. Das mag die Arbeit im Besonderen rechtfertigen.

Ausgangspunkt und Beweggrund der Arbeit sind zwei Entscheidungen des BGH hinsichtlich der Rechtskraftfrage einer vom Kläger im Zivilprozess oder außerhalb des anhängigen Prozesses vorgenommenen Aufrechnung gegen eine Ge-

---

[1] BGHZ 48, 356, 358.
[2] BGH v. 13.1.1984 - V ZR 55/83, NJW 1984, 1356 ff., = BGHZ 89, 349; = JR 1984, 330; = MDR 1984, 388; = WM 1984, 410.
[3] BGH v. 4.12.1991 - VIII ZR 32/91, NJW 1992, 982 ff.; = BB 1992, 311; = EBE/BGH 1992, 61; = EWiR 1992, 409; = MDR 1992, 611; = WM 1992, 627.
[4] Grunsky, LM § 322 (Nr.132) Bl. 707.

genforderung des Beklagten[5]. In kritischer Beleuchtung dieser beiden Entscheidungen und der damit zum Ausdruck gebrachten Gesamtauffassung des BGH hinsichtlich der Wirkungen und Folgen solcher Klägeraufrechnungen sollen im Zuge dieser Arbeit diejenigen Rechtsfiguren unserer Rechtsordnung dargestellt werden, die für das Gesamtsystem der Klägeraufrechnung im Prozess sowohl in materieller als auch in prozessualer Hinsicht mitbestimmend sind. Unvermeidbar ist es, hierbei auch auf Fragen insbesondere der Rechtskraft- und Streitgegenstandstheorien sowie der allgemeinen Rechtsnatur der im Prozess erklärten Aufrechnung einzugehen, die bereits Gegenstand unzähliger wissenschaftlicher Abhandlungen waren. Dennoch ist das dogmatische Fundament zur Lösung dieser Thematiken nicht nur rein theoretischer Natur, sondern ebenso maßgeblich und mitentscheidend für das Ergebnis der hier in Frage stehenden Fälle. Wenn es also erforderlich ist, solche längst ausdiskutierten Erscheinungen des Zivilprozesses aufzugreifen, liegt der Wert der Ausführungen nicht in Wiederholungen. Die Betrachtung der skizzierten Rechtsfiguren soll sich an dem Ziel messen lassen, zu einer Lösung des speziellen Klägeraufrechnungsproblems beizutragen. Sie sind insoweit nur Mittel zum Zweck und stehen nicht selbst im Focus der Untersuchung. Solcherlei Grundlagenbetrachtungen dienen schließlich dem übergeordneten Ziel, weg von einem fragmentierten und auf Einzelprobleme zugeschnittenen Lösungsansatz zu einer einheitlichen und allgemein verbindlichen Orientierung innerhalb der Aufrechnungsproblematik im Prozess zu gelangen.

Eine präzise rechtsdogmatische Antwort auf die Frage nach dem Umfang der Rechtskraft einer Klägeraufrechnung macht weiterhin eine Auseinandersetzung mit den verschiedenen Auffassungen zum Umfang der Rechtskraft im Allgemeinen notwendig[6]. Auch hier kann von einer Stellungnahme zu diesem Institut vor allem im Kontext seines Verhältnisses zum materiellen Recht nicht abgesehen werden, da die Verwirklichung des materiellen Rechtes im Prozess hiervon nicht unwesentlich abhängt. Die vorliegende Arbeit soll zugleich zeigen, dass der Umgang mit prozessualen Rechtsinstituten wie demjenigen der Rechtskraft nur dann zu einer rechtlich tragfähigen Lösung führen kann, wenn dabei zwingende materiellrechtliche Vorgaben und Wertungen nicht unbeachtet bleiben oder gar ignoriert werden und auf das Recht eines jeden Einzelnen hinsichtlich

---

[5] Die Terminologie hinsichtlich der aufrechenbaren Beklagtenforderung ist uneinheitlich. In dieser Arbeit ist mit Gegenforderung immer die der Hauptforderung gegenüberstehende Forderung des Beklagten gemeint.

[6] Betrachtungen zum Umfang der Rechtskraft gehören in jüngster Zeit wieder verstärkt zum Gegenstand wissenschaftlicher Abhandlungen. Vgl. die Werke von *Otte* und *Reischl* für das deutsche Recht sowie *Schwander* und *Strohmayer* für das schweizerische und österreichische Recht.

der durch das Zivilrecht gegebenen Möglichkeiten zur Gestaltung seiner Rechtsverhältnisse, sprich der Privatautonomie, Rücksicht genommen wird[7].

Vertrauen in eine geordnete Rechtspflege kann nur entstehen, wenn das gerichtliche Urteil erschöpfend, vor allem aber widerspruchsfrei und verbindlich ausfällt. Wird bewusst die Möglichkeit zugelassen, dass über ein und dieselben Rechtspositionen, die miteinander in untrennbarem Zusammenhang stehen, in verschiedenen Prozessen in unterschiedlicher Weise entschieden und die einzelne Entscheidung damit ausgehöhlt wird, so ist dies der Überzeugungskraft und Akzeptanz des richterlichen Urteils abträglich. Nicht nur Rechtssicherheit und Rechtsfrieden sind gefährdet, prozessuale Doppelarbeit und Überbeanspruchung der Gerichte sind die Folge. Um dies zu vermeiden, soll die Stellung der klägerischen Aufrechnung im Prozess im Gesamtsystem der objektiven Rechtskraftgrenzen zusammenhängend analysiert und grundlegend bewertet werden.

Eine rechtsvergleichende Betrachtung zum Umfang der objektiven Rechtskraft dient allein dem Zweck, Tendenzen im Hinblick auf eine fortschreitende Europäisierung des Zivilprozesses aufzunehmen und zu reflektieren, ohne dabei eine konkrete Handlungsempfehlung hinsichtlich der Abänderung nationaler Dogmen zu entwickeln.

Die meisten dieses Thema behandelnden Autoren verzichten zudem auf historische Auslegungskriterien. Hier soll die dogmatische Erörterung ansetzen. Denn besonders die historische Entwicklung der Aufrechnungsvorschriften gibt zwingende und in jeder Hinsicht verständnisfördernde Rückschlüsse auf die in den heutigen Vorschriften ausgedrückten gesetzgeberischen Wertungen.

Die stiefmütterliche Behandlung, die der Klägeraufrechnung gemeinhin zukommt, sofern man den Begriff überhaupt einzuordnen vermag, wird weder der enormen wirtschaftlichen Wichtigkeit des Aufrechnungsinstitutes an sich, noch der schwerwiegenden Folge die aus einer fehlenden Rechtskrafterstreckung resultiert, gerecht. Nicht zuletzt durch ihre äußerst anspruchsvolle und präzise juristische Struktur ist die Aufrechnung im Prozess daher immer wieder lohnendes Objekt wissenschaftlicher Betrachtung und Bearbeitung[8].

II. Gang der Darstellung

Die Arbeit befaßt sich im ersten Teil (§ 1) zunächst abstrakt mit den bei der Klägeraufrechnung denkbaren Konstellationen (unter § 1 B.) und mit den in der

[7] Vgl. Bürgers, S. 3.
[8] Vgl. auch K.P. Berger, Vorwort S. 1.

Rechtsprechungspraxis entschiedenen Fällen zur Klägeraufrechnung (unter § 1 C.). Bevor sich die Untersuchung eingehend mit den Zulässigkeits- und Wirksamkeitsvoraussetzungen der Klägeraufrechnung befasst (unter § 1 E.), wendet sie sich in der gebotenen Kürze allgemein dem Wesen der Prozessaufrechnung zu (unter § 1 D.), denn die Klägeraufrechnung ist naturgemäß eingebunden in die allgemeine Rechtsfigur der Prozessaufrechnung. Daran schließen sich Darstellungen der Rechtsfolgen für den Fall der prozessualen Nichtbeachtung des Aufrechnungseinwands an (unter § 1 F.). Der erste Teil schließt mit einer Zusammenfassung (unter § 1 G.).
Gegenstand des zweiten Teils (§ 2) ist die zentrale Frage der Rechtskraftreichweite bei der Klägeraufrechnung. Dazu sind zunächst die für die Beschränkung der objektiven Rechtskraftgrenzen in § 322 ZPO sprechenden Gründe zu erörtern (§ 2 A. I.) und der Hintergrund der Ausnahmebestimmung bei der Prozessaufrechnung aufzuarbeiten (§ 2 A. II.). Daran schließt sich ein rechtsvergleichender Teil an (§ 2 B.). Der folgende Abschnitt untersucht den von der Rechtsprechung beschrittenen Lösungsweg bei der Klägeraufrechnung und zeigt dessen Defizite auf (§ 2 C.). Zahlreiche Versuche in der Literatur, die Grenzen des § 322 I ZPO zu überwinden, können auch Bedeutung für die Klägeraufrechnung haben (§ 2 D.). Grundlage der Rechtskraftwirkung bei der Klägeraufrechnung ist eine im Einzelnen zu begründende Analogie zu § 322 II ZPO (§ 2 E.).

Die Arbeit schließt mit einer knappen Zusammenfassung und Darstellung der wesentlichen Ergebnisse (§ 3).

B: Die denkbaren Fallkonstellationen der Klägeraufrechnung

Es mag nicht unbedingt üblich sein, dass sich Prozesssituationen ergeben, in denen der Kläger trotz Klageerhebung eine Forderung zur Aufrechnung stellt oder sich auf eine solche beruft. Die Aufrechnungseinrede ist typischerweise ein prozessuales Verteidigungsmittel des Beklagten gegen die Klageforderung und hat auch nur als solches Erwähnung in den Vorschriften der ZPO gefunden: §§ 145, 302, 322 II, 530 II (a.F.) ZPO.
Dass solche Fälle einer Aufrechnung des Klägers dennoch nicht nur theoretisch vorstellbar, sondern auch praktisch relevant sind, zeigen die im Folgenden (unter C) darzustellenden Entscheidungen des BGH. Um dieses „Phänomen" der Klägeraufrechnungen näher zu definieren und einzugrenzen, sollen zunächst sämtliche denkbaren Konstellationen einer in Zusammenhang mit einem laufenden, bevorstehenden oder abgeschlossenen Prozess stehenden Aufrechnung des Klägers dargestellt und anschließend auf ihre prozessuale Zulässigkeit sowie ihre Rechtskrafttauglichkeit hin überprüft werden.

I. Aufrechnung des klagenden Schuldners

Als eine zwar geläufige, aber in diesem Kontext eher unbekannte Erscheinungsform, sind die Aufrechnung des Klägers einer negativen Feststellungsklage sowie die Aufrechnung des Klägers einer Vollstreckungsgegenklage zu nennen[9]. Beide lassen sich unter der Fallgruppe der Aufrechnung des klagenden Schuldners erfassen und zeichnen sich dadurch aus, dass im Vergleich zum Normalfall die prozessualen Rollen der Parteien lediglich vertauscht sind. Sie nehmen insoweit eine Sonderstellung gegenüber den „echten" Fällen der Klägeraufrechnung ein.

1. Negative Feststellungsklage

Mit der negativen Feststellungsklage macht der Schuldner, der sich mit einer Forderung konfrontiert sieht, geltend, dass die gegen ihn bestehende Verbindlichkeit infolge einer erklärten Aufrechnung erloschen sei. Unerheblich ist, ob die Aufrechnung bereits vor oder erst in der Klageschrift erklärt wird. Der Kläger ist hier also der eigentliche Schuldner und umgekehrt.

---

[9] Die Darstellung ist angelehnt an die Aufzählung bei Niklas, MDR 1987, S. 96 (der allerdings nicht alle möglichen Kategorien erfasst); siehe auch Noltze, S. 291.

2. Vollstreckungsgegenklage

Auch der Schuldner einer bereits rechtskräftig festgestellten und titulierten Forderung kann sich gegen die Vollstreckung, vorausgesetzt die zeitlichen Voraussetzungen des § 767 II ZPO sind erfüllt, mit dem Aufrechnungseinwand verteidigen.

II. Aufrechnung des klagenden Gläubigers

Denkbar und möglich ist es ferner, dass der Kläger, der als eigentlicher Gläubiger einer Forderung auftritt, entweder diese oder einen Teil seiner Klageforderung oder aber eine zweite, nicht prozessrelevante Forderung, die er gegen den Beklagten zusätzlich besitzt, aufrechnet.

1. Zeitlicher Bezug

Die Möglichkeiten solch einer Klägeraufrechnung lassen sich zunächst situativ und abhängig davon, in welchem Zeitbezug sie zum Prozess stehen, wiederum in verschiedene Erscheinungsformen separieren.

a) Vorprozessual

Vor dem Prozess oder noch in der Klageschrift die Aufrechnung mit einem Teil der (späteren) Klageforderung oder einer selbständigen zweiten Forderung zu erklären und anschließend nur noch den nicht aufgerechneten Forderungsteil einzuklagen, macht für den Kläger vor allem Sinn, wenn er mit einer Gegenforderung des Beklagten rechnet oder sicher um eine solche weiß. Die praktische Relevanz dieses Vorgehens liegt also in der Verringerung des Prozessrisikos für den Fall, dass sich der Beklagte gegen die Klageforderung aufrechnungsweise verteidigen will. Hätte die Aufrechnung des Beklagten Erfolg, würde die Klage in Höhe der Gegenforderung kostenpflichtig abgewiesen. Der Kläger tut also gut daran, vorsorglich selbst aufzurechnen und damit einer Aufrechnung des Beklagten zuvorzukommen[10].

Die vorprozessuale Aufrechnung des Klägers wird nur dann auch prozessrelevant, wenn der Beklagte selbst gegen die klägerische Forderung aufrechnen will und die Wirksamkeit der Aufrechnung des Klägers sowie das Erlöschen seiner Gegenforderung bestreitet. Allein ab diesem Zeitpunkt muss sich das Ge-

---

[10] Im römischen Recht war diese Praxis für Klagen der Bankiers (*argentarii*) gegen ihre Kunden die Regel. Sie durften jeweils nur in Höhe des um die Gegenforderung verrechneten Betrages klagen, wenn sie nicht Gefahr laufen wollten, ansonsten mit der gesamten Klage rechtskräftig abgewiesen zu werden, vgl. Kaser/Knütel, § 53 III 2 sowie § 34 II 1.

richt mit den Aufrechnungsforderungen befassen und über sie eine Entscheidung treffen.

b) Innerprozessual

Die innerprozessuale Aufrechnung des klagenden Gläubigers meint Aufrechnung nach Klageerhebung und Rechtshängigkeit in der mündlichen Verhandlung. Der Kläger kann mit seiner ganzen Klageforderung, einem Teil von dieser oder auch mit einer völlig prozessfremden dritten Forderung[11], die er darüber hinaus noch gegen den Beklagten besitzt, aufrechnen, wenn er sich erst während des laufenden Prozesses einer Gegenforderung des Beklagten bewusst wird oder der Beklagte eine solche, beispielsweise durch Abtretung, gegen den Kläger erlangt hat. Auch in diesem Fall kann der Kläger, um dem Beklagten zuvorzukommen, vorsorglich die Aufrechnung erklären. Dies ist natürlich vor allem bei einer prozessfremden Forderung sinnvoll. Der Unterschied zur vorprozessualen Aufrechnung liegt darin, dass die Tatsache der innerprozessualen Aufrechnung des Klägers Prozessstoff ist und keines Beweises bedarf. Denn bei einer vorprozessualen Aufrechnung wird der Beklagte die Aufrechnung in der Regel (konkludent) bestreiten, indem er seine Gegenforderung gegen die Klageforderung aufrechterhält. Der Kläger kann sich zwar auf das Erlöschen der Gegenforderung durch seine frühere, eigene Aufrechnung berufen, allerdings trägt er für diese Tatsache die Beweislast. Bei der innerprozessualen Aufrechnung hat er dieses Problem nicht.

Rechnet der Kläger im Prozess mit einer anderen Forderung als der Klageforderung gegen die Gegenforderung auf, wird diese Aufrechnung nur dann Gegenstand des Prozesses, wenn der Beklagte das Erlöschen seiner Forderung bestreitet und selbst gegen die Klageforderung aufrechnen will. Das Gericht hat dann, wie bei der vorprozessualen Aufrechnung, die Wirksamkeit der klägerischen Aufrechnung zu überprüfen und über die beteiligten Forderungen zu entscheiden.

c) Außerprozessual

Bei der außerprozessualen Aufrechnung rechnet der Kläger außerhalb des Prozesses mit seiner Klageforderung oder einem Teil von dieser gegen eine zunächst nicht prozessrelevante Forderung des Beklagten auf. Im Unterschied zur vorprozessualen und innerprozessualen Aufrechnung wird es in der Regel der Beklagte sein, der sich dann im Prozess über die Klageforderung auf die außer-

---

[11] Kommt ihm der Beklagte mit einer eigenen Aufrechnung gegen die Klageforderung zuvor, handelt es sich um den Fall einer „Gegenaufrechnung“, falls ihm der Kläger eine dritte Forderung entgegenhält, siehe dazu unter § 1 B III.

prozessuale Aufrechnung des Klägers beruft und somit die Klage wegen Erlöschens der Klageforderung zur Abweisung bringen will. Hierzu gehört auch die zwischeninstanzliche Aufrechnung des Klägers.

2. Personeller Bezug: Geltendmachung durch Kläger oder Beklagten

Eine wichtige Differenzierung in der Fallgruppe des aufrechnenden Gläubigers ist danach vorzunehmen, welche von den Parteien sich schließlich auf die Aufrechnung beruft. Ungeachtet dessen, dass es sich ursprünglich um eine selbständige Aufrechnungserklärung des Klägers handelt, führt er diese Tatsache nicht unbedingt auch selbst in den Prozess ein. Gerade bei einer außerprozessualen Aufrechnung des Klägers wird sich der Beklagte auf sie berufen, wenn er den Verbrauch der Klageforderung geltend machen will. Die Aufrechnung des Klägers dient ihm dabei als eigenes Verteidigungsmittel. Für die Auslegung und Anwendung des § 322 II ZPO ist diese Unterscheidung von enormer Bedeutung.

3. Sachlicher Bezug: Aufrechnung mit oder ohne Klageforderung

Wie schon angedeutet, ist die Aufrechnung des Klägers zum einen mit der eigenen Klageforderung bzw. einem Teil von dieser oder aber mit einer völlig anderen, nicht eingeklagten weiteren Forderung möglich. Es liegt auf der Hand, dass eine Aufrechnung mit der Klageforderung, mit der der Kläger seiner eigenen Klage den Boden entzieht, im Normalfall prozesstaktisch unklug und wenig sinnvoll wäre. Die Notwendigkeit zu solch einem Vorgehen kann sich allerdings leicht ergeben, wenn der Kläger während des Verfahrens vom Beklagten beispielsweise aus einem Titel in Anspruch genommen wird und ihm deshalb die Vollstreckung droht. Eine Aufrechnung mit der Folge einer Klageabweisung stellt dann möglicherweise das geringere Übel dar. Darüber hinaus unterliegt der Kläger nicht vollständig, wenn seine Klageforderung die Gegenforderung betragsmäßig übersteigt. Ein solches Vorgehen wäre auch dann nicht unvernünftig, wenn der Kläger über die Gegenforderung des Beklagten eine rechtskräftige Entscheidung gemäß § 322 II ZPO erhielte und diese somit „aus der Welt geschafft" wäre[12]. Darüber wird sich der Kläger aber in aller Regel keine Gedanken machen, sondern dies als geradezu selbstverständlich voraussetzen.

Für die Klärung der Rechtskraftfrage wird die Unterscheidung danach, ob der Kläger mit seiner Klageforderung oder mit einer völlig anderen Forderung aufrechnet, von Bedeutung sein, wenn es um die Frage des Vorrangs der verschiedenen Aufrechnungsforderungen und die Anwendung entsprechender Präferenzregeln geht.

---

[12] Noltze, S. 292.

III. Gegenaufrechnung („*replica compensationis*")

Die Gegenaufrechnung ist wie die zuvor beschriebene Variante ebenso eine Aufrechnung des klagenden Gläubigers, nur zeichnet sie sich durch eine zeitlich nachrangig erklärte Aufrechnung des Klägers aus. Konkret meint dies, dass der Kläger erst als Antwort auf eine vorherige Aufrechnung des Beklagten gegen die Klageforderung, eine eigene Aufrechnung mit einer weiteren dritten, nicht eingeklagten Forderung erklärt, um die Gegenforderung des Beklagten auszuschalten.

Auch die Gegenaufrechnung des Klägers ist denkbar als vor-, inner-, außer- und zwischenprozessualer Gestaltungsakt, abhängig davon, zu welchem Zeitpunkt der Beklagte die Aufrechnung gegen die Klageforderung vorbringt und der Kläger hierauf reagiert. Ist die Gegenaufrechnung des Klägers erfolgreich, müsste das Gericht der Klage stattgeben, weil die Verteidigung des Beklagten wegen des Erlöschens seiner Gegenforderung keinen Erfolg hatte.

Eine Art Unterfall der Gegenaufrechnung ist die Situation, in welcher der Kläger zwar nicht selbst aufrechnet, aber hinsichtlich einer zur Verteidigung gegen die Klageforderung vorgebrachte Aufrechnung des Beklagten den Einwand erhebt, der Beklagte habe die Forderung bereits anderweitig aufgerechnet, sie sei somit schon vorher erloschen[13].

Auch wenn der Kläger hier keine Aufrechnung im eigentlichen Sinne *erklärt*, so macht er sie doch geltend, bzw. beruft sich auf eine solche.

IV. Aufrechnung des widerbeklagten Klägers

Schließlich ist noch die Fallgruppe des Klägers zu erwähnen, der sich gegen eine Widerklage des Beklagten und Widerklägers mit der Aufrechnung einer weiteren, nicht eingeklagten Forderung oder Teilklageforderung verteidigt. Der Kläger und Widerbeklagte befindet sich hier sowohl in der Rolle eines Klägers als auch in der eines Beklagten. Mit der Aufrechnung verteidigt er sich jedenfalls gegen eine vollwertige Klage.

---

[13] Keine eigenständige Fallgruppe, Noltze, S. 293.

C: Die in der Rechtsprechungspraxis entschiedenen Fallgruppen

Nicht alle der vorstehend aufgeführten Konstellationen sind bislang Gegenstand richterlicher Urteile gewesen. Den Ausgangspunkt dieser Arbeit bilden wie eingangs bereits erwähnt zwei Entscheidungen des BGH, deren Sachverhalte zunächst in vereinfachter Form wie folgt dargestellt werden sollen:

I. Die Entscheidungen des BGH

1. BGH Urteil v. 13.1.1984 - V ZR 55/83, NJW 1984, 1356 f.

a) Leitsatz

„Zur Frage einer entsprechenden Anwendung des § 322 II ZPO auf den Fall, dass ein Beklagter sich gegenüber der Klageforderung auf eine vom Kläger außerhalb des Rechtsstreites erklärte Aufrechnung beruft“.

b) Sachverhalt

Als Eigentümer eines Hausgrundstücks veräußerte der Beklagte dieses an die Klägerin zu einem Preis von 179.000,- DM. Die Klägerin unterwarf sich wegen ihrer Zahlungsverpflichtung der sofortigen Zwangsvollstreckung. Sie zahlte den Kaufpreis bis auf einen Restbetrag von 6000,- DM, weswegen dem Beklagten vom Notar eine vollstreckbare Ausfertigung der Urkunde erteilt wurde. Die Klägerin begehrt nun in diesem Verfahren mit der Vollstreckungsgegenklage die Unzulässigerklärung der Zwangsvollstreckung aus der Urkunde. Dabei beruft sie sich zur Begründung auf eine in der Klageschrift erklärte Aufrechnung des titulierten Restbetrages mit einer ihr aus Abtretung zustehenden Maklerlohnforderung gegen den Beklagten in Höhe von 6.014,40 DM. Diese Forderung wurde von der Klägerin allerdings bereits in einem weiteren, parallel laufenden Prozess im Wege einer Leistungsklage eingeklagt. Dort berief sich der Beklagte dann auf das Erlöschen der Maklerlohnforderung infolge der im Rahmen der Vollstreckungsgegenklage erklärten Aufrechnung der Klägerin in Höhe der Restkaufpreisforderung. Das mit der Leistungsklage befasste Landgericht Mainz hat in seinem Urteil vom 12.02.1980 den Beklagten daraufhin lediglich zur Zahlung von 14,40 DM verurteilt und die Klage im Übrigen aufgrund der von der Klägerin im Vollstreckungsgegenklageverfahren erklärten Aufrechnung in Höhe von 6.000,- DM abgewiesen. Weil der Beklagte als Rechtsmittelkläger nur in Höhe von 14,40 DM beschwert sei, wurde seine Berufung durch das Urteil des OLG Koblenz vom 20.11.1980 5U 325/80 als unzulässig verworfen.

Die Klägerin geht nun für das Verfahren der Vollstreckungsgegenklage davon aus, dass die Zwangsvollstreckung aus der Urkunde wegen erfolgreicher

Aufrechnung mit der Maklerlohnforderung für unzulässig erklärt wird. Das Landgericht Mainz hat dementsprechend im Urteil vom 06.04.1982 - 6 O 40/80 der Klage auch mit der Begründung stattgegeben, die Kaufpreisrestforderung sei infolge der Aufrechnung erloschen. Auf die Berufung des Beklagten hat das OLG Koblenz die Klage mit Urteil vom 20.01.1983- 9 U 708/82 jedoch abgewiesen, die Revision der Klägerin hatte ebenfalls keinen Erfolg.

c) Entscheidungsgründe

In seiner Argumentation führt das Berufungsgericht aus, die von der Klägerin erklärte Aufrechnung sei entgegen der Ansicht des LG Mainz unwirksam. Es fehle an der erforderlichen Gegenseitigkeit, da es sich bei der titulierten Forderung um eine gemeinschaftliche im Sinne von § 432 BGB handelte. Die Aufrechnung habe daher nicht zum Erlöschen des Kaufpreisanspruches geführt. Die Vollstreckungsgegenklage sei unbegründet. Darüber hinaus habe das Urteil des LG Mainz vom 12.02.1980 nicht mit Rechtskraft für das vorliegende Verfahren festgestellt, dass der Kaufpreisrestanspruch durch Aufrechnung erloschen sei. Denn die materielle Rechtskraftwirkung jenes Urteils umfasse nach § 322 I ZPO nicht die Wirksamkeit der Aufrechnung. Ebenso sei die Ausnahmevorschrift des § 322 II ZPO nicht anwendbar, weil nicht über eine Aufrechnungsforderung des Beklagten entschieden worden sei.

Das Revisionsgericht folgt dem OLG Koblenz in dieser Ansicht. Zwar sei durch das genannte Urteil des LG Mainz rechtskräftig entschieden, dass der dort gegen den Beklagten erhobene Maklerlohnanspruch in Höhe von 6.000,- DM nicht (mehr) besteht. Eine Ausdehnung der Rechtskraftwirkung auf die Entscheidung, dass die zur Aufrechnung gestellte Gegenforderung infolge der Aufrechnung nicht (mehr) besteht, sei aber nicht möglich, da dies nach dem Wortlaut des § 322 II ZPO eine Aufrechnung durch den Beklagten voraussetze. Hier habe allerdings der Kläger die Aufrechnung erklärt. Die Vorschrift des § 322 II ZPO diene aber einzig und allein dem Schutz und Interesse des Aufrechnungsgegners vor wiederholter Inanspruchnahme. Aufrechnungsgegner ist in diesem Fall der Beklagte und dieser ist bereits durch § 322 I ZPO hinreichend geschützt.

2. BGH Urteil vom 04.12.1991- VIII ZR 32/91, NJW 1992, 982

a) Leitsatz

„Rechnet der Kläger mit (einem Teil) der ihm erstinstanzlich zuerkannten Klageforderung gegen eine anderweit titulierte Gegenforderung des Beklagten auf, so erstreckt sich die Rechtskraftwirkung des Berufungsurteils, das die Klage mit Rücksicht auf die Aufrechnung (teilweise) abweist, nicht auf die Gegenforderung.“

b) Sachverhalt

Die Klägerin klagte in der ersten Instanz erfolgreich aus einem Unternehmensberatungsvertrag eine restliche Vergütung in Höhe von 57.000,- DM gegen die Beklagte ein. Nach Erlass des erstinstanzlichen Urteils hat die Klägerin mit einem Teil der Klageforderung gegen eine in einem Vorprozess titulierte Gegenforderung der Beklagten in Höhe von 17.000,- DM[14] die Aufrechnung erklärt. Nachdem die Beklagte einer entsprechenden Klagerücknahme der Klägerin in der Berufungsinstanz nicht zugestimmt hatte, setzte das Gericht die Verurteilung der Beklagten von 57.000,- DM auf 40.000,- DM herab und wies die Klage im Übrigen wegen der von der Klägerin erklärten Aufrechnung ab.

Gegen die vom Berufungsgericht festgesetzte Beschwer beider Parteien von nicht mehr als 40.000,- DM wendet sich die Beklagte mit der Revision. Sie beantragt, die Höhe der Beschwer auf 57.000,- DM festzusetzen, da sie auch insoweit beschwert sei, als das Berufungsgericht die Klageforderung in vollem Umfang für begründet und nur wegen der Aufrechnung teilweise abgewiesen hat. Die Revision hatte keinen Erfolg.

c) Entscheidungsgründe

Das Revisionsgericht führt im Wesentlichen aus, dass die Beklagte im Umfang der Klageabweisung nur dann beschwert sein könne, wenn die Rechtskraftwirkung des Berufungsurteils auch die Gegenforderung erfassen würde, die durch die Aufrechnung erloschen ist. Denn soweit die Klage abgewiesen ist, beschwert das Urteil allein die Klägerin gemäß § 322 I ZPO. Eine entsprechende Rechtskraftwirkung über § 322 II ZPO wird nach Ansicht des BGH jedoch auch hier abgelehnt. Wiederholt greift der BGH auf die Begründung zurück, ihrem Wortlaut nach gelte die Vorschrift des § 322 II ZPO nur für eine Aufrechnung des Beklagten. Voraussetzung für eine entsprechende Anwendung des § 322 II ZPO sei stets, dass der Aufrechnende Schuldner der Forderung ist, die den Gegenstand des Rechtsstreits bildet. Eine analoge Anwendung müsse daher ausscheiden, wenn die Klägerin, wie im vorliegenden Fall, aus der Position des Gläubigers der streitgegenständlichen Forderung aufrechnet. Der BGH vergleicht diese Situation mit dem Fall, dass die Klägerin bereits vor der Klageerhebung aufrechnet und dann nur noch den ihr danach verbleibenden Betrag eingeklagt hätte. Das Gericht hätte sich in diesem Fall mit der Aufrechnung zweifellos nicht zu befassen gehabt, weshalb die Rechtskraft des Urteils die durch Aufrechnung erfasste (Teil) Forderung nicht berühren würde. Der vorliegende Fall könne daher ebenfalls nicht anders beurteilt werden.

[14] Die Beträge sind zur besseren Verständlichkeit abgerundet.

Auch die Besonderheit, dass die Aufrechnung erst nach Erlass des erstinstanzlichen Urteils erklärt wurde, was eine Befassung des Berufungsgerichts mit der Aufrechnung überhaupt erst erforderte, rechtfertige keine andere Beurteilung, denn die Vorschrift des § 322 II ZPO diene allein und ausschließlich dem Schutz und Interesse des Aufrechnungsgegners vor erneuter Inanspruchnahme mit der Aufrechnungsforderung. Aber auch hier sei der Beklagte eben vor einer solch erneuten Inanspruchnahme schon durch die Teilabweisung der Klage und deren Rechtskraftwirkung nach § 322 I ZPO geschützt. Eine Ausweitung der Rechtskraftwirkung auch auf die Gegenforderung analog § 322 II ZPO könne der Beklagten als Aufrechnungsgegnerin nur nachteilig sein, was sich mit Sinn und Zweck der Vorschrift nicht zu vereinbaren sei.

II. Einordnung der zitierten BGH-Entscheidungen in die denkbaren Fallkonstellationen

Die vorstehend aufgeführten BGH-Entscheidungen lassen sich in die zuvor (unter B) abstrakt skizzierten denkbaren Konstallationen der Klägeraufrechnung wie folgt einordnen:

1. BGH v. 13.1.1984 – V ZR 55/83, NJW 1984, 1356

In dieser Entscheidung wurde die Klägerin einer Leistungsklage während aber außerhalb des Prozesses vom Beklagten mit einer vollstreckbaren Urkunde in Anspruch genommen. Dagegen wehrte sie sich, indem sie in einem zweiten, parallel laufenden Prozess mittels einer Vollstreckungsgegenklage die Aufrechnung mit einem Teil ihrer Klageforderung erklärte. In dem ersten Prozess hat sich der Beklagte daraufhin auf das Erlöschen der klägerischen Forderung durch von diesem erklärte Aufrechnung berufen.

Seiner Art nach ist dies ein Fall einer Kombination von Aufrechnung des klagenden Schuldners (im zweiten Prozess) und der außerprozessualen Aufrechnung des klagenden Gläubigers (im ersten Prozess).

2. BGH v. 4.12.1991 – VIII ZR 32/91, NJW 1992, 982

Dieser Entscheidung liegt eine außer- bzw. zwischenprozessuale Aufrechnung des klagenden Gläubigers zugrunde. Der mit seiner Klageforderung erstinstanzlich erfolgreiche Kläger wurde vor Rechtskraft des Urteils mit einer titulierten Gegenforderung des Beklagten in Anspruch genommen, gegen die er sogleich mit einem Teil seiner Klageforderung aufrechnete, um der Vollstreckung zu entkommen. Aufgrund des Erlöschens der Klageforderung in Höhe des Titels erlangte der Beklagte zweitinstanzlich eine Abweisung der Klage im Übrigen. Aus dem Urteilsinhalt ist dabei nicht ersichtlich, wer den Aufrechnungseinwand zum Gegenstand der Berufungsverhandlung machte. Klar ist lediglich, dass der Kläger zunächst eine teilweise Klagerücknahme in Höhe der aufgerechneten Klageforderung erklärte, zu welcher der Beklagte nicht die erforderliche Einwilligung gab. Daraufhin beantragte der Kläger die Zurückweisung der Berufung im Ganzen[15]. Das Gericht prüfte dennoch den Aufrechnungseinwand.

III. Fazit

Der BGH hat damit in höchst fraglicher Manier wiederholt seine Auffassung deutlich gemacht, dass eine entsprechende Anwendung des § 322 II ZPO auf den Fall einer vom Kläger des Prozesses erklärten Aufrechnung grundsätzlich ausscheidet. Das damit verbundene Ergebnis fehlender Rechtskraft der aufgerechneten Gegenforderung des Beklagten macht es somit möglich und zulässig, dass dieser trotz Abweisung der Klage aufgrund des erfolgreichen Erlöschens der beiderseitigen Aufrechnungsforderungen, ungeachtet der die Aufrechnungsvoraussetzungen betreffenden Feststellungen dieses Urteils, seine Gegenforderung erneut, z.B. im Wege der Leistungsklage, zur Entscheidung stellen kann. Dies erscheint jedoch nicht nur für den Fall, dass die Zweitentscheidung von dem Ersturteil inhaltlich abweichend ausfällt, fragwürdig. Die Aufrechnung hat entgegen ihrer Bestimmung nicht zu einer gleichzeitigen und endgültigen Befriedigung für beide Aufrechnungsparteien geführt. Vielmehr ist nur eine Partei vom endgültigen, rechtskräftigen Verlust ihrer Forderung durch deren Erlöschen betroffen, während sie hierfür keine „Gegenleistung“ im Sinne einer rechtskräftigen Feststellung des Erlöschens der Gegenforderung erhält. Dieses Ergebnis ist schon nach dem allgemeinen Rechtsgefühl nicht interessengerecht.

---

[15] Womit er konkludent zum Ausdruck bringt, dass er sich auf die Aufrechnung nicht berufen will.

D: Die heutige Sichtweise zur Rechtsnatur der Prozessaufrechnung

Um zu einer genaueren Definition und Struktur einzelner Problemmerkmale der Klägeraufrechnung zu gelangen und diese einer Lösung zuzuführen, erscheint es angebracht, eine Betrachtung der allgemeinen Rechtsnatur der Prozessaufrechnung nebst kurzer Charakterisierung vorangehen zu lassen.

I. Geschichtliche Entwicklung des Aufrechnungsvollzugs

Ein flüchtiger geschichtlicher Rückblick macht die ursächlichen Faktoren rechtsgestaltender Einflüsse der Aufrechnung auf den Prozess deutlich. Bis zu seiner grundlegenden Modifizierung durch das BGB um 1900 mangelte es dem Gemeinen Recht an einer umfassenden und einheitlichen Regelung des materiellen Aufrechnungsrechts. Dieser Zustand der Rechtszersplitterung war geprägt durch im Wesentlichen drei verschiedene Aufrechnungssysteme[16]:

Nachdem die ältere, auf den Glossator Martinus zurückgehende Lehre der *ipso iure compensari*, wonach sich zwei einander gegenüberstehende Forderungen sofort und ohne Zutun von selbst aufhoben[17], schnell verlassen war, herrschte Streit über die Art und Weise des Aufrechnungsvollzugs vor allem zwischen den Vertretern der Rechtswissenschaft und der Praxis[18]. Erstere vertraten die *Urteilstheorie* und hielten eine Aufhebung der gegenseitigen Forderungen nur durch Aufrechnungsvertrag oder mangels Einwilligung der anderen Partei, erst durch das über die Forderungen aufgrund der Kompensationseinrede oder selbständiger Klage befindende Urteil für statthaft[19]. Die Rechtsprechung dagegen unterstützte die als „*Erklärungstheorie*" bekannt gewordene und auf den Glossator Azo zurückgehende Auffassung, welche die Notwendigkeit einer Aufrechnungserklärung gegenüber dem anderen Teile betont[20]. Dieser Forde-

[16] Der Streit über Vollzug und Wirkung der Aufrechnung geht in der Hauptsache zurück auf die Auslegung des in den Quellen auftauchenden Begriffs *ipso iure*, über den seit jeher die verschiedensten Ansichten bestehen, vgl. dazu Windscheid/Kipp, § 349, S. 467, Fn. 10; Zur geschichtlichen Entwicklung des auf das römische Recht zurückgehenden Aufrechnungsmodells selbst, siehe Staudinger/Gursky, Vorbem. zu §§ 387 ff. Rnn 2-4 m.w.N.; Zimmermann, FS Medicus (1999) S. 711 f.

[17] Vgl. v. Kübel, Vorentwürfe der Redaktoren zum BGB, Teil 1, S. 1075 ff; Dernburg, S. 283 ff., Rohwedder, S. 16; K.P. Berger, S. 63; Staudinger/Gursky, Vorbem. zu §§ 387 ff. Rn 4; Der strenge *ipso iure* Gedanke liegt auch art. 1290 code civil zugrunde. Er wird jedoch von der Praxis durch die Geltendmachung der Aufrechnung im Prozess eingeschränkt, siehe Zimmermann, FS Medicus (1999) S. 712 m.w.N.

[18] Weigelin, S. 5; Lüttringhaus, S. 10 ff.; Kauppert, S. 1 ff.;

[19] Dernburg, S. 529 ff. 580 ff.; Eisele, S. 253, 385; Geib, S. 25 ff.; Windscheid/Kipp, Bd. 2, § 349, S. 470, vgl. Fn. 15 Mit Hinweis auf die verbreitete Gegenansicht der Praxis.

[20] RGZ 7, 245; 12, 156; 11, 119; Seufferts Arch., Bd. 7, Nr. 165; Bd. 17, Nr. 234; Bd. 30, Nr. 134; Kauppert, S. 4 m.w.N.

rungsaufhebung durch einseitige gerichtliche oder außergerichtliche Willenserklärung wurde dann Rückwirkung auf den Zeitpunkt des Entgegentretens der beiden Forderungen zugeschrieben. Nach ganz herrschender Meinung des preußischen Rechts wurden auch die Aufrechnungsvorschriften des Allgemeinen Landrechts (§§ 300, 301 ALR, 16) in diesem Sinne ausgelegt[21]. Schließlich folgten auch die Väter des BGB dieser eine außergerichtliche Erklärung ausreichen lassenden Ansicht[22] und haben damit die materiellrechtliche Unabhängigkeit der Aufrechnung vom Gerichtsprozess betont. Demnach ist die Aufrechnung im Deutschen Recht heute wie in allen kontinentaleuropäischen Rechtssystemen ein Institut des materiellen Rechts, und hat keinen rein prozessualen Charakter wie beispielsweise das „set-off" im englischen Common Law System[23]. Da unser Rechtssystem eine andere gesetzliche Regelung als die des BGB nicht kennt, liegt es somit nahe, auch die Prozessaufrechnung nach der im BGB geregelten Aufrechnungsvorschriften zu behandeln[24]. Hierüber wurde jedoch lange Zeit erbittert gestritten[25].

II. Prozessaufrechnung und außerprozessuale Aufrechnung

Die vom Beklagten direkt und erstmals im Prozess erklärte Aufrechnung gegen die Klageforderung, genannt Prozessaufrechnung, ist im Wesentlichen ein Verteidigungsmittel, welches in der Regel nur dann zum Tragen kommen soll, wenn andere Verteidigungsmittel erfolglos bleiben[26]. Eine solche Aufrechnung ist zumeist eine Eventualaufrechnung. Hierin liegt auch der wesentliche Unterschied zur außergerichtlichen Aufrechnung, wo Tilgungs- und Befriedigungsfunktion im Vordergrund stehen. Gleichwohl kann sich der Beklagte auch im Prozess auf eine außerprozessual erklärte Aufrechnung berufen, was dann wiederum den Charakter eines Verteidigungsmittels gewinnt.

Diese beiden Formen der Erklärung sind jedoch streng voneinander zu trennen, sie haben weder dieselben rechtlichen Eigenschaften noch Folgen[27]. Allein bei der Geltendmachung einer Gegenforderung durch die Aufrechnungseinrede im Prozess handelt es sich um eine Prozessaufrechnung im eigentlichen Rechtssinne. Eine außergerichtliche Aufrechnung ist demnach jede Aufrechnungserklä-

---

[21] Redlich, ZZP 25 (1898) S. 383, Fn. 119 mwN.

[22] Die i.Ü. auch dem allgemeinen Trend der heutigen europäischen Rechtsentwicklung entspricht. Siehe hierzu Zimmermann, FS Medicus (1999) S. 719.

[23] Zimmermann, FS Medicus (1999) S. 710.

[24] Schwab, FS Nipperdey, Bd. I (1965) S. 941; zu diesem Ergebnis kommt schließlich auch die heute herrschende zivilistische Theorie hinsichtlich der Rechtsnatur der Prozessaufrechnung (vgl. § 1 D.III.2) sowie Kauppert, S. 8 ff.

[25] Dazu unter § 1 D.III.

[26] BGHZ 57, 242 f.; Petersen, ZZP 1 (1879) S. 93 ff.; Blomeyer, ZPR, § 60 I, S. 309; Rosenberg/Schwab/Gottwald, § 102 II 2, S. 686; Schilken, ZPR, Rn 432 f.

[27] Rohwedder, S. 11.

rung, die außerhalb des Prozesses erklärt und in keiner Weise mit einer Prozesshandlung verbunden wird. Sie kommt weder in einem Schriftsatz des schriftlichen Verfahrens noch innerhalb der mündlichen Verhandlung vor Gericht zur Sprache[28]. Die außergerichtliche Aufrechnung kann nicht nur vor und nach, sondern auch zeitgleich mit einem laufenden Prozess erklärt werden kann, eben nur nicht in verfahrensbeeinflussender Weise.

Entscheidendes Kennzeichen zur tatbestandlichen Abgrenzung einer Prozessaufrechnung ist also das zeitliche Zusammenfallen von Aufrechnungserklärung gemäß § 388 S.1 BGB als einseitiger privatrechtlicher Willenserklärung und deren Geltendmachung im Prozess als Prozesshandlung.

Darüber hinaus bringt *Varvitsiotis* eine neue These ins Spiel, welche die Identität einer Prozessaufrechnung und einer außerhalb des Prozesses erklärten Aufrechnung zum Gegenstand hat[29]. Ziel dieser Annahme ist aber offensichtlich, seiner Theorie über die „Rechtsbedingung der Rechtskraft" den Weg zu bereiten, die eine neue Lösung für den Fall einer prozessual unberücksichtigten Aufrechnungserklärung bieten soll. Denn auch die Theorie von der „Identität der Prozessaufrechnung und der außerprozessual erklärten Aufrechnungen" geht insoweit von einer grundlegenden Unterscheidung der Aufrechnungserklärung an sich und deren Geltendmachung im Prozess aus. Allein darauf kommt es an. Dass es keinen grundlegenden Unterschied aus rein tatsächlicher und materieller Sicht macht, zu welchem Zeitpunkt eine Aufrechnung erklärt wird, ob vor, im, außerhalb oder nach dem Prozess, liegt auf der Hand und wurde bereits von anderen Vertretern ähnlich gesehen, was nicht zuletzt in der Forderung nach einer Gleichbehandlung dieser Aufrechnungsfälle deutlich zum Ausdruck kommt[30]. Die Theorie von der „Identität" spielt also nur eine Rolle, soweit es um die Lösung einer nach § 296 ZPO zurückgewiesenen Aufrechnung geht[31]. Sie ist im Grunde keine Alternative zum herkömmlichen Theorienstreit über die Rechtsnatur der Prozessaufrechnung und hat im Grundsatz ebenso die Unterscheidung von Aufrechnungserklärung und deren prozessualer Geltendmachung zum Gegenstand.

---

[28] Varvitsiotis, S. 33.

[29] Varvitsiotis, S. 83 ff.

[30] Insbesondere Häsemeyer, FS Weber (1975) S. 215 ff.; Blomeyer, ZZP 88 (1975) S. 439 ff.; Kawano ZZP 94, (1981) S. 1 ff.; vgl. Varvitsiotis, S. 83, Fn. 199 m.w.N.

[31] Bislang wurde in der Problemlösung offensichtlich unterschieden zwischen prozessualer Unzulässigkeit im Falle der Prozessaufrechnung und einer solchen im Falle einer vorprozessual oder außerprozessual erklärten Aufrechnung; Varvitsiotis „Rechtsbedingung der Rechtskraft" zeichnet sich aber dadurch aus, dass sie auf alle Fälle gleich anzuwenden ist, dazu unten § 1 D.II.

III. Theorien zur Rechtnatur der Prozessaufrechnung

Während die außergerichtliche Aufrechnung sich zweifelsfrei allein und ausschließlich nach den materiellrechtlichen Vorschriften der §§ 387 ff. BGB richtet, war die Rechtsnatur der Prozessaufrechnung lange Zeit höchst umstritten[32]. Allein der Gesetzeswortlaut der ZPO[33] gibt weder Aufschluss darüber, wie außergerichtliche Aufrechnung und Prozessaufrechnung zu unterscheiden wären, geschweige denn wie Letztere zu behandeln sei.

1. Prozessuale Theorie

Nach der vor allem früher vertretenen prozessrechtlichen Lehre[34] ist die Aufrechnung im Prozess ihrer Art und Wirkungsweise nach als reine Prozesshandlung zu begreifen. Sie ist als Rechtsinstitut *sui generis* von der materiellrechtlichen Aufrechnung nach dem BGB streng zu trennen und wird nach dieser Auffassung in Tatbestand und Rechtswirkung ausschließlich nach den Grundsätzen des Prozessrechts bestimmt[35]. Damit ist sie rechtsvernichtende Einrede, die mit dem Ziel vorgebracht wird, die Klage zu Fall zu bringen. Die dem bürgerlichen Recht immanente materielle Gestaltungswirkung könne die Prozessaufrechnung unmittelbar nicht haben, da sich im Prozess nicht Forderung gegen Forderung gegenübertreten, sondern Rechtsbehauptung gegen Rechtsbehauptung[36]. Die Prozessaufrechnung sei deshalb nur auf den Prozess fixiert und durch diesen getragen. Konsequenz dieser Theorie ist es, dass die Aufrechnung erst kraft richterlichen Gestaltungsurteils vollzogen wird. Das heißt, dass sie erst auf dem Weg über die Rechtskraft des folgenden Urteils auch materiellrechtliche Wirkung erlangt[37]. Damit ist sie bloßer Parteiantrag an das Prozessgericht, der gestützt auf die Behauptung einer Gegenforderung, den Vollzug der Aufrechnung

[32] Staudinger/Gursky, Vorbem. zu §§ 387 ff. BGB, Rn 26 hebt hervor, dass sie nach wie vor umstritten ist.
[33] §§ 145 III, 302, 322 II, 533 ZPO.
[34] Nikisch, § 54 III 2, 3, § 68 II, 3, 4, S. 212 ff.; ders., FS Lehmann (1956) Bd. II, S. 765 ff.; Kohler, ZZP 20 (1894) S. 15 ff.; ZZP 23 (1897) S. 490, 24 (1898) S. 18 ff., ZZP 29 (1901) S. 2 ff.; Larenz, SR I, S. 330 f.; Pagenstecher, S. 490 ff.; Wach, ZZP 27 (1900) S. 13; Hellwig, System I, S. 432, 661; ders., Lb. Bd. I, S. 242 ff., Lb. Bd. 2, S. 440; Bunsen, ZZP 35 (1906) S. 401; Seuffert/Walsmann, § 145 Anm. 4a; Oertmann, S. 40 ff.; Reuling, S. 15 ff.; Habscheid, ZZP 76 (1963) S. 371 ff.; w.N.w. bei Henckel, ZZP 74 (1961) S. 165, 166 ff.; Enneccerus-Lehmann, § 69 III 1.
[35] *Reuling* nennt die Prozessaufrechnung daher auch ein „eigenartiges prozessualisches Phänomen", S. 25.
[36] Nikisch, § 68 II 3, S. 212 ff., ders., FS Lehmann (1956) S. 779.
[37] Nikisch, FS Lehmann (1956) S. 775, 776.

durch das Gericht und quasi als Urteilsgrundlage die dadurch veranlasste Klageabweisung bezwecken soll[38].

Im Einzelnen trennen die Vertreter der prozessualen Theorie zwischen der strengen prozessualen und der gemischt prozessualen Theorie.

a) Strenge prozessuale Theorie

aa) Darstellung

Nach der sog. *(strengen) prozessualen Theorie*[39] hat eine Aufrechnung im Prozess keinerlei materiellrechtliche Wirkung. Hätte der Schuldner eine Tilgung der Aufrechnungsforderungen gewollt, so hätte er ja auch außerprozessual aufrechnen können[40], deshalb ist die Verteidigung gegen die Klageforderung die zentrale Funktion der Prozessaufrechnung, hinter welche die rechtsgeschäftliche Bedeutung völlig zurücktritt[41]. Der Aufrechnungsvollzug kann demnach nur durch das Urteil erfolgen. Dieses sei mithin ein Gestaltungsurteil, welches gleichzeitig mit dem Eintritt der Rechtskraft die durch Gestaltung geschaffene Rechtslage feststellt[42].

Als reine Prozesshandlung kann die Aufrechnung nur innerhalb der mündlichen Verhandlung vor dem erkennenden Gericht und damit auch in Abwesenheit des (säumigen) Gegners erklärt werden[43]. Ihr Vorbringen in einem der Schriftsätze hat nach § 129 ZPO lediglich nur vorbereitende Bedeutung, etwa im Sinne einer Ankündigung. Als prozessuale Einrede bleibt die Wirkung der Aufrechnung nach dieser Theorie bis zum Erlass des Urteils in der Schwebe und ist bis dahin frei widerruflich[44]. Ihr Schicksaal steht und fällt mit dem Prozess. Liegen die Prozessvoraussetzungen nicht vor oder fallen sie später z.B. durch eine Klagerücknahme wieder weg[45], so ist auch die Aufrechnung wirkungslos geblieben.

---

[38] Rohwedder, S. 26.

[39] V.a. Nikisch, § 68 II 3, S. 212 ff., ders., FS Lehmann (1956) S. 779; Larenz, SR I, § 27c, S. 33.

[40] Nikisch, § 54 III 3.

[41] Wach, ZZP 27 (1900) S. 13.

[42] Vgl. Gaude, S. 77, 80, Der Vollzug der Aufrechnung ergibt sich aus den Entscheidungsgründen. Gaude spricht daher von „verdeckter richterlicher Gestaltung"; Nikisch, FS Lehmann (1956) S. 780.

[43] Kohler, ZZP 24 (1898) S. 18.

[44] Rohwedder, S. 29.

[45] So auch bei einer Zurückweisung bzw. Nichtzulassung gem. §§ 296, 530, 531, 767 II ZPO oder wenn das Gericht die Klage aus anderen Gründen abweist, ohne auf die Aufrechnung einzugehen.

Die Vertreter der prozessualen Theorie finden ihre Auffassung über die Rechtsnatur der Prozessaufrechnung im Wesentlichen in den §§ 204 I Nr. 5, 204 II 1 BGB (§§ 209 II Nr. 3, 215 I BGB a.F.) bestätigt. Gemäß § 204 I Nr. 5 BGB hemmt die Geltendmachung der Aufrechnung eines Anspruchs im Prozess die Verjährung der Forderung. Mit der Geltendmachung der Aufrechnung könne nicht gemeint sein, dass sich der Beklagte lediglich auf eine bereits (außerprozessual) erklärte Aufrechnung beruft, denn dies hätte das Erlöschen der beiden Forderungen bewirkt, was eine Verjährung oder deren Hemmung nicht mehr erforderlich macht. Es könne aber auch nicht die privatrechtliche Erklärung gemeint sein, die die Forderung materiellrechtlich zum Erlöschen bringt, denn gemäß § 204 II 1 BGB (§ 215 I BGB a.F.) dauert die Verjährungsunterbrechung fort, bis der Prozess rechtskräftig entschieden oder anderweitig erledigt ist. Für eine solche Unterbrechung bestünde kein Bedarf, wenn die Forderung schon vorher nicht mehr existiert[46].

Es müsse sich also dem Gesetz selbst ein eigenes Institut der Prozessaufrechnung entnehmen lassen, das weder rechtsvernichtende Einrede noch materiellrechtliche Aufrechnungserklärung im Sinne des § 388 BGB ist, sondern eine Prozesshandlung, welche die Aufrechenbarkeit einer Forderung als Grundlage des in ihm zu vollziehenden Urteils bildet[47].

Durch die Regelung des einseitigen Aufrechnungsvollzuges im Sinne des BGB habe man nicht gleichzeitig alle anderen Formen der Aufrechnung, wie den richterlichen Aufrechnungsvollzug oder den Aufrechnungsvertrag ausschließen wollen. Teilweise ist auch zu lesen, dass kraft seiner Übermacht das öffentlich-rechtliche Prozessrecht derart auf das bürgerliche Rechtsgeschäft einwirke, dass dieses seine ursprüngliche Natur verliere[48].

bb) Vorzüge

In ihrer praktischen Beurteilung müssen sich die einzelnen Theorien daran messen lassen, mit welchem Erfolg sie spezifische prozessuale Aufrechnungsprobleme zu lösen wissen. Überwiegend geht es hierbei zum einen darum, wie die heute allgemein anerkannte Eventualaufrechnung im Prozess mit der Vorschrift des § 388 S. 2 BGB zu vereinbaren ist und zum anderen, welche Folgen aus einer prozessual unzulässigen Prozessaufrechnung erwachsen.

Aufgrund der strikten Trennung von Prozessaufrechnung als einer rein prozessualisch relevanten Handlung und der außergerichtlichen Aufrechnung mit ihren materiellrechtlichen Folgen kann die prozessuale Theorie für die vorgenannten Probleme durchaus befriedigende Lösungen anbieten. Sie hat nicht die

---

[46] Nikisch, FS Lehmann (1956) S. 781 f.; ders., § 68 II 3; Gaude, S. 75 f.

[47] Nikisch, FS Lehmann (1956) S. 781 f.

[48] Kohler, ZZP 29 (1901) S. 2: „was im Prozess geschieht, muss an seiner Natur teilnehmen".

dogmatischen Schwierigkeiten, wie etwa die zivilistische Theorie, zu begründen, dass die Prozessaufrechnung trotz eigentlicher Bedingungsfeindlichkeit der Aufrechnung auch hilfsweise erklärt werden kann oder wie das unbefriedigende Ergebnis des Auseinanderfallens von prozessualer und materieller Rechtslage zu vermeiden ist, wenn eine wegen Unzulässigkeit oder Verspätung zurückgewiesene Aufrechnung ebenso materiell wirksam bleibt, wie eine solche, deren Geltendmachung im Prozess gänzlich unterlassen wurde. Darüber hinaus erfordert sie nicht, gegen den Wortlaut des § 81 ZPO dem Prozessbevollmächtigten auch die Befugnis zur materiellrechtlichen Aufrechnung zuerkennen zu müssen. Vielmehr ist Folge der prozessualen Theorie, dass sich die Prozessvollmacht von vornherein auch auf die Abgabe und Empfangnahme der Aufrechnungserklärung erstreckt. Weiterhin ist das für die Vollstreckungsgegenklage gewünschte Ergebnis, dass der entscheidende Präklusionszeitpunkt bei § 767 II ZPO die Aufrechnungslage sein soll, nur mit der prozessualen Theorie zu rechtfertigen. Denn während die Aufrechnungseinrede des Beklagten nach der prozessualen Theorie schon bei Vorliegen der Aufrechnungslage besteht, wäre sie nach der zivilistischen Theorie eigentlich erst dann begründet, wenn die Partei auch von ihrer Aufrechnungsbefugnis Gebrauch gemacht hat[49].

Im Übrigen hat die prozessuale Theorie den bedeutenden Vorteil, dass das Verteidigungsmittel der Aufrechnung billigerweise ohne Folgen zurückgenommen werden kann, wenn sich im Nachhinein herausstellt, dass noch ein anderes Verteidigungsmittel existiert, welches nicht den Verlust der Gegenforderung bedingt[50].

cc) Schwächen

Entscheidendes Argument gegen die prozessuale Theorie ist jedoch, dass sie nicht von den Vorschriften des BGB getragen wird. Das BGB kennt keine zwei verschiedenen Aufrechnungsarten, so wie die prozessuale Theorie. Es unterscheidet weder zwischen einer Aufrechnung vor oder während des Prozesses, noch innerhalb oder außerhalb der mündlichen Verhandlung. Unabhängig davon, wo und wann eine Aufrechnung erfolgt, stellt sie sich als einseitiges empfangsbedürftiges bürgerlichrechtliches Gestaltungsgeschäft dar, welches nach den Vorschriften der §§ 387 ff. BGB erfolgt und gerade nicht von einer gerichtlichen Entscheidung abhängig ist[51]. Durch die Vornahme der Aufrechnung im Prozess wird ein ansonsten materielles Rechtsgeschäft noch nicht automatisch zur Prozesshandlung. Die Grundlage der Aufrechnung ist und bleibt das bürgerliche Recht[52]. Auch von ihrer funktionellen Bedeutung[53] aus gesehen, die sich

---

[49] Deppert, S. 20.
[50] Z.B. Verjährung der Klagefdorderung; vgl. Rowedder, S. 38.
[51] Vgl. Kauppert, S. 23; Baumgärtel, S. 161; Kawano ZZP 94 (1981) S. 3.
[52] Rohwedder, S. 39; Baumgärtel, S. 34 f.

durch die Vornahme im Prozess nicht ändert, soll sie nicht der Schaffung der Urteilsgrundlage dienen, sondern auf die materielle Rechtslage einwirken, deren vollzogene Umgestaltung dann Entscheidungsgrundlage wird[54]. Die von der prozessualen Theorie behauptete Gestaltungswirkung[55] kann ein richterliches Urteil zudem nur bei einer entsprechenden ausdrücklichen gesetzlichen Legitimation oder bei zwingendem Sinnzusammenhang haben, der wiederum nur dort gegeben ist, wo die Partei nicht selbst gestalten kann[56]. Beides ist nicht der Fall.

Auch die von der prozessualen Theorie angeführten §§ 204 I Nr. 5, 204 II 1 BGB (§§ 209 II Nr. 3, 215 BGB a.F.) lassen nicht darauf schließen, dass die Prozessaufrechnung grundsätzlich keine materiellrechtliche Wirkung haben soll[57]. Nachdem schon im Wortlaut der Vorschriften keine zwingende oder sonst eindeutige Aussage über die Rechtsnatur der Prozessaufrechnung zu sehen ist, ergibt sich auch aus der Entstehungsgeschichte der Vorschriften, dass der Gesetzgeber die Prozessaufrechnung im Hinblick auf die heutigen §§ 387 ff. BGB als Einwendung einer rechtsaufhebenden Tatsache und im Vergleich zur vor- und außerprozessualen Aufrechnung keinen wesentlichen Unterschied gesehen hat[58]. Gehen die §§ 204 I Nr. 5, 204 II 1 BGB (§§ 209 II Nr. 3, 215 BGB a.F.) von einer materiell nicht voll wirksamen Aufrechnung aus, dann muss dies kein Argument für den rein prozessualen Charakter der Prozessaufrechnung sein. Die Vorschrift verliert deswegen nicht ihre Bedeutung, sie bleibt vielmehr auch anwendbar, z.B. für die Fälle der Eventualaufrechnung, der materiell unzulässigen Aufrechnung wegen eines bestehenden Aufrechnungsverbotes gemäß §§ 392 ff. BGB sowie eines prozessual unzulässigen Aufrechnungseinwandes oder für eine aufgrund Nichtbestehens der Klageforderung unwirksame Aufrechnung[59].

Darüber hinaus sprechen gegen die prozessuale Theorie sowohl die Entstehungsgeschichte des BGB[60] als auch die durch die Novelle der ZPO 1898 bewirkte redaktionelle Umgestaltung der die Aufrechnung betreffenden prozessualen Vorschriften. 1896 hatte sich das BGB für den einseitigen rechtsgeschäftlichen Aufrechnungsvollzug entschieden. Zu dieser Zeit ging die CPO von 1877 aber noch eindeutig von der im Gemeinen Recht vorherrschenden Urteilstheorie aus. Während es zuvor stets um die „Geltendmachung einer Gegen-

---

[53] Vgl. Baumgärtel, S. 156 ff., 163.

[54] Deppert, S. 27.

[55] Gegen die teilweise auch behauptete Feststellungswirkung des die Aufrechnung vollziehenden Urteils, welche eine entsprechende Tatbestandswirkung voraussetzen würde, siehe Noltze, S. 6 f., 18 f.

[56] Baumgärtel, S. 153 ff.; Varvitsiotis, S. 72; Deppert, S. 22; Rohwedder, S. 40.

[57] Sehr ausführlich anhand der gängigen Auslegungsmethoden: Noltze, S. 8 -13; Kauppert, S. 68 f.

[58] Mugdan, Materialien I, S. 533, Materialien II, S. 58 f.; Noltze, S. 10 f.

[59] Noltze, S. 12; Deppert, S. 26; Oertmann, S. 157.

[60] Mugdan, Materialien II, S. 58 f.: das die Klage aufgrund der Aufrechnung abweisende Urteil ist lediglich deklaratorisch.

forderung“ ging, z.B. in §§ 273, 274, 293 II CPO[61], wurden nunmehr sämtliche die Aufrechnung betreffenden Vorschriften durch die Formulierung „Geltendmachung der Aufrechnung“ ersetzt, §§ 145 III, 302 I, 322 II und 530 II (a.F.[62]) ZPO. Gegenstand des Verteidigungsvorbringens ist also nicht mehr die Gegenforderung selbst, sondern der Aufrechnungsvollzug. Damit hat sich der Gesetzgeber eindeutig gegen einen richterlichen Aufrechnungsvollzug entschieden. Auch die Vorschrift des § 302 IV S. 2 ZPO, welche für die Aufhebung eines Vorbehalturteils davon spricht, dass „der Anspruch des Klägers unbegründet war“, ist ein eindeutiges Indiz gegen die Annahme der prozessualen Theorie.

Die Argumente der prozessualen Theorie sind also letztlich wenig überzeugend, weshalb sie sich auch nicht durchsetzen konnte[63].

b) Mischtheorie

aa) Darstellung

Die sog. Mischtheorie, teilweise auch unter *gemischte prozessuale Theorie*[64] bekannt, konnte zeitweise als vorherrschend bezeichnet werden. Nach ihr versteht sich die Prozessaufrechnung zwar grundsätzlich als Prozesshandlung und stimmt in diesem Punkt mit der prozessualen Theorie im Ansatz überein, sie entfaltet jedoch auch materiellrechtliche Wirkung. Teilweise wird daher sogar von einer *Doppelnatur* oder *Doppelwirkung* des Tatbestandes der Prozessaufrechnung bzw. von einer *doppelfunktionellen* Prozesshandlung gesprochen[65]. Nicht zu verwechseln ist dies mit dem *Doppeltatbestand* der zivilistischen Theorie, denn nach der Mischtheorie handelt es sich nur m eine materiellrechtliche Wirkung der Prozesshandlung, nicht die Handlung an sich ist materiellrechtlich. Sie ist damit Prozesshandlung und bürgerliches Rechtsgeschäft zugleich. Die Aufrechnungswirkung selbst tritt im Anschluss an die Erklärung ein, welche für sich genommen nur die Behauptung eines Rechts zur Leistungsverweigerung ist.

Innerhalb der Mischtheorie spalten sich ihre Vertreter wiederum in der Auffassung über den Umfang, in dem die materiellrechtlichen Aufrechnungswir-

---

[61] § 136 II CPO: “Vorbringen einer Gegenforderung“, § 491 II CPO: „ Forderung [...] mit der aufgerechnet werden soll“.

[62] I.d. bis zum 31.12.2001 geltenden Fassung; in § 533 ZPO n.F. nicht mehr enthalten.

[63] Außerdem zur Unvereinbarkeit der prozessualen Theorie mit dem Prozesshandlungsbegriff, vgl. Kauppert, S. 36; Noltze, S. 19 ff. m.w.N.

[64] Oertmann, S. 46; Hellwig, Lb. Bd. I, S. 242; Rohwedder, S. 32; Bunsen, ZZP 35 (1906) S. 401; Enneccerus-Lehmann, § 69 III 1; Lehmann, ZZP 47 (1918) S. 184 ff.; Schneider, ZZP 31 (1903) S. 27 ff.; Weismann, ZZP 26 (1899) S. 1 ff.; Walsmann, AcP 102 (1907) S. 432; Seuffert/Walsmann, Vorbem. 3c vor § 128; Langheineken, S. 128.

[65] Kohler, ZZP 20 (1894) S. 20; Pagenstecher, S. 491; Hellwig, Prozesshandlung, S. 72; Weismann, ZZP 26 (1899) S. 1 ff.; Oertmann, S. 45; Schreiber, Festgabe 50 Jahre BGH, S. 227 ff., 242.

kungen eintreten sollen. Die materiellrechtliche Wirkung geht damit allein von der Prozesshandlung aus, nicht etwa von dem Urteil oder der Willenserklärung[66].

Nach der Mischtheorie unterliegt also die Prozessaufrechnung hinsichtlich ihres formalen Charakters, ihrer Voraussetzungen und Wirksamkeit den Regeln des Prozessrechts. Ihre Wirkung dagegen ist sowohl prozess- als auch materiellrechtlicher Natur. Unterschieden wird zwischen abhängiger und unabhängiger materiellrechtlicher Wirkung, je nachdem, ob die Privatrechtswirkung bedingt oder unbedingt von dem prozessualen Erfolg der Aufrechnungseinrede bestehen bleibt[67].

Die wohl überwiegende Zahl der Vertreter der Mischtheorie nimmt an, dass die Aufrechnungserklärung im Prozess nur unselbständige bzw. bedingte materiellrechtliche Wirkung hat. Das heißt, sie tritt zwar sofort mit der Erklärung ein, endgültig bleibt das Erlöschen von Klage- und Gegenforderung aber nur bestehen, soweit auch der Rechtsstreit fortdauert. Die materiellrechtliche Wirkung ist also abhängig vom Schicksal des Prozesses, solange bleibt die Aufrechnung in der Schwebe und ist folglich auch widerruflich[68]. Im Ergebnis unterscheidet sie sich nicht von der prozessualen Theorie.

Vereinzelt wird dagegen auch vertreten, dass die zivilrechtliche Wirkung mit der gültigen Vornahme der Prozesshandlung dauerhaft und unwiderruflich eintritt[69]. Sie sei vom Fortgang des Prozesses unabhängig, so dass weder eine Klagerücknahme noch ein Prozessurteil die Forderungsaufhebung rückgängig machen kann. Der Beklagte muss die Aufrechnung in jedem Fall gegen sich gelten lassen, auch wenn er die prozessuale Berufung darauf zurücknimmt und entsprechend dem Klageantrag verurteilt wird. Sie zeigt damit in diesem Punkt dieselbe Schwäche wie die zivilistische Theorie, versucht aber nicht die Möglichkeit eines unrichtigen Urteils zu vermeiden[70].

---

[66] Kohler, ZZP 20 (1894) S. 20; Varvitsiotis, S. 76.

[67] Siehe dazu auch Baumgärtel, S. 150; Die einst mit großem Eifer betriebene punktgenaue Unterscheidung einzelner Erscheinungsformen der Prozessaufrechnungstheorien ist für diese Arbeit irrelevant, zumal wegen der Unschärfen innerhalb der Theorien nicht immer eindeutige Aussagen und Zuordnungen zu erfassen sind.

[68] Enneccerus/Lehmann, § 69 III 1, S. 231; Oertmann, S. 46; Walsmann, AcP 102 (1907) S. 129, 131; Kohler, ZZP 20 (1894) S. 15 ff.; ders., ZZP 24 (1898) S. 18; Rohwedder, S. 35 ff.

[69] Oertmann, S. 30 m.w.N.

[70] Vgl. Varvitsiotis, S. 78; Gaude, S. 62.

bb) Vorzüge

Der deutliche Gewinn der Mischtheorie ist darin zu sehen, dass sie zum einen den gekünstelten Doppeltatbestand der zivilistischen Lehre vermeiden kann und zum anderen nicht in die überholte und dem heutigen Gesetz nicht entsprechende Annahme des gerichtlichen Aufrechnungsvollzugs (gemeinrechtliche Urteilstheorie) verfällt, zu der die prozessrechtliche Lehre zwangsläufig gelangt[71]. Die Theorie von der abhängigen materiellrechtlichen Wirkung führt dabei sogar zu dem grundsätzlich wünschenswerten Ergebnis, dass sie den Verlust der Gegenforderung verhindern kann, wenn es aus prozessualen Gründen auf die Aufrechnung nicht mehr ankommt. Auch die Prozessvollmacht erstreckt sich von vornherein auch auf die Abgabe und Empfangnahme der Aufrechnungserklärung, denn die materiellrechtliche Natur der Prozessaufrechnung ist nach der Mischtheorie nur auf ihre Wirkung beschränkt.

cc) Schwächen

Die einzelnen Mischtheorien erscheinen äußerst unklar und widersprüchlich. Keine vermag zu begründen, aufgrund welcher Rechtstatsache die Prozessaufrechnung als reine Prozesshandlung die Wirkung einer herkömmlichen Aufrechnung und damit die Macht haben soll, die privatrechtliche Rechtslage zu ändern, obwohl es hierfür keinerlei gesetzliche Grundlage gibt. Unverständlich ist auch, warum diese materiellrechtliche Wirkung von der Wirksamkeit der Prozesshandlung abhängig sein soll. Die Prozessaufrechnung hat nicht schon deshalb eine Doppelnatur und bildet einen einheitlichen Tatbestand der den Voraussetzungen sowohl des materiellen als auch des Prozessrechts entsprechen muss, weil Aufrechnungserklärung und Aufrechnungseinrede rein äußerlich zusammenfallen. Solch eine tatsächliche Einheit dieser beiden Vorgänge hat nicht notwendig auch eine rechtliche Einheit zur Folge[72]. Vielmehr müssen beide strikt getrennt werden, denn weder hinsichtlich ihrer Wirkung noch bezüglich der Funktionen besteht ein notwendiger Zusammenhang.

2. Zivilistische Theorie

Nach der heute wohl herrschenden zivilistischen oder auch materiellrechtlichen Theorie[73] wird die Prozessaufrechnung als *Doppeltatbestand* gesehen. Sie ist ih-

---

[71] Rohwedder, S. 41.

[72] Vgl. Varvitsiotis, S. 79.

[73] BGHZ 16, 124, 128; 23, 17, 23; RGZ 48, 221; 49, 393; 50, 144; Rosenberg/Schwab/Gottwald, § 102 II 1, S. 684; Blomeyer, ZPR, § 60 II, S. 313; ders., ZZP 88 (1957) S. 439; Larenz, SR I, § 18 VI c, S. 262; Henckel, ZZP 74 (1961) S. 165, 175 ff.; ders., JZ 1963, S. 682; Asper, S. 20; Baumgärtel, S. 161 ff.; ders., ZZP 87 (1974) S. 122; Stein/Jonas/Leipold,

rer Natur nach einerseits Prozesshandlung, zum anderen davon unabhängiges Privatrechtsgeschäft. Damit existieren für die zivilistische Theorie keine zwei Aufrechnungssysteme wie es die prozessuale Theorie annimmt. Die Rechtsnatur der im Prozess abgegebenen Aufrechnung ist prinzipiell die gleiche wie die der außerprozessualen Aufrechnung. In erster Linie ist sie bürgerliches Rechtsgeschäft i.S.v. § 388 BGB mit der Wirkung des § 389 BGB, denn die eigentliche Rechtsnatur der Aufrechnung ändert sich nicht dadurch, dass sie im Prozess abgegeben wird. Unterschieden werden muss jedoch zwischen der Erklärung der Aufrechnung einerseits und ihrer verteidigungsweisen Geltendmachung im Prozess als Einwendung andererseits. Beide Rechtshandlungen unterliegen völlig unabhängig voneinander jeweils für sich den Bestimmungen ihres eigenen Rechtsgebietes und können bei gleichzeitiger Vornahme im Prozess rein äußerlich zusammenfallen[74]. Wer die Aufrechnung erklärt, macht damit für sich noch keine Tatsache geltend, sondern übt ein Gestaltungsrecht aus, welches diese Tatsache erst erzeugt. Wendet er die Aufrechnung im Prozess ein, beruft er sich auf die bereits eingetretene Aufrechnungswirkung. Sofern die Aufrechnung erstmals im Prozess erklärt wird und dem Aufrechnungsgegner zugeht, fallen beide Wirkungen zeitgleich zusammen. Hieraus ergibt sich folgende bedeutsame Unterscheidung: Können die Ausübung des Gestaltungsrechts und dessen Geltendmachung auseinander fallen, so müssen die Personen, die die jeweiligen Handlungen vornehmen, nicht identisch sein. Daher ist es möglich, dass der Beklagte eines Prozesses eine vom Kläger außerprozessual erklärte Aufrechnung geltend macht und sich damit auf das Erlöschen der Klageforderung beruft.

Um prozessuale Wirkungen hervorrufen zu können, muss die Aufrechnungseinrede, wie jede Prozesshandlung, von einer postulationsfähigen Person gegenüber dem Gericht abgegeben werden. Zu ihrer materiellrechtlichen Wirksamkeit bedarf es neben den sonstigen Voraussetzungen einer wirksamen Aufrechnung

---

§ 145 Rn 28; Baumbach/Lauterbach/Albers/Hartmann, § 145 Rn 10; Staudinger/Gursky, Vorbem. zu §§ 387 ff. Rn 29; MüKo-BGB/Schlüter, § 387 Rn 39; MüKo-ZPO/Peters, § 145 Rn 18; Palandt/Heinrichs, § 388 Rn 2; Walsmann, AcP 102 (1907) S. 122; Gernhuber, § 12, S. 312; Kawano, ZZP 94 (1981) S. 3; Musielak/Stadler, § 145 Rn 14; Musielak, JuS 1994, S. 817; Schwab, FS Nipperdey (1965) S. 939, 943; Buß, JuS 1994, S. 150 ff.; Jauernig, ZPR, § 30 V; Schellhammer, Rn 319; Zöller/Greger, § 145 Rn 11; Schilken, ZPR, Rn 433; Soergel/Zeiss, Vor § 387 Rn 2; Erman/Westermann, § 388 Rn 4; Arens, Willensmängel, S. 187, 191; Grunsky, JZ 1965, S. 391 ff.; ders., ZZP 86 (1973) S. 445; Habscheid, ZZP 76 (1963) S. 371 ff.; Niese, S. 83 f.; Goldschmidt, ZPR, S. 123 ff., 132; ders., Prozeß, S. 468; Deppert, S. 22; Lent, § 29 V; Rosenberg, S. 64, 69; Nussbaum, S. 73 ff.; Knöringer, NJW 1977, S. 2339; RGRK/Weber, vor § 387 Rn 14, 16; Kauppert, S. 49; Thomas/Putzo, § 145 Rn 12; Hollaender, ZZP 48 (1920) S. 374; Redlich, ZZP 25 (1898) S. 357 ff., 359.

[74] Vgl. Kauppert, S. 8; Asper, S. 16 f.

gemäß §§ 387 ff. BGB, der Erklärung gegenüber dem Aufrechnungsgegner, von einer zur materiellen Aufrechnung berechtigten Person[75].

Der materiellrechtliche Erfolg, das gleichzeitige Erlöschen der aufgerechneten Forderungen, tritt dann unabhängig vom Schicksal des Prozesses ein. Darin liegt zugleich eines der Hauptprobleme der zivilistischen Theorie. Die Aufrechnungserklärung bleibt auch wirksam, obwohl ihr Vorbringen im Prozess wirkungslos war. Der Beklagte würde konsequenterweise seine Forderung einbüßen, ohne damit eine Abweisung der Klage erreicht zu haben[76]. Sie muss sich somit vorhalten lassen, dass es zu einem Auseinanderfallen von materieller und prozessualer Rechtslage kommt, wenn die materiell wirksam erklärte Aufrechnung aus prozessualen Gründen bei der Urteilsfindung nicht beachtet wird. Einigkeit besteht insoweit, dass solch ein unbilliges Ergebnis zu vermeiden ist. Darüber, wie dieses Ziel erreicht werden kann, haben sich zahlreiche Konstruktionen herausgebildet[77].

Eine weitere Schwierigkeit der zivilistischen Theorie ist darin zu sehen, dass die Prozessaufrechnung im Regelfall nur *eventualiter* erklärt wird, also für den Fall und unter der Bedingung, dass einerseits die Hauptforderung überhaupt besteht und andererseits sich kein sonstiges Verteidigungsmittel erfolgreich durchsetzen konnte. Hier ist zweifelhaft, ob eine solche Eventualaufrechnung mit dem grundsätzlichen Bedingungsverbot des § 388 S. 2 BGB zu vereinbaren ist.

a) Behandlung der Eventualaufrechnung

Die Zulässigkeit der Eventualaufrechnung im Allgemeinen ist in Literatur und Praxis seit langem anerkannt[78] und wird in den §§ 204 I Nr. 5, 204 II 1 BGB (§§ 209 II Nr. 3, 215 I BGB a.F.) sowie in § 45 III GKG selbst vorausgesetzt. Indessen werden hinsichtlich ihrer rechtlichen Begründung wiederum verschiedene Ansichten vertreten.

Überwiegend wird argumentiert, dass es sich im Grunde nicht um eine echte Bedingung i.S.v. §§ 158, 388 S. 2 BGB handelt, wenn sich der Beklagte in erster Linie gegen den Bestand der Klageforderung wendet[79]. Denn zum einen setzt

---

[75] Dies setzt also im Anwaltsprozess Sondervollmacht zur Abgabe und Empfangnahme von Aufrechnungserklärungen voraus (§ 81 ZPO).
[76] Vgl. Deppert, S. 10.
[77] Vgl. dazu unter § 1 F.III.3.
[78] MüKo-BGB/Schlüter, § 388 Rn 4; Motive, Bd. II, S. 108; Zöller/Greger, § 145 Rn 13; Stein/Jonas/Leipold, § 145 Rn 51; Rosenberg/Schwab/Gottwald, § 102 II 2, S. 684; MüKo-ZPO/Peters, § 145 Rn 21 m.w.N.
[79] Motive, Bd. II, S. 108; RGZ 79, 26; 97, 269, 273; Rosenberg/Schwab/Gottwald, § 102 II 2, S. 685; MüKo-ZPO/Peters, § 145 Rn 22; Schwab, FS Nipperdey (1965) S. 939, 947; Larenz/Wolf, AT, § 14 II; Blomeyer, ZPR, § 60 II, S. 313 ff.; Kion, S. 24, 27; um eine zulässige

eine rechtswirksame Aufrechnung tatbestandlich ohnehin die Existenz einer entsprechenden Hauptforderung voraus, ist also bloße Rechtsbedingung, zum anderen ist nach der so genannten Beweiserhebungstheorie[80] das Gericht immer gehalten, zunächst den Bestand der Klageforderung zu prüfen, bevor es sich mit der Aufrechnung auch nur ansatzweise befasst. Handelt es sich dagegen um Einreden im Sinne des BGB, die der Beklagte gegen die Klageforderung vorzugsweise dartut, soll es sich um eine „*condicio in praesens vel praeteritum collata*", also um eine bereits entschiedene Gegenwartsbedingung handeln[81]. Denn die Tatsache, ob die geltend gemachten Leistungsverweigerungsrechte bestehen oder nicht, sei kein zukünftiges ungewisses Ereignis, sondern stehe objektiv bereits fest und ist damit eine in der Gegenwart real existierende Voraussetzung und keine echte Bedingung i.S. v. § 388 S. 2 BGB[82]. Mehrheitlich wird diese Auffassung von ihren Vertretern noch dadurch ergänzt, dass sie neben der materiellrechtlichen, unter einer Rechtsbedingung erklärten Aufrechnung, noch eine Prozesshandlung sehen, nämlich die Berufung auf die Aufrechnung. Diese Prozesshandlung stehe ohnehin unter der nicht gemäß § 388 S. 2 BGB ausgeschlossenen innerprozessualen Bedingung, dass das Gericht die Klageforderung auch für bestehend erachtet.

Andere Vertreter der zivilistischen Theorie lösen die Streifrage des § 388 S. 2 BGB durch eine Verknüpfung der Eventualaufrechnung mit einer echten *aufschiebenden* und *auflösenden* Bedingung in dem Sinne, dass die Aufrechnung erst dann eingreifen soll, wenn das Gericht vom Bestehen der Klageforderung sowie der Erfolglosigkeit anderer Verteidigungsmittel überzeugt ist und dass sie auflösend bedingt wirkungslos wird, wenn ein Gericht höherer Instanz zu einem anderen Ergebnis gelangt[83]. Dies hat unter anderem den Vorteil, dass der Beklagte materiellrechtlich seine Gegenforderung problemlos noch in einem anderen Prozess geltend machen kann, solange noch kein Urteil erlassen ist. Die Annahme einer zweifachen echten Bedingung i.S.v. § 158 BGB ist nach sinngemäßer Auslegung auch mit § 388 S. 2 BGB zu vereinbaren[84]. Denn der eigentliche Schutzzweck der Bedingungsfeindlichkeit der Aufrechnung liegt in der Gleichstellung der Erfüllungswirkung mit der Zahlung, so dass folglich bei dem Auf-

---

innerprozessuale Bedingung handelt es sich ohnehin insoweit, als es um die Aufrechnung als Prozesshandlung geht, vgl. Deppert, S.10.

80 RGZ 42, 362; 80, 164; 142, 175; BGH LM § 322 Nr. 21; NJW 1962, 173; Palandt/Heinrichs, § 388 Rn 3; Staudinger/Gursky, § 388 Rn 45 m.w.N.

81 Staudinger/Gursky, § 388 Rn 36; Schwab, FS Nipperdey (1965) S. 939, 946.

82 Medicus AT, Rn 829; Rosenberg/Schwab/Gottwald, § 102 II 2, S. 685; MüKO-ZPO/Peters, § 145 Rn 22; Häsemeyer, FS Weber (1975) S. 225; Stein/Jonas/Leipold, § 145 Rn 51; Staudinger/Gursky, § 388 Rn 36; Kion, S. 34.

83 Musielak, GK ZPO Rn 299 f.; Musielak, JuS 1994, S. 817 f., 825; Lüke, Rn 214; Rothweiler, S. 42 ff.; Noltze, S. 26 ff.; Schlosser, ZPR I Rn 325; Möller, JA 2001, S. 49 f.

84 vgl. Musielak, JuS 1994, S. 820: teleologische Reduktion.

rechnungsgegner keine dauerhafte Ungewissheit darüber bestehen soll, ob die Erlöschenswirkung nun eintritt oder nicht[85]. Diese Ungewissheit besteht bei der Eventualaufrechnung im Prozess jedoch zum einen nur für einen sehr kurzen Zeitraum, nämlich bis zum Erlass des Urteils, was für den Kläger zumutbar erscheint, zum anderen ist auch bei einer definitiven Aufrechnung ungewiss, ob das Gericht der Aufrechnung folgen wird[86].

Diese Ansicht, die im Ergebnis zu einer teleologischen Reduktion des § 388 S. 2 BGB kommt, erscheint vorzugswürdig. Sie hat gegenüber der Erstgenannten den Vorteil, dass sie das offensichtliche Vorliegen einer echten Bedingung nicht zu leugnen braucht. Die Charakterisierung als bloße Gegenwartsbedingung im Sinne eines objektiv bereits feststehenden, subjektiv aber noch unbekannten Geschehens, welches vom Richter nur noch bekannt gegeben werden muss, ignoriert die tatsächliche Möglichkeit eines falschen Urteils und muss sich in Verbindung bringen lassen mit der heute aus guten Gründen nicht mehr vertretenen materiellen Rechtskrafttheorie[87], in der das richterliche Urteil im Sinne einer eigenen Anspruchsgrundlage neues, privates Recht schafft.

Materielle Wirksamkeitsvoraussetzung im Sinne einer Rechtsbedingung ist die Existenz der Hauptforderung, nicht aber die entsprechende Erkenntnis des Richters. Von dieser aber macht der Beklagte seine Aufrechnung abhängig. Damit ist die Entscheidung des Gerichtes für ihn in der Tat ein zukünftiges ungewisses Ereignis[88].

b) Ergebnis

Der klassische Streit um die Rechtsnatur der Prozessaufrechnung wurde schließlich zu Recht im Sinne der zivilistischen Theorie entschieden. Sie steht im Einklang mit den gesetzlichen Vorschriften und kann vermeintliche Widersprüche durchaus in überzeugender Weise zweckmäßig und sinnvoll lösen. Wenn ihr vorgehalten wird, die Aufspaltung eines einheitlichen Lebensvorganges sowie die Konstruktion eines Doppeltatbestandes seien gekünstelt und unbefriedigend[89], so kann zu Recht darauf hingewiesen werden, dass solchermaßen Trennung einheitlicher Sachverhalte dem juristischen Denken nicht zuletzt durch das sachenrechtliche Trennungsprinzip bereits bekannt sind[90].

---

[85] Mugdan, Materialien II, S. 59, 561.
[86] Noltze, S. 45; a.A. Schreiber, Festgabe 50 Jahre BGH (2000) S. 234 f.
[87] Z.B. vertreten von Kohler, FS Klein (1914) S. 1 ff.; Pagenstecher, S. 305 ff.
[88] Musielak, GK ZPO Rn 300.
[89] Oertmann, S. 37.
[90] so auch Asper, S. 19.

E: Zulässigkeits- und Wirksamkeitsvoraussetzungen der Klägeraufrechnung

Der im Mittelpunkt dieser Arbeit stehenden Frage des Rechtskraftumfangs vorgelagert ist die Problematik der Zulässigkeit und Wirksamkeit der Klägeraufrechnung. Bei der Studie entsprechender Fallliteratur fällt auf, dass insoweit auf eine klare Differenzierung oft verzichtet wird. Je nach Typus der Klägeraufrechnung werden die unterschiedlichsten Zulässigkeitsbedenken erwogen, darüber hinaus ist die materielle Wirksamkeit im Einzelnen zu prüfen.

I. Allgemeines

Der allgemeinen Zulässigkeit einer klägerseitigen Aufrechnung im Prozess scheint zunächst entgegenzustehen, dass die Aufrechnung nach ihrer ursprünglichen prozessualen Gestaltung ein klassisches Verteidigungsmittel des *Beklagten* ist, welches ihn mittels Erhebung der entsprechenden Einrede davor schützen soll, etwas leisten zu müssen, was er vom Kläger sogleich ebenfalls fordern könnte[91]. Dies ist indes kein Hinderungsgrund für die Klägeraufrechnung. Unabhängig davon, in welcher prozessualen Fallkonstellation sie geltend gemacht wird, richtet sich auch die Klägeraufrechnung nach den materiellrechtlichen Vorschriften der §§ 387 ff. BGB. Eine Differenzierung ist dort weder zwischen Schuldner und Gläubiger, noch zwischen Kläger und Beklagtem enthalten[92]. Liegen die materiellen Voraussetzungen der Aufrechnung wie Gegenseitigkeit, Gleichartigkeit sowie Durchsetzbarkeit und Erfüllbarkeit vor, kann jeder Teil seine Forderung gegen die Forderung des anderen Teils aufrechnen, § 387 BGB. Daran ändert auch die Tatsache nichts, dass die Klägeraufrechnung in der ZPO explizit keine Erwähnung gefunden hat. Dies kann wohl auf ein Versehen des Gesetzgebers zurückgeführt werden, der wegen des grundlegenden und einschlägigen Charakters der Prozessaufrechnung als Verteidigungsmittel eine entsprechende Regelung wohl schlicht für überflüssig hielt[93]. Vernünftiger Weise ist davon auszugehen, dass die materiellrechtliche Gestaltungsmöglichkeit, die §§ 387 ff. BGB gewähren, auch prozessual durchzusetzen sein sollte.

Darüber hinaus besteht Einigkeit, dass die allgemeinen Prozessvoraussetzungen für die Aufrechnungsforderung nicht vorzuliegen brauchen[94]. Auch die klägerseitige Aufrechnung müsste sich somit als Einrede und Verteidigungsmittel gegen ein Gegenrecht des Beklagten darstellen, so dass die Gegenforde-

---

[91] Siehe Dernburg, § 64, S. 546 unter Befürwortung einer „Aufrechnungsklage“ die wohl am ehesten der heutigen negativen Festsstellungsklage mittels Aufrechnung entspricht.
[92] Niklas, MDR 1987, S. 96.
[93] So Niklas, MDR 1987, S. 96.
[94] Zeiss/Schreiber, ZPR, Rn 396, S. 158.

rung weder für die Zulässigkeit des Rechtsweges noch für die Zuständigkeit des Gerichts eine Rolle spielt[95].

Unproblematisch zulässig und weithin anerkannt sind klägerische Aufrechnungen innerhalb der negativen Feststellungsklage und der Vollstreckungsgegenklage sowie im Rahmen der Widerklage. Hier sind jeweils nur die den entsprechenden Klagetypus bedingenden besonderen Prozessvoraussetzungen zu berücksichtigen[96].

II. Rechtshängigkeit / Klagesperre

Es scheint, als könnte man zumindest im Fall der außerprozessualen Aufrechnung des klagenden Gläubigers das aus der eingangs dargestellten Entscheidung des BGH[97] resultierende unbillige Ergebnis zweier sich widersprechender Urteile über ein und denselben Aufrechnungsvorgang bereits im Vorfeld vermeiden, wenn man entgegen der ganz herrschenden Meinung und Rechtssprechung davon ausginge, dass die Erhebung der Aufrechnungseinrede, ebenso wie die Erhebung der Klage, die Rechtshängigkeit zur Folge hat. Die doppelte Geltendmachung ein und derselben Forderung in zwei unterschiedlichen Verfahren wäre dann von vornherein ausgeschlossen, § 261 III Nr.1 ZPO. Stattdessen soll es aber allgemein zulässig sein, die längst aufgerechnete Forderung noch in einem zweiten Prozess selbständig einzuklagen und umgekehrt, die bereits eingeklagte Forderung noch anderweitig aufzurechnen oder in zwei Prozessen nebeneinander ein und dieselbe Forderung zur (Eventual-) Aufrechnung zu verwenden[98].

---

95 Rosenberg/Schwab/Gottwald, § 102 III 2, S. 686.

96 Insbesondere § 256 I ZPO und § 767 II ZPO.

97 BGH NJW 1984, 1356.

98 BGHZ 57, 242; BGH NJW 1977, 1687; NJW 1986, 2767; NJW-RR 1994, 379; NJW-RR 89, 173 f.; BAG WM 1974, 792; OLG München IPRax 1997, 872; RGZ 6, 480; 27, 296, 299; Thomas/Putzo, § 145 Rn 20; Baumbach/Albers/Lauterbach/Hartmann, § 145 Rn 15, § 261 Rn 12; Stein/Jonas/Leipold, § 145 Rn 42, 44; Zöller/Greger, § 145 Rn 18; Schellhammer, Rn 328 ff.; Lindacher, JZ 1972, S. 429 (differenzierend); Oertmann, S. 143 ff.; MüKo-ZPO/Peters, § 145 Rn 29; MüKo-BGB/Schlüter, § 387 Rn 43; Rosenber/Schwab/Gottwald, § 102 III 2, S. 686 (a.A. noch 14. Vorauflage); Redlich, ZZP 25 (1898) S. 376; Baumgärtel, JuS 1966, S.187, 189; Jauernig, ZPR § 45 III; Schilken, ZPR Rn 439; Musielak/Stadler, § 145 Rn 18; v. Feldmann, JuS 1983, S. 362; Staudinger/Gursky, Vorbem. zu §§ 387 ff. Rn 36; Palandt/ Heinrichs, § 388 Rn 6; Geib, AcP 85 (1896) S. 161 ff.; AK-BGB/Brüggemeier, §§ 387- 389 Rn 31; Grunsky, Verfahrensrecht, § 15 I 1; Musielak, JuS 1994, S. 817, 824; Schönke/Kuchinke, § 48 II; Steininger in: FS Schima (1969) S. 407, 420; Müko-ZPO/Lüke, § 261 Rn 27; Bruns, Rn 157; Mittenzwei, ZZP 85 (1972) S. 466, 484: weil die Aufrechnung eine unentwickelte Widerklage in Form einer Inzidentfeststellungsklage mit differentem Streitgegenstand sei, werde sie zwar rechtshängig, aber ohne Anwendung des § 261 III Nr. 1 ZPO.

1. Herrschende Meinung: keine Rechtshängigkeit der Aufrechnung des Beklagten

Da die Aufrechnung ihrem Wesen nach weder Klage noch Widerklage, sondern ein Verteidigungsmittel ist[99], stützen sich der BGH und die herrschende Meinung in der Begründung ihrer Ansicht in erster Linie auf den Wortlaut des § 261 I ZPO. Danach wird die Rechtshängigkeit lediglich durch Erhebung der Klage begründet und bezieht sich auf den durch den „Anspruch" bestimmten Streitgegenstand. Der Beklagte hingegen begehre keine selbständige Entscheidung über seine zur Aufrechnung gestellte Forderung, sondern führe diese lediglich als Verteidigungsmittel in den Prozess ein. Sie wird dadurch nicht zum Streitgegenstand[100]. Im Übrigen passen auch die sonstigen Vorschriften über die Rechtshängigkeit nicht. Die Frage der fortdauernden Zuständigkeit nach § 261 III Nr. 2 ZPO spielt für die Aufrechnung ebenso wenig eine Rolle wie die Vorschriften der §§ 269, 263, 265 ZPO. Es ist kein Grund ersichtlich, warum die Aufrechnungseinrede nicht ohne Zustimmung des Aufrechnungsgegners zurückgenommen, sondern nur mit dessen Einverständnis oder bei Vorliegen von Sachdienlichkeit geändert werden können soll[101]. Gemäß § 322 II ZPO werde zwar über die Aufrechnungsforderung mit Rechtskraft entschieden. Dies begründe aber nicht zwingend auch die Annahme der Rechtshängigkeit, sondern sei als Ausnahme der Regel zu verstehen, dass sich Rechtskraft und Rechtshängigkeit im Allgemeinen decken[102]. Ein anderes Verständnis würde die Verteidigung des Beklagten unzumutbar erschweren. Wäre es dem Beklagten allein deshalb verwehrt, sich aufrechnungsweise mit einer ihm zustehenden Forderung zu verteidigen, weil er sie bereits selbständig eingeklagt hat, könnte dies zu schweren Unbilligkeiten führen. Zum einen erspart ihm die Aufrechnung eine lästige Zwangsvollstreckung und schützt ihn zum anderen vor einer Insolvenz des Geg-

---

[99] BGHZ 57, 242, 243; OLG Celle, AP Nr. 1 zu § 263 ZPO; Zöller/Greger, § 145 Rn 18a (sie begründet keinen weiteren Streitgegenstand); MüKo-ZPO/Peters, § 145 Rn 29; Schellhammer, Rn 328; Rosenberg/Schwab/Gottwald, § 102 III 2, S. 686; Thomas/Putzo, § 145 Rn 19; a.A. Bettermann, S. 84: Die Aufrechnung wird in wesentlichen Punkten wie eine Widerklage behandelt; Deppert, S. 172: Der Aufrechnende erhebt einen prozessualen Anspruch auf Leistung, dem durch Klageabweisung stattgegeben werde; Unentwickelte Widerklage: Mittenzwei, ZZP 85 (1972) S. 466, 484; Schreiber, ZZP 90 (1977) S. 395, 399; Schmidt, ZZP 87 (1974) S. 29, 32 ff.

[100] Staudinger/Gursky, Vorbem. zu §§ 387 ff. Rn 36; Musielak, JuS 1994, S. 824; a.A. Blomeyer, ZPR, § 60 I 1a.

[101] BGHZ 57, 243; Zöller/Greger, § 145 Rn 18.

[102] BGHZ 57, 243.; MüKo-ZPO/Gottwald, § 322 Rn 176; Baumbach/Lauterbach/Albers/Hartmann, § 145 Rn 15; Zöller/Greger, § 145 Rn 18; Musielak, JuS 1994, S. 824; a.A. aber ohne überzeugende Begründung: Bettermann, S. 87: Rechtshängigkeit ist Vorläufer der Rechtskraft und schütze *ne bis in idem* schon während des Verfahrens.

ners[103]. Eine Rechtshängigkeitssperre würde es dem Beklagten unmöglich machen, sein Recht so auszuüben, wie es ihm das materielle Recht erlaube[104]. Auch die in der Praxis allgemeine Übung, eine Forderung gegenüber einer Klage zur Aufrechnung zu stellen und sie darüber hinaus hilfsweise zum Gegenstand einer Widerklage zu machen, stünde dieser Ansicht entgegen[105].

Zudem sei die Gefahr, dass zwei auf diese Weise mit ein und derselben Forderung befasste Gerichte verschieden rechtskräftig entscheiden zwar nicht zu leugnen, aber dennoch nur sehr theoretischer Natur und könne deshalb in Kauf genommen werden. Außerdem bestehe die Möglichkeit, derartige Unzuträglichkeiten durch die Bestimmungen der §§ 145, 302 ZPO und durch die Parteien selbst zu vermeiden. Schließlich wüssten diese allein am besten, wann ein Anspruch mehrfach zur Entscheidung steht[106].

Um die Gefahr sich widersprechender Entscheidungen zu vermeiden, wird darüber hinaus von der herrschenden Literatur die Aussetzung eines der Verfahren unter Anwendung des § 148 ZPO vorgeschlagen, bis einer der beiden Prozesse rechtskräftig und präjudizierlich entschieden ist. Umstritten ist dabei allerdings, in welchem der beiden Verfahren es zu einer Aussetzung kommen soll[107].

2. Gegenansicht: Rechtshängigkeit der Aufrechnung des Beklagten

Für die Gegenansicht[108], wonach die einmal aufgerechnete Gegenforderung auch rechtshängig werde, spricht vor allem ein prozessökonomisches Argument: Sinn und Zweck des § 261 III Nr.1 ZPO sei es, divergierende Entscheidungen verschiedener Gerichte über ein und denselben Anspruch zu vermeiden und damit einhergehende Folgen der doppelten Inanspruchnahme, verbunden mit doppeltem Kostenaufwand, unnötiger Doppelarbeit und Urteilskollision, auszuschließen. Von die Gegenmeinung wird daher vor allem bemängelt, dass sich die herrschende Meinung und Rechtsprechung zum einen nicht hinreichend mit einem *argumentum e contrario* bezüglich des Wortlautes auseinandersetzt und zum

103 Zöller/Greger, § 145 Rn 18; Lindacher, JZ 1972, S. 429.
104 Grunsky, Verfahrensrecht, § 15 I, S. 148.
105 BGHZ 57, 243 f. mit Hinweis auf LM Nr. 5 zu § 33 ZPO und BGH WM 1971, 1366.
106 BGHZ 57, 243 f.; Schellhammer, Rn 328.
107 für eine Aussetzung des Verfahrens der Klage: Zöller/Greger, § 145 Rn 18; Stein/Jonas/Leipold, § 145 Rn 43; für eine Aussetzung des Prozesses in dem aufgerechnet wurde: OLG Dresden NJW 1994, 139; Lindacher, JZ 1972, S. 429; MüKo-ZPO/Peters, § 145 Rn 30; Staudinger/Gursky, Vorbem. zu §§ 387 ff. Rn 36.
108 OLG Stuttgart, NJW 1970, 1690 f.; Bettermann, S. 84; ders., ZZP 85 (1972) S. 488; Schmidt, ZZP 87 (1974) S. 36; Blomeyer, ZPR, § 60 I 1a, S. 310; Deppert, S. 172; Lindacher, JZ 1972, S. 429; Häsemeyer, FS Weber (1975) S. 232; Niklas, MDR 1987, S. 96, 100 a.E., Fn. 36; RGZ 28, 414 ff.; Heckelmann, NJW 1972, S. 1350, 1352; Zeiss, JR 1972, S. 338; Soergel/Zeiss, Vor § 387 Rn 3; Rimmelspacher, S. 328; Teubner/Prange, JR 1988, S. 401; Schreiber, JA 1980, S. 344, 347.

anderen, wenn sie schon nicht Rechtshängigkeit im Ganzen befürwortet, zumindest die analoge Anwendung des § 261 III Nr. 1 ZPO in Betracht zieht[109]. Vor allem seien die §§ 145 III, 302 ZPO nicht geeignet, die beschriebenen Gefahren zu vermeiden[110]. Eine Aussetzung des Verfahrens nach § 148 ZPO komme außerdem nur bei Präjudizialität des Rechtsverhältnisses in Betracht, nicht jedoch, wenn es sich wie hier um ein identisches Rechtsverhältnis handelt[111]. Zudem könnte der Forderungsinhaber im selben Verfahren Widerklage erheben, womit eine Spaltung des Verfahrens durch eine selbständige Leistungsklage vermeidbar wäre[112].

Innerhalb dieser Ansicht besteht Uneinigkeit darin, ob die Wirkung der Rechtshängigkeit stets eintreten soll oder nur dann, wenn zunächst die Aufrechnung in dem früheren Prozess vorgebracht und die Forderung später selbständig eingeklagt wird. Das mit der Aufrechnung befasste Gericht verfüge über eine erschöpfende Entscheidungsbefugnis, die dem Aufrechnenden nicht nur einen Leistungstitel verschafft, sondern bereits volle Befriedigung herbeiführt[113]. Die Gefahr sich widersprechender Urteile und das Bedürfnis nach Prozessökonomie erforderten daher eine Rechtshängigkeitssperre gemäß § 261 III Nr. 1 ZPO speziell für diesen Fall. Die nachträgliche Erhebung der Leistungsklage sei zudem wegen der Möglichkeit der Widerklageerhebung im ersten Verfahren unnötig. Würde jedoch zuerst Klage erhoben und später aufgerechnet, sollen im Wesentlichen die Argumente der herrschenden Meinung gelten, die den Beklagten im zweiten Prozess vor dem Insolvenzrisiko des Klägers schützen will[114].

3. Stellungnahme

Eine Auseinandersetzung mit den Einzelheiten dieser oder jener Ansicht[115] ist nicht Thema der vorliegenden Arbeit. Ein gewichtiges Argument der Mindermeinung liegt m. E. jedoch in dem Risiko von Urteilskollisionen. Dass ein solches nicht nur hypothetisch ist, zeigt die Praxis. Dennoch stellt das geltende Recht bei richtiger Anwendung ausreichend Mittel und Möglichkeiten zur Verfügung, der Gefahr von sich widersprechenden Urteilen in diesen Fällen entgegenzuwirken. Nur kurz soll daher zunächst auf § 148 ZPO und diejenigen Ge-

---

[109] Bettermann, ZZP 85 (1972) S. 486; Zeiss, JR 1972, S. 338; Schreiber, JA 1980, S. 346; E. Schmidt, ZZP 87 (1974) S. 29, 39.

[110] Teubner/Prange, JR 1988, S. 403: der Anwendungsbereich der Vorschrift beschränke sich auf inkonnexe Gegenforderungen.

[111] Schmidt, ZZP 87 (1974) S. 36; Heckelmann, NJW 1972, S. 1350, 1352.

[112] Lindacher JZ 1972, S. 429.

[113] Teubner/Prange, JR 1988, S. 403; Schmidt, ZZP 87 (1974) S. 37; Coester-Waltjen, Jura 1990, S. 30; Soergel/Zeiss, Vor § 387 Rn 3.

[114] Lindacher, JZ 1972, S. 429.

[115] Dazu ausführlich Noltze, S. 258 ff.

genstimmen eingegangen werden, die seine Anwendung mangels Präjudizialität für unzulässig halten[116].

Es muss an dieser Stelle nicht entschieden werden, welcher der beiden Prozesse auszusetzen ist. Ausschlaggebend ist allein, dass § 148 ZPO bei sinnvoller Anwendung prinzipiell geeignet erscheint, die Gefahr widersprechender Entscheidungen zu verhindern.

Die Aussetzungsmöglichkeit nach § 148 ZPO erlaubt es dem Richter des laufenden Zivilprozesses, die Entscheidung einer Vorfrage seines Prozesses in einem anderen Verfahren abzuwarten[117]. Die Entscheidung in dem auszusetzenden Prozesses muss dabei ganz oder teilweise abhängig sein vom Bestehen oder Nichtbestehen eines Rechtsverhältnisses, über welches in dem anderen Prozess zu befinden ist[118]. Dabei reicht schon jeder rechtliche Einfluss des anderen Verfahrens auf den auszusetzenden Prozess aus, auch wenn er einen bloßen Beweggrund darstellen würde oder es um eine Tatsachenfeststellung geht[119]. Die anderweitige materielle Rechtskraft ist geradezu ein Paradebeispiel dafür, wie solch eine echte Vorgreiflichkeit des Rechtsverhältnisses bewirkt werden kann. Wird also der bereits rechtshängige Anspruch in einem weiteren Prozess zur Aufrechnung verwendet oder umgekehrt, ist dies aufgrund der rechtskräftigen Entscheidung gemäß § 322 I, II ZPO von präjudizieller Bedeutung.

Zwar geht es vorliegend um jeweils zwei identische Forderungen in unterschiedlichen Prozessen. Deren Streitgegenstand ist jedoch aufgrund der unterschiedlichen klägerischen Anträge ein völlig anderer. Soweit das Bestehen der Aufrechnungsforderung in dem einen Rechtsstreit rechtskräftig festgestellt ist, wirkt das Urteil für den anderen Prozess vor. Dort kann die Entscheidung dann lediglich noch von der Wirksamkeit der Aufrechnungserklärung und dem Bestehen etwaiger Aufrechnungsverbote abhängen[120].
Im Übrigen ist auf den Sinn und Zweck des § 148 ZPO abzustellen, der neben dem Institut der Rechtshängigkeit und der materiellen Rechtskraft dieselben Ziele verfolgt, nämlich Urteilskollisionen und unökonomische Beanspruchung

[116] Da es sich um ein und denselben Anspruch handelt, liege Identität und keine Präjudizialität vor: Heckelmann, NJW 1972, S. 1353; Schmidt, ZZP 87 (1974) S. 39; Bettermann, ZZP 85 (1972) 486, S. 489 (bei mehrfacher Aufrechnung).

[117] Zum grundsätzlichen Anwendungsbereich des § 148 ZPO vgl. Schilken, Gedächtnisschrift für Heinze (2005), S. 763 ff.

[118] MüKo-ZPO/Peters, § 148 Rn 1, 6; Baumbach/Lauterbach/Albers/Hartmann, § 145 Rn 4; Zöller/ Greger, § 145 Rn 5.

[119] Baumbach/Lauterbach/Albers/Hartmann, § 145 Rn 4 m.w.N.

[120] Ebenso Noltze, S. 101.

der Gerichte vorzubeugen[121]. Greift dieser Gedanke bei Präjudizialität ein, ergibt sich aus einem „erst-recht-Schluss“, dass dies bei Identität der Rechtsverhältnisse nicht ausgeschlossen sein könnte. Selbst wenn die Voraussetzungen des §148 ZPO im Einzelnen nicht vorliegen, so wird das Gericht gelegentlich die gleiche Wirkung, also den Stillstand des Verfahrens, auf andere Weise zu erreichen suchen. Legitim wäre es beispielsweise, Anträge der Parteien anzuregen oder das Ruhen des Verfahrens nach § 251 ZPO anzuordnen[122].

Auch wenn dem § 148 ZPO vom Wortlaut her zunächst keine Verpflichtung zu einer Aussetzung zu entnehmen ist, so ist doch allein entscheidend, dass diese Vorschrift die entsprechende Möglichkeit dazu enthält und somit als geeignetes Instrument zur Verhinderung von gefürchteten Urteilskollisionen prinzipiell geeignet ist. Darüber hinaus ist hinsichtlich der Norm des § 148 ZPO eine Ermessensreduzierung auf Null und eine damit einhergehende Aussetzungspflicht des Gerichtes anerkannt[123]. Eine solche Pflicht müsste man bei der Gefahr entgegenstehender Rechtskraft hier jedenfalls annehmen.

Wenn von der Mindermeinung für den Eintritt der Rechtshängigkeit wegen der angeblich umfassenderen Entscheidungsbefugnis des Gerichtes in dem Aufrechnungsrechtsstreit danach differenziert wird, in welchem Prozess zuerst aufgerechnet wurde, kann auch dies nicht überzeugen. Entweder die Aufrechnung verursacht Rechtshängigkeit mit all ihren Folgen und die aufgerechnete Forderung kann nicht mehr anderweitig eingeklagt werden, dann muss aber auch im umgekehrten Fall die Rechtshängigkeit der Klage dieselbe Folge für eine anderweitige Aufrechnung auslösen. Oder es bleibt bei dem Gesetzeswortlaut, dass die Rechtshängigkeit eben nur durch Klage begründet wird. Alles andere stellt eine unnötige Verkomplizierung dar, die der Sache nach nicht erforderlich ist. Das Argument der erschöpfenden Entscheidungsbefugnis des mit der Aufrechnung befassten Gerichts, das dem Aufrechnenden bereits volle Befriedigung und nicht nur einen noch von selbst zu vollstreckenden Titel verschaffe[124], ist zudem nicht nur sachfremd, sondern steht auch im Widerspruch zu der heute herrschenden prozessualen Rechtskrafttheorie. Danach führt das Gericht die Befriedigung nicht selbst herbei, sondern erkennt nur auf die bereits zuvor bestehende Rechtslage[125]. Dies gilt umso mehr, als es sich bei der Aufrechnung bereits um eine Selbstexekution[126] handelt.

---

[121] Lindacher, JZ 1972, S. 1353.
[122] Müko-ZPO/Peters, § 145 Rn 5.
[123] BGHZ 16, 124; BGH NJW 1962, 1245; Deppert, S. 87; kritisch dazu Otte, S. 256.
[124] Dazu § 1 E.II.2.
[125] Baumbach/Lauterbach/Albers/Hartmann, Einf. vor §§ 322-327 Rn 6 m.w.N.
[126] Begriffsprägung durch Bötticher, FS Schima, S. 95 ff .

Ebenso ist mit der herrschenden Meinung[127] die rechtliche Einordnung des Aufrechnungseinwandes als Verteidigungsmittel nicht zu widerlegen. Soweit teilweise angenommen wird, es handele sich um eine (unentwickelte) Widerklage oder ähnliches[128], fehlt hierfür jede positive Grundlage. Die zur Aufrechnung gestellte Gegenforderung ist in ihrem prozessualen Schicksal an die Existenz, die Rechtshängigkeit sowie an die Höhe der Klageforderung geknüpft und insoweit von dieser abhängig. Es ist nicht Ziel der Aufrechnung, die Forderung unabhängig von der Klage zum Streitgegenstand zu machen. Damit unterscheidet sich die Geltendmachung der Aufrechnung ganz wesentlich von der Erhebung der Widerklage und ist keinesfalls in ihre Nähe zu rücken[129]. Die Frage, ob außer § 261 III Nr. 1 ZPO auch die §§ 263, 269, 265 ZPO auf den Aufrechnungseinwand anwendbar sind, ist daher von vornherein indiskutabel. Beizupflichten ist in diesem Sinne auch *Hartmann*, nach dessen Meinung „die Lehre von der unentwickelten Widerklage übersieht, dass etwas Unentwickeltes eben nicht wie das Entwickelte wirkt“[130].

Auch das Argument, der Forderungsinhaber hätte doch Widerklage erheben und so eine Spaltung des Verfahrens vermeiden können[131], ist nicht überzeugend. Denn für das Bestehen einer solchen Obliegenheit existiert ebenfalls keinerlei gesetzliche Grundlage[132].

Die besseren Argumente sprechen daher insgesamt für die herrschende Meinung und Rechsprechung, die eine Rechtshängigkeitssperre bei der Aufrechnung des Beklagten ablehnen.

4. Rechtshängigkeit der Aufrechnungsforderung bei Klägeraufrechnung?

Wenn es bei der soeben geführten Diskussion noch um die Frage der Rechtshängigkeit infolge einer Beklagtenaufrechnung ging, konnte der zentralen Gefahr einer Urteilskollision mit dem Argument der Rechtskraft begegnet werden. Die Rechtskraftwirkung eines der beiden parallel geführten Prozesse schaltete die Möglichkeit von einander divergierenden Entscheidungen durch die Wirkung des § 322 I ZPO oder durch § 322 II ZPO, im Prinzip sogar unabhängig von § 148 ZPO, weitestgehend aus. Für die Annahme einer Rechtshängigkeitssperre bei parallel geführten Prozessen, in dem zumindest in einem der beiden

---

127 BGHZ 57, 243; Blomeyer, ZPR § 60 I, S. 309; Schilken, ZPR, Rn 432; Stein/Jonas/Leipold, § 145 Rn 31; Thomas/Putzo, § 145 Rn 19; Jauernig, ZPR, § 45 I; MüKo-ZPO/Peters, § 145 Rn 29.

128 Bettermann, S. 84; Mittenzwei, ZZP 85 (1972) S. 466, 484; Schreiber, ZZP 90 (1977) S. 395, 399.

129 Stein/Jonas/Leipold, § 145 Rn 30.

130 Baumbach/Lauterbach/Albers/Hartmann, § 145 Rn 15; s. a. Braun, ZZP 89 (1976) S. 100.

131 Lindacher, JZ 1972, S. 429.

132 Ähnlich BGH MDR 1987, 558; NJW-RR 1990, 1532; Otte, S. 233 f.; a.A. Noltze, S. 268 f.

Verfahren die anderweit rechtshängige Forderung aufgerechnet wurde, bestand somit keine Veranlassung.

Genau dieses Argument hat aber für die Zulässigkeit der Klägeraufrechnung kaum Überzeugungskraft. Denn hat der Kläger im Prozess die Aufrechnung geltend gemacht, so soll die Entscheidung, ob die aufgerechnete Forderung besteht oder nicht mehr besteht, nach Ansicht der Rechtsprechung gerade nicht nach § 322 II ZPO in Rechtskraft erwachsen. Wird die aufgerechnete Forderung nun noch anderweitig rechtshängig gemacht oder die rechtshängige Forderung anderweitig aufgerechnet, oder die aufgerechnete Forderung in einem weiteren Prozess nochmals aufgerechnet, so schützt jedenfalls die Rechtskraft nicht vor doppelten und möglicherweise kollidierenden Entscheidungen.

Zu klären ist daher, ob die Rechtshängigkeitsfrage bei der klägerischen Aufrechnung aus diesem Grunde anders zu beantworten ist. Im Mittelpunkt der Überlegungen steht die Frage, wie etwaige Urteilskollisionen zu vermeiden sind und ob § 148 ZPO hierfür ein taugliches Mittel sein kann.

Ungeachtet dessen, ob man eine Verfahrensaussetzung nach § 148 ZPO bei der klägerischen Aufrechnung überhaupt für zulässig erachtet, was hinsichtlich der vom BGH angenommenen fehlenden Rechtskraftwirkung über die aufgerechnete Forderung und damit einhergehender mangelnder Vorgreiflichkeit des Rechtsverhältnisses zumindest fraglich ist[133], hätte diese Norm bei einer klägerischen Aufrechnung zumindest eine bedeutend geringere Wirkkraft. Eine Verpflichtung des zweiten Gerichts, sich trotz entgegenstehender Überzeugung aufgrund von § 148 ZPO an die Entscheidung des zuerst beendeten Verfahrens gebunden zu fühlen, kann man aus dieser Vorschrift gerade nicht ableiten, denn die frühere Entscheidung wirkt mangels Rechtskraft eben nicht präjudiziell.

Dennoch: ungeachtet einer etwaigen Bindungswirkung des zuerst entschiedenen Prozesses auf den späteren, kann es auch hinsichtlich der Gründe des Urteils entsprechenden Abstimmungsbedarf geben. Korrespondierend zur Rechtshängigkeitssperre, die den Schutz der rechtskräftigen Entscheidung in ihrer Entstehung bezweckt, schützt § 148 ZPO speziell die spätere Bindungswirkung. Die widersprüchliche Beurteilung gleicher Vorfragen, die im Kern eine denkgesetzliche und materiellrechtliche Unvereinbarkeit rechtskraftfähiger Ergebnisse zur Folge hätte, entspricht sicher nicht dem rechtspolitischen Ziel der Norm, so dass für eine entsprechende Anwendung der Aussetzungsmöglichkeit auch hier plädiert werden sollte.

---

[133] Die h.M. beschränkt die Aussetzung gemäß § 148 ZPO auf vorgreifliche Rechtsverhältnisse, die Streitgegenstand eines anderen Verfahrens sind und die der Rechtskraft fähig entschieden werden; näher dazu Otte, § 2, S. 237 ff.; Mittenzwei, S. 48 ff.; a.A. Bettermann, S. 34.

§ 148 ZPO selbst begründet freilich auch bei der Beklagtenaufrechnung keine Präjudizialität, da er lediglich Verfahrensnorm und ohne jeden materiellen Einfluss ist. Seine Aufgabe besteht allein darin, dem Gericht die Möglichkeit zur Kenntnisnahme des parallel laufenden Prozesses zu gewähren, einschließlich der Gelegenheit, die dort gewonnenen Erkenntnisse und Feststellungen im Rahmen der eigenen rechtlichen Voraussetzungen zu verwerten. Die Aussetzung des Prozesses bereitet eine Selbstunterwerfung somit nur vor, um eine spätere Bindungswirkung pflichtgemäß oder um eine nicht bindende Entscheidung freiwillig, zu beachten[134]. Damit allerdings ist die Anwendung des § 148 ZPO darauf beschränkt, unnötiger Doppelarbeit im Sinne von unökonomischer Inanspruchnahme der Gerichte vorzubeugen, dem Gerechtigkeitsgebot Vorschub zu leisten und Zuständigkeitsinteressen zu wahren. Gegen eine mögliche Urteilskollision gibt er, fehlende Rechtskraft unterstellt, jedenfalls keine Garantie. Eine solche kann er aber schließlich auch bei der Aufrechnung des Beklagten nicht geben.

5. Ergebnis

Die Lösung des Problems sich widersprechender Entscheidungen bei der Klägeraufrechnung muss demzufolge auf anderem Gebiet gefunden werden. Die Zulässigkeit der klägerischen Aufrechnung kann ebenso wie die Beklagtenaufrechnung nicht an der Rechtshängigkeit der aufgerechneten Forderung scheitern. Die grundlegenden, materiellen und prozessualen Möglichkeiten dürfen aus Gründen der prozessualen Gleichbehandlung der Parteien ohne hinreichenden sachlichen Grund für den Kläger nicht unterschiedlicher ausfallen als für den Beklagten. Auch der Kläger darf seine Aufrechnungsbefugnis ausüben, wie es ihm das materielle Recht durch die §§ 387 ff. BGB gewährt. Würde man zudem von einer Rechtshängigkeit speziell der Klägeraufrechnung ausgehen, müsste man diese folgerichtig als Klageänderung bzw. Klageerweiterung qualifizieren. Dass dies ebenfalls nicht sachgerecht ist, soll im Folgenden dargelegt werden.

III. Klägeraufrechnung als unzulässige Klageänderung

Da der Kläger das komplette Streitprogramm bereits mit der Klage bestimmen muss, wird teilweise behauptet, dass sich vor allem hinter einer Gegenaufrechnung des Klägers eine unzulässige Klageänderung bzw. -erweiterung verberge[135]. Die nachträgliche Erweiterung der Klage unterliege aber Beschränkungen, die man nicht durch eine Gegenaufrechnung umgehen dürfe[136]. Wolle der Klä-

---

[134] Otte, S. 245.
[135] Musielak/Stadler, § 145 Rn 19; Zöller/Greger, § 145 Rn 12; für eine Auslegung der Aufrechnungserklärung im Sinne eines konkludenten Klageerweiterungsantrags: Lüttringhaus, S. 30 mwN.
[136] PrObTrib, SeuffArch 30, (1875) Nr. 134, S. 200.

ger eine Entscheidung über seine weitere Forderung erhalten, so müsse er unter den Voraussetzungen der §§ 263 ff. ZPO seine Klage erweitern oder die Forderung selbständig einklagen.

Dass für eine solche Auslegung Bedarf besteht, erscheint äußerst zweifelhaft. *Braun* vergleicht die Situation der Gegenaufrechnung im Prozess hinsichtlich ihrer Eigenschaft zutreffend mit derjenigen der vorprozessualen Aufrechnung des Klägers, die an sich ohne weiteres möglich ist[137]. Bestreitet der Beklagte im Prozess die Gegenforderung des Klägers und versucht selbst gegen die Klageforderung aufzurechnen, dann hängt die Frage, ob die Forderung des Beklagten überhaupt noch besteht, davon ab, ob die vorprozessuale Aufrechnung des Klägers Erfolg hatte. Mit dieser Vorfrage müsse sich das Gericht im Rahmen seiner Prüfung zwingend auseinandersetzen. Dann sei aber nicht einzusehen, warum dem Kläger die Aufrechnung *im* Prozess verwehrt sein sollte. Anderenfalls wäre er genötigt, gegen die vom Beklagten hilfsweise zur Aufrechnung gestellte Forderung *außerhalb* des Prozesses aufzurechnen und diese Tatsache des außerprozessualen Erlöschens dann *im* Prozess geltend zu machen. So wie es möglich ist, dass der Kläger auf eine Eventualaufrechnung des Beklagten noch durch Leistung erfüllt, kann man es ihm nicht verwehren, dagegen materiell aufzurechnen. Die Umständlichkeit des beschriebenen Vorgehens mache somit deutlich, dass aus rechtstechnischen Gründen keine Veranlassung bestehe, eine Prozessaufrechnung des Klägers als Klageänderung oder Klageerweiterung auszulegen[138]. Sie ist und bleibt Verteidigungsmittel und kein Angriff. Dies werde darüber hinaus auch dadurch deutlich, dass der Kläger bei einer erfolgreichen Aufrechnung seine Forderung verliere, sie aber niemals positiv zugesprochen bekomme, ein Ergebnis, das dem der erfolgreichen Klage genau entgegengesetzt sei[139]. Mit der Aufrechnung verfolgt der Kläger das Ziel sofortiger Befriedigung und nicht, wie bei einer Klage, zwangsweise Durchsetzung.

Gegen eine solche Behandlung als Klageänderung spricht zudem ein weiteres Vergleichsargument von *Pawlowski.* Nach ganz herrschender Meinung und Rechtsprechung soll der Beklagte im Prozess mit einer Forderung aufrechnen können, die er bereits anderweitig eingeklagt hat[140]. Diese anderweitige Klage des Beklagten erledige sich jedenfalls dann, wenn die gegenwärtige Klage auf seine Aufrechnung hin abgewiesen wird, was die Aufrechnungsforderung verbraucht. Augenscheinlich führe dies dazu, dass sich der Beklagte und Kläger der Leistungsklage entgegen § 269 ZPO ohne Zustimmung des dortigen Beklagten aus dem früheren Prozess über die Forderung, mit der jetzt aufgerechnet wurde, zurückziehen könne. Zwar bleibe das Recht des dortigen Beklagten auf eine ge-

---

[137] Braun, ZZP 89 (1976) S. 98 f.
[138] Braun, ZZP 89 (1976) S. 98 f.
[139] Braun, ZZP 89 (1976) S. 100; Mankowski, JR 1996, S. 229.
[140] Dazu § 1 E.II.2.

richtliche Entscheidung über die Gegenforderung unberührt, auch wenn jetzt ein anderes Gericht durch Prüfung der Aufrechnungseinrede über diese Forderung entscheidet. Dennoch komme dem Verbot der Klageänderung generell das gleiche Gewicht zu, wie dem Verbot der einseitigen Klagerücknahme[141].

Kann also der Beklagte seine zur Aufrechnung gestellte Forderung auch noch anderweitig verwenden, sie z.B. einklagen, dann ist nicht ohne weiteres einzusehen, warum dem Kläger dieses Recht nicht ebenso zustehen soll, wenn er beispielsweise außerhalb des Prozesses mit einer Forderung des Beklagten konfrontiert wird und gegen diese mit der Klageforderung aufrechnen will. Es handelt sich sozusagen um die spiegelverkehrte, aber im Prinzip gleiche Situation. Nur auf eine von beiden die Aufrechnungsvorschriften anzuwenden und die andere wie eine Klageänderung zu behandeln, wäre nicht nur wenig sinnvoll, sondern auch nicht sachgerecht. So wie der Beklagte die Aufrechnung jederzeit zurücknehmen und fallen lassen kann, wie seine Aufrechnung nicht an den strengen Klageänderungsvorschriften der ZPO zu messen ist[142], muss dies auch für den Kläger gelten. Alles andere stellte eine nicht gerechtfertigte Ungleichbehandlung von Kläger und Beklagtem hinsichtlich ihrer aufrechnungstechnischen Möglichkeiten dar[143].

Von *Pawlowski* stammt ein weiteres materiellrechtliches Argument. Die Anwendung der prozessualen Vorschriften über die Klageerweiterung auf die klägerische Aufrechnung würde nahe liegen, wenn man die Prozessaufrechnung vornehmlich als prozessuales Institut charakterisieren könnte. Dagegen sei die Aufrechnung aber primär ein materiellrechtlicher Vorgang. Lediglich ihrer Geltendmachung im Prozess komme prozessrechtliche Wirkung zu[144]. Für die Anwendung prozessualer Regeln auf ein materiellrechtliches Geschehen bestehe jedoch keine Veranlassung[145].

Der wesentliche Zweck der Klageänderungsvorschriften besteht darin, den Beklagten vor leichtfertiger Prozessführung des Klägers zu schützen. Sieht er sich einmal mit einem klägerischen Anspruch konfrontiert, so ist es ein Teil des Rechtsschutzanspruches des Beklagten, sich in seiner Verteidigung und Prozessführung entsprechend einstellen zu können[146]. Der Beklagte ist aber weitaus weniger schutzwürdig, wenn sich der Kläger lediglich gegen eine Verteidigung des Beklagten wieder verteidigt, als bei einer gegen ihn erhobenen Klage. Bezeich-

---

[141] Pawlowski, ZZP 104 (1991) S. 256, Fn. 29; ähnlich MüKo-ZPO/Lüke, § 263 Rn 1.
[142] Leipold, § 145 Rn 45.
[143] Mankowski, JR 1996, S. 229.
[144] Zur Doppeltatbestandsnatur der heute herrschenden zivilistischen Theorie vgl. § 1 D.III.2.
[145] Pawlowski, ZZP 104 (1991) S. 268 f.
[146] Baumbach/Lauterbach/Albers/Hartmann, § 263 Rn 2.

nenderweise ändert sich auch, wie es für eine Klageänderung typisch wäre, der Streitgegenstand nicht.

Die Klageänderung wäre demzufolge eine echte Alternative[147]. Solange der Kläger aber die Aufrechnung erklärt, muss sie auch als solche aufgefasst werden. Für eine Auslegung als Klageänderung besteht keine Veranlassung.

IV. Rechtsschutzbedürfnis

Eine weitere Möglichkeit, die unerträgliche Konsequenz von sich widersprechenden Entscheidungen bereits auf der Zulässigkeitsebene zu vermeiden, bestünde darin, mit einem Teil der Literatur von einem fehlendem Rechtsschutzbedürfnis für die Leistungsklage auszugehen, wenn die gleiche Forderung entweder bereits vor Erhebung der Leistungsklage oder danach in einem weiteren Prozess aufgerechnet wurde. In dem einen Fall soll das Rechtsschutzbedürfnis von vornherein fehlen[148], in dem anderen nachträglich wegfallen[149]. Die Leistungsklage würde dann unzulässig. Das Rechtsschutzbedürfnis, welches als notwendige Prozessvoraussetzung von Amts wegen zu prüfen ist[150], besteht jedenfalls nur insoweit, als sich ein rechtlich schutzwürdiges Ziel nur auf diese Weise erreichen lässt und kein anderer, gleich sicherer, aber einfach begehbarer prozessualer Weg zur Verfügung steht[151]. Damit dient das Rechtsschutzbedürfnis zwar im Grunde der Prozesswirtschaftlichkeit[152], könnte aber im hier gegebenen Fall auch zur Vermeidung von Urteilskollisionen beitragen. Soweit überhaupt, argumentieren die Vertreter dieser Ansicht hierzu im Wesentlichen mit der Gewährung umfassenden Rechtsschutzes durch das Gericht des Aufrechnungsstreites. Dort erhielte der Kläger bereits volle Befriedigung, was mehr sei, als er in dem eigenen Prozess erreichen könne[153].

Diese Argumentation ist schon deshalb nicht überzeugend, weil der in dem anderen Prozess aufrechnende Kläger sich über eine tatsächliche Prüfung und Entscheidung der Aufrechnung alles andere als sicher sein kann. Dies gilt vor allem für eine Eventualaufrechnung, deren Prüfung zumindest vom Bestehen der Klageforderung, wenn nicht gar von dem Erfolg anderer Einwendungen abhängt,

---

[147] Mankowski, JR 1996, S. 229; ob sich zur Vermeidung der negativen Rechtskraftfolge des § 322 II ZPO auch eine entsprechende Notwendigkeit zu einer Umgestaltung des klägerischen Antrages i.S.v. § 263 ZPO ergeben kann, dazu § 2 E.VIII.6.bb.

[148] Zöller/Greger, § 145 Rn 18a; Lindacher, JZ 1972, S. 429.

[149] Teubner/Prange, JR 1988, S. 405; Coester-Waltjen, Jura 1990, S. 30; Zeiss/Schreiber, ZPR, Rn 395, S. 157; ders., JR 1972, S. 338 a.E.

[150] BGH NJW 1995, 1353.

[151] BGH NJW 1996, 3148.

[152] Tannhäuser, S. 10 ff.

[153] Zöller/Greger, § 145 Rn 18a.

gleichermaßen aber auch für die unbedingte Aufrechnung, wenn die Klage zurückgenommen oder als unzulässig abgewiesen wird[154]. Kommt es somit überhaupt zu einer Prüfung der Aufrechnungsforderung, kann von einer umfassenden Entscheidungsbefugnis des mit der Aufrechnung befassten Gerichts zudem höchstens in Höhe der Hauptforderung die Rede sein. Übersteigt der Betrag der Gegenforderung aber die Klageforderung, so bleibt dessen Geltendmachung im Wege der selbständigen Leistungsklage die einzige Möglichkeit[155].

Fazit: Das Rechtsschutzbedürfnis als Prozessvoraussetzung soll vor unlauterer oder unnützer Inanspruchnahme der Gerichte schützen und fehlt somit bei objektiv sinnlosen Klagen[156]. Davon kann bei der Leistungsklage aufgrund einer anderweit aufgerechneten Forderung nicht die Rede sein. Es bleibt damit auch für die hier relevante Konstellation bei dem Grundsatz, dass jeder Rechtssuchende einen öffentlich-rechtlichen Anspruch auf sachliche Prüfung und Entscheidung seines Anliegens gemäß Art 19 IV GG hat, der nicht ohne weiteres verwirkt werden kann[157].

V. Kollision von Klägeraufrechnung und Beklagtenaufrechnung

Bei der im Folgenden zu analysierenden Problematik handelt es sich im Gegensatz zu den vorherigen Feststellungen, welche verschiedene Aspekte der prozessualen Zulässigkeit der Klägeraufrechnung betrafen, nunmehr um ein Problem der materiellen Wirksamkeit einer solchen Aufrechnung. Es gilt in diesem Zusammenhang zu klären, welcher im Falle von mehreren in den Prozess eingeführten Aufrechnungserklärungen der Parteien, die jede für sich geeignet sind, die Gegenforderung, auf die sie sich beziehen, *ex tunc* zum Erlöschen zu bringen, materiell der Vorrang gebührt. Denn eine bereits gemäß § 389 BGB erloschene Forderung kann vom Aufrechungsgegner nicht mehr zur Aufrechnung gegen eine weitere, dritte Forderung des Aufrechnenden verwandt werden. Das heißt, es ist im Fall von mehreren aufrechenbaren Forderungen zu prüfen, welche Erklärung welche Forderung zuerst zum Erlöschen gebracht hat und ob der jeweils Aufrechnende wirksam eine derartige Tilgungsbestimmung abgeben konnte. Oder muss er sich vom Aufrechnungsgegner auf eine Forderung seiner Wahl verweisen lassen? Möglich wäre auch, dass das Prioritätsprinzip die Reihenfolge des Erlöschens quasi von selbst bestimmt.

---

[154] Stein/Jonas/Leipold, § 145 V 3 a, Rn 43; für das Vorliegen eines Rechtsschutzbedürfnis auch: Staudinger/Gursky, Vorbem. zu §§ 387 ff. Rn 36; MüKo-ZPO/Peters, § 145 Rn 30; Grunsky, Verfahrensrecht, S. 148.
[155] Ebenso Noltze, S. 277.
[156] BGH GRUR 76, 257; OLG Hamm MDR 86, 858.
[157] Siehe auch Baumgärtel, ZZP 86 (1973) S. 353, 369 f.

Ein Aufeinandertreffen von Kläger- und Beklagtenaufrechnung kann generell in allen Fallkonstellationen relevant sein. Vorwiegend bedeutsam ist die daraus resultierende Frage des Konkurrenzverhältnisses aber vor allem für die Fälle der Aufrechnung des klagenden Gläubigers sowie für die Gegenaufrechnung. Gerade die vorprozessuale Aufrechnung des späteren Klägers, deren Beweggrund deutlich in einer Minimierung des Prozessrisikos liegt, wäre recht sinnlos, wenn der Beklagte seine erloschene Forderung noch der Klageforderung entgegen halten könnte. Der Kläger hat sie eben aus diesem Grund vor dem Prozess aufgerechnet. Auch die Gegenaufrechnung des Klägers hängt in ihrer Wirksamkeit geradezu davon ab, welchen Einfluss ein entsprechender Tilgungswille des Beklagten auf die Klageforderung hat.

Die Kollisionsfrage soll demzufolge mit all ihren Besonderheiten vornehmlich anhand dieser beiden Fallvarianten erörtert werden. Da verständlicherweise auch der beklagte Gläubiger, beispielsweise im Rahmen der Vollstreckungsgegenklage, ein gewichtiges Interesse daran haben kann, dass von der Aufrechnung des klagenden Schuldners nicht seine titulierte Forderung erfasst und gelöscht wird, sondern vorzugsweise eine weitere, noch nicht titulierte oder rechtskräftig festgestellte, gelten die getroffenen Ergebnisse für die übrigen Fallkonstellationen natürlich entsprechend.

Bei einer Aufrechnung des Klägers gegen eine Widerklageforderung wird es zu einem Konkurrenzproblem allenfalls dann kommen, wenn der Beklagte wiederum gegenaufrechnet. Dabei handelt es sich im Grunde ebenso um eine Gegenaufrechnung (des Beklagten), wie im klassischen Fall, so dass die dortigen Feststellungen in gleicher Weise gelten[158].

1. Mehrere Forderungen des Aufrechnenden (Aufrechnung des klagenden Gläubigers)

Insbesondere bei der vorprozessualen Aufrechnung des klagenden Gläubigers, die zeitlich vor einer eventuell im Prozess gegen die Klageforderung abgegebenen Aufrechnung des Beklagten erklärt wurde, liegt die Annahme nahe, gemäß dem Prioritätsprinzip zu verfahren und vom Erlöschen bzw. vom Verbrauch der Gegenforderung des Beklagten durch die frühere vorprozessuale oder noch in der Klageschrift erklärte Aufrechnung des Klägers auszugehen[159].

Eine andere Beurteilung könnte sich jedoch aus der Anwendung der §§ 396 I S. 2, 366 II BGB ergeben. Zunächst einmal stellt die Norm des § 396 I S. 1 BGB klar, dass beim Vorhandensein mehrerer zur Aufrechnung geeigneter Forderungen sowohl auf der Aktiv- als auch auf der Passivseite das einseitige Bestim-

[158] Ebenso Niklas, MDR 1987, S. 96 ff.
[159] So BGH NJW 1967, 34; BGHZ 56, 314; RGZ 66, 266, 275.

mungsrecht der zu verrechnenden Forderungen bei dem Kompensanten liegt[160]. Dies ist im Falle des Aufrechnenden, der Gläubiger mehrerer Forderungen ist, recht selbstverständlich. So wie es ihm freisteht, ob er von seinem Aufrechnungsrecht Gebrauch machen will oder nicht, muss er auch entscheiden können, welche seiner verschiedenen aufrechnungsfähigen Forderungen er getilgt wissen will[161]. Dieses Recht wird jedoch durch § 396 Abs. 1 S. 2 BGB möglicherweise erheblich eingeschränkt. Denn trifft der Schuldner keine solche Bestimmung oder widerspricht der andere Teil dieser unverzüglich, so kommt die gesetzliche Auslegungsregel des § 366 II BGB zum Tragen. Nach dieser wird unter mehreren gleich fälligen Schulden zunächst diejenige getilgt, welche dem Gläubiger geringere Sicherheit bietet, unter mehreren gleich sicheren die dem Schuldner lästigere, unter mehreren gleich lästigen die ältere Schuld und bei gleichem Alter jede Schuld verhältnismäßig.

a) Sinn und Zweck des Widerspruchsrechts gemäß §§ 396 I S. 2, 366 II BGB

Das Widerspruchsrecht des Aufrechnungsgegners wurde durch die II. BGB Kommission nachträglich hinzugefügt, um den Vorteil zu sichern, der sich aus der Möglichkeit der Aufrechnung mit einer verjährten Forderung nach § 215 BGB (§ 390 S. 2 BGB a.F.) zulässigerweise ergibt. Der Aufrechnungsgegner müsse davor geschützt werden, dass die Wahl des Aufrechnenden widerspruchslos auf eine jüngere, nicht verjährte Forderung des Aufrechnungsgegners falle, anstatt zunächst die ältere, von der Verjährung bedrohte Forderung zu tilgen[162]. Dies würde nicht nur sein Recht aus § 215 BGB (§ 390 S. 2 BGB a.F.) unterwandern, sondern zugleich auch zu einem unsinnigen Wettlauf der beiden aufrechnungsberechtigten Parteien führen[163]. Im Sinne des § 396 BGB muss deshalb die früher verjährende Forderung als die dem Gläubiger weniger Sicherheit bietende betrachtet werden.

Damit steht das Widerspruchsrecht hauptsächlich im Dienst und Interesse des Aufrechnungsgegners, weshalb die gesetzlich intendierte Tilgungsordnung in erster Linie unter Berücksichtigung des Gläubigerinteresses auszulegen ist[164].

---

[160] Staudinger/Gursky, § 396 Rn 2.
[161] Staudinger/Gursky, § 396 Rn 29.
[162] Mugdan, Materialien II, S. 565; Pleister, S.19; v. Seeler, ArchBürgR 15 (1899) S. 105 f.; MüKo-BGB/Schlüter, § 396 Rn 3; Planck/Siber, § 396 Rn 1b.
[163] Staudinger/Gursky, § 396 Rn 6.
[164] Gernhuber, § 12 VIII 3, S. 306.

b) Aufrechnungserklärung des Beklagten als Widerspruch/ Rechtsnatur

Versucht nun der Beklagte im Prozess die Klageforderung durch eine eigene Aufrechnungserklärung zu Fall zu bringen, behauptet er damit konkludent, dass seine Gegenforderung noch besteht und nicht durch die vorprozessuale Aufrechnung des Klägers erloschen ist. Die rückwirkende Konsequenz des § 389 BGB würde eine erneute Aufrechnung insofern ausschließen. Bestreitet er damit nicht die Tatsache der klägerischen vorprozessualen Aufrechnung an sich, was schließlich auf eine Beweisfrage hinausliefe, sofern die Aufrechnung nicht in der Klageschrift erklärt und damit gerichtskundig gemacht wurde, so ist die Erklärung des Beklagten gleichsam als Widerspruch gegen die Tilgungsbestim mung des Klägers zu werten[165]. Dabei ist nicht erforderlich, dass der Ausdruck „Widerspruch" gebraucht wird; entscheidend ist der irgendwie erklärte Wille des Gegners[166]. Die Erklärung muss jedoch hinreichend bestimmt in dem Sinne sein, dass sie sich erkennbar gegen die Anrechnungsbestimmung richtet. Ein nur irgendwie gearteter Widerspruch lässt darauf schließen, dass der Aufrechnungsgegner die Aufrechnung ganz allgemein für unzulässig hält[167].

In Hinblick auf das die klägerische Erklärung auslösende rückwirkende Erlöschen der beiderseitigen Forderungen erscheint fraglich, welche Wirkung ein Widerspruch nach § 396 I 2 BGB überhaupt noch haben kann.

Nach heute ganz herrschender Meinung handelt es sich bei dem Widerspruchsrecht nach § 396 I 2 BGB um ein selbständiges Gestaltungsrecht, welches die Aufrechnungserklärung des Aufrechnenden zwar nicht vernichtet, aber statt seiner Anrechnungsbestimmung den gesetzlichen Aufrechnungsmodus des § 366 II BGB wirksam werden lässt[168]. Der Widerspruch greift damit nur insoweit modifizierend in das Kompensationsverhältnis ein, als er den freien Anrechnungswillen des Schuldners überwindet und wirkungslos macht, nicht aber ein eigenes, neues Aufrechnungsverhältnis schafft oder das ursprüngliche vernichtet. Bis zu dieser Modifizierung herrscht, was die Anrechnungsbestimmung und damit einhergehende Tilgungswirkung betrifft, ein Schwebezustand[169].
Damit ist der Widerspruch ebenso wie die Aufrechnung, eine einseitige empfangsbedürftige Willenserklärung, selbständiges Gegenrecht des Aufrechnungsgegners und elementarster Ausfluss der Befugnis, selbst aufrechnen zu können.

---

[165] Ebenso für die Gegenaufrechnung: Mankowski, JR 1996, S. 224.
[166] Schneider, MDR 1958, S. 823
[167] Staudinger/Gursky, § 396 Rn 18 mwN.
[168] v. Thülen, S. 16; Pleister, S. 15; Goldschmidt, ArchBürgR 15 (1899) S. 231; Weigelin, S. 150; Staudinger/Gursky, § 396 Rn 23; Gernhuber, § 12 VIII 3, S. 305.
[169] Gernhuber, § 12 VIII 3, S. 305; v.Thülen, S. 32; Weigelin, S. 151.

In seiner unmittelbarsten Wirkung enthält er eine Durchbrechung des apodiktischen Prinzips der Rückwirkung nach § 389 BGB[170].

So zweifellos das Bestimmungsrecht im Fall des mehrfach schuldenden Aufrechnungsgegners beim Aufrechnenden liegt, so umstritten ist der dagegen gerichtete Widerspruch.

Eine starke Ansicht will in dieser Konstellation dem Aufrechnungsgegner ein Widerspruchsrecht nicht gewähren, denn § 366 II BGB beruhe allein auf dem Vorhandensein der mehrfachen Berechtigung des Gegners als Leistungsempfänger[171]. Die Auswahl der zu kompensierenden Aktivforderung könne nicht zur Disposition des Aufrechnungsgegners stehen, da die freie Auswahl des Befriedigungsmittels, hier die Mehrheit kompensabler Forderungen, immer beim jeweiligen Schuldner liegt. Zwar sei möglich, dass die Aufrechnung durch Ausübung des Widerspruchsrechts eine andere Forderung des Gegners tilge, als der Aufrechnende beabsichtigt hatte, nicht aber könne sie eine eigene Forderung vernichten, auf deren Bestand der aufrechnende Gläubiger möglicherweise besonderen Wert lege. Eine solche Verfügungsmacht über den Fortbestand fremder Rechte sei undenkbar[172].

Diese Ansicht ist jedoch unzutreffend. Nach dem ausdrücklichen Gesetzeswortlaut und dem nachweislichen Willen seiner Verfasser gilt § 396 I 2 BGB für die Mehrheit von Forderungen nicht weniger als für die Mehrheit von Schulden[173]. Die Ausklammerung des mehrfach schuldenden Aufrechnungsgegners entspräche auch nicht dem oben genanten Zweck der Vorschrift, nämlich ein Korrelat für die grundsätzlich beiderseitige Aufrechnungsbefugnis der Parteien zu schaffen, wenn zeitliche Priorität zugunsten des Bestimmungsrechtes des zuerst Aufrechnenden ausfällt. Insofern unterscheidet sich eben die Aufrechnung von der Zahlung und sonstigen Erfüllungshandlungen, weshalb in § 396 I S. 2 BGB nicht zuletzt auch die Rede von einer „entsprechenden“ Anwendung ist[174]. Dass auch der mehrfach Schuldende ein - wenn auch gegenüber dem Gläubiger sub-

---

[170] Planck/Siber, § 389 Rn 1; Goldschmidt, ArchBürgR 15 (1899) S. 159 ff., S. 305; Gernhuber, § 12 VIII 3 c, S. 305; Mankowski, JR 1996, S. 224.

[171] RGRK/Weber, § 396 Rn 1; Oertmann AcP 113 (1915) S. 398 ff.; v. Thülen, S. 27; Goldschmidt, ArchBürgR 15 (1899) S. 194 ff., 225 ff.; Pleister, S. 13 f.; Staudinger/Kaduk[12], § 396 Rn 15; Weigelin, S. 150; Rehbein, BGB II, S. 357; Breit, SächsArch Bd. 10 (1900) S. 136; Larenz, SR I, § 18 Fn 73; Leonhard, SR AT, S. 624 f.

[172] v. Thülen, S. 28; Oertmann, AcP 113 (1915) S. 376 ff., 398 ff.

[173] Mugdan, Materialien II, S. 565; Gernhuber, § 12 VIII 3 d, S. 306 f.; Staudinger/Gursky, § 396 Rn 40.

[174] Im Erg. ebenso: Kohler, ZZP 24 (1898) S. 45; Enneccerus/Lehmann, § 72, Fn. 3; Planck/Siber, § 396 Anm. 3; Goldmann/Lilienthal, I § 115, Anm. 3, S. 435; Lang, S. 55; Erman/Westerman, § 396 Anm. 3; Blomeyer, ZPR, § 40 V 3; Gernhuber, § 12 VIII 3 d, S. 306 f.; Jauernig/Stürner, § 396 Rn 1.

sidiäres - Interesse an der gesetzlichen Tilgungsfolge haben kann, steht außer Frage und wird durch die Norm selbst deutlich.

c) Unverzüglich

Dass der durch den Widerspruch bedingte Schwebezustand über den Tilgungseffekt im Interesse der Rechtssicherheit nicht übergebührlich lang andauern kann, versteht sich von selbst. Der Aufrechnungsgegner muss sich daher *unverzüglich*, also ohne schuldhaftes Zögern, § 121 I S. 1 BGB, erklären. Ist im Falle der vorprozessualen klägerischen Aufrechnung dieselbe in der Klageschrift erklärt, wird ein Widerspruch des Beklagten gegen die Anrechnungsbestimmung des Klägers im Wege einer rechtzeitigen Klageerwiderung innerhalb der Schriftsatzfrist wohl ausreichend sein[175]. Wird dagegen einer Aufrechnung des Klägers, die er bereits vor Erhebung der Klage erklärt hat, erst im Termin oder innerhalb eines Schriftsatzes widersprochen, bezeichnenderweise nach sorgfältiger Abwägung der besten Verteidigungsstrategie, ist dies gewiss nicht mehr unverzüglich.

Aus dem Gesagten folgt, dass eine nur *eventual* erklärte Aufrechnung des Beklagten gegen die Klageforderung als rechtzeitiger Widerspruch im Sinne des § 396 I S. 2 BGB ebenfalls nicht gedeutet werden kann.

d) Tilgungsreihenfolge

Da wegen der Rechtshängigkeit der Klageforderung diese die für den Beklagten lästigere sei, ging das Reichsgericht einst davon aus, dass ein Widerspruch des Beklagten regelmäßig auch zu der von diesem gewünschten Aufrechnungsbestimmung im Sinne der dritten Alternative des § 366 II BGB führt[176].

Betrachtet man aber die Anordnung der gesetzlichen Tilgungsreihenfolge, ergibt sich ein anderes Bild. In klarer Stufenfolge entscheidet das Merkmal der Sicherheit für den Gläubiger vor der Lästigkeit für den Schuldner. Da in aufrechenbaren Verhältnissen immer beide Parteien sowohl Gläubiger als auch Schuldner zugleich sind, bereitet die „entsprechende" Anwendung von § 366 II BGB bei der Bestimmung der Parteirollen gewisse Schwierigkeiten. Paragraph 396 I BGB spricht insoweit nur von *dem einen oder dem anderen Teil*, während § 366 II BGB als für die Zahlung einschlägige Norm naturgemäß von einer Mehrheit von Schulden ausgeht. Da im spiegelbildlichen Sinne einer Mehrheit von Schulden ein mehrfacher Gläubiger gegenübersteht, wird deutlich, dass die

---

[175] Für die Gegenaufrechnung ebenso Mankowski, JR 1996, S. 225, Fn. 34. Er geht zu Recht davon aus, dass das Verschuldenselement des § 121 I S. 1 BGB nicht erfüllt sein kann, solange sich der Widersprechende innerhalb der gesetzlichen Schriftsatzfrist befindet; a.A.: Goldschmidt, ArchBürgR 15 (1899) S. 160: ein Abwarten bis zum nächsten Termin oder Schriftsatz sei nicht ausreichend.

[176] RGZ 66, 266, 275.

in § 366 II BGB genannten Kriterien in die umgekehrte Parteirollenverteilung übertragen werden müssen, so dass der danach an erster Stelle maßgebliche Konkretisierungsgesichtpunkt der Sicherheit hier auf die Person des Aufrechnenden bezogen werden muss[177]. Nur dieser hat, nach Abzug aller kompensabler Ansprüche, noch einen Überschuss, ist also Gläubiger einer Forderungsmehrheit.

Gemäß § 204 I Nr. 1 BGB hemmt die Klage die Verjährung der eingeklagten Forderung, so dass diese immer später verjähren wird, als die möglicherweise zeitgleich entstandene, nicht eingeklagte Forderung. Die bereits rechtshängige Klageforderung wird also aufgrund ihrer besseren Verzinsbarkeit und nur noch eingeschränkten Verjährbarkeit dem Gläubiger immer in gleichem Maße größere Sicherheit bieten, wie sie dem Schuldner lästiger ist[178]. Der Sicherheitsgrad für den Aufrechnenden ist hier jedoch entscheidend und vor dem Grad der Lästigkeit für den Aufrechnungsgegner zu berücksichtigen[179]. Darin liegt der Fehler in der Beurteilung des Reichsgerichts und einiger Literaturstimmen[180].

Im Ergebnis wird daher ein rechtzeitiger Widerspruch des Beklagten gegen eine Aufrechnung des klagenden Gläubigers nur im Ausnahmefall Erfolg haben.

2. Mehrere Forderungen des Aufrechnungsgegners (Gegenaufrechnung)

Stehen einer Forderung mehrere Verbindlichkeiten gegenüber, so ist ein Bestimmungsrecht des Aufrechnenden hinsichtlich der Auswahl der zu tilgenden Passivforderung jedenfalls bei wechselseitiger Aufrechnungsbefugnis nicht unbedingt selbstverständlich. Hätte der Aufrechnungsgegner die Aufrechnung zuvor erklärt, so wäre ihm die Bestimmung der getilgten Forderung zugefallen[181]. Doch auch in dieser Konstellation soll den Aufrechnungsgegner das Recht zum Widerspruch schützen.

Der ausdrückliche Gebrauch des Wortes „Widerspruch" ist hierbei wiederum nicht erforderlich, sondern entscheidend und ausreichend ist der irgendwie erkennbare Wille, mit der Anrechnungsbestimmung des Aufrechnenden nicht einverstanden zu sein. So ist eine Gegenaufrechnung des Klägers regelmäßig als Widerspruch gegen die Tilgungsbestimmung des Beklagten auszulegen, denn

---

[177] Staudinger/Gursky, § 396 Rn 36.

[178] Niklas, MDR 1987, S. 98; BGH NJW 1987, 182; Planck/Siber, § 396 Rn 1a, b; Erman/Westermann, § 396 Anm. 4; Deichmann, GruchB 42 (1898) S. 584; BGH NJW 1957, 1314; BGH 1986, 1519, 1521.

[179] Mankowski, JR 1996, S. 226; Gernhuber, § 12 VIII, 3, S. 306 f. mwN.

[180] RGZ 66, 266, 275; Lüttringhaus, S. 19; Goldmann-Lilienthal, Bd 1, S. 429, Fn. 10; Schneider MDR 54, S. 823.

[181] Gernhuber, § 12 VIII, 3, S. 305.

aus ihr geht ersichtlich der Wille hervor, dass nicht die unverjährte Klageforderung, sondern ältere, möglicherweise bereits verjährte, aber zur Aufrechnung nach § 215 BGB noch geeignete Ansprüche von der Aufrechnung des Beklagten betroffen sein sollen[182].

a) Gegenaufrechnung, *compensatio compensationis* und Widerspruch

Es bietet sich an dieser Stelle die Gelegenheit, einigen Unklarheiten im Umgang mit dem Begriff der Gegenaufrechnung, so wie er heute teilweise noch recht undifferenziert gebraucht wird, zu begegnen.
Schon im Gemeinen Recht war das Institut der Gegenaufrechnung teilweise unter der Bezeichnung „*compensatio compensationis*" oder auch „*replica compensationis*" bekannt[183]. Auch heute noch wird die Aufrechnung des Klägers gegen die zur Verteidigung gegen die Klageforderung aufgerechnete Gegenforderung des Beklagten allgemein für unzulässig gehalten. Es sei zwar tunlich, dass der Kläger vor dem Prozess eine möglichenfalls bestehende Gegenforderung des Beklagten aufrechnungsweise zu Fall bringe, eine zeitlich nach der Aufrechnung des Beklagten erklärte Aufrechnung des Klägers gehe jedoch aufgrund des rückwirkenden Erlöschens der beiden Forderungen sozusagen „ins Leere"[184]. Durch die zeitlich frühere Aufrechnung seitens des Beklagten ist seine Forderung erloschen. Gegen eine erloschene Forderung könne man denkgesetzlich nicht mehr aufrechnen.

b) Einzelmeinung von *Braun*

Demgegenüber geht *Braun* von der Möglichkeit einer solchen Gegenaufrechnung aus[185]. Seiner Meinung nach laufe die Ablehnung einer Gegenaufrechnung des Klägers auf nicht mehr als eine theoretische Spielerei hinaus. Vom Standpunkt der prozessualen Theorie über die Prozessaufrechnung, welche dieselbe

[182] Mankowski, JR 1996, S. 224; LG Nürnberg-Fürth, MDR 1954, 100; Soergel/Zeiss, § 389 Rn 3; Palandt/Heinrichs, § 389 Rn 1; Staudinger/Gursky, § 389 Rn 14.

[183] Mugdan, Materialien II, S. 60/ Motive, Bd. II, S. 109; Deichmann, GruchBeitr. Bd. 42 (1898) S. 285 ff.; Braun, ZZP 89 (1976) S. 97, Fn. 13; Mankowski, JR 1996, S. 223, Fn. 1 mwN.

[184] RGZ 143, 382, 388; RG JW 1911, 151; 1937, 3226; RG LZ 1923, 341; RG JW 1937, 3226; Mugdan, Materialien II, S. 60/ Motive, Bd. II, S. 109; Planck/Siber, § 389 Rn 1; RGRK/Weber, § 389 Rn 1; Palandt/Heinrichs, § 389 Rn 1; MüKo-BGB/Schlüter, § 389 Rn 4; Soergel/Zeiss, § 389 Rn 3; Erman/Westermann, § 389 Rn 2; Staudinger/Gursky, § 389 Rn 13; Zöller/Greger § 145 Rn 12; Gernhuber § 12 VIII 4d, S. 311; Baumbach/Lauterbach/Albers/Hartmann, § 145 Rn 23; Thomas/Putzo, § 145 Rn 29; Stein/Jonas/Leipold, § 145 Rn 28a; Rosenberg/Schwab/Gottwald, § 102 I 1, S. 683; Pawlowski, ZZP 104 (1991) S. 249, Fn. 1; andeutungsweise: BGH NJW 1967, 34; BGHZ 56, 314; offen: BGHZ 48, 356, 360.

[185] Braun, ZZP 89 (1976) S. 97 ff.

als reine Prozesshandlung ohne materiellrechtliche Wirkung versteht[186], wäre eine Gegenaufrechnung des Klägers unproblematisch. Aber auch vom Boden der zivilistischen Theorie aus betrachtet, würden die Konsequenzen des Doppeltatbestandes einer Prozessaufrechnung nicht immer gezogen. So soll beispielsweise ein Teilurteil über eine Widerklage zulässig sein, obschon die Widerklageforderung bereits zur hilfsweisen Aufrechnung gegen die Klageforderung verwandt wurde. In folgerichtiger Manier müsste aber vor einer Entscheidung über die Widerklage zuerst das Erlöschen von Klage- und Gegenforderung geprüft werden. Auch dass der Beklagte nach ganz herrschender Meinung die Aufrechnungseinrede im Prozess wieder fallen lassen könne, erscheine eigentlich überraschend. Inkonsequent sei ferner die Behandlung des Falles, dass der Beklagte sich primär auf Verjährung und erst in zweiter Linie auf die Aufrechnung berufe. Obwohl die erstere Einrede die materiellrechtliche Wirksamkeit der Aufrechnung an sich nicht hindere, sei das Gericht an die Eventualstellung und die gegebenenfalls vorrangige Abweisung der Klage aufgrund der Verjährung gebunden. Ebenso liege es mit einer Zurückweisung der Aufrechnungseinrede nach § 296 ZPO als verspätet[187].

Im Ergebnis werde also auch nach der zivilistischen Theorie keineswegs immer die Konsequenz für das weitere Verfahren aus dem materiellrechtlichen Durchgreifen der Aufrechnung gezogen. Wenn zudem die materiellen Folgen einer heute allgemein anerkannten Eventualaufrechnung prozessual zunächst nicht zu berücksichtigen seien, könne auch eine Gegenaufrechnung des Klägers nicht an der materiellen Rechtslage scheitern[188].

c) Stellungnahme

Wenn *Braun* die Zulässigkeit einer Gegenaufrechnung damit zu begründen versucht, dass sich das Gericht bei einer vorprozessualen Aufrechnung des Klägers auch mit der Aufrechnung auseinandersetzen müsse und dass deswegen nicht einzusehen sei, warum der Kläger dann nicht auch im Prozess aufrechnen können soll[189], mag dies zwar ein generelles Zulässigkeitsargument für die innerprozessuale Klägeraufrechnung sein, sagt aber noch nichts über deren materiellrechtliche Möglichkeit aus.

Für eine analoge Behandlung der Gegenaufrechnung mit der Eventualaufrechnung und der damit einhergehenden Durchbrechung der materiellen Wirkung des Doppeltatbestandes der Prozessaufrechnung besteht kein zwingendes Bedürfnis. Ein solcher Eingriff wäre hier auch folgenschwerer. Mit der materiellrechtlichen Zulassung einer Gegenaufrechnung würde die die Aufrechnungs-

[186] Dazu unter § 1 C.III.1.
[187] Braun, ZZP 89 (1976) S. 101 f. mwN.; Pawlowski, ZZP 104 (1991) S. 253 f.
[188] Braun, ZZP 89 (1976) S. 103.
[189] Braun, ZZP 89 (1976) S. 98.

wirkung auslösende rechtsgeschäftliche Erklärung nicht nur in ihrer Wirkung aufgeschoben, sondern regelrecht vernichtet.

Eine zeitlich nach der Beklagtenaufrechnung erklärte Gegenaufrechnung des Klägers kann daher nur dann Erfolg haben, wenn hinsichtlich der Forderung des Beklagten die Wirkung des § 389 BGB noch nicht eingetreten ist. Dies wäre der Fall bei einer Eventualaufrechnung des Beklagten, sofern man in dieser eine echte aufschiebend bedingte Aufrechnung erblicken will[190]. Der Kläger kann die Forderung des Beklagten dann noch so lange tilgen, als dieser sie nicht ohne Einschränkung zur Tilgung eingesetzt hat. Eine Eventualaufrechnung des Beklagten könnte der Kläger im Prozess durch eine unbedingte Gegenaufrechnung damit ebenso zu Fall bringen wie er durch eine Zahlung die nur bedingt aufgerechnete Forderung noch tilgen könnte[191]. Eine von der Klägerseite wiederum nur bedingte Aufrechnung, beispielsweise für den Fall, dass der Beklagte aufrechnet, hätte dagegen keinen Erfolg[192].

So lautet im Ergebnis auch eine Entscheidung des OLG Frankfurt, der nur in ihrer Begründung nicht zugestimmt werden kann[193]. Eine Prozessaufrechnung des Klägers im Rahmen einer vorweggenommenen Replik auf eine mögliche Aufrechnung des Beklagten, sei wegen Verstoßes gegen das Bedingungsverbot des § 388 S. 2 BGB unwirksam. Zudem habe solch eine Erklärung keine prozessrechtliche Wirkung, da sie aufgrund mangelnder Rechtskrafterstreckung gemäß § 322 II ZPO nicht gestaltend oder bestimmend in den Prozessablauf einwirke.

Angesichts der heute unbestrittenen Zulässigkeit der Eventualaufrechnung kann nicht zwischen einer formalen Berechtigung des Beklagten und der eines Klägers unterschieden werden. Eine solche Unterscheidung wäre auch im Hinblick auf das Gleichbehandlungsgebot nicht statthaft und würde nur den fruchtlosen Streit um die prinzipielle Zulässigkeit der Eventualaufrechnung wieder aufleben lassen[194]. Die Frage muss daher allein unter dem Gesichtspunkt der materiellen Erfolgsaussichten einer solchen Eventualaufrechnung bewertet werden, was eine strikte Trennung in der Feststellung von formeller Zulässigkeit und materieller Möglichkeit erfordert.

---

[190] Dazu § 1 D.III.2.a.; will man in der Eventualaufrechnung keine echte Bedingung i.S.v. § 388 S. 2 BGB sehen, ist diese Konstruktion nicht denkbar, vgl. Stein/Jonas/Leipold, § 145 Rn 28a. In diesem Fall bleibt allein das Widerspruchsrecht nach § 396 I 2 BGB.

[191] Pawlowski, ZZP 104 (1991) S. 269; Staudinger/Gursky, Vorbem. zu §§ 387 ff. Rn 35.

[192] A.A.: Noltze, S. 316 f.: Dafür, dass die Beklagtenaufrechnung "schneller" sei als die Gegenaufrechnung des Klägers, enthielte das Gesetz keine Anhaltspunkte.

[193] OLG Frankfurt NJW-RR 1997, 526.

[194] Braun, ZZP 89 (1976) S. 99; zur Zulässigkeit einer eventuell erklärten Klägeraufrechnung vgl. auch: BGH, LM Nr. 25 zu § 18 I Nr. 3 UmstG; NJW 1967, 34.

d) Terminologische Abgrenzung

Liegt also eine wirksame und unbedingt erklärte Aufrechnung des Beklagten gegen die Klageforderung vor, kann eine Gegenaufrechnung des Klägers nur noch die Wirkung eines Widerspruches nach § 396 I 2 BGB entfalten.

Im Gegensatz zu der bereits dargestellten allgemeinen Rechtsnatur des Widerspruchs als einseitige empfangsbedürftige Willenserklärung ist vor allem in der älteren Literatur der Widerspruch des Aufrechnungsgegners als eine Art gesetzlich zugelassene Gegenaufrechnung verstanden worden, wobei die Begrifflichkeiten zwischen *compensatio compensationis* und *replica compensationis* variieren[195]. Er soll einerseits die Aufrechnungserklärung vernichten, andererseits selbst Aufrechnung ohne Bestimmung der erledigten Forderung sein. Um aber zu verhindern, dass diese zweite Aufrechnung nicht wiederum zurückgewiesen werden könne, sei das Aufrechnungsrecht des Gläubigers von vornherein beschränkt auf die neutrale Tilgungsreihenfolge des § 366 II BGB[196]. Da das Recht zum Widerspruch nach herrschender Ansicht dem Aufrechnungsgegner nur bei eigener Aufrechnungsbefugnis zustehen soll[197], erscheint diese Konstruktion auf den ersten Blick nicht undenkbar[198].

Dass ein Widerspruch nach § 396 I 2 BGB indes nicht mit einer Aufrechnungserklärung im Sinne des § 388 BGB gleichzusetzen ist, erhellt sich, wenn man mit *Goldschmidt's* Definition eine terminologische Klarstellung der beiden Begriffe versucht:

„Die *compensatio compensationis* ist dasjenige außergerichtliche einseitige empfangsbedürftige Rechtsgeschäft, durch welches ein Aufrechnungsgegner gegen eine Gegenforderung, welche gegen eine von mehreren ihm zustehenden Forderungen aufgerechnet worden ist, gegen eine andere derselben aufrechnet[199]“. Als *„replica compensationis“* ist demnach die entsprechende Prozesshandlung zu verstehen, als spezieller Ausdruck der Geltendmachung der Gegenaufrechnungserklärung im Prozess. Demgegenüber steht der Widerspruch als ein ebenfalls „einseitiges empfangsbedürftiges Rechtsgeschäft, durch welches ein Aufrechnungsgegner die Anrechnung einer Gegenforderung, welche gegen eine von mehreren ihm zustehenden Forderungen aufgerechnet worden ist, ge-

---

[195] Weismann, ZZP 26 (1899) S. 31; Rehbein, BGB II, S. 357; Deichmann, Gruch. Beitr. Bd. 42 (1898) S. 388.

[196] Planck/Siber, § 396 Rn 1d, offenbar im Widerspruch zu seiner eigenen Ansicht, nach der er in Rn 1 zu § 389 die Aufrechnungsreplik für unzulässig hält.

[197] Staudinger/Gursky, § 396 Rn 20 mwN.

[198] Staudinger/Gursky, § 396 Rn 23.

[199] Goldschmidt, ArchBürgR 15 (1899) S. 153; gegen die Einschränkung „außergerichtlich“: Patow, S. 38; Lüttringhaus, S. 25.

gen eine andere derselben nach Maßgabe der gesetzlichen Tilgungsreihenfolge bewirkt“[200].

Zwar stimmen Widerspruch und *compensatio compensationis* insoweit formell überein, als dass sie beide ein einseitiges empfangsbedürftiges Rechtsgeschäft verkörpern[201], was sie verwechselbar macht. In materieller Hinsicht bestehen jedoch bedeutende Unterschiede. So kann der Widerspruch keine Verschiebung in der Parteirolle der gegeneinander aufgerechneten Forderungen bewirken und die vom Beklagten aufgerechnete Gegenforderung wird durch den Widerspruch des Klägers nicht zu einer von diesem aufgerechneten Forderung[202]. Der Beklagte bleibt Aufrechnender, der Kläger Aufrechnungsgegner. Der Widerspruch bewirkt nur eine Änderung in der jeweiligen Anrechnungsbestimmung. Er schafft kein neues Kompensationsverhältnis, sondern modifiziert das durch den Beklagten geschaffene und ist insoweit *conditio juris* für die Vollziehung der Aufrechnung nach Maßgabe der gesetzlichen Tilgungsbestimmung wie die Aufrechnungserklärung *conditio juris* für die Vollziehung der Aufrechnung selbst ist[203]. Schließlich findet der durch den Widerspruch ausgelöste Eintritt der Tilgungsreihenfolge nicht nach freiem Belieben statt, sondern nach Maßgabe der gesetzlichen Anrechnungsregeln. Schon dies hindert den Widerspruch, die Eigenschaft einer Aufrechnung anzunehmen[204].

Ausnahmen von dem Grundsatz „*compensatio compensationis non datur*“ wurden im gemeinen und preußischen Recht nur zwecks Geltendmachung des Vorranges der Aufrechenbarkeit von konnexen Gegenforderungen gemacht, was im Grunde genommen in seiner eigentlichen Rechtsnatur der Geltendmachung eines Zurückbehaltungsrechtes entspricht, denn gemäß § 390 BGB konnte die mit einer Einrede behaftete Forderung nicht aufgerechnet werden[205]. Auch die Berufung auf einen entgegenstehenden Aufrechnungsvertrag ist weniger eine *compensatio compensationis*, als eine prozessuale Replik.

Was also im jeweiligen Fall vorliegt, eine eigene Aufrechnungserklärung oder ein Widerspruch gegen die Anrechnungsbestimmung des Beklagten, ist zum einen durch situationsadäquate Auslegung der klägerischen Erklärung und zum anderen nach den zur Verfügung stehenden prozessualen Möglichkeiten und deren Erfolgsaussichten zu ermitteln. Fragt man sich im gegebenen Fall nach dem eigentlichen Willen des Klägers, so wird er mit seiner Erklärung in erster Linie verhindern wollen, dass die Aufrechnung des Beklagten die Klageforderung er-

---

[200] Goldschmidt, ArchBürgR 15 (1899) S. 153.
[201] v. Thülen, S. 34.
[202] Goldschmidt, ArchBürgR 15 (1899) S. 159; v. Thülen, S. 33.
[203] Goldschmidt, ArchBürgR 15 (1899) S. 161.
[204] v. Thülen, S. 34; Goldschmidt, ArchBürgR 15 (1899) S. 231.
[205] Goldschmidt, ArchBürgR 15 (1899) S. 165 f., 170 f.

fasst und zu Fall bringt[206]. Mit einem Widerspruch ist ihm in dieser Situation nicht nur hinreichend gedient. Hat eine Aufrechnung aus formalen Gründen keinen Erfolg, dann muss die Erklärung in einen Widerspruch umgedeutet werden, da Parteierklärungen im Zweifelsfall immer so auszulegen sind, dass sie zum gewünschten Erfolg führen. Läge sein besonderer unbedingter Wille dagegen in einer echten Aufrechnung, so spricht vieles dafür, dass er diese bereits vor Klageerhebung erklärt hätte. Denn erfahrungsgemäß ist davon auszugehen, dass sich die Parteien ihrer jeweiligen Verbindlichkeiten regelmäßig auch bewusst sind und dementsprechend ihre Prozesstaktik darauf einstellen. Nichts desto trotz kann mit dem Widerspruch auch eine eigene, echte Aufrechnungserklärung verbunden sein. Sofern sie jedoch nicht nur auf eine Eventualaufrechnung des Beklagten trifft, sondern auf eine unbedingte, geht sie ins „Leere". Ist dies der Fall, kann man nicht eine andere, ähnliche juristische Figur mit demselben Namen bezeichnen.

Auf diese Klarheit der Darstellung wird in der Literatur häufig verzichtet. Der herausgearbeitete Unterschied ist in seiner dogmatischen Bedeutung maßgeblich und wird noch entscheidenden Einfluss besitzen, wenn es um die ausschlaggebende Frage des Rechtskraftumfangs einer Entscheidung über die Aufrechnungsforderungen der Parteien geht.

In der folgenden weiteren Darstellung soll der Begriff der Gegenaufrechnung in der dargelegten differenzierten Betrachtungsweise verstanden werden.

e) Tilgungsreihenfolge

Was die Reihenfolge der Tilgung betrifft, kommt auch hier die gesetzliche Anordnung der §§ 396 I 2, 366 II BGB zum Zuge, worauf bei gleicher Fälligkeit, in der Rangordnung zunächst die dem Gläubiger geringere Sicherheit bietende vor der dem Schuldner lästigeren Forderung erledigt wird, falls der Kläger unverzüglich widerspricht. Da er als Aufrechnungsgegner Inhaber der Forderungsmehrheit ist, entscheidet als Kriterium, dass die nicht rechtshängige und daher von der Verjährung stärker als die Klageforderung bedrohte zweite Forderung des Klägers, auf die Aufrechnung anzurechnen ist. Aus der zuvor beschriebenen Rechtsnatur des Widerspruches folgt, dass dieser nicht die Hemmung der Verjährung der zur Gegenaufrechnung gestellten Forderung bewirken kann, weil er eben keine „Geltendmachung der Aufrechnung des Anspruchs im Prozess" nach § 204 I Nr. 5 BGB ist. Die Klageforderung bleibt somit die für den Kläger sicherere.

[206] Mankowski, JR 1996, S. 224: materiellrechtlich lässt sich die Gegenaufrechnung des Klägers in einen Widerspruch zur Tilgungsbestimmung des Beklagten umdeuten.

Gesetzt den hypothetischen Fall, der Beklagte hätte noch eine weitere, dritte Aufrechnungsforderung zur Hand und stellte diese wiederum gegen die Gegenforderung des Klägers „zur Aufrechnung", handelt es sich dabei nicht etwa um einen Widerspruch gegen einen Widerspruch des Klägers, sondern um eine echte Aufrechnung des Beklagten. Prüfungsmaßstab war der Wechsel der Parteirollen. Weil der Widerspruch des Klägers keine Aufrechnung war, steht diese Möglichkeit wieder dem Beklagten zu. Der Widerspruch des Klägers führt zum Erlöschen der Forderungen nach Maßgabe der gesetzlichen Tilgungsfolge. Er hält einen Schwebezustand somit nur für eine logische Sekunde vor, nämlich solange, bis die Anrechnung erfolgt. Die zweite Aufrechnung des Beklagten kommt demgegenüber zu spät und ginge nun wiederum ins „Leere", wenn die gesetzliche Tilgungsfolge die Gegenforderung des Klägers erledigt hat. Es bleibt ihm jedoch die Möglichkeit, sein Bestimmungsrecht in der Hinsicht zu ändern, dass seine zweite Gegenforderung nun auf die Klageforderung anzurechnen sei.

Auf diese Weise lassen sich die Aufrechnungsvariationen unendlich weiterdenken, je nach dem, wie viele Forderungen den Beteiligten noch zur Verfügung stehen.

3. Anwendbarkeit der §§ 396 I 2, 366 II BGB auf die Teilklagesituation

Die soeben geführte Erörterung ist eng verknüpft mit dem Problem der Aufrechnung des Beklagten gegen den eingeklagten Teil einer ansonsten einheitlichen Forderung des Klägers. Die grundsätzliche Möglichkeit und das berechtigte Interesse an solch einer Teilklage ist heute unstreitig anerkannt[207]. Ob jedoch die Aufrechnungserklärung des Beklagten, die gegenüber dem eingeklagten Teilbetrag abgegeben wird, gegenüber der ganzen Forderung wirkt oder nur gegen den eingeklagten Teil, und ob in diesem Fall der Kläger den Beklagten auch auf den nicht eingeklagten Teil seiner Forderung verweisen kann um seine Klage aufrecht zu halten, ist höchst streitig. Das Ausmaß des Streites erscheint dabei völlig unverhältnismäßig, kommt man doch bei konsequenter Anwendung der zwar unterschiedlichen, dennoch beiderseits gut vertretbaren Ansätze zum gleichen Ergebnis.

a) 1. Ansicht: Spaltung der Forderung durch Rechtshängigkeit

Als entscheidend wird zunächst angesehen, ob die Rechtshängigkeit der eingeklagten Forderung zu deren Teilung und rechtlichen Selbständigkeit führen kann. Denn dies ist grundlegende Voraussetzung der Anwendbarkeit von § 396 BGB, der von einer Forderungsmehrheit im Sinne selbständiger Forderungsteile spricht. Die wohl überwiegende Meinung bejaht die rechtliche Selbständigkeit

---

[207] Vgl. Rosenberg/Schwab/Gottwald, § 153 V, S. 1071; Batsch, ZZP 86 (1973) S. 254 ff.

der eingeklagten Teilforderung mit der Begründung, dass sich erstens die Rechtskraft der Entscheidung nur auf den eingeklagten Teil beziehe, für den sich zweitens bei Erfolg der Klage die Verjährungsfrist gemäß § 197 I Nr. 3 BGB auf 30 Jahre verlängert, der drittens allein verzinslich nach § 291 BGB werde und weil viertens der Gläubiger nach Rechtshängigkeit, abweichend von § 266 BGB, Teilleistungen nicht ablehnen dürfe [208].

aa) Konklusive Betrachtung

Im Allgemeinen schlussfolgert diese Ansicht daraus, dass bei einer Teilklageforderung eine Verweisung des Beklagten auf den nicht eingeklagten Teil der Klageforderung ausgeschlossen ist. Obwohl man von zwei selbständigen Forderungsteilen ausgeht, werden daraus nicht die notwendigen Konsequenzen gezogen, wenn in ein und derselben Entscheidung zwar auf die Anwendbarkeit des § 396 I 2 BGB hingewiesen, im gleichen Atemzug und ohne jede weitere Begründung jedoch ausgeführt wird: „Bei einer Teilklage muss der Kläger die Aufrechnung des Beklagten gegen die Klageforderung hinnehmen, wenn er es versäumt hat, vorher mit dem nicht eingeklagten Teil seiner Forderung aufzurechnen. Er kann den Beklagten nicht auf den nicht eingeklagten Teil des Gesamtanspruchs verweisen“[209]. Nicht selten wurde diese Aussage ohne nähere Reflexion auch mit dem Sinn des gemeinrechtlichen Satzes *replica compensationis non datur* begründet[210]. Dass hier offensichtlich zwei ganz unterschiedliche Problemkreise miteinander vermischt werden, zeigt die eben geführte Betrachtung zur Rechtsnatur der *compensatio compensationis*. Deren grundsätzliche rechtstechnische Ablehnung ist im vorliegenden Zusammenhang nicht maßgeblich, da auch hier in der Verweisung des Klägers auf den nicht eingeklagten Forderungsteil ein Widerspruch gegen die Anrechnungsbestimmung des Beklagten nach § 396 I 2 BGB zu sehen ist.

Die zumindest analoge Anwendung des § 396 I 2 BGB müsste bei richtiger Handhabung zum gegenteiligen Ergebnis führen. Denn steht dem Kläger ein

---

[208] RGZ 66, 266, 275; 80, 393; 129, 63; BGH NJW 1973, 1689; BGH NJW-RR 1991, 169, 170; Schneider, MDR 1958, S. 823; Heinrichs, EWiR § 388 BGB 1/94, S. 1069; Mankowski, JR 1996, S. 225; Staudinger/Gursky, § 389 Rn 14.

[209] ROHG Entsch. Bd 15, 105 ff.; BGH NJW-RR 1994, 1203; BGHZ 56, 312, 314; BGH NJW 1957, 1553; VersR 1962, 618; NJW 1967, 34; BGH LM § 18 I 3 UmstG Nr. 25; WM 1975, 795 f.; WM 1994, 2215 f.; RGZ 57, 97, 101; 66, 266; JR 1927, Nr. 689; Kohler ZZP 20 (1894) S. 23; Weismann, ZZP 26 (1899) S. 23; Breit, SächsArch Bd. 10 (1900) S. 121, 146; Rehbein, BGB II, S. 356; Leonhard, SR I, S. 627; Heinrichs, EWiR § 388, 1/94, S. 1069; Lüttringhaus, S. 7 ff.; Staudinger/Gursky, § 389 Rn 13; Müko-BGB/Schlüter, § 389 Rn 4; Gernhuber, § 8, 9, 9., S. 159; Soergel/Zeiss, § 389 Rn 3; Erman/Westermann, § 389 Rn 3; Larenz, SR I, § 18 VI c, Fn. 72; RGRK/ Weber, Vorbem. 15 zu §§ 387 ff.; Medicus BR, Rn 758.

[210] Z.B. Rehbein, BGB II, S. 356.

Widerspruchsrecht gegen die Aufrechnung des Beklagten zu, führt die entsprechende Anwendung des § 366 II BGB ebenso wie im Falle der Existenz zweier von vornherein selbständigen Forderungen zum Vorrang der Sicherheit für den Gläubiger vor der Lästigkeit für den Schuldner[211]. Auch hier ist das Kriterium der Sicherheit vom Standpunkt des Inhabers der Forderungsmehrheit aus zu beurteilen, also aus der Perspektive des Klägers, dessen nicht eingeklagter Forderungsteil früher verjährt als der eingeklagte[212]. Es ist kein Grund ersichtlich, warum von der unstreitigen Rangfolge des § 366 II BGB zugunsten des Beklagten abgewichen werden sollte[213]. Auch diesbezüglich angeführte Billigkeitserwägungen[214] führen zu keiner anderen Beurteilung[215].

Insbesondere unter dem Gesichtspunkt der Kostentragungslast erscheint es völlig legitim, den Beklagten auf die nicht eingeklagte Teilforderung zu verweisen und so der Klage zum Sieg zu verhelfen[216]. Die Kosten trägt dann der Beklagte gemäß § 91 I ZPO. Und dies zu Recht, schließlich unterliegt er auch in der Forderungshöhe. Der Beklagte hat kein billigenswertes Interesse daran, mit der Erfüllung seiner Schuld so lange abzuwarten, bis der Kläger sich gezwungen sieht, Klage zu erheben und diesen dann mit der Klage „gegen die Wand laufen zu lassen“, indem er die Aufrechnung auf die eingeklagte Teilforderung erklärt, obwohl er darüber hinaus schuldet. Zum einen würde dies einen neuerlichen Rechtsstreit um die Restforderung geradezu provozieren[217], zum anderen ist es schließlich wesentlicher Sinn und Zweck der aus dem Dispositionsgrundsatz folgenden Befugnis, zunächst nur einen Teilbetrag der Forderung einzuklagen[218], das Kostenrisiko bei Unterliegen in der Hauptsache zu reduzieren. Der Kläger möchte erst einmal die Rechtsauffassung des Gerichts erfragen, ohne das Prozessrisiko für den Anspruch in seiner vollen Höhe tragen zu müssen[219]. Diesem Ziel läuft es geradezu zuwider, könnte die Aufrechnung stets nur auf den eingeklagten Forderungsteil angerechnet werden. Dem Kläger bleibt nicht einmal im Wege der Erledigungserklärung die Kostenpflicht erspart. Aufgrund des rückwirkenden Erlöschens der Klageforderung gemäß § 389 BGB, tritt eine Er-

---

[211] Siehe auch Mankowski, JR 1996, S. 225.
[212] Staudinger/Gursky, § 389 Rn 14; Mankowski, JR 1996, S. 225.
[213] So aber Schneider, MDR 1958, S. 823; Gernhuber, § 8, 9, 9., S. 159.
[214] Gernhuber, § 8, 9, 9., S. 159; Schneider, MDR 1958, S. 824.
[215] Dietrich, AcP 170 (1970) S. 534, 546 ff.
[216] Ebenso Mankowski, JR 1996, S. 226 f.
[217] A.A.: Schneider, MDR 1958, S. 824 a.E.
[218] Mankowski, JR 1996, S. 227, Fn. 51.
[219] Rosenberg/Schwab/Gottwald, § 153 V, S. 1071.

ledigung nicht ein, wenn die Aufrechnungslage bereits vor der Klageerhebung bestand und der Kläger seinerseits hätte aufrechnen können[220].

Es fragt sich somit, ob es dem Kläger nachhaltig vorwerfbar ist, nicht vorprozessual aufgerechnet zu haben. Muss er sich auch hinsichtlich etwaiger Gegenansprüche des Beklagten an dem eingeklagten Teil der Forderung festhalten lassen, wenn er nur diesen zur gerichtlichen Disposition gestellt hat?
Auch hier gibt der in §§ 396 I 2, 366 II BGB erkennbare Wertungszusammenhang die Antwort. Rechnet der Kläger vorprozessual auf, steht das Widerspruchsrecht dem Beklagten zu. Die dort vorgesehene gesetzliche Tilgungsfolge begünstigt bei gleicher Fälligkeit den Kläger. Kommt der Beklagte im Prozess dem Kläger mit einer Aufrechnung zuvor, hat dessen Widerspruch aufgrund seiner Stellung als mehrfacher Gläubiger im Zweifel ebenfalls die von ihm gewünschte Tilgung zur Folge. Das Bestimmungsrecht des Beklagten antizipiert eben nicht zwingend auch gleichzeitig die Reihenfolge der Tilgung[221].

Die Regelung der §§ 396 I 2, 366 II BGB soll nach ihrem Sinn und Zweck zum einen den Aufrechnungsgegner, zum anderen den Gläubiger der Forderungsmehrheit schützen. Diese Einheit im Schutzzweck droht sich zu verlieren, würde man es darauf ankommen lassen, wer von den beiden Aufrechnungsbefugten zuerst aufrechnet[222]. Dafür, dass es nicht der Kläger ist, der bereits vor Klageerhebung kompensiert, kann es viele, außerhalb von prozessualen Notwendigkeiten liegende Gründe geben. Abgesehen von der geringeren Kostenlast oder einem etwaigen Aufrechnungsverbot ist ferner denkbar, dass der Kläger die vorprozessuale Aufrechnung aus Gründen der Überstürzung unterlässt oder weil aufgrund der Verhältnisse des Beklagten die Beitreibung der gesamten Forderung aussichtslos erscheint. Darüber hinaus gibt es für den Kläger kaum Veranlassung eine Aufrechnung zu erklären, wenn er die Gegenforderung des Beklagten bestreitet oder er sich sogar seiner eigenen Forderung nicht recht sicher ist[223]. Im Übrigen würde man den Kläger mit der Obliegenheit zur vorprozessualen Aufrechnung stets zur Vorleistung zwingen, was eine nicht gerechtfertigte und äußerst unbillige Benachteiligung darstellte. Dass das Interesse des Beklagten an einer Klageabweisung schutzwürdiger sein soll als das Interesse des Klägers an einer Entscheidung über die gesamte Forderung, ist jedenfalls nicht erkennbar.

---

220 H.M., OLG Hamm, MDR 2000, 296; OLGR Köln 1994, 140; BGH NJW 1986, 588 f.; Zöller/Vollkommer, § 91a Rn 58; Musielak/Wolst, § 91a Rn 57; Müko-ZPO/Lindacher, § 91a Rn 134.
221 A.A. offenbar Gernhuber, § 8, § 9, 9., S. 158.
222 Mankowski, JR 1996, S. 228: „Kläger verhält sich nicht widersprüchlich“.
223 Oppenheim, Gruchot Beitr. Bd . 28 (1884) S. 305, 307; Niklas, MDR 1987, S. 98; Mankowski, JR 1996, S. 228.

bb) Klageerweiterung

Um die Klage dennoch zu retten und den Streit in einem Prozess zu erledigen, bleibt dem Kläger auf Grundlage der eben dargelegten Ansicht nur die Möglichkeit einer zulässigen Klageerweiterung gemäß § 264 Nr. 2 ZPO auf den nicht verbrauchten Restteil der Forderung[224]. Der Klagegrund bleibt bestehen, nur der Antrag wird quantitativ erweitert. Vorteilhaft wäre sicher, in der unzulässigen Replik und dem (fehlgeschlagenen) Widerspruch des Klägers einen zulässigen Antrag auf Klageerweiterung zu erblicken. Ein richterlicher Hinweis ist im Zweifel angebracht.

Somit kommt man unter Zugrundelegung der Annahme, dass die Rechtshängigkeit des eingeklagten Forderungsteils die gesamte Forderung zu einer rechtlichen Spaltung führt, auf Umwegen dennoch zu dem wünschenswerten und gerecht erscheinendem Ergebnis einer Verurteilung des Beklagten. Die Kosten einer Teilabweisung bleiben dem Kläger auf diesem Wege freilich nicht erspart.

b) 2. Ansicht: einheitliche Forderung trotz Rechtshängigkeit

Geht man hingegen mit der Mindermeinung davon aus, dass durch die klageweise Geltendmachung nur eines Teils einer ansonsten einheitlichen Forderung nicht zugleich auch zwei autonome Einzelforderungen entstehen[225], ist die Anwendung der §§ 396 I 2, 366 II BGB von vornherein ausgeschlossen und ein Widerspruchsrecht steht dem Aufrechnungsgegner nicht zu. Begründet wird die fehlende Teilung vor allem mit dem materiellrechtlichen Charakter der §§ 396, 366 BGB, so dass sich die Frage, ob eine oder mehrere Forderungen vorliegen, auch nach materiellem Recht beurteilen lassen müsse[226]. Eine solche Vorschrift, welche die Forderung im Falle einer Teilklage rechtlich spaltet, enthält das BGB aber nicht. Für eine derartige absolute Teilung in mehrere Ansprüche wäre zudem eine schuldändernde Vereinbarung gemäß § 311 BGB nötig. Die Tatsache, dass der eingeklagte Teil in gewissen Beziehungen wie ein selbständiger Anspruch behandelt wird, rechtfertige allein eine Teilung nicht[227].

---

[224] MüKo-BGB/Schlüter, § 389 Rn 4; Erman/Westermann, § 389 Rn 3; Soergel/Zeiss, § 389 Rn 3; Larenz, SR I, § 18 VI c, Fn. 72; Lüttringhaus, S. 29; Enneccerus/Lehmann, § 71 III; Staudinger/Gursky, § 389 Rn 16; Heinrichs, EWiR 1/94 § 388, S. 1069.
[225] Oppenheim, Gruchot 28 (1884) S. 305 ff.; Niklas, MDR 1987, S. 97; Pentz, NJW 1966, S. 2392 ff.; LG Kassel MDR 1956, 226; Enneccerus/Lehmann, § 71 III; Planck/Siber, § 389 Anm. 1; Mankowski, JR 1996, S. 225; Dietrich, AcP 170 (1970) S. 534 ff.; Weigelin, JW 1938, S. 1152; ROHG Entsch. Bd. 77, 225 ff.; RGZ 66, 266 ff.
[226] Niklas, MDR 1987, S. 97.
[227] Planck/Siber, § 389 Anm 1.

Für eine vorprozessuale Aufrechnung des klagenden Gläubigers bedeutet die Unanwendbarkeit der §§ 396, 366 BGB, dass sie aufgrund ihrer zeitlichen Priorität immer Vorrang genießt[228]. Interessant sind jedoch insbesondere die Folgen für die Aufrechnung des Beklagten. Sie kann sich von vornherein nicht nur gegen den Teilbetrag richten, sondern muss die gesamte Forderung als einheitlichen Streitgegenstand erfassen[229]. Die Aufrechnung bewirkt das rückwirkende Erlöschen der Forderungen soweit diese sich decken. Eingeklagt ist demnach von Anfang an nur der um die Gegenforderung verminderte, überschießende Teil, so dass dem Antrag des Klägers trotz erfolgreicher Aufrechnung des Beklagten stattzugeben wäre. Dies ergibt sich als zwingende Folge aus der Wirkung des § 389 BGB. Entgegen der allgemeinen Übung im Gemeinen Recht erlöschen die Forderungen zwar nicht schon dadurch, dass sie sich gegenseitig aufrechenbar gegenüberstehen. Erforderlich ist eine entsprechende Erklärung gemäß § 388 BGB, die das Erlöschen der Forderungen rückwirkend auf den Zeitpunkt des Eintritts der schon vorher begründeten Aufrechnungslage bewirkt[230]. Bei der Aufrechnung gegenüber einer Teilklage setzt sich die Aufrechnungslage aber in den einzelnen Teilen der Forderung fort und entsteht nicht von Grund auf neu, so dass der Aufrechnung Rückwirkung über den Zeitpunkt der Klageerhebung hinaus zukommt[231].

Für *Gernhuber* handelt es sich bei dem Hinweis auf die Rückwirkung der Aufrechnung nach § 389 BGB allerdings um ein Scheinargument, denn Rückwirkung haben nur die Aufrechnungsfolgen. Ob und inwieweit diese eintreten, bestimme sich dagegen durch die Aufrechnungserklärung. Das Bestimmungsrecht zur Tilgung des nicht eingeklagten Forderungsteils müsse daher, unabhängig davon, welcher Ansicht man sich über die Forderungsteilung bei einer Teilklage anschließe, beim Beklagten verbleiben[232].

Dem ist jedenfalls unter Zugrundelegung der Annahme einer rechtlich ungeteilten Forderung nicht zuzustimmen[233]. Sicher ist die Rückwirkung insoweit eine Fiktion, als die Forderungen mit Abgabe der Aufrechnungserklärung als in dem früheren Zeitpunkt als erloschen *gelten* und nicht die Abgabe der Aufrechnungserklärung selbst zurück fingiert wird. Gerade um die Rückwirkung der Aufrech-

---

[228] Davon geht der BGH ohnehin aus: BGH NJW 1967, 34; BGHZ 56, 314.
[229] Lüttringhaus, S. 6 f.
[230] Staudinger/Gursky, Vorbem. zu §§ 387 ff. Rn 13 mwN.
[231] Mankowski JR 1996, S. 225, Fn. 33; Staudinger/Gursky, § 389 Rn 20; a.A.: Bendix, SeuffBl 73 (1908) S. 444, 447: maßgeblich soll der Zeitpunkt der Teilklageerhebung sein.
[232] Gernhuber § 8, 9, 9., S. 158.
[233] Der Streit um die Prädominanz von Aufrechnungslage oder Aufrechnungserklärung soll hier nicht unnötig vertieft werden, vgl. dazu Staudinger/Gursky, Vorbem. zu §§ 387 ff., Rn 13 ff.

nungsfolgen geht es vorliegend aber. So wie die Pflicht zur Verzinsung der Forderung, der Leistungsverzug oder eine eventuell verwirkte Vertragsstrafe mit dem Zeitpunkt des Eintritts der Aufrechnungslage als weggefallen gelten[234], wirkt auch das Erlöschen in Höhe der Gegenforderung auf den Zeitpunkt vor Klageerhebung und damit auf die gesamte Forderung zurück. Gerade darin besteht das Wesen der Fiktion, die im Vertrauen auf die Aufrechnungslage Unbilligkeiten zu verhindern versucht. Ebenso wie der Schuldner bei Erwerb der Aktivforderung darauf vertraut hat, von seinem Gläubiger in Höhe der Aktivforderung nicht mehr in Anspruch genommen zu werden und deswegen weder den Folgen des Verzuges noch etwaigen Zinsbelastungen ausgesetzt sein soll[235], muss der Kläger einer in diesem Fall auch prozessökonomischen Teilklage darauf vertrauen können, dass ihm *jedenfalls* der eingeklagte Teilbetrag zustehe[236]. Beide Fälle decken sich praktisch in Sinn und Zweck der Rückwirkung auf den Zeitpunkt der Aufrechnungslage, für welche sich das BGB auch in Hinblick auf die frühere Rechtslage entschieden hat[237]. Damit dient die Rückwirkung dem Vertrauen des Beklagten in die Aufrechnungslage, allerdings nur in die ursprünglich vorhandene.

Die Begrenzung der Rückwirkung auf die Aufrechnungsfolgen und die nicht gleichzeitige Erstreckung auf die Aufrechnungserklärung soll lediglich sicherstellen, dass die sonstigen Voraussetzungen der Aufrechnung auch im Zeitpunkt der Abgabe der Aufrechnungserklärung noch vorliegen. Dieses Anliegen wird durch die Rückwirkung auf alle Teile der Forderung aber nicht gefährdet[238].

Doch auch in Unterstellung einer rechtlichen Forderungsteilung bei Klageerhebung, darf die strikte Ablehnung der Wirkung des § 389 BGB zu Recht Zweifeln unterliegen[239]. Vor Klageerhebung ist eine Forderung in ihren Teilen nicht unterscheidbar, so dass eine Aufrechnung des Beklagten die Aufhebung der ungeteilten Forderung in Höhe der Gegenforderung bewirkt. Dass der eingeklagte Teil derjenige sei, welcher durch die Aufrechnung zum Erlöschen gebracht wurde, wird sich ebenso wenig behaupten lassen wie, dass der Tatsache der Forderungsteilung zum Zeitpunkt der Klageerhebung auch rückwirkende Kraft auf den Zeitpunkt der Aufrechnungslage zukommt, in dem tatsächlich noch eine ungeteilte Forderung bestand[240]. Auch entsteht die Forderung mit Klageerhebung

---

[234] BGHZ 80, 269, 278 f.; BGHZ 102, 41, 50; Gernhuber, § 12 VIII, 4c, S. 310 f.
[235] Müko-BGB/Schlüter, § 389 Rn 6; Enneccerus/Lehmann, § 71 II; BGHZ 2, 300, 305.
[236] RGZ 57, 97; JW 1913, 199; Dietrich, AcP 170 (1970) S. 534, 546 f.
[237] Motive, Bd. II, S. 109; Müko-BGB/Schlüter, § 389 Rn 6.
[238] Aus Sicht der Vertreter, die eine Verselbständigung der einzelnen Forderungsteile befürworten, kann dies freilich auch anders gesehen werden, vgl. dazu Lüttringhaus, S. 10 ff., 16 f. gegen Oppenheim, Gruchot 28 (1884) S. 315 f.
[239] Weigelin, JW 1938, S. 1153.
[240] Oppenheim, Gruchot 28 (1884) S. 315.

nicht neu. Es lässt sich also ebenso nicht konstatieren, dass der Zeitpunkt der Klageerhebung derjenige ist, in welchem sich die Forderungen erstmals aufrechenbar gegenüberstehen, was zum Erlöschen ausgerechnet der Klageforderung führen müsste[241].

Die Aufrechnung gegen die Teilklage bewirkt daher, dass die aufgerechneten Forderungen als von Anfang an erloschen gelten. Diese Wirkung setzt sich fort. Was der Kläger einklagt, kann somit nur der Restbetrag sein. Dies erscheint auch sachgerecht und deckt sich zugleich mit dem Hauptargument der die Selbständigkeit der Teilforderungen verneinenden Ansicht: Der Kläger dürfe den Prozess nicht deshalb verlieren, weil er nur jenen Betrag einklage, der ihm *jedenfalls* zustehe[242].

Im Falle einer solchen ausdrücklichen Anmerkung in der Klageschrift ist im Übrigen - ebenso wie bei der originären Bezeichnung als „Restforderung" oder jedes andere sichtbare Absetzen der Aktivforderung von der Klageforderung - mittels extensiver Auslegung ohnehin bereits von einem vorprozessualen Vollzug der Aufrechnung durch den Kläger auszugehen[243]. Das Teilklageaufrechnungsproblem stellt sich dann von vornherein nicht.

Die Aussage, der Kläger einer Teilklage könne den Beklagten nicht auf den nicht eingeklagten Teil der Forderung verweisen[244], kann daher in dieser Allgemeinheit keine Richtigkeit beanspruchen.

---

[241] Oppenheim, Gruchot 28 (1884) S. 315.

[242] RGZ 57, 97; JW 1913, 199; Mankowski, JR 1996, S. 225 (Differenzargument).

[243] RGZ 57, 97, 101; BGHZ 56, 312, 314; BGH NJW 1967, 34; Soergel/Zeiss, § 389 Rn 3; Müko-BGB/Schlüter, § 389 Rn 4; Larenz, SR I, § 18 VI c, Fn. 72; Palandt/Heinrichs, § 388 Rn 4.

[244] Keine Zustimmung hat Heck gefunden, der den Aufrechnungsbetrag anteilig auf beide Forderungsteile verrechnen will, vgl. Heck § 61 a, 6.

F: Vergleich der Klägeraufrechnungskonstellation mit dem Fall der prozessualen Nichtbeachtung des Aufrechnungseinwandes und dessen Behandlung

Als eine der problematischsten Folgen der zivilistischen Theorie wird die durch den wesensimmanenten Doppeltatbestand von materieller Gestaltungserklärung und prozessualer Einrede hervorgerufene Gefahr des Auseinanderfallens von materieller und prozessualer Rechtslage angesehen. Zu einer solchen Divergenz kann es kommen, wenn die materiell wirksam erklärte Aufrechnung prozessual keine Beachtung findet und deshalb als Urteilsgrundlage nicht in Betracht kommt.
Eine prozessuale Nichtbeachtung dieser Art kann auf den unterschiedlichsten Gründen beruhen.

I. Defizite bei der prozessualen Nichtbeachtung der Aufrechnung

Als die häufigste und wohl am ausgiebigsten diskutierte Erscheinung der prozessualen Nichtbeachtung der Aufrechnung sind die Fälle der Zurückweisung des verspäteten Vorbringens nach §§ 296 I, II, 530, 531, 533, 767 II ZPO zu nennen, in denen ein entschädigungsloser Verlust der Gegenforderung am wenigsten gerechtfertigt erscheint. Daneben kann es auch bei Erlass eines Grundurteils nach § 304 I ZPO zu einer Präklusion des Aufrechnungsvorbringens kommen[245].
Gemäß § 296 I ZPO muss das Gericht Angriffs- und Verteidigungsmittel, die erst nach Ablauf einer hierfür gesetzten Frist vorgebracht werden, zurückweisen, wenn ihre Zulassung die Erledigung des Rechtsstreits verzögern würde oder wenn die Partei die Verspätung nicht genügend entschuldigt. Diese Zurückweisung ist auch gegen den Willen der Parteien zwingend[246]. Des Weiteren darf das Gericht solche Angriffs- und Verteidigungsmittel zurückweisen, die unter grob nachlässiger Verletzung der allgemeinen Prozessförderungspflicht (§ 282 ZPO) in verfahrensverzögernder Weise verspätet vorgebracht werden, § 296 II ZPO. Nach Schluss der mündlichen Verhandlung ist die Prozesshandlung gemäß § 296a ZPO ausgeschlossen.

---

[245] Eine Zurückweisung des Aufrechnungseinwandes ist ebenso möglich bei Vereinbarung einer Schiedsklausel oder bei fehlender internationaler Zuständigkeit (a.A.: BGH NJW 2002, 2183; zust. Vollkommer, MDR 2002, S. 412) des deutschen Gerichts für die Gegenforderung sowie bei einer Aufrechnung mit einer öffentlich-rechtlichen Gegenforderung (BGHZ 38, 254 ff.; Zöller/Greger, § 145 Rn 20; MüKo-ZPO/Peters, § 145 Rn 35, 36; Kawano, ZZP 94 (1981) S. 1; BGH NJW 1973, 421; NJW 1993, 2753; Deppert, S. 49; Rosenberg/Schwab/Gottwald, § 102 IV 1, S. 689.

[246] MK-ZPO/Prütting, § 296 Rn 177; Zöller/Greger, § 296 Rn 8.

Nach der Bestimmung des § 533 ZPO n.F. ist eine Aufrechnungserklärung in der Berufungsinstanz nur noch zulässig bei entsprechender Einwilligung des Gegners oder Sachdienlichkeit und dem Vorliegen der Novenvoraussetzungen des § 529 ZPO. Neuer Tatsachenstoff, welcher der Aufrechnung zugrunde gelegt werden soll, muss nach der gestuften Prüfung des § 529 ZPO in den Prozess eingeführt werden dürfen.

1. Differenzierung zwischen Abweisung als unzulässig und Abweisung als unbegründet infolge fehlender Schlüssigkeit

Sowohl für die Entscheidung über die Klage- als auch über die Aufrechnungsforderung unberücksichtigt und folgenlos bleibt die bloße Ankündigung des Beklagten, sich im Prozess mit einer Aufrechnungserklärung verteidigen zu wollen. Ob es sich noch um eine solche Absichtserklärung handelt oder bereits der rechtsverbindliche Wille zur Gestaltung der Rechtslage vorliegt, ist Auslegungssache und muss je nach Einzelfall beurteilt werden[247].

Von dem Fall der Zurückweisung als verspätet ist die von vornherein unzulässige Aufrechnungserklärung zu unterscheiden. Gibt das Gericht der Klage mit der Begründung statt, dass die Aufrechnung nicht rechtswirksam erklärt oder nicht zulässig ist, ergeht auch keine rechtskräftige Entscheidung über die Gegenforderung[248]. Eine solche Unzulässigkeit der Aufrechnungserklärung kann sich beispielsweise aus gesetzlichen oder vertraglich vereinbarten Aufrechnungsverboten ergeben[249] oder soweit der Beklagte darauf verzichtet hat, im Prozess aufzurechnen[250]. Auch wenn die Aufrechnungserklärung wegen fehlender Individualisierung der Aufrechnungsforderung ihren Gegenstand nicht erkennen lässt, ist die Prozessaufrechnung wie eine entsprechend mangelhafte Klage unzulässig und es ergeht keine Sachentscheidung[251]. Damit tritt auch eine rechtskräftige Aberkennung der Gegenforderung nicht ein.

Ausführungen im Urteil über die Begründetheit der „aufgerechneten“ Forderung des Beklagten sind dann unstatthaft und nehmen nicht an der Rechtskraftwirkung des § 322 II ZPO teil[252].

Anders freilich liegt der Fall, wenn die unsubstantiierte Gegenforderung als unschlüssig oder in sonstiger Weise als unbegründet behandelt wurde. Hier ist der Aufrechnungseinwand zwar wirksam erhoben, geht aber, so wie eine unschlüs-

---

[247] Vgl. dazu Musielak, JuS 1994, S. 820.
[248] BGH NJW 1984, 129; NJW 88, 3210; MüKo-ZPO/Gottwald, § 322 Rn 183.
[249] §§ 390, 391 II ZPO und §§ 392- 395 ZPO; vgl. BGH NJW 1984, 358; NJW 1985, 550.
[250] BGHZ 38, 254; WM 1973, 144.
[251] Zöller/Greger, § 145 Rn 16a; BGH NJW 1992, 1538; Schellhammer, S. 140.
[252] Zöller/Greger, § 145 Rn 14; BGH NJW 1984, S. 128.

sige Klage rechtskräftig als unbegründet abgewiesen wird, ins Leere und der Verlust der Gegenforderung ist gemäß § 322 II ZPO rechtskräftig festgestellt[253].

2. Abweisung als verspätet

Findet indessen das Aufrechnungsvorbringen keine Beachtung, weil es unter den Voraussetzungen des § 296 ZPO als verspätet zurückgewiesen wurde, ist der Beklagte gemäß dem Klageantrag zu verurteilen. Davon unberührt bleibt die materielle Wirksamkeit der im Prozess erklärten oder der außerhalb des Prozesses erklärten, aber im Prozess verspätet oder gar nicht geltend gemachten Aufrechnung nach § 389 BGB. Denn die Vorschriften der §§ 296, 530, 533, 767 II, 304 ZPO enthalten kein materielles Aufrechnungsverbot im Sinne des BGB[254].

Der Inhalt eines solchen Urteils entspricht nicht der wahren materiellen Rechtslage. Während gemäß § 322 I ZPO das Bestehen der Klageforderung rechtskräftig feststeht, ist deren Erlöschen durch Aufrechnung ein Faktum. Dies hat gleichzeitig zur Folge, dass der Beklagte doppelt belastet wird. Er verliert auf der einen Seite seine Gegenforderung durch Aufrechnung und wird gleichwohl zur Zahlung in Höhe der Klagesumme verurteilt. Versucht der Beklagte nunmehr in einem zweiten Prozess seine Aufrechnungsforderung selbständig einzuklagen, kann sich der Kläger des ersten Prozesses, in der Regel erfolgreich, auf die vollzogene Aufrechnung und das damit einhergehende Erlöschen der beiderseitigen Forderungen berufen. Sofern der vormalige Kläger und jetzige Beklagte den Tatsachenvortrag der Aufrechnung beweisen kann und das zweite Gericht diese Behauptung für begründet hält, muss es die zweite Klage abweisen. Damit steht zum einen durch das erste Urteil gemäß § 322 I ZPO rechtskräftig fest, dass die Klageforderung besteht, andererseits ist durch das zweite Urteil gemäß § 322 II ZPO auch rechtskräftig das Nicht(mehr)bestehen derselben Forderung festgestellt. Obwohl das erste Urteil ordnungsgemäß und rechtmäßig zustande gekommen ist, ignoriert es den materiellen Aufrechnungsvollzug und ist konsequent und vernunftgemäß betrachtet, de facto unrichtig[255]. Nicht nur, dass sich hier die Inhalte zweier Urteile über ein und dieselbe Forderung widersprechen, was zumindest aus rechtspolitischer Sicht bedenklich wäre. Das eigentliche Übel liegt bei dem Aufrechnenden, der mit seiner Aufrechnung nicht die eigene Schuldtilgung bewirken konnte, darüber hinaus noch auf Durchsetzung seiner Forderung verzichten muss. Tatsächlich durfte er aber bei seiner Erklärung der Aufrechnung davon ausgehen, dass beide Forderungen nach materiellem Recht gemäß § 389 BGB wechselseitig erlöschen. Dieses gleichzeitige und gegenseiti-

[253] Zöller/Greger, § 145 Rn 16; BGH NJW 1961, 115; NJW-RR 1991, 971, 972; NJW 1994, 1538.
[254] Kauppert, S. 75.
[255] Vgl. Varvitsiotis, S. 17.

ge Erlöschen von Klageforderung und Gegenforderung ist endgültig, beide Forderungen sind in ihrem Untergang voneinander abhängig[256]. Durch die Nichtberücksichtigung der vollzogenen Aufrechnung im ersten Urteil wird der Beklagte rechtlich und ökonomisch schlechter gestellt, wenn seine Aufrechnung materiell wirksam bleibt und er durch die Rechtskraft des ersten Urteils keinerlei Möglichkeit mehr hat, seine Gegenforderung selbständig geltend zu machen.

Ein solches Ergebnis wird heute übereinstimmend als unbillig und dem Sinn und Zweck der Präklusionsvorschriften nicht entsprechend angesehen[257]. Um derart ungerechtfertigte Nachteile für den Beklagten zu verhindern, wurden daher innerhalb der zivilistischen Theorie zur Prozessaufrechnung die unterschiedlichsten Lösungsmechanismen entwickelt[258]. Einig ist man sich allein in dem Schluss, dass das eben demonstrierte Resultat nicht akzeptabel ist.

Der Erläuterung entsprechender Lösungsvorschläge vorangehend, soll zunächst ein Vergleich der eben dargestellten, durch die prozessuale Nichtbeachtung seiner Aufrechnung provozierten Situation des Beklagten mit den eingangs erläuterten und dieser Arbeit zugrunde liegenden Fällen der Klägeraufrechnung erfolgen. Von besonderem Interesse sind dabei grundsätzliche strukturelle Gemeinsamkeiten und das Empfinden einer Unstimmigkeit hinsichtlich des Ergebnisses mit den Voraussetzungen und Wirkungen des Aufrechnungsinstitutes schlechthin.

II. Relevanz für die Klägeraufrechnung: Wertungsunterschiede/ Gemeinsamkeiten

Erklärt der Kläger im Prozess die Aufrechnung gegen eine Gegenforderung des Beklagten[259], und wird über diese Aufrechnung innerhalb des Prozesses entschieden, soll es nach herrschender Ansicht zu einer rechtskräftigen Entschei-

---

[256] MüKo-BGB/Schlüter, § 390 Rn 3; A. Blomeyer, ZZP 88 (1975) S. 440.

[257] Staudinger/Gursky, Vorbem. zu §§ 387 ff. Rn 30; Kauppert, S. 76; Stein/Jonas/Leipold, § 145 V Rn 56; MüKo-ZPO/Peters, § 145 Rn 28 m.w.N.; abweichende Einzelansicht: Baumgärtel, S. 164.

[258] Folgte man der prozessualen Theorie, die nicht von einem Doppeltatbestand i.S.v. materieller und prozessualer Erklärung ausgeht und demnach auch keine Divergenz im o.g. Zusammenhang aufzuweisen hat, ergäben sich keine solchen Schwierigkeiten. Da der Aufrechnungserfolg nach dieser Ansicht erst durch das Gericht ausgelöst wird, kann es die entsprechende Einrede des Beklagten ohne weiteres zurückweisen, wenn es die Aufrechnung nicht vollzieht. Damit behält der Beklagte seine Gegenforderung und kann sie selbständig geltend machen.

[259] Zu den verschiedenen denkbaren Fallkonstellationen der Klägeraufrechnung siehe § 1 B.

dung ausschließlich hinsichtlich der Klageforderung kommen[260]. Obwohl naturgemäß mit Erklärung der Aufrechnung beide sich aufrechenbar gegenüberstehenden Forderungen *ex tunc* gemäß § 389 BGB erlöschen und das Urteil dieses Ereignis hinsichtlich der Klageforderung gemäß § 322 I ZPO auch berücksichtigt, soll eine entsprechende rechtskräftige Feststellung für die zwangsnotwendig ebenfalls erloschene Gegenforderung des Beklagten nicht existieren.

Damit erhält der Beklagte die Möglichkeit, in einem weiteren Prozess den Bestand seiner Gegenforderung zu behaupten, diese selbständig geltend zu machen, insbesondere einzuklagen und die Tatsache der Aufrechnung zu bestreiten. Er ist somit wirtschaftlich und rechtlich besser gestellt als der Kläger, der von seinem Recht nach Art. 19 IV, 103 I GG nur einmal Gebrauch machen kann. Der Beklagte hat die doppelte Chance seine Forderung zu befriedigen, trägt aber nicht in gleichem Maße das Risiko ihres Verlustes. Im schlechtesten Falle wird der Kläger im ersten Prozess aufgrund der von ihm erklärten Aufrechnung mit der Klageforderung rechtskräftig abgewiesen und muss in einem zweiten, vom Beklagten des ersten Prozesses angestrengten Verfahren noch auf die Gegenforderung zahlen, wenn dort über die Wirksamkeit der Aufrechnung anders geurteilt wird. Wie bei der prozessualen Nichtbeachtung eines Aufrechnungseinwandes, treffen auch hier die einseitige Begünstigung eines Aufrechnungsbeteiligten, sich widersprechende Urteile und die Missachtung der Aufrechnungswirkungen zusammen.
Dabei ist die Vorgehensweise des Beklagten, der ein zweites Mal vor Gericht zieht und wiederholt eine Entscheidung über seine Forderung verlangt, nicht zwangsläufig vorwerfbar. Es ist es sein aus dem Justizgewährungsanspruch resultierendes „gutes Recht“, eine nicht rechtskräftig festgestellte Forderung erneut gerichtlich überprüfen zu lassen, wenn er aus Rechtsgründen nicht an die Wirksamkeit der Aufrechnung glaubt.

Sowohl im Fall der Klägeraufrechnung als auch bei dem prozessual nicht berücksichtigten Aufrechnungseinwand wird teilweise der Versuch unternommen, demjenigen Aufrechnungsbeteiligten, dem die Aufrechnung bereits einmal zu Gute gekommen ist, den Einwand des *venire contra factum proprium* entgegenzuhalten, soweit er in einem zweiten Verfahren die Aufrechnung nicht mehr gegen sich gelten lassen will[261]. Von den Schwierigkeiten, solch eine auf Billig-

---

[260] BGH NJW 1984, 1356; NJW 1992, 982; OLG Koblenz NJW-RR 1997, 1426; Reinicke-Tiedtke, NJW 1984, S. 2790 f.; Niklas MDR 1987, S. 96; Zöller/Vollkommer, § 322 Rn 24; Thomas/Putzo, § 322 Rn 44.

[261] Lüke-Huppert, JuS 1971, S. 169, Fn. 54; Habscheid, ZZP 76 (1963) S. 373; Blomeyer, ZZP 88 (1975) S. 440; v. Feldmann, JuS 1983, S. 362; Reinicke-Tiedtke, NJW 1984, S. 2792.

keitserwägungen beruhende Generalklausel zu bemühen, zeugt jedoch die Praxis[262].

Damit weist die nicht mit Rechtskraft berücksichtigte Klägeraufrechnung in der Folgenbetrachtung und von ihrem Unrechtsempfinden her denselben Unwertgehalt auf wie die prozessuale Nichtbeachtung des Aufrechnungsvorbringens seitens des Beklagten. Es besteht eine logische Diskrepanz im Denkspruch, die gekennzeichnet ist durch den ausgleichslosen Verlust einer materiellen Forderung. In beiden Fällen ist die Aufrechnungsinstitution an sich als objektives Recht verletzt. Denn entgegen § 389 BGB hat die Aufrechnung nicht zu einer gleichen, unwiderruflichen und gleichzeitigen Befriedigung beider an der Aufrechnung Beteiligten geführt[263]. Damit ist nicht nur das praktische Vertrauen in die Zuverlässigkeit der Aufrechnung verletzt, auch die Überzeugungskraft des richterlichen Urteils schlechthin steht in Frage.

Genauer betrachtet trifft es den aufrechnenden Kläger sogar noch härter. Denn während der Forderungsverlust bei der Zurückweisung als verspätet in der Regel im Einflussbereich des Beklagten liegt, mitunter gar auf schlechte Prozessführung zurückgeführt werden kann, ist dem aufrechnendem Kläger im Grunde kein Vorwurf zu machen. Mit der Erklärung der Aufrechnung macht er von seinem lediglich in sich beschränktem Recht gemäß § 388 S. 1 BGB Gebrauch, ohne dabei gegen positive oder dispositive prozessuale Normen zu verstoßen. Er verliert dennoch seine Forderung ohne Gegenleistung. Im Gegensatz zum „verspäteten Beklagten", der es versäumt, seine Forderung in den Prozess ordnungsgemäß und rechtzeitig einzubringen, verhält sich der aufrechnende Kläger völlig rechtmäßig und legitim. Es ist somit nach den Wertungsprinzipien zu fragen, die eine prozessuale Norm veranlassen können, eine von der materiellen Rechtslage abweichende Entscheidung zu treffen.

Wenn *Henckel* hierbei von den „Stufen prozessualer Verwirkung" spricht, dann ist damit gemeint, dass das Prozessrecht der Rechtsausübung, einer materiellrechtlichen Schranke ähnlich, dort Grenzen setzen kann, wo der Gedanke der unzulässigen Rechtsausübung und der Verwirkung sich nicht leugnen lassen[264]. „Weicht das Urteil von der wirklichen Rechtslage ab, weil die unterlegene Partei ihr günstige Tatsachen oder Beweismittel nicht vorgetragen hat, so muss sie sich entgegenhalten lassen, dass sie die im Prozess reichlich gebotene Gelegenheit, sich Gehör zu verschaffen, nicht genutzt hat. Wer die Chancen des Prozesses

[262] Ablehnend BGH NJW 1984, 1356; Tiedtke, NJW 1992, S. 1476; Varvitsiotis, S. 68; Rothweiler, S. 96.
[263] Varvitsiotis, S. 17.
[264] Henckel, S. 62, S. 93; vgl. Gaul, FS Henckel (1995) S. 235 f.

nicht wahrnimmt, verwirkt im Interesse des schutzwürdigen Gegners die weitere Ausübung seines Rechts“[265].

Zwar muss es dem Beklagten nicht zuletzt der Verhandlungs- und Dispositionsmaxime wegen grundsätzlich freistehen, ob er sich mit dem Aufrechnungseinwand verteidigen will oder nicht. Daher kann, soweit *Henckels* These überhaupt haltbar ist, nur von einer Art abgestufter Vorwerfbarkeit die Rede sein. Es wäre sicher unsinnig, den Beklagten zur Aufrechnung einer Forderung zu verpflichten, die er im Moment möglicherweise nur schlecht beweisen kann. Auf diese Weise wäre er aufgrund des rechtskräftigen Verlustes dieser Forderung schlechter gestellt als der Beklagte, der sich um den Prozess gar nicht kümmert und keine Verteidigung vornimmt[266]. Denn dieser behält seine Forderung in jedem Fall.

Dennoch gilt: Führt die materiell wirksam vollzogene Aufrechnung aus prozessualen Gründen nicht zum Erfolg, ist das Vertrauen in die Aufrechnungsinstitution umso mehr erschüttert, je weniger der Aufrechnende sich nach Treu und Glauben vorzuwerfen hat.

So wie im Falle der Zurückweisung verspäteten Vorbringens eine zwingende Notwendigkeit zur Ergebniskorrektur gesehen wird, kann aufgrund der mindestens gleichwertigen materiellen Interessenlage auch für die Klägeraufrechnung nichts anderes gelten. Beide Fallgestaltungen betreffen die Ausübung eines Gestaltungsrechts im Prozess und seine prozessuale Beachtung. Sie unterscheiden sich dadurch, dass durch eine Zurückweisung der Aufrechnung nach § 296 ZPO in der Regel der Beklagte materiell benachteiligt würde, sofern seine Aufrechnung materiell wirksam bliebe, während bei der Klägeraufrechnung der Kläger den Nachteil hat, wenn seine materiell wirksame Aufrechnung nicht in vollen Umfang rechtskräftig berücksichtigt wird. Beide sind Aufrechnungsbeteiligte im Sinne der Vorschriften des BGB. Diese machen keinen Unterschied zwischen der jeweiligen Parteirolle, weder in der Bedeutung von Kläger und Beklagtem, noch in ihrem Verständnis als Gläubiger oder Schuldner.

Die mangelhafte und vernachlässigte dogmatische Behandlung der Klägeraufrechnung in der rechtswissenschaftlichen Literatur steht somit außer Verhältnis zu ihrer gleichwertigen Bedeutung mit dem Fall der prozessualen Nichtberücksichtigung eines Aufrechnungseinwandes und dem durch die Verletzung der Aufrechnungsinstitution hervorgerufenen Diskussionsbedarf, der respektive einer diesbezüglich gefestigten Rechtsprechung des BGH nur mehr erhöht wird. Wie bei der Zurückweisung als verspätet muss für die Klägeraufrechnung eine entsprechende Lösung gefunden werden, welche derart unbilligen Nachteile für

---

[265] Henckel, S. 96 (hier speziell in Bezug auf die Wirkung der Rechtskraft hinsichtlich der Wiederaufnahme; grds. aber auch für die Verspätung).

[266] Henckel, ZZP 74 (1961) S. 165, 175.

den Kläger vermeidet und eine reale Befriedigung beider Aufrechnungsparteien gewährleistet.

Im Folgenden sollen zunächst vorab die zur prozessualen Nichtberücksichtigung des Aufrechnungseinwandes existierenden Lösungsvorschläge dargestellt und untersucht werden, da sie elementare Gedanken zu Wesen und Wirkungsweise der Aufrechnung in ihrem besonderen prozessual-materiellem Bezug enthalten. Damit sind sie als Anregung für eine möglicherweise analoge Verwendung dienlich und können zumindest für den Weg zu einer befriedigenden Lösung der Klägeraufrechnungsproblematik von mitprägendem Einfluss sein.

III. Lösungsversuche der herrschenden zivilistischen Theorie

Aus methodischer Betrachtung heraus lässt sich eine Problemlösung auf zwei Wegen suchen:

Die erste Möglichkeit besteht darin, die prozessual zurückgewiesene Aufrechnung entgegen § 389 BGB auch materiell nicht wirksam werden zu lassen. Der Beklagte wird dann zwar verurteilt, behält aber seine Gegenforderung. Geht man dagegen grundsätzlich von der materiell-rechtlichen Wirksamkeit der Aufrechnung aus, stellt sich die Frage, ob der Aufrechnungseinwand nicht doch auf berechtigte Weise im Verfahren berücksichtigt werden muss oder ob sich der Beklagte damit wenigstens erfolgreich gegen eine Vollstreckung wehren kann.

1. Differenzierung zwischen Prozessaufrechnung und außer-, sowie vorprozessualer Aufrechnung

Darüber hinaus wird zum Teil innerhalb der zivilistischen Theorie bei der Lösungsfindung zwischen einer Prozessaufrechnung und einer vorprozessual oder außerprozessual erklärten Aufrechnung differenziert[267]. Die vor- und außerprozessuale Aufrechnung wird dabei als Erfüllungssurrogat teilweise mit dem zurückgewiesenen Zahlungseinwand gleichgesetzt und hat zur Folge, dass der Beklagte die Aufrechnungsforderung endgültig verliert[268]. Auch bei der Zahlung müsse man mit dem rechtskräftigen Verlust der Forderung leben, wenn diese Tatsache nicht rechtzeitig in den Prozess eingeführt wird. Teilweise wird auch danach unterschieden, ob die Präklusion auf Nachlässigkeit des Beklagten zu-

[267] Rosenberg/Schwab/Gottwald, § 102 IV 2, S. 690; Henckel, ZZP 74 (1961) S. 165 ff.; Grunsky, JZ 1965, S. 391 ff.; Kauppert, S. 96, 97.

[268] Nikisch, FS Lehmann (1956) S. 765, 773, Fn. 25; MüKo-BGB/Schlüter, § 387 BGB Rn 40; Rosenberg/ Schwab/Gottwald, § 102 IV 2, S. 690; Habscheid, ZZP 76 (1963) S. 375; Asper, S. 97; Pawlowski ZZP 104 (1991) S. 262; Staudinger/Gursky, Vorbem. zu § 387 ff. Rn 33; Zöller/Greger, § 145 Rn 15; Musielak, JuS 1994, S. 822; Grunsky, JZ 1965, S. 397; Lüke/Huppert, JuS 1971, S. 165, 169, Fn. 54.

rückzuführen ist oder ob den Beklagten am Ausschluss der Aufrechnungseinrede ein Verschulden trifft[269]. Ein Großteil der Lösungsvorschläge ist daher allein auf die Prozessaufrechnung anwendbar und m.E. bereits deswegen unpraktikabel. Eine solche Unterscheidung ist nicht gerechtfertigt, da sie die grundsätzlich einheitliche Systematik der Aufrechnung ignoriert. Wie schon erwähnt, trennt das materielle Aufrechnungsrecht nicht zwischen Prozessaufrechnung und außer- bzw. vorprozessualer Aufrechnung. Beide Varianten unterscheiden sich lediglich durch einen Zeitfaktor und führen im Übrigen gleichermaßen zum Erlöschen der an der Aufrechnung beteiligten Forderungen. Auch bei der vor- und außerprozessualen Aufrechnung kommt es ebenso wie bei der im Prozess erklärten, zu den dargestellten unbilligen Nachteilen, wenn der Einwand aus prozessualen Gründen nicht beachtet wird[270].

Zunächst kann eine bereits vor dem Prozess erklärte Aufrechnung nicht mit einer solchen, die zwar außerhalb, aber während des Prozesses erklärt wurde, gleichgesetzt werden. Bei der Präklusionszurückweisung geht es letztlich um einen Zeitfaktor. Nur solche Angriffs- und Verteidigungsmittel, die nicht rechtzeitig vorgebracht werden, sind zurückzuweisen. Der Sinn und Zweck der Präklusionsvorschriften besteht im Wesentlichen darin, einer drohenden Prozessverschleppung entgegenzuwirken und damit in der Beschleunigung und Entlastung des Verfahrens[271]. Die außerprozessual erklärte Aufrechnung kann aber theoretisch immer auch zeitgleich mit einer Prozessaufrechnung zusammenfallen. Der Beklagte, der zufällig außerhalb des Gerichtssaals die Aufrechnung erklärt und diese Tatsache dann zum nächsten Termin verspätet einführt, kann doch nicht schlechter stehen als derjenige, welcher in diesem Termin die Aufrechnung zum ersten Mal vollzieht[272]. Einzig entscheidender Maßstab kann also nur der Zeitpunkt der Geltendmachung im Prozess sein. Allein darauf zielt letztlich auch der Zweck der Präklusionsvorschriften ab: die verspätet vorgebrachte Aufrechnung aus dem laufenden Prozess auszuklammern, um eine etwaige Verschleppung des Verfahrens zu vermeiden, nicht aber auch den materiellen Verlust der Gegenforderung zu bewirken[273].

---

[269] Pawlowski, ZZP 104 (1991) S. 249, 261; Rosenberg/Schwab/Gottwald, § 102 IV 2, S. 690.

[270] Grundlegend: Häsemeyer, FS Weber (1975) S. 226; Varvitsiotis, S. 83 ff.; Stein/Jonas/Leipold, § 145 V Rn 58 ff.; Jauernig, ZPR § 45 III; MüKO-ZPO/Peters, § 145 Rn 28; Musielak, GK-ZPO Rn 292, 295; Schilken, ZPR Rn 443, Fn. 54; Soergel/Zeiss, Vor § 387 Rn 2; Schlosser, ZPR I, Rn 325; Rosenberg, ZZP 59 (1935) S. 229; KG ZZP 86 (1973) S. 441 f.; Noltze, S. 177 ff.

[271] Stein/Jonas/Leipold, § 145 V Rn 56; MüKo-ZPO/Peters, § 145 Rn 28 m.w.N.

[272] Ebenso Häsemeyer, FS Weber (1975) S. 216.

[273] MüKo-ZPO/Peters, § 145 Rn 28; Stein/Jonas/Leipold, § 145 Rn 56; Kawano (ZZP 94 (1981) S. 21 ff.) argumentiert an dieser Stelle mit einer historischen Betrachtung: nach der ursprünglichen Konzeption der CPO von 1877 konnte der Beklagte den Aufrechnungseinwand stets verwirklichen, solang er im Prozess geltend gemacht wurde. Wurde er im laufenden Verfahren nicht berücksichtigt, so war seine Prüfung gemäß §§ 136, 274 CPO einem Nachverfah-

Der Kerngedanke der zivilistischen Theorie besteht gerade darin, die Aufrechnung im Prozess als Doppeltatbestand mit der grundsätzlichen Trennung von Erklärung und Geltendmachung im Prozess zu begreifen, die mehr oder weniger zufällig in einem Akt zusammenfallen. Der Prozessaufrechnung soll gerade keine Sonderstellung zukommen. Eine andere Sichtweise erscheint eher als Rückschritt zur prozessualen Theorie der Prozessaufrechnung.

So wenig es gerechtfertigt ist, einen Unterschied zwischen inner- und außerprozessualer Aufrechnung zu begründen, ergibt es auch keinen Sinn, die vorprozessuale Aufrechnung anders zu behandeln. Insoweit ist auch ein Vergleich der Situation mit dem zurückgewiesenen Zahlungseinwand nicht überzeugend. Denn im Gegensatz zur Erfüllung kann die Aufrechnung nach herrschender Meinung und Rechtsprechung[274] zu § 767 II ZPO schon bei Bestehen der Aufrechnungslage nicht mehr geltend gemacht werden. Mit dem Zahlungseinwand hingegen ist die Partei nicht ausgeschlossen, die zu einem Zeitpunkt gezahlt hat, in dem sie den Zahlungseinwand im Prozess nicht mehr erheben konnte, also nach Schluss der letzten mündlichen Verhandlung. Ihr bleibt die Vollstreckungsgegenklage. Zahlt sie vorher, wird ihr Einwand nie verspätet sein, wenn sie ihn im nächsten Termin geltend macht[275]. Der Beklagte dagegen, der sich mit einem Aufrechnungseinwand verteidigen will, kann hierfür nicht bis nach dem Schluss der letzten mündlichen Verhandlung warten, wenn er sich beispielsweise der Wirksamkeit der Aufrechnung nicht sicher ist oder er sich momentan in einer schlechten Beweislage befindet. Er ist darauf angewiesen, den Einwand rechtzeitig in den Prozess einzuführen und damit das Risiko des rechtskräftigen Verlustes seiner Aufrechnungsforderung in Kauf zu nehmen. Der drohende materielle Verlust der verspätet eingebrachten Forderung ist beim Zahlungseinwand also weniger wahrscheinlich, denn die Zahlung wirkt nie zurück. Sie kann stets noch berücksichtigt werden, wenn sie alsbald geltend gemacht wird[276].

---

ren vorbehalten. Erst durch die ZPO Novelle von 1924 mit Einführung der Präklusionsvorschriften war es möglich, die verspätet vorgebrachte Aufrechnungsforderung endgültig zurückzuweisen; der materielle Verlust sollte damit aber keinesfalls einhergehen (vgl. ausführlich auch Henckel, ZZP 74 (1961) S. 182 f.).

274 RGZ 64, 228 ff.; BGHZ 24, 97 f.; 34, 274 ff.; 38, 122 f.; 42, 37 ff.; 94, 29, 34; 103, 362 ff.; 125, 351; BAG 3, 17 f.; Zöller/Herget, § 767 Rn 14; Musielak/Stadler, § 145 Rn 23; Baumbach/Lauterbach/Albers/Hartmann, § 767 Rn 5; Häsemeyer, FS Weber (1975) S. 227; Lüke, JuS 1994, S. 685; Schmidt, JuS 1991, S. 249.

275 Arens, Willensmängel, S. 183; ähnlich Henckel ZZP 74 (1961) S. 169.

276 Henckel, ZZP 74 (1961) S. 174.

2. Differenzierung zwischen zurückgewiesenem und nicht erhobenen Aufrechnungseinwand

Unabhängig davon, wann die Aufrechnung erklärt wurde, ob vor oder außerhalb des Prozesses, stellt sich unter diesen Voraussetzungen obendrein die Frage, ob eine der prozessualen Nichtberücksichtigung entsprechende Ergebniskorrektur auch für die Fälle gefordert werden muss, in denen der Beklagte, aus welchem Grund auch immer, die Geltendmachung der Aufrechnung im Prozess gänzlich unterlässt. Auch bei einer vor- oder außerprozessual erklärten Aufrechnung, die im Prozess nicht nur verspätet, sondern überhaupt nicht vorgebracht wurde, kann über die Gegenforderung kein rechtskräftiges Urteil gemäß § 322 II ZPO ergehen. Es stellt sich also auch in dieser Konstellation die Frage, ob eine bereits vollzogene Aufrechnung materiell wirksam bleiben soll, obwohl sie im Prozess keinen Eingang gefunden hat und das Urteil nur über einen Teil der an der Aufrechnung beteiligten Forderungen rechtskräftig entscheidet.

Bevor man sich auf die Suche nach einem geeigneten Lösungsmechanismus begibt, sollte man auch hier zunächst klären, ob eine solche Ergebniskorrektur überhaupt erwünscht ist. Denn wie *Gernhuber* zu Recht anführt, sind Urteile, die die wahre Rechtslage infolge prozessualer Versäumnisse in mehr oder minder großem Ausmaß verfehlen, schließlich nicht gerade eine seltene Erscheinung und werden andernorts durchaus in Kauf genommen. Sie dürften jedenfalls nicht als bewusste Entscheidung gegen das materielle Recht verstanden werden[277]. Auch wenn man dem Gedanken der „Stufen prozessualer Verwirkung" folgen will, wäre die gänzliche Nichtausübung einer prozessualen Einrede sogar verwerflicher zu beurteilen, als deren verspätete Geltendmachung, denn wer die Chancen des Prozesses nicht wahrnimmt, verwirkt im Interesse des Gegners die weitere Ausübung seines Rechts[278].

Dass auch in den Fällen der prozessualen Unzulässigkeit nicht stets eine bewusste Entscheidung des Gerichts gegen das materielle Recht vorliegt, weil es sich mit der Begründetheit des Aufrechnungseinwandes gar nicht befasse[279], bestätigt eher die genannte These und sagt für das Bedürfnis einer Ergebniskorrektur im Fall solch eines unterlassenen Aufrechnungseinwandes wenig aus.

Gegen einen Verwirkungsgedanken der genannten Art ist in diesem Fall einzuwenden, dass die Macht des Verfahrensrechts, welches durchaus in der Lage ist, dem materiellen Recht Grenzen zu setzen[280], jedenfalls dort endet, wo die Verwirkung einer Prozesshandlung nicht gleichzusetzen ist mit dem Verzicht

---

[277] Gernhuber, S. 285.
[278] Henckel, S. 96 (hier speziell in Bezug auf die Wirkung der Rechtskraft hinsichtlich der Wiederaufnahme; grds. aber auch für die Verspätung).
[279] So Noltze, S. 208 gegen die Argumentation von Gernhuber, S. 285.
[280] Henckel, S. 62.

auf ein materielles subjektives Recht. Dazu kann und soll das Verfahrensrecht ohne weitere materielle Definition nicht in der Lage sein[281].

Auch wenn *Varvitsiotis*, der in dem Verhältnis von Nichtvorbringen und unzulässigem Vorbringen eine quantitative Beziehung sieht, versucht, die Notwendigkeit einer Berichtigung des Ergebnisses mit einem *argumentum a maiore ad minus* zu begründen, vermag dies nicht zwingend zu überzeugen: Wenn bereits die unzulässig erhobene und deswegen zurückgewiesene Aufrechnungseinrede zur materiellen Unwirksamkeit der Aufrechnung an sich führt (wofür es keine positive Norm gibt), so müsse die gänzliche Nichtvornahme als *minus* gegenüber deren unzulässigem Erheben auch zur Unwirksamkeit der Aufrechnung führen[282]. Dagegen könnte man aber, im Sinne *Henckels*, eine solche quantitative Beziehung genauso gut auch in umgekehrter Weise sehen und kein Weniger, sondern ein Mehr an Vorwerfbarkeit annehmen. Denn das unzulässige Erheben der Aufrechnungseinrede und deren prozessuale Nichtberücksichtigung mit folgender Abweisung haben dazu geführt, dass die Verteidigungsfunktion der Aufrechnung sich nicht durchsetzen konnte. Es lässt sich leichter rechtfertigen, wenn sich dann auch die Befriedigungsfunktion der Aufrechnungshandlung nicht durchsetzt, denn mit der Geltendmachung im Prozess will man gewöhnlich beides. Bei dem unterlassenen Aufrechnungseinwand hingegen hat sich der Beklagte auf die Verteidigungsfunktion gar nicht erst berufen, so dass eine schuldhafte Verwirkung dieses Rechts noch näher liegt.

Es ist *Varvitsiotis* jedoch darin zuzustimmen, dass sich die Befugnis zur Vornahme der Aufrechnungseinrede als Ausprägung eines Grundrechts auf Justizgewährung und rechtliches Gehör darstellt. Dementsprechend muss der Beklagte die prozessuale Möglichkeit haben, diese Rechte auszuüben und einen Anspruch auf Entscheidung des Gerichtes zu begründen. „Ob jedoch der Beklagte sein Grundrecht *in concreto* ausübt, ist nach der Natur der Sache allein seinem Willen überlassen. Es gibt weder einen faktischen noch einen rechtlichen Mechanismus, der den Beklagten zur Vornahme seiner Aufrechnungseinrede zwingt“[283]. Es existiert insoweit nur eine Art Prozessförderungslast, die sich in ihrer negativen Konsequenz in einem Prozessverlust auswirken kann. Dementsprechend gibt es eher einen psychologischen, nicht aber einen faktischen Zwang, materielles Recht prozessual auch geltend zu machen[284].

---

[281] Vgl. zur Wechselwirkung und zum Verhältnis zwischen materiellem Recht und Prozessrecht vgl. § 2 E.IV.
[282] Varvitsiotis, S. 92.
[283] Varvitsiotis, S. 139.
[284] Varvitsiotis, S. 140.

Meines Erachtens ist es dennoch richtig, ein quantitatives Verhältnis zwischen verspätetem und unterlassenem Aufrechnungseinwand anzunehmen. Hat der Beklagte vor- oder außerhalb des Prozesses mit der Klageforderung aufgerechnet und beruft er sich im Prozess nicht auf diese Aufrechnung, so ist zumindest von seiner Seite aus offensichtlich, dass er die Aufrechnung nicht als geeignetes Verteidigungsmittel ansieht. Doch auch im Verhalten des Klägers, der als Erklärungsempfänger ja um die Aufrechnung weiß und dennoch seine Forderung durchklagt, muss man insoweit einen einvernehmlichen konkludenten Verzicht auf die Aufrechnungsfolgen sehen. Sei es, weil der Aufrechnungsvorgang an sich ignoriert wird oder weil das Bestehen der Gegenforderung selbst fraglich ist. Ungeachtet dessen, wie ein solcher Verzicht materiellrechtlich im Hinblick auf die Ausrichtung der Aufrechnung als einseitiges Gestaltungsgeschäft zu werten ist oder welche Folgen er hat, ist das Bedürfnis nach einer Lösung in diesem Fall umso höher, als wenn eine von beiden Parteien zumindest den - wenn auch verspäteten - Versuch unternommen hat, sich auf die Aufrechnung zu berufen. In diesem Sinne führt hier ein „erst-recht-Schluß" zu der Notwendigkeit, auch für den Fall des Nichtvorbringens der Aufrechnung einen materiellen Forderungsverlust verhindert zu wissen.
Schließlich gibt die Zivilprozessordnung selbst einer dem Prozess gänzlich fernbleibenden Partei die Möglichkeit, ihr relevantes Vorbringen in einem nächsten Termin zu wiederholen, ohne hierfür ein Verschulden vorauszusetzen, bevor es für sie zu einem materiellen Rechtverlust durch rechtskräftiges Versäumnisurteil kommt. Damit erkennt die Prozessordnung eine Form des sanktionslosen verspäteten Vorbringens durch Normierung einer totalen Säumnis an, ohne sie grundsätzlich als missbilligendes Verhalten zu sanktionieren[285]. Die Antwort auf die Frage nach einer Ergebniskorrektur muss sich somit auch im Lichte der Versäumnisvorschriften messen lassen.

3. Einzelne Ansichten

Während der BGH zunächst ohne nähere Begründung davon ausgegangen ist, dass die Nichtzulassung der Aufrechnung den Bestand der Gegenforderung nicht tangiert[286], nimmt er in späteren Entscheidungen dann offenbar doch an, der Beklagte verliere seine Aufrechnungsforderung, auch wenn seine Einrede aus prozessualen Gründen unberücksichtigt bleibt[287]. Damit soll bei einer Nichtzulassung der Aufrechnung aufgrund verspäteter prozessualer Geltendmachung die aufgerechnete Gegenforderung sachlich und rechtlich rechtskräftig aber-

---

[285] So auch Varvitsiotis, S. 140.
[286] BGHZ 16, 124, 140.
[287] BGH DB 1987, 2409; BGHZ 33, 236, 242.

kannt sein[288]. Dieses Ergebnis verwundert. Denn Voraussetzung für eine Anwendung des § 322 II ZPO im Sinne einer Rechtskrafterstreckung über die Gegenforderung ist dem Wortlaut nach zumindest, dass über diese auch entschieden wurde[289].

a) Anwendung des § 139 BGB auf den Doppeltatbestand

Weite Zustimmung hat die Ansicht gefunden, die im Verhältnis zwischen Aufrechnungserklärung und deren prozessualer Geltendmachung die Norm des § 139 BGB analog anwendet[290]. Dieser sei auf alle Rechtsgebiete anwendbar und enthalte insoweit einen allgemeinen Rechtsgedanken. Die Vertreter dieser Theorie sehen den Doppeltatbestand der materiellrechtlichen Aufrechnungserklärung und dessen Geltendmachung im Prozess als einheitliches Rechtsgeschäft und nehmen bei verfahrensrechtlicher Unzulässigkeit des Aufrechnungseinwandes an, dass nach dem Willen des Beklagten auch die sachlich-rechtliche Wirksamkeit der Aufrechnungserklärung nicht eintreten soll.
Die Voraussetzungen, denen eine allgemeine Anwendung des § 139 BGB unterliegt, sind zugleich auch die wesentlichen Streitpunkte im Rahmen dieser Theorie. Für ein einheitliches Rechtsgeschäft in diesem Sinne soll auch eine „zusammengesetzte Einheitlichkeit" ausreichen, solange die äußere Verbindung und die wirtschaftliche Einheit nach Sinn und Zweck gegeben ist[291]. Da § 139 BGB einen allgemeinen Rechtsgedanken enthalte, der auch auf anderen Rechtsgebieten Gültigkeit beanspruche, gebe es keinen Grund, die Verbindung eines materiellen Rechtsgeschäfts mit einer Prozesshandlung als „einheitlich" zu beanstanden, sofern der Wille des Beklagten darauf gerichtet[292] und der Rahmen nach Inhalt und Zweck haltbar ist[293].

---

[288] BGH DB 1987, 2409; BGHZ 33, 242; NJW 1986, 2257; NJW-RR 1987, 1196; KG ZZP 86 (1973) 441, 443; anders aber für den Fall der Aufrechnung in der Berufungsinstanz BGHZ 17, 124, 126 und BGHZ 127, 351, 354.
[289] Siehe auch Buß, JuS 1994, S. 148.
[290] Schwab, FS Nipperdey (1965) S. 939, 952 f.; Rosenberg/Schwab/Gottwald, § 102 IV 2, S. 690; Lüke, AcP 162 (1963) 537; ders., JuS 1965, S. 483; Lüke/Huppert, JuS 1971, S. 169; Lüke-Zawar, JuS 1970, S. 213; Arens, Willensmängel, S. 190; Knöringer, NJW 1977, S. 2339; Palandt/Heinrichs, § 388 Rn 2; Soergel/Siebert/Hefermehl, § 139 Rn 8; Staudinger/ Roth, § 139 Rn 30; Zöller/Greger, § 145 Rn 15; Stein/Jonas/Leipold, § 145 Rn 57; Schiedermair, S. 156 f.; Thomas/Putzo, § 145 Rn 18; RGRK/Krüger-Nieland/Zöller, § 139 Rn 26; Coester-Waltjen, Jura 1980, S. 27, 29; Erman/Palm, § 139 Rn 8.
[291] Schwab, FS Nipperdey (1965) S. 952; Deppert, S. 56 f.
[292] BGHZ 50, 8 ff., 13; BGH NJW 1968, 937; NJW 1976, 1931 f.; NJW 1990, 1473 f.; MDR 1966, 749; MDR 1971, 468; Palandt/Heinrichs, § 139 Rn 5; Arens, Willensmängel, S. 191; Soergel/Siebert/Hefermehl, § 139 Rn 15; Deppert, S. 57.
[293] A.A.: Varvitsiotis, S. 42 m.w.N.: Er sieht nur eine subjektive Einheit im Willen des Aufrechnenden selbst, nicht aber eine objektive. Insgesamt bevorzugt er eine Lösung, die weniger

Ein nächster Kritikpunkt bezieht sich auf die Bedingungsfeindlichkeit der Aufrechnung gemäß § 388 S. 2 BGB[294]. Die Anwendung des § 139 BGB auf den Doppeltatbestand würde dem Beklagten dazu verhelfen, seinem Willen entsprechend, die Wirksamkeit seiner materiellrechtlichen Erklärung vom Erfolg ihrer prozessualen Beachtung abhängig zu machen. Auf diesem Umweg würde § 388 S. 2 BGB umgangen, da so der Beklagte die Möglichkeit hätte, allein aufgrund seines Willens die Aufrechnung von einem ungewissen zukünftigen Ereignis abhängig zu machen. Dies wolle das Gesetz mit Rücksicht auf die Interessenlage des Klägers gerade verhindern.

Diesem Einwand wird im Wesentlichen die Annahme einer zulässigen innerprozessualen Bedingung bzw. die nur kurzfristig bestehende Ungewissheit bis zum Ausgang des Prozesses entgegengehalten[295]. Dabei handelt es sich um dieselbe Argumentation, mit der die ganz herrschende Meinung die Zulässigkeit einer Eventualaufrechnung begründet.

Der Anwendung des § 139 BGB auf den Doppeltatbestand der Aufrechnung im Prozess stehen jedoch eher grundsätzliche Bedenken entgegen. Es wurde bereits im Rahmen dieser Arbeit dargelegt, dass sich eine sinnvolle Ergebniskorrektur auch auf die vor- und außerprozessuale sowie die gänzliche Nichtvornahme der Aufrechnungseinrede beziehen sollte. Zum einen beschränkt sich die Tauglichkeit dieser Theorie nur auf die Fälle der Prozessaufrechnung, also der im Prozess erklärten und geltend gemachten Aufrechnung. Die außer- oder vorprozessual erklärte Aufrechnung ist in der Regel nicht zwangsläufig von vornherein mit der Bedingung ihrer prozessualen Beachtung verknüpft. Jedenfalls kann davon nicht ohne weiteres stillschweigend oder vermutend ausgegangen werden[296].

---

auf den subjektiven Willen des Aufrechnenden, als auf den objektiven Willen der Rechtsordnung abstellt, S. 44.

294 Deppert, S. 60; Häsemeyer, FS Weber (1975) S. 219; Buß, JuS 1994, S. 149.

295 Vgl. nur Lüke/Huppert, JuS 1971, S. 169.

296 A.A.: Varvitsiotis, S. 40: In beiden Fällen habe der Aufrechnende im Zeitpunkt seiner Willenserklärung denselben wirklichen Willen, nämlich dass die Befriedigung seiner Gegenforderung durch die Präklusionsvorschriften der ZPO nicht verhindert wird. Das Abstellen auf den Zeitpunkt ihrer Geltendmachung sei ein nur formales Argument. Die Funktion der Aufrechnung im Privatrecht (Erlöschen) und die Funktion der entsprechenden Einrede im Prozess (Aberkennung) bildeten unabhängig von zeitlichen Gesichtspunkten immer eine Einheit. *Varvitsiotis* begründet diese These mit dem Beispiel, dass der Beklagte ausdrücklich auf die Gültigkeit und den Fortbestand der materiellen Rechtsfolgen besteht oder sich für das prozessuale Schicksal der Aufrechnungseinrede gar nicht interessiert. Diese Argumentation ist m.E. irreführend. Denn unabhängig davon, dass eine solche Fallgestaltung, in welcher der Beklagte ausdrücklich die beschriebenen Unbilligkeiten durch die prozessuale Nichtbeachtung seiner ansonsten materiell wirksamen Aufrechnung in Kauf nimmt, in der Praxis quasi undenkbar ist - und akzeptable Lösungswege sollten sich durchaus an der Realität orientieren (a.A. Varvitsiotis, S. 41, Fn. 23) - bestünde nur in diesem Fall überhaupt kein Bedürfnis für die Anwen-

Dann aber liegt auch kein einheitliches Rechtsgeschäft im Sinne des § 139 BGB vor.

Darüber hinaus darf in Frage gestellt werden, inwieweit sich hinter § 139 BGB tatsächlich ein allgemeiner Rechtsgedanke befindet. Das BGB hat sich mit § 139 BGB gegen das gemeinrechtliche Prinzip des „*utile per inutile non viviatur*" gewandt, wonach bei Teilnichtigkeit die Aufrechterhaltung des Geschäfts im Übrigen angenommen wurde[297]. Doch sowohl das Schrifttum als auch die Rechtssprechung erachten die Norm allgemein als verfehlt und es überwiegen die Bestrebungen die eine größtmögliche Aufrechterhaltung der restlichen Teilregelung favorisieren und somit *a priori* für eine geltungserhaltende Reduktion eintreten[298]. Auch in der neueren Gesetzgebung ist respektive in § 306 I BGB eher die umgekehrte Tendenz erkennbar als in § 139 BGB entworfen, so dass keineswegs von einem „übergreifendem Prinzip der bürgerlichen Rechtsordnung"[299] die Rede sein kann. Schließlich darf nicht übersehen werden, dass § 139 BGB in der Vertragspraxis in nahezu allen Verträgen abbedungen wird. Ein Institut aber, welches selbst in Frage steht, scheint wenig geeignet, eine Rechtslücke zu füllen. Bedenkt man außerdem, dass § 139 BGB wenn überhaupt, nur subsidiäre Anwendung findet, stellt sich die Frage, ob nicht andere Lösungswege von vornherein zu bevorzugen sind.

b) Annahme einer Bedingung i.S.v. § 388 S. 2 BGB

Eine nicht minder stark vertretene Ansicht sieht in der prozessualen Zulassung des Aufrechnungseinwandes eine zumindest stillschweigend gesetzte Bedingung für die materiellrechtliche Wirksamkeit der Aufrechnung. Wie bei der Eventualaufrechnung die Wirksamkeit der Erklärung vom Bestehen der Klageforderung abhängt, sollen die Zulässigkeit des Vorbringens im Prozess sowie die

---

dung des § 139 BGB. Diesbezüglich erübrigt sich eine solche Scheindiskussion auch. Die von *Varvitsiotis* angenommene Einheit kann aber erst durch solch eine Erklärung selbst geschaffen werden. Der beschriebene Funktionszusammenhang im Sinne einer Einheit unabgängig von zeitlichen Gesichtspunkten, ist ansonsten nicht nachvollziehbar. Ein vorprozessual Aufrechnender, der sich eines künftigen Prozesses nicht gewärtig ist, gibt seine Willenserklärung stets völlig bedingungslos ab. Ein Zusammenhang mit der späteren prozessualen Geltendmachung kann *per se* nur nachträglich geschaffen und nicht präsumtiv vorausgesetzt werden. Für solche Fälle ist die Anwendung des § 139 BGB aber auch nicht gedacht.

[297] Seiler, FS Kaser (1976) S. 127, 144 ff.; Staudinger/Roth, § 139 Rn 1, 8.

[298] BGHZ 53, 174, 179; Roth, JZ 1989, S. 411 ff.; Seiler, FS Kaser (1976) S. 127, 147; MüKo-BGB/ Mayer-Maly/Busche, § 139 Rn 3; Canaris, FS Steindorff (1990) S. 539; Hager, S. 31 ff. m.w.N.

[299] Staudinger/Roth, § 139 Rn 3; Herschel, BB 1965, S. 791.

Nichtzurückweisung durch das Gericht zulässige Bedingung i.S.v. § 158 BGB der materiellrechtlichen Gestaltungserklärung sein[300].

Eine solch bedingte Verknüpfung von Aufrechnungserklärung und Geltendmachung im Prozess wird demzufolge auch mit derselben Argumentation, wie sie für die für die Zulässigkeit der Eventualaufrechnung spricht, gerechtfertigt. Der rechtspolitische Sinn des § 388 S. 2 BGB, der nur vom Wortsinn her auf die Prozessaufrechnung passt, nicht aber hinsichtlich seines Normzwecks, steht einer kurzfristig bis zur Beendigung des Rechtsstreits eintretende Ungewissheit über den Aufrechnungserfolg entgegen[301]. Der Aufrechnungsgegner würde dadurch nicht übergebührlich benachteiligt. Das Schicksal der Aufrechnung sei für ihn umso absehbarer, je sicherer er sich seiner eigenen Forderung ist und die Existenz der Gegenforderung ausschließen kann. Gewinnt er den Prozess gerade deshalb, weil er die prozessuale Beachtlichkeit des Aufrechnungseinwandes erfolgreich verhindern konnte, könne er Schutzbedürftigkeit wegen einer Ungewissheit über den Aufrechnungserfolg nicht mehr reklamieren[302].

Dagegen erheben sich vereinzelt Stimmen, die das Interesse des Aufrechnungsgegners auch bei nur kurzfristiger Ungewissheit über den Aufrechnungseffekt höher ansetzen als den eventuellen materiellen Verlust der zur Aufrechnung gestellten Forderung[303]. Teilweise wird die Annahme einer solch stillschweigenden Bedingung der Aufrechnungserklärung für den Fall der prozessualen Berücksichtigung auch für eine bloße, vom beabsichtigten Ergebnis beeinflusste Fiktion gehalten[304].

Meiner Ansicht nach kann man diesem Lösungsvorschlag, wenn man sich der heute allgemein anerkannten Zulässigkeit der Eventualaufrechnung anschließt, nichts anderes entgegensetzen, als dass er wiederum nur beschränkte Tauglichkeit für die innerhalb eines Prozesses erklärte Aufrechnung bieten kann. Denn bei der vor- und außerprozessualen Aufrechnung ist der Eintritt der Bedingung abgesehen davon, dass deren Vorhandensein nicht wie bei einer Prozessaufrechnung ohne weiteres stillschweigend unterstellt werden kann[305], allein vom Willen und Verhalten des Beklagten abhängig und setzt eine Auslegung der Auf-

---

[300] Teilweise auch als Gegenwartsbedingung klassifiziert: Stein/Jonas/Leipold, § 145 Rn 56 u. 52; Musielak, JuS 1994, S. 817, 828; MüKo-ZPO/Peters, § 145 Rn 26; v. Feldmann, JuS 1983, S. 362; Grunsky, Verfahrensrecht, § 15 III; Grunsky, JZ 1965, S. 391; Baumgärtel, S. 165; Schlosser, ZPR I, Rn 325, S. 279; Kauppert, S. 96; Rothweiler, S. 110.

[301] Musielak, JuS 1994, S. 820; Kawano, ZZP 94 (1981) S. 8.

[302] Schlosser, ZPR I, Rn 324, S. 279.

[303] Deppert, S. 43; Varvitsiotis, S. 58, 63.

[304] Staudinger/Gursky, Vorbem. zu §§ 387 Rn 32.

[305] A.A. Musielak, JuS 1994, S. 821 für die außerprozessuale Aufrechnung; Schlosser, ZPR I, Rn 324, S. 279 auch für die vorprozessuale Aufrechnung in Anbahnung eines künftigen Prozesses.

rechnungserklärung voraus. Ansonsten bietet dieses Ergebnis keine größeren Unsicherheiten im Verfahren, als das Eventualvorbringen im Übrigen. Die Lösungswege über § 139 BGB und § 388 S. 2 BGB weisen aufgrund ihrer Willensabhängigkeit vom Beklagten große Ähnlichkeiten auf und werden meist auch im gleichen Atemzug genannt[306].

c) Annahme einer Gesetzeslücke/ Henckel´scher Ansatz

Die eigentlich ursprünglichste, nur heute nicht mehr bevorzugte Theorie zu einer dogmatischen Lösung des Problems stammt von *Henckel*. Es geht um die Frage, ob die verspätete und deshalb unzulässige Prozessaufrechnung als weiterhin materiellrechtlich wirksam angesehen werden muss und ob die außer- und vorprozessuale Aufrechnungserklärung, die erst in einem Zeitpunkt abgegeben wird, in dem sie im Prozess nicht mehr berücksichtigt werden kann, materiellrechtliche Aufrechnungswirkung hat. Da keine Norm des geltenden Rechts existiert, die einer prozessual nicht berücksichtigten Aufrechnung auch die materielle Wirksamkeit versagt, bestünde eine Gesetzeslücke, die ergänzend ausgefüllt werden müsse. Um aus der Sicht der zivilistischen Theorie eine akzeptable Lösung zu finden, bedürfe es einer materiellrechtlichen Norm, die den Aufrechnungsvollzug für unwirksam erklärt, wenn er zu einem Zeitpunkt ausgelöst wird, in dem der entsprechende Einwand im Prozess nicht mehr zulässig ist[307].

Zu der Annahme einer solchen Gesetzeslücke kommt *Henckel* aufgrund einer Untersuchung der Wechselbeziehungen zwischen der prozessualen und der materiellrechtlichen Gestaltung der Aufrechnung unter Zugrundelegung historischer und rechtsvergleichender Untersuchungen. Betrachtet man andere Rechtsordnungen, in denen der Aufrechnungsvollzug ebenso wie im BGB durch einseitige Willenserklärung gekennzeichnet ist, wie zum Beispiel das Preußische Allgemeine Landrecht, die gemeinrechtrechtliche Praxis im 19. Jahrhundert oder das österreichische Recht, so findet sich dort als materiellrechtliche Wirksamkeitsvoraussetzung der Aufrechnung die Liquidität der Gegenforderung[308]. Das Liquiditätserfordernis, welches von seinem Tatbestand her zwar prozessrechtlicher Natur war, seine Wirkung aber eine materiellrechtliche, führte dazu, dass die Aufrechnung mit einer bestrittenen oder nicht bewiesenen Gegenforderung, die im Prozess nicht berücksichtigt wurde, auch materiellrechtlich unwirksam blieb. Denn die Forderung wurde aus dem Prozess ausgeklammert und der Prüfung in einem abgesonderten Verfahren (*ad separatum*) vorbehalten. Auch das französische und italienische Recht, welche der *ipso-iure* Theorie folgen und keinen einseitigen Aufrechnungsvollzug kennen, verstehen die Liquidität als ein

---

[306] Vgl. Kawano, ZZP 94 (1981) S. 7.
[307] Henckel, ZZP 74 (1961) S. 176.
[308] Henckel, ZZP 74 (1961) S. 177.

materielles Aufrechnungserfordernis, welches dem Zweck dient, das materielle Recht der verfahrensrechtlichen Behandlung der Aufrechnungseinrede anzupassen[309].

Gegen die Annahme einer solchen planwidrigen und ausfüllungsfähigen Gesetzeslücke wurde eingewendet, das Liquiditätserfordernis sei bewusst nicht ins BGB aufgenommen worden, obwohl der Gesetzgeber den damaligen Rechtszustand sowie den historischen Zweck des Liquiditätserfordernisses kannte und die seinerzeit herrschende Lehre sie als Voraussetzung der Aufrechnung sah[310].

Dies mag insoweit zutreffen, als es mit Inkrafttreten des BGB um 1900 entbehrlich war, diese Gesetzeslücke zu schließen. Sowohl die CPO von 1877 als auch die ZPO-Novelle von 1898 kannten keine wesentlichen prozessrechtlichen Beschränkungen der Aufrechnung. Doch besteht die Möglichkeit eines Auseinanderfallens von formeller und materieller Rechtslage seit der Novelle von 1924 in erheblich größerem Umfang. Erstmals war eine endgültige Zurückweisung des Aufrechnungseinwandes in der Berufungsinstanz möglich, während die Aufrechnung zuvor stets realisiert werden konnte, sofern sie im Prozess geltend gemacht wurde[311].

Dann kann man aber davon ausgehen, dass der Gesetzgeber sich der materiellen Bedeutung der Liquidität jedenfalls im Zeitpunkt des BGB-Erlasses nicht bewusst war und die Liquidität für rein prozessrechtlich relevant hielt[312], so dass spätestens seit 1924 von einer entsprechenden Planwidrigkeit auszugehen ist.

Die Ausfüllung dieser Gesetzeslücke im Wege der Ergänzung des BGB soll nach *Henckel* durch den materiellrechtlichen Satz erfolgen, „dass die Aufrechnung unwirksam ist, wenn sie in einem Zeitpunkt erklärt wird, in dem sie prozessual nicht mehr zulässig vorgebracht werden kann“[313].

Dieser Lösung wird entgegen gehalten, sie erfasse weder die vorprozessuale noch die im Prozess nicht erhobene Aufrechnung[314]. Das ist zwar richtig. Der Ansatz *Henckels* ließe sich aber ohne weiteres ergänzen: Die Aufrechnung *wird* unwirksam, wenn man sie zu einem Zeitpunkt im Prozess *geltend macht*, zu dem dies präklusionsrechtlich nicht mehr zulässig ist.

An *Henckels* Theorie gefällt, dass er das Vorliegen einer Gesetzeslücke erkennt und damit den Weg öffnet für eine vom Parteiwillen losgelöste Alternati-

---

309 Henckel, ZZP 74 (1961) S. 181; a.A. Kauppert, S. 83 ff.: Er gelangt in seiner Untersuchung zu dem Ergebnis, dass lediglich im ABGB, nicht aber im Gemeinen Recht und im ALR die Liquidität materielle Aufrechnungsvoraussetzung war.

310 Motive, Bd. II, S. 106; Deppert, S. 53; Kawano, ZZP 94 (1981) S. 18; Dernburg, S. 554.

311 Kawano ZZP 94 (1981) S. 22.

312 Henckel, ZZP 74 (1961) S. 184.

313 Henckel, ZZP 74 (1961) S. 184.

314 Häsemeyer, FS Weber (1975) S. 220; Noltze, S. 224.

ve[315]. In diesem Sinne fordert auch *Gernhuber* unter Berufung auf die Einheit der Rechtsordnung, dass die strikten Anordnungen des Prozessrechts eine ebenso strikte Verlängerung in das materielle Recht fordern. Materielles Recht und Prozessrecht bedürften der Verknüpfung, damit nicht in der totalen Selbständigkeit beider Rechte Unstimmigkeiten entstünden, die keinesfalls zu billigen sind[316]. Leider lässt *Gernhuber* offen, wie dieses Ziel erreicht werden soll.

Trotz durchaus überzeugendem Ergebnis überwiegen aus methodischer Sicht aber Zweifel am eingeschlagenen Lösungsweg *Henckels*. Während der rechtsvergleichende Teil seiner Argumentationskette überwiegend auf der Heranziehung veralteter Rechtsordnungen basiert, soll mit rechtshistorisch relevanter Begründung ein ehemals prozessrechtliches Instrument zur Ausfüllung einer aktuellen materiellen Gesetzeslücke herangezogen werden[317].

Darüber hinaus bindet *Henckel* die Wirksamkeit der Aufrechnung schließlich doch wieder an eine Bedingung. Zwar handelt es sich nicht um eine vom Willen des Beklagten beeinflusste, sondern um eine quasi gesetzlich aufgestellte. Es fragt sich aber, ob ein solch schwerwiegendes Mittel wie das der Rechtsergänzung wirklich nötig ist, wenn das gleiche Ergebnis mit geltenden Normen erreicht werden kann[318].

d) Lösung über § 812 I S. 2, 2. Alternative BGB

Mit dem eben besprochenen Ansatz hat der nächste Vorschlag von *Habscheid* gemeinsam, dass er eine Lösung im materiellen Recht sucht und sich dabei wiederum auf die im Prozess erklärte Aufrechnung beschränkt[319]. Während *Henckel* für eine Einschränkung der materiellrechtlichen Wirksamkeit der Aufrechnung *de lege lata* plädiert, will *Habscheid* dem Beklagten einen materiellrechtlichen Anspruch aus § 812 I S. 2, 2. Alt. BGB gewähren. Jeder Prozessaufrechnung wohne über den Schuldtilgungseffekt gemäß § 389 BGB hinaus auch der weitergehende Zweck inne, dass der Einwand im Prozess berücksichtigt werde[320].

---

315 A.A.: Grunsky, JZ 1965, S. 391, 393, Arens, Willensmängel, S. 189: Eine Gesetzeslücke würde voraussetzen, dass sich eine interessengerechte Lösung auf anderem Weg nicht finden lässt. Meines Erachtens kann man dies nur anzweifeln, wenn man sich eben den Vorschlägen anderer Autoren anschließt. Die übrige Argumentation *Häsemeyers* lässt außer Acht, dass *Henckel* nicht das Erfordernis der Liquidität selbst wieder einführen will, es geht ihm allein um eine Rechtsergänzung in dem oben erwähnten Sinne, die den materiellrechtlichen Aufrechnungsvollzug an die Prozesslage anpassen soll.

316 Gernhuber, § 12 VI, 10, S. 284; Staudinger/Gursky, Vorbem. zu §§ 387 ff. Rn 32.

317 Selbst im heutigen ABGB wird dem Merkmal der Liquidität von Rechtsprechung und Lehre keine oder nur sehr eingeschränkte Bedeutung zuerkannt, vgl. Reiterer, S. 38 f.

318 Ebenso Rothweiler, S. 109.

319 Habscheid, ZZP 76 (1963) S. 376.

320 Habscheid, ZZP76 (1963) S. 371, 378, in Anlehnung an Rosenberg, ZZP 59 (1935) S. 229 und RGRK/Scheffler[11], § 812 Anm. 122.

Sei dies nicht der Fall, soll der Aufrechnende die Aufrechnungserklärung kondizieren können. Der mit Rechtskraft des Urteils entstehende Bereicherungsanspruch auf Rückgewähr der dem Kläger zugeflossenen Vermögensvorteile, könne dann durch Aufrechnung im Wege der Vollstreckungsgegenklage geltend gemacht werden[321].

Der Rückgriff auf die *condictio causa data causa non secuta (condictio ob rem)* hat im übrigen Schrifttum keine große Anhängerschaft gefunden und dürfte im Wesentlichen an den bereicherungsrechtlichen Voraussetzungen scheitern.
In erster Linie wird dem entgegengesetzt, dass die Aufrechnungserklärung als solche keine Leistung im Sinne des § 812 I S. 2, 2. Alt. BGB sei. Diese ist vielmehr in der dadurch bewirkten Erfüllung der klägerischen Forderung zu sehen. Das Urteil stelle aber gerade rechtskräftig fest, dass die Klageforderung besteht, weshalb der Beklagte auf Wiederherstellung seiner Forderung nicht mehr klagen könne[322].

Gegen den Einwand, es käme für den Leistungsbegriff nicht zu der vorausgesetzten Mehrung fremden Vermögens, da der Aufrechnungsgegner seine Forderung ja ebenfalls verliere, kann m.E. zu Recht entgegengesetzt werden, dass bei dieser Argumentation jeder Erfüllungshandlung die Leistungseigenschaft im Sinne des Bereicherungsrecht fehlen würde. Darüber hinaus liegt im Untergang der Gegenforderung zumindest eine Befreiung von einer Verbindlichkeit, was unbestritten als Leistung im Sinne von § 812 BGB anerkannt ist[323].

Fraglich ist weiterhin, ob der verfolgte Zweck, nämlich die Geltendmachung der Aufrechnung im Prozess, Inhalt des Rechtsgeschäftes geworden ist, wie § 812 I S. 2, 2. Alt. BGB es voraussetzt[324], da sich bei einer einseitigen Gestaltungserklärung nur schwerlich beide Parteien darüber einig sein können. Dagegen verteidigt *Habscheid* seine These mit dem Einwand, dass eine solche Voraussetzung nur für zweiseitige Rechtsgeschäfte gelten könne, da andernfalls das aufgrund einseitiger Rechtsgeschäfte Geleistete niemals dem Kondiktionsanspruch des § 812 I S. 2, 2. Alt. BGB ausgesetzt wäre[325].

Bestritten wird die Anwendung der *condictio ob rem* auch soweit sie voraussetzt, dass der Leistende eine nicht geschuldete Leistung erbringen will, um so eine ebenfalls nicht geschuldete Gegenleistung zu erlangen. Denn § 812 I S. 2,

---

[321] Habscheid, ZZP 76 (1963) S. 378; Buß, JuS 1994, S. 147, 149 f.
[322] Grunsky, JZ 1965, S. 394, Fn. 32; Deppert, S. 62.
[323] Habscheid, ZZP 76 (1963) S. 376 f.; Kauppert, S. 99; Erman/Westermann, § 812 Rn 8; Palandt/Sprau, § 812 Rn 24.
[324] Palandt/Sprau, § 812 Rn 86.
[325] Habscheid, ZZP 76 (1963) S. 377.

2. Alt. BGB betreffe nur Fälle, in denen eine Leistung eben nicht zum Zwecke der Erfüllung einer vertraglichen Verbindlichkeit oder Begründung eines Schuldverhältnisses erbracht werde, sondern einverständlich zum Zwecke der Herbeiführung eines bestimmten, im Verhalten des Empfängers liegenden Erfolges[326]. Anderenfalls würden bei Ausbleiben dieses Erfolges schon die Vorschriften des Leistungsstörungsrechts eingreifen.

Auch wenn man diesbezüglich mit einer Mindermeinung[327] davon ausginge, dass es nicht schadet, wenn ein solch weitergehender Zweckgedanke, wie der der prozessualen Beachtung noch zusätzlich hinzukommt, ergeben sich doch weitere Bedenken, was dessen Berücksichtigung in Bezug auf § 388 S. 2 BGB anbetrifft. Eine solche Erklärung der Aufrechnung stünde letztlich unter der auflösenden Bedingung, dass die Leistung zurückverlangt werden kann, wenn die Aufrechnung prozessual nicht berücksichtigt wurde[328]. Damit kommt sie im rechtlichen und wirtschaftlichen Endergebnis auf dieselbe Lösung wie über § 388 S. 2 BGB. Dann besteht aber überhaupt kein Bedürfnis für einen bereicherungsrechtlichen Weg, der nicht nur im Ergebnis wegen der aus § 818 III BGB resultierenden Benachteiligung des Beklagten[329] Bedenken erweckt, sondern der auch auf dem Weg dahin eine recht umständliche und unökonomische Alternative darstellt, wenn das ungewollte Ergebnis nicht bereits in seiner Entstehung gehindert, sondern erst in seinen Folgen zu beseitigen versucht wird[330]. Überzeugender wäre daher eine Lösung, die dem Beklagten seine vergebens zur Verteidigung gestellte Forderung weiterhin belässt.

Schließlich würden mit *Habscheids* Weg die §§ 296, 296a, 530, 767 II ZPO jeden Sinn und Zweck verlieren, der darin liegt, dem Kläger ohne Verzögerungen mit einem vollstreckungsfähigen Titel eine sichere und unantastbare Rechtsposition zu verschaffen[331]. Ließe man mit Rechtskraft des Urteils einen bereicherungsrechtlichen Rückgewähranspruch des Beklagten zu, so würde dem

---

326 Habscheid, ZZP 76 (1963) S. 377; Grunsky, JZ 1965, S. 394, Fn. 32; MüKo-BGB/Lieb, § 812 Rn 158, 169 f.; Staudinger/Lorenz, § 812 Rn 106, 108; Medicus, BR, Rn 691, S. 487; Gaul, JuS 1962, S. 1, 11; Reuter/Martinek § 5 III 1b, S. 149; Larenz/Canaris, SR II/2, § 68 I 3a, S. 151, Fn. 13; Welker, S. 32, 37 f.; Esser/Weyers, § 49 II, S. 66; v. Caemmerer, FS Rabel (1954) S. 345 ff.; Koppensteiner/Kramer, § 7 III 1; Palandt/Sprau, Einf. vor § 812, Rn 12; BGH NJW 1966, 540; NJW 1975, 776; NJW 1992, 2690.

327 Liebs, JZ 1978, S. 700, 702; Erman/Westermann, § 812 Rn 52; Ehmann, NJW 1973, S. 1035; Fikentscher, Rn 1103; BGH MDR 1952, 33,34; BGH WM 66, 1062.

328 Kauppert, S. 61; Deppert, S. 62; Kawano, ZZP 94 (1981) S. 7; Asper, S. 51.

329 Schlosser, ZPR I, S. 279; Die im Zusammenhang mit § 815 BGB erhobenen Bedenken von *Häsemeyer*, FS Weber (1975) S. 220 betreffen den nicht erhobenen Aufrechnungseinwand und nicht wie *Buß*, JuS 1994, S. 150 meint, den verspäteten. Insoweit führen beide eine Scheindiskussion, da *Habscheid* selbst, seine bereicherungsrechtliche Lösung nur auf die Prozessaufrechnung angewendet wissen will.

330 Ebenso Arens, Willensmängel, S. 189.

331 Kauppert, S. 103; Lüke/Huppert, JuS 1971, S. 169; vgl. auch Varvitsiotis, S. 45 f.

Kläger mit der einen Hand gegeben, was ihm mit der anderen sofort wieder genommen würde[332]. Rechtstechnisch gesehen ist dies zwar aufgrund des neuen, nicht präkludierten Streitgegenstandes möglich, sinnvoll ist dieses Ergebnis aber nicht. Das Bereicherungsrecht hat zum Ziel, ungerechtfertigten Vermögenserwerb zu korrigieren. Es darf dabei jedoch nicht die Rechtskraft eines Urteils unterwandern.

e) Vollstreckungsgegenklage durch Beschränkung des Streitgegenstandes

Ähnliche Einwände muss sich schließlich auch die mit dem Namen *Grunskys* verbundene Theorie von der Beschränkung des Streitgegenstandes gefallen lassen, die das Problem mit prozessualen Mitteln lösen will und dabei ebenfalls von einer grundsätzlich materiell wirksamen Aufrechnung ausgeht, wenn der entsprechende Einwand prozessual nicht zugelassen wird[333]. Folgerichtig nimmt *Grunsky* an, dass der Beklagte seine Forderung nicht mehr selbständig einklagen kann. Die Nichtzulassung der Aufrechnungseinrede führe allerdings zu einer Einschränkung des Streitgegenstandes, der insoweit nicht nur aus der Sicht des Klägers, sondern auch aus der des Beklagten zu betrachten sei und die Aufrechnungsfolgen des Erlöschend der Gegenforderungen ausklammere. Über diese werde nicht gemäß § 322 II ZPO rechtskräftig entschieden, was dem Beklagten ermöglicht, sich in einem weiteren Verfahren, nämlich dem der Vollstreckungsgegenklage, auf das Erlöschen der Klageforderung durch Aufrechnung zu berufen. Denn die Rechtskraft des Urteils erstrecke sich nur insoweit auf die klägerische Forderung, als sie unberücksichtigt lässt, ob der Aufrechnung des Beklagten besteht und nur sonstige Verteidigungsmittel keinen Erfolg hatten[334]. Allerdings gelte dies aufgrund der Ähnlichkeit mit dem Zahlungseinwand wiederum nicht für die vor- und außerprozessuale Aufrechnung, auf die sich der Beklagte verspätet beruft.

Ungeachtet dessen, ob eine solche Ausklammerung der Aufrechnungsfolgen mit der Streitgegenstandslehre vereinbar ist[335], weist die Theorie *Grunskys* gravierende Plausibilitätsmängel auf. Es will nicht einleuchten, wofür im Fall der Zurückweisung der Aufrechnung als verspätet eine solche Streitgegenstandsbeschränkung überhaupt erforderlich ist[336]. Die bereits erklärte, im Prozess aber

---

[332] Habscheid, ZZP 76 (1963) S. 378.
[333] Grunsky, JZ 1965, S. 391, 394 f.
[334] Grunsky, JZ 1965, S. 394.
[335] Mit den dazu einschlägigen Streitgegenstandstheorien soll sich an dieser Stelle nicht näher auseinandergesetzt werden; dafür: Deppert, S. 89.
[336] Nicht näher eingegangen werden soll auf die Fälle, in denen die Unzuständigkeit des Gerichts im Mittelpunkt der Betrachtungen steht. Hierzu schlägt *Grunsky* eine nur schwer verständliche Lösung über § 148 ZPO vor.

nicht beachtete Aufrechnung ist eine Tatsache, keine Rechtsfrage. Darüber kommt man nach dem eindeutigen Wortlaut des § 767 II ZPO nicht hinweg. Dieser stellt darauf ab, ob der Grund, auf dem die Einwendung beruht, erst nach dem Schluss der mündlichen Verhandlung entstanden ist. Für die Frage, ob man bezüglich des entscheidenden Zeitpunktes der Präklusionswirkung mit der Rechtsprechung und einem erheblichen Teil der Literatur auf die Aufrechnungslage abstellt[337] oder diesen mit der ganz überwiegenden Literaturmeinung erst in der Erklärung der Aufrechnung für gegeben hält[338], bleibt überhaupt kein Raum[339]. Selbst das extensivste Verständnis dieser Norm muss zum Ausschluss durch Präklusion führen, denn vor Schluss der mündlichen Verhandlung bestand nicht nur eine Aufrechnungslage, die entsprechende Erklärung wurde darüber hinaus auch abgegeben. *Grunsky* scheint also aus der Ansicht, die im Rahmen des § 767 II ZPO bei Gestaltungsrechten die Abgabe der entsprechenden Erklärung für maßgeblich hält, den weiteren Schluss zu ziehen, dass, wenn es doch zulässig sein soll, dass die Aufrechnung noch nach dem Urteil erklärt wird, auch möglich sein muss, sie noch kurz vor dem Urteil zu erklären[340]. Mit dieser Annahme geht er noch weiter, als die sich ohnehin gegen den BGH richtende Ansicht. Damit geht es aber nicht mehr um eine Auslegungsfrage des § 767 II ZPO, *Grunsky* befindet sich vielmehr im Bereich der Rechtsfortbildung[341].

Ausdrücklich wird an der Lösung, wie *Grunsky* sie vorschlägt, auch beanstandet, dass sie einen Verstoß gegen die Rechtskraft des Urteils beinhaltet. Der Kläger kann seiner Forderung nach Ende des Rechtsstreits nicht sicher sein und

---

337 RGZ 64, 228, 230; BGH NJW 1957, 986; NJW 1961, 1067; NJW 1964, 1797; NJW 1980, 2527 f.; NJW 1987, 1691; NJW 1994, 2769; BAGE 3, 17; Zöller/Vollkommer, § 322 Rn 62; Zöller/Herget, § 767 Rn 14; Baumbach/Lauterbach/Albers/Hartman, § 767 Rn 53; AK-ZPO/Schmidt-v.Rhein, § 767 Rn 14; MüKo-ZPO/Schmidt, § 767 Rn 82; Musielak/Stadler, § 145 Rn 23; Lorenz, NJW 1995, S. 2258; Schuschke/Walker, § 767 Rn 31; Geißler, NJW 1985, S. 1865; Ernst, NJW 1986, S. 401 ff.; Schmidt, JuS 1991, S. 249; Henckel, ZZP 74 (1961) S. 174.

338 Lent, DR 1942, S. 868 ff.; Zeuner, Sinnzusammenhänge, S. 102 ff.; Brox/Walker, § 43 III 2 c, Rn 1346; Musielak/Lackmann, § 767 Rn 37; Musielak, GK ZPO Rn 688; Thomas/Putzo, § 767 Rn 22; Rosenberg/Schwab/Gottwald, § 154 II 1, S. 1075; Gaul, GF für Knobbe-Keuk (1997) S. 135 ff.; Bruns/Peters, § 15 I 3, S. 92; Becker, AcP 188 (1988) S. 48; Schwab ZZP 74 (1961) S. 302; Stein/Jonas/Münzberg, § 767 Rn 32 ff.; Rosenberg/Gaul/Schilken, § 40 V 2 b, S. 627; Otto, JA 1981, S. 651 ff.; Gottwald/Honold, JZ 1996, S. 580.

339 Diesen Gesichtspunkt offenbar nicht berücksichtigend: vgl. Arens, Willensmängel, S. 190; Häsemeyer, FS Weber (1975) S. 221; Lüke/Huppert, JuS 1971, S. 169, Fn. 50; Gernhuber, S. 284, Fn. 168; scheinbar ebenso: Kawano, ZZP 94 (1981) S. 10 f.; Asper, S. 59; Noltze, S. 226.

340 Grunsky, JZ 1965, S. 397; KG ZZP 86 (1973) S. 441, 442 f., mit Anm. Grunsky, ZZP 86 (1973) S. 443 ff.

341 Etwas anderes mag gelten, soweit es sich um eine erstmals in der Berufungsinstanz erhobene und dort zurückgewiesene Aufrechnung handelt, vgl. Grunsky, JZ 1965, S. 397; Deppert, S. 91.

muss befürchten, dass auch nach Eintritt der Rechtskraft das Urteil durch Aufrechnungseinrede unterwandert wird[342]. Außerdem sei ein Verstoß gegen den Sinn und Zweck der Präklusionsvorschriften evident[343]. Wenn dem Beklagten gestattet ist, sein zurückgewiesenes Verteidigungsmittel später erneut über die Vollstreckungsgegenklage geltend zu machen, würde der Vorteil, den die §§ 296, 533, 767 II ZPO dem Kläger gewähren, geradewegs wieder aufgehoben. Prozessverschleppung und anhaltende Unsicherheit für den Kläger wären die Folgen. Dann aber könnte man auch gleich darüber nachdenken, die Präklusionsvorschriften extensiver zu handhaben. Dies führte zumindest nicht zu prozessualer Doppelarbeit. Aus diesem Grund lässt sich auch nicht argumentieren, die Anwendbarkeit des § 767 ZPO dürfe deshalb nicht ausgeschlossen sein, weil der Beklagte überhaupt keine Chance gehabt hätte, seine Aufrechnung bis zu dem in § 767 II ZPO vorausgesetztem Zeitpunkt geltend zu machen[344]. Eine solche Chance bestand sehr wohl, nämlich in dem durch die Präklusionsvorschriften begrenzten Rahmen.

Weiterhin stünde zu erwarten, das die besprochene Konstruktion unter Berufung auf Treu und Glauben nicht nur auf die Aufrechnung, sondern ausufernd auch auf andere Einreden angewendet werden würde[345].

f) Verteidigungs- und Durchsetzungsfunktion als ungeschriebenes Tatbestandsmerkmal

Den Ansatz der zivilistischen Theorie der Prozessaufrechnung zugrunde legend, in dessen Konsequenz es zu einem Auseinanderfallen von materieller und formeller Rechtslage bei der prozessualen Nichtbeachtung der Aufrechnung kommt, schlägt *Häsemeyer* vor, anstatt eine Verbindung ausgehend von der Aufrechnungserklärung zwischen materiellem Recht und Prozessverhalten zu suchen, doch besser die Wirkungen oder Rechtsfolgen der Aufrechnung auf ihre Prozessbedingtheit hin zu analysieren, worauf bereits die exekutorische Funktion der Aufrechnung hinweise[346]. Die Prozessbedingtheit könne nicht die Aufrechnungserklärung treffen, sondern nur deren Wirkungen, und zwar ganz unabhängig davon, wie die Aufrechnung erklärt wird: vor-, inner-, außer-, oder nachprozessual[347]. Dies sei der Fehler aller nach einer Problemlösung suchenden Theorien, dass sie tatbestandlich bei der Aufrechnungserklärung ansetzten und so eine Verbindung zur Prozesslage suchten.

---

342 Varvitsiotis, S. 52; Asper, S. 49; Deppert, S. 90; Rothweiler, S. 98.
343 Vgl. Arens, Willensmängel, S. 190; Kawano, ZZP 94 (1981) S. 26.
344 Grunsky, ZZP 86 (1973) S. 447 = Anm. zu KG ZZP 86 (1973) S. 441 ff.
345 Asper, S. 59; Varvitsiotis, S. 52.
346 Häsemeyer, FS Weber (1975) S. 215 f.
347 Häsemeyer, FS Weber (1975) S. 222.

Ausgehend von der exekutorischen Wirkung der Aufrechnung, die sich im Prozess häufig noch bewähren und deshalb auch an prozessualen Regelungszwecken messen lassen müsse, fielen materiellrechtlich stets zwei Komponenten zusammen: die Verteidigung gegen eine fremde Forderung und die Durchsetzung der eigenen Forderung. Diese Verteidigungs- und Durchsetzungsfunktion seien schon durch die Aufrechnungsvoraussetzungen, die "Aufrechnungslage", untrennbar miteinander verbunden, so dass die Feststellung, es sei wirksam oder nicht wirksam aufgerechnet, nur einheitlich für beide betroffenen Forderungen gelten kann[348]. Findet die Aufrechnung im Prozess keine Berücksichtigung, wird ihr quasi aus prozessualen Gründen die Verteidigungsfunktion aberkannt, womit gleichzeitig auch die Durchsetzungsfunktion entfällt. Das Urteil schließe dann auch die Feststellung ein, dass die Klageforderung frei von einem vergeblich erhobenen oder versäumten Aufrechnungseinwand besteht und müsse die Gegenforderung zur anderweitigen Realisierung freigeben. Hierzu bedürfe es keines besonderen Ausspruches im Urteil, dieses Ergebnis stellt sich schlechthin als konsequentes Fortdenken der materiellrechtlichen Konzeption der Aufrechnung unter ihrer prozessualen Bedingtheit dar. Beachtet man diese untrennbare und geradezu selbstverständliche Einheit der Exekutionswirkung, so ließe sich auf sämtliche mit der Prozessaufrechnung verbundenen Fragen eine überzeugende Antwort finden[349].

Leider hat auch *Häsemeyers* Erklärungsmodell keine große Anhängerschaft gefunden[350]. Es stelle keine dogmatisch tragfähige Lösung dar, denn gegen eine solche Umgestaltung der Funktionen der Aufrechnung als Wirksamkeitsvoraussetzung würde sprechen, dass die §§ 387 ff. und insbesondere § 389 BGB nicht darauf abstellen, ob die regelmäßig mit ihr verbundenen Ziele auch erreicht werden, es fehle also an einer hinreichenden Begründung[351].

An dieser Stelle kann auf die bereits bei *Henckels* Theorie zur Begründung einer Gesetzeslücke erörterte historische Betrachtung verwiesen werden, wo festgestellt wurde, dass aufgrund der unbegrenzt bestehenden Aufrechnungsmöglichkeiten bis zur ZPO Novelle von 1924 für den BGB Gesetzgeber von 1900 überhaupt kein Bedürfnis bestand, den Aufrechnungsvollzug von prozessualen Zielen abhängig zu machen[352].

Darüber hinaus sei *Häsemeyers* Erkenntnis der wechselseitigen Bedingtheit beider materiellrechtlicher Funktionen der Aufrechnung (Verteidigungs- und Durchsetzungsfunktion) zwar löblich, stelle aber insoweit keinen eigenständigen

---

[348] Häsemeyer, FS Weber (1975) S. 222.
[349] Häsemeyer, FS Weber (1975) S. 223.
[350] Bis auf Varvitsiotis, S. 83 ff., der unter Zugrundelegung *Häsemeyers* Gedanken seine eigene Theorie von der „Rechtsbedingung der Rechtskraft" entwickelt.
[351] Musielak, JuS 1994, S. 820; i.Erg. auch Buß, JuS 1994, S. 149.
[352] Henckel, ZZP 74 (1961) S. 182 f.; Kawano, ZZP 94 (1981) S. 21 ff.

Weg zu dem Ergebnis dar, wie die Wirkungen der Aufrechnung beseitigt werden könnten[353].

Dem kann ebenso wenig zugestimmt werden. *Häsemeyers* Vorschlag versucht auf nahe liegende Weise eine tatbestandliche Verklammerung zwischen der materiellrechtlichen Aufrechnung und dem Prozessverhalten des Aufrechnenden zu begründen, in dem sie als Wirksamkeitsvoraussetzung auf den Erfolg der materiellrechtlichen Funktion der Aufrechnungsinstitution abstellt. Damit ähnelt dieser Weg dem von *Henckel* vorgeschlagenen. Anstatt eine vermeintliche Gesetzeslücke mit einer materiellen Rechtsergänzung zu füllen, beruft sich *Häsemeyer* auf die dem Aufrechnungstatbestand ohnehin immanente Verteidigungs- und Durchsetzungsfunktion. Während *Henckel* sich wie viele andere auf die Aufrechnungserklärung konzentriert, stellt diese Lösung auf deren Wirkung ab und macht sich somit frei von dem Bedürfnis einer Rechtsergänzung. Wo *Henckel* mit hohem Begründungsaufwand eine Lücke füllen will, setzt *Häsemeyer* auf die Funktion der Aufrechnung. Ein Weg im Sinne einer rechtskonstruktiven Antwort ist hierin allemal zu sehen.

Seine Lösung hat gegenüber allen bisher genannten Modellen zudem den entscheidenden Vorteil, dass sie auf ungekünstelte und erhellend einfache Weise, alle in Verbindung mit einem Prozess relevanten Aufrechnungskonstellationen erfasst, dabei keinerlei Abhängigkeiten vom Willen des Beklagten schafft und frei von künstlichen Bedingungen im Sinne des § 388 S. 2 BGB ist. Die materiellrechtliche Aufrechnung ist durch die Natur ihrer Funktionen- und Wirkungsabhängigkeit lediglich in sich selbst bedingt.

Durch die von *Häsemeyer* vorgeschlagene Lösung behält also der Beklagte seine Gegenforderung zur selbständigen Durchsetzung. Er verliert lediglich sein Aufrechnungsrecht und damit die Vorteile der Aufrechnungslage. Auch wenn diese nicht gering eingeschätzt werden dürfen, ist deren Verlust ein nach Sinn und Zweck der Präklusionsvorschriften in Kauf zu nehmender und im Vergleich zum gänzlichen Rechtsverlust verhältnismäßiger Nachteil. Sie hat darüber hinaus den Vorzug, dass sie von vornherein ein unrichtiges Urteil vermeidet.

Existiert somit eine Möglichkeit, die durch die zivilistische Theorie bedingten Unbilligkeiten bei der prozessual nicht berücksichtigten Aufrechnung im Einklang mit den dazu geltenden Rechtsvorschriften zu verhindern, muss der gedankliche Weg dafür auch freigemacht werden.

---

[353] Rosenberg/Schwab/Gottwald[15], § 102 IV 2, Fn. 25; Kawano, ZZP 94 (1981) S. 31; Noltze, S. 230.

g) Widerruf der Aufrechnungserklärung

Eine gänzlich anders geartete Methode wird weiterhin von *Kawano* empfohlen. Danach soll dem Aufrechnenden, dessen Aufrechnungseinwand vom Gericht nicht beachtet wurde, die Möglichkeit bleiben, seine bereits abgegebene Aufrechnungserklärung zu widerrufen, um nachträglich seine Gegenforderung durchzusetzen[354]. Als eine solche, an sich nicht formbedürftige Widerrufserklärung, sei das Verhalten des Aufrechnenden im nachfolgenden Prozess auszulegen, wenn es im Widerspruch zur vollzogenen Aufrechnung steht. Schon bei der Geltendmachung des Aufrechnungseinwandes äußere der Beklagte beiläufig den Willen, seine Aufrechnungserklärung zu widerrufen, wenn sein Einwand aus prozessualen Gründen zurückgewiesen wird. Ausdrücklich äußere er diesen, wenn er die Gegenforderung nachträglich einklagt[355].

Die im Widerspruch zur ganz h.M.[356] stehende Unwiderruflichkeit von Gestaltungserklärungen, wie sie auch die Aufrechnung eine ist, könne nach Ansicht von *Kawano* dort keinen Bestand haben, wo die Gründe auf denen ihr Dogma beruht, nicht gegeben seien. Die Hauptgründe der Unwiderruflichkeit und Bedingungsfeindlichkeit seien zum einen auf den Schutz von Drittbeteiligten zurückzuführen und setzten zum anderen voraus, dass der Gestaltungsgegner mit dem Widerruf nicht einverstanden ist[357]. Ersteres spiele aber dann keine Rolle, wenn Dritte gar nicht beteiligt sind[358] und der letztere Punkt könne keine Beachtung finden, wenn der Gestaltungsgegner die Zulässigkeit der Gestaltung bestreitet und seine Hauptforderung einklagt, da er in diesem Fall auch kein Interesse an der Unwiderruflichkeit der Aufrechnungserklärung habe[359].

Diese Annahme kann aus mehreren Gründen keine Zustimmung finden. Das Aufrechnungsrecht ist ein rechtsaufhebendes, subjektives Gestaltungsrecht, welches dessen Inhaber die Macht und Befugnis einräumt, einseitig auf Rechte Dritter einzuwirken, indem es die Forderung des Gestaltungsgegners zum Erlöschen bringt[360]. In dieser einseitigen Einwirkung auf Rechte Dritter, kommt deutlich die Unterworfenheit des Gestaltungsgegners zum Ausdruck. Wollte man darüber hinaus dem einseitig Gestaltungsberechtigten ein weiteres Gestaltungsrecht in Form des Widerrufs einräumen, würde dies für den Betroffenen eine doppelte Unsicherheit darstellen. Eine solche Bindung an den Willen des Widerrufsberechtigten bedürfte einer besonderen Rechtfertigung oder Legitima-

---

[354] Kawano, ZZP 94 (1981) S. 1ff., 25.
[355] Kawano, ZZP 94 (1981) S. 25.
[356] Larenz/Wolf AT, § 15 V 1, Rn 100; Medicus AT, § 12 IV, Rn 90.
[357] So Bötticher, FS Dölle (1963) S. 41, 45.
[358] Was im Hinblick auf eventuelle Bürgen zumindest zweifelhaft sein kann.
[359] Kawano, ZZP 94 (1981) S. 25 unter Berufung auf Bötticher, FS für Dölle (1963) S. 74 ff.
[360] Larenz/Wolf AT, § 15 V 1, Rn 78.

tion, entweder durch gesetzliche Gewährung des Gestaltungsrechts oder durch dessen rechtsgeschäftliche Vereinbarung[361]. Beides ist vorliegend nicht der Fall, letzteres würde sogar einen Verstoß gegen § 388 S. 2 BGB darstellen.

Etwas anderes kann m.E. auch dann nicht gelten, wenn der Gestaltungsgegner die Wirksamkeit der Gestaltung bestreitet und der Widerruf damit nur den Zustand herstelle, dessen Geltung der Gestaltungsgegner selbst beansprucht, wenn er sich mit der Erklärung nicht einverstanden erklärt[362]. Denn unabhängig davon ob die Aufrechnung bestritten wird oder nicht, bestünde doch die Ungewissheit über deren Erfolg, die es gerade zu vermeiden gilt, weiterhin fort. Darüber hinaus will der Beklagte die Aufrechnung ja auch nicht deshalb widerrufen, weil der Kläger gegen diese protestiert, sondern weil das Gericht sie aus prozessualen Gründen nicht zugelassen hat und zwar unabhängig von jeglichen Motiven des Klägers[363].

Zusammenfassend lässt sich sagen, dass der eher konstruiert wirkende Vorschlag *Kawanos* jeglicher gesetzlicher Grundlage entbehrt[364].

h) Rechtsbedingung der Rechtskraft

In verhältnismäßig jüngster Zeit (1987) ist ein weiterer Vorschlag von *Varvitsiotis* hinzugekommen, der so wie auch *Henckel*, die Lösung in einer materiellen Ergänzung des Gesetzes durch folgenden Satz sucht: „Soweit eine rechtskräftige Entscheidung das Bestehen einer Forderung feststellt, mit der oder gegen die aufgerechnet wurde, wird die materiellrechtlich erfolgte Aufrechnung unwirksam“[365]. Dieser Mechanismus, genannt „Rechtsbedingung der Rechtskraft“, gehöre weder zum Tatbestand der Aufrechnungserklärung gemäß § 388 S. 1 BGB noch zu deren Rechtsfolge des Erlöschens im Sinne von § 389 BGB, sondern zu einer ungeschriebenen Rechtsnorm, die eine diesbezügliche Gesetzeslücke ausfülle[366]. Die Rechtsbedingung der Rechtskraft sei Wirksamkeitsvoraussetzung für die Aufrechnungserklärung und habe die Funktion des Aufhebens der Erlöschenswirkung der an der Aufrechnung beteiligten Forderungen. Die Rechtsbedingung der Rechtskraft ist das unrichtige Urteil, welches das Bestehen einer in Wahrheit durch Aufrechnung erloschenen Forderung feststellt. Hierbei handelt es sich um eine eigenständige Rechtsnorm, die als Tatbestand ein mit bestimm-

---

361 Grimm, S. 15; Larenz/Wolf AT, § 15 V 1, Rn 79; Leverenz, Jura, 1996, S. 5; Bötticher, Gestaltungsrecht, S. 6.

362 Musielak, JuS 1994, S. 822; Medicus AT, § 12 IV, Rn 90; Larenz/Wolf AT, § 15 V 5, Rn 100.

363 Ähnlich Musielak, JuS 1994, S. 822.

364 Ebenso Stein/Jonas/Leipold, § 145 Rn 58, Fn. 119; Rosenberg/Schwab/Gottwald[15], § 105 III 2, S. 596, Fn. 25.

365 Varvitsiotis, S. 97.

366 Varvitsiotis, S. 188.

tem Inhalt ergangenes Urteil voraussetzt im [367]. Dem Urteil kommt somit die Tatbestandswirkung der Rechtsbedingung der Rechtskraft zu, d.h. die Wirkung, die der Tatbestand des unrichtigen, rechtskräftigen Urteils entfaltet. Hinsichtlich der Bindung wirkt die Tatbestandswirkung damit wie die Gestaltungswirkung eines Gestaltungsrechts, weil es die private Rechtslage gestaltet[368].

Die Rechtsbedingung der Rechtskraft gehöre gleichzeitig zu einem faktischen, stillschweigenden Vertrag der Aufrechnungsbeteiligten, der wie eine Rechtsbedingung der Aufrechnungserklärung wirke[369]. Gemeinsamer Zweck und übereinstimmendes Motiv beider an der Aufrechnung beteiligten Parteien sei die gleiche und tatsächliche Befriedigung Sinne einer faktischen, fiktiven und wirtschaftlichen Gleichheit, weshalb man von einer gemeinsamen, stillschweigenden Geschäftsgrundlage sprechen könne, die sich als eine Art Wirksamkeitsvoraussetzung der Aufrechnungserklärung darstellt[370]. Mit Erlass des unrichtigen rechtskräftigen Urteils kommt es dann zu einem Wegfall dieser Geschäftsgrundlage. Zwischen diesem stillschweigenden Parteiwillen und dem Ziel des Gesetzes, dass die Leistungen nicht mehr gegenseitig verlangt werden können und die Aufrechnungsforderungen gleichzeitig erlöschen, bestehe eine praktische Identität in dem Sinne, dass keines der Merkmale unabhängig voneinander eintreten könne[371]. Der Zeitpunkt des Eintritts der Rechtsbedingung der Rechtskraft und somit der Aufhebung der Erlöschenswirkung, soll sich analog § 389 BGB rückwirkend auf den Moment beziehen, in dem sich die Forderungen erstmals aufrechenbar gegenüberstanden[372].

Unabhängig davon, wer, wann, wie und wo die Aufrechnung erklärt, gibt die Theorie über die Rechtsbedingung der Rechtskraft der anderen Aufrechnungspartei die Möglichkeit, zu einer wirtschaftlich und rechtlich gleichen Befriedigung zu gelangen.

Im Mittelpunkt von *Varvitsiotis* Ausführungen über Wirkung und Funktionsweise der Aufrechnungsinstitution und seiner stark rechtsphilosophischen[373] Argumentation hinsichtlich der gegenseitigen Bedingtheit der Aufrechnungsforderungen, steht die Gleichheit der Aufrechnungsbeteiligten, die sich aus übergeordneten Interessen der Gemeinschaft sowie den Erfordernissen der Logik, nämlich aus der Natur der Sache des Rechtsverhältnisses, ergibt. Sein Ziel einer sozialadäquaten, gerechten Lösung, die dem wirtschaftlichen Zweck der Aufrechnungserklärung gerecht wird, ist aber letztlich die Absicht aller genannten

[367] Varvitsiotis, S. 204.
[368] Varvitsiotis, S. 200.
[369] Varvitsiotis, S. 181.
[370] Varvitsiotis, S. 180 f.
[371] Varvitsiotis, S. 179.
[372] Varvitsiotis, S. 192; Egert, S. 188.
[373] Vgl. die Verweise auf Aristoteles Nikomachische Ethik, Varvitsiotis, S. 97, 174 ff.

Lösungsvorschläge und reicht allein noch nicht aus, die Rechtsbedingung der Rechtskraft als vorzugswürdig erscheinen zulassen[374]. Sie stellt methodisch gesehen, wie die Lösung von *Henckel*, eine Ergänzung des BGB dar. Eine solch schwerwiegende Maßnahme bedarf besonderer Rechtfertigung und sollte nur als letztes Mittel dienen, wenn tatsächlich alle anderen Lösungsmodelle scheitern.

Problematisch erscheint zunächst die Annahme einer nicht unter das Verbot des § 388 S. 2 BGB fallenden (auflösenden) Rechtsbedingung. Unter einer solchen versteht man die gesetzlichen Wirksamkeitserfordernisse eines Rechtsgeschäfts, deren Erwähnung durch die Parteien keinen Schwebezustand auf Grund einer Willenserklärung herbeiführt[375]. Die Abhängigkeit der Wirksamkeit des Erlöschens von dem Inhalt eines Urteils scheint aber in Wahrheit eine echte Bedingung im Sinne eines zukünftigen, ungewissen Ereignisses der §§ 158 II, 388 S. 2 BGB zu sein. Da gesetzlich nicht fixiert, soll diese „Rechtsbedingung" aus der logischen und natürlichen Umsetzung des o.g. stillschweigend vereinbarten faktischen Vertrages entstehen. Da es im Gesetz aber auch an einer Rechtsnorm fehle, die das Entstehen solch einer Geschäftsgrundlage als Rechtsfolge normiert, soll diese Lücke durch „die axiologische Kraft der Wirklichkeit und des sozialen Lebens ausgefüllt werden", so dass eine faktische Vereinbarung diesen Inhaltes zustande kommt[376].

Gegen die Existenz einer gemeinsamen Geschäftsgrundlage bezüglich des tatsächlichen Erlöschens der beiden Forderungen spricht aber, dass der Aufrechnende sich überhaupt nicht sicher sein kann, was der Aufrechnungsgegner von der Aufrechnung hält. In dem Moment, da er Klage erhebt oder sich sonst gegen die Aufrechnung verteidigt, bekämpft er doch gerade die vom Aufrechnenden gewollten und unterstellten Aufrechnungsfolgen.

Unabhängig davon, ob sich das Verbot des § 388 S. 2 BGB auch auf die Rechtsbedingung bezieht[377], fragt sich also, worauf die Existenz einer solchen Bedingung überhaupt gegründet ist. Das Vorliegen einer ausfüllungsfähigen und ausfüllungsbedürftigen Gesetzeslücke wird von *Varvitsiotis* lediglich auf rechtsphilosophische oder rechtssoziologische Erwägungen gestützt und letztlich mit der elementaren Funktion der Aufrechnungswirkungen begründet. Diesen Vorschlag hat aber bereits *Häsemeyer* gemacht[378]. Das schwerwiegende Mittel einer

---

[374] So aber Noltze, S. 245 f.

[375] MüKo-BGB/Westermann, § 158 Rn 54; Egert, S. 9 ff.

[376] Varvitsiotis, S. 184; vgl. auch Simitis, S. 7 ff.

[377] § 388 S. 2 BGB finde keine Anwendung auf die Rechtsbedingung, da das Gesetz in den Aufrechnungsvorschriften selbst Rechtsbedingungen enthält: Varvitsiotis, S. 188 f.; außerdem sei § 388 S. 2 BGB unanwendbar, wenn die Bedingung des tatsächlichen Eintritts der gewollten Aufrechnungswirkungen gemeinsame Geschäftsgrundlage ist, § 305 BGB: Varvitsiotis, S.180.

[378] Dazu § 1 F.III.3.f.

Rechtsergänzung ist nicht notwendig, wenn man mit ihm die Durchsetzungs- und Befriedigungsfunktion als Wirksamkeitsvoraussetzung der Aufrechnung begreifen will. Die zusätzliche Fiktion einer Rechtsbedingung der Rechtskraft als Tatbestandswirkung des richterlichen Urteils, scheint ein unnötiger Umweg über eine nicht erforderliche Rechtsergänzung zu sein[379].

In diesem Sinne muss sich *Varvitsiotis* Vorschlag an der eigenen, gegen *Henckel* geübten Kritik messen lassen: „Die oben erwähnte Konstruktion findet im Gesetz keine Grundlage. Obwohl sie auch bei der außergerichtlichen Aufrechnung angewendet wird, kann sie daher nicht befriedigen. Von einer Bedingung im Sinne der §§ 158 ff. BGB unterscheidet sich diese Lösung nur dadurch, dass sie einen objektiven Vorbehalt in das Gesetz einfügt, während eine echte Bedingung vom Willen des Erklärenden abhängt“[380].

i) Rechtskrafterweiterung des Tenors

Schließlich soll noch ein Vorschlag erwähnt werden, der ebenfalls an die Rechtskraft des Urteils anknüpft und insbesondere auf die vor- und außerprozessual erklärte Aufrechnung anspricht, die wegen ihres fehlenden Bezuges zum Prozess einer Lösung über § 139 BGB oder einer Bedingung nach § 388 S. 2 BGB nicht zugänglich sind. Die Rede ist von einer Erweiterung des rechtskräftigen Urteilsinhalts in dem Sinne, dass sich die Rechtskraft des der Klage wegen der Nichtberücksichtigung der Aufrechnung stattgebenden Urteils auch auf die Feststellung erstrecke, dass die damalige Klageforderung nicht durch Aufrechnung erloschen und demzufolge die Gegenforderung nicht durch Aufrechnung weggefallen sei[381]. So könne die Gegenforderung nur dann verbraucht werden, wenn sie die Klageforderung mit der zulässigen Aufrechnung zum Erlöschen bringt. Besteht die Klageforderung nach erklärter Aufrechnung weiter, dann kann auch die Gegenforderung des Beklagten nicht verbraucht sein. Das Urteil, welches den Beklagten also ohne Beachtung seiner Aufrechnung verurteilt, soll genau diese Feststellung treffen[382].

Freilich ist für das Bestehen oder Nichtbestehen der Gegenforderung durch eine Rechtskrafterweiterung dieser Art noch nichts präjudiziert. Sie gibt dem Beklagten aber seine Forderung zur anderweitigen Geltendmachung frei.

---

379 Sofern man der Theorie *Häsemeyers* den Charakter eines Lösungsweges abspricht, ist die Annahme einer Rechtsbedingung der Rechtskraft jedenfalls nicht ausgeschlossen.

380 Varvitsiotis, S. 54.

381 Stein/Jonas/Leipold, § 145 Rn 59; Blomeyer ZPR, § 60 II 4, S. 314 sowie § 89 VI 2b, S. 497.

382 Blomeyer, ZZP 88 (1975) S. 441 f.; ähnlich Häsemeyer, FS Weber (1975) S. 223; Müko-ZPO/Peters, § 145 Rn 28.

Abgesehen von ganz grundsätzlichen Bedenken gegen eine solch lose Erweiterung der Rechtskraft[383], kann eine über § 322 II ZPO hinausgehende Feststellung über die Gegenforderung nur dann eine Rolle spielen, wenn die Aufrechnungsforderung wenigstens einmal Gegenstand des Prozesses war, sie also zulässig in den Prozess eingeführt wurde und die Parteien die Möglichkeit hatten, über sie zu streiten. Dies ist aber bei prozessualer Unzulässigkeit und dem gänzlich unterlassenen Aufrechnungseinwand gerade nicht der Fall[384]. Alles andere wäre eine völlige Missachtung der Dispositionsmaxime und eine uferlose Ausweitung der Rechtskraft der Entscheidungsgründe.

Darüber hinaus kann diese Theorie nicht das Auseinanderfallen von materieller Rechtslage und prozessualer Feststellung korrigieren. Zwar stellt das Urteil das Bestehen der Klageforderung fest, in Wahrheit ist diese aber durch Aufrechnung erloschen. Die erweiterte Rechtskraft soll nun die Urteilsfeststellung und die materielle Wahrheit insoweit in Einklang bringen, als sie auch die Gegenforderung für nicht durch Aufrechnung erloschen erklärt und damit eventuelle Aufrechnungswirkungen rückgängig macht. Mangels anderer Erklärung, auf welchem Weg dies geschehen soll, bleibt nur die Möglichkeit, dass das richterliche Urteil diese materiellrechtliche Wirkung ergreift, was wiederum in Hinblick auf die prozessuale Rechtskrafttheorie bedenklich erscheint[385].

j) „*Ultima ratio*": Anwendung des § 242 BGB als ein „*venire contra factum proprium*"

Es gehe schließlich auch nicht an, die Berufung des Klägers auf die materiell wirksame Aufrechnung ohne weiteres als Rechtsmissbrauch zu qualifizieren[386], so argumentiert eine letzte Ansicht gegen den Einsatz einer *exeptio doli* für den Fall, dass sich der frühere Kläger des Erstprozesses, in welchem das Bestehen seiner Klageforderung rechtskräftig feststellt wurde, nunmehr in einem vom vorherigen Beklagten angestrengten Zweitprozess über die zurückgewiesene Gegenforderung, auf die materiell wirksame Aufrechnung und das Erlöschen der Forderungen beruft. Auch die Rechtskraft eines Fehlurteils sei grundsätzlich zu beachten und darf nur in Extremfällen über § 826 BGB und § 242 BGB in Frage gestellt werden. Außerdem sei durch die unbegrenzte Berufung auf Treu und Glauben eine Aushöhlung der Präklusionsvorschriften zu befürchten, denn immerhin sei der Verlust der Gegenforderung auf ein eigenes, fehlerhaftes Ver-

[383] Ablehnend Staudinger/Gursky, Vorbem zu §§ 387 ff. Rn 33.
[384] Ebenso Buß, JuS 1994, S. 150; Noltze, S. 240.
[385] Ähnlich Varvitsiotis, S. 66 f.
[386] Staudinger/Gursky, Vorbem zu §§ 387 ff. Rn 33; i.Erg. auch Pawlowski, ZZP 104 (1991) S. 249, 265.

halten des mit dem Einwand zurückgewiesenen Beklagten zurückzuführen, weshalb man an seiner Schutzbedürftigkeit zweifeln könne[387].

Es wurde bereits ausgeführt, dass der offensichtliche Zweck der §§ 296 ff. ZPO nicht darin besteht, ein vorwerfbares Verhalten des Beklagten zu sanktionieren und das verspätete Vorbringen quasi als Strafe mit einem materiellen Forderungsverlust zu sühnen. Allein der Verlust des Prozesses und der faktischen Aufrechnungsmöglichkeit sind durch den Zweck der Präklusionsvorschriften im Sinne einer Verfahrensbeschleunigung gerechtfertigt[388].

Auch soweit der Beachtung der Rechtskraft aus Gründen der Rechtssicherheit das Wort geredet wird, ist dies im Grundsatz ein richtiger Gedanke, denn auch das unrichtige Urteil muss beachtet werden und Vorrang vor eventueller Einzelfallgerechtigkeit haben. Doch der Einwand kann hier nicht überzeugen. Denn im vorliegenden Zusammenhang geht es darum, einen Weg zu finden, wie ein weiteres unrichtiges Urteil, welches sich in direkten Widerspruch zur rechtskräftigen Feststellung des ersten Urteils setzt, bereits im Entstehen verhindert werden kann. Es geht nicht darum, die fehlerhafte richterliche Erkenntnis mit der Anwendung von § 242 BGB zu unterwandern. Ziel ist vielmehr, ein unbilliges, widersprüchliches Parteiverhalten abzuwenden, welches durch ein Versagen der Rechtsdogmatik erst ermöglicht wird. Darin liegt ein entscheidender Unterschied. Die durch die Rechtskraft vermittelte Rechtssicherheit bleibt dabei unangetastet.

Richtig ist, dass § 242 BGB nicht als Lösung des Problems favorisiert werden kann, sondern immer nur eine letzte Möglichkeit darstellt, um unbilligen Rechtsverlusten zuvorzukommen. Dies anerkennen auch alle eine *exeptio doli* als letztmöglichen Ausweg befürwortenden Stimmen[389]. Oberstes Ziel des Prozesses ist trotz seiner Formstrenge die Herbeiführung einer gerechten Entscheidung. Die Anwendung des Grundsatzes von Treu und Glauben im Prozess ist heute als Instrumentarium allgemein anerkannt, um dieses Ziel zu erreichen[390].

4. Zusammenfassung

Die Darstellung hat gezeigt, dass sich um die prozessuale Nichtbeachtung einer erklärten Aufrechnung eine unüberschaubare Fülle kreativer Lösungsvorschläge

---

[387] Buß, JuS 1994, S. 152.
[388] Ebenso Noltze, S. 241.
[389] Habscheid, ZZP 76 (1963) S. 372; Blomeyer, ZZP 88 (1975) S. 440; Häsemeyer, FS Weber (1975) S. 227, Fn. 55; Stein/Jonas/Leipold, § 145 Rn 60; Lüke/Huppert, JuS 1971, S. 169, Fn. 54; v. Feldmann, JuS 1983, S. 362; Rothweiler, S. 96, 97; unklar: Varvitsiotis, S. 68.
[390] Vgl. nur Baumgärtel, ZZP 86 (1973) S. 356, 357; Larenz, SR I, § 10 II i, S. 132 f.

entwickelt hat, die sich in terminologischer und dogmatischer Scharfsinnigkeit jeweils überbieten und dennoch, nicht zuletzt wegen ihrer großen Kompliziertheit, kaum von praktischer Relevanz sind[391]. Das gemeinsames Ziel und Ergebnis aller Vorschläge lässt sich letztlich darauf reduzieren, die materielle Funktion des Aufrechnungsrechts auch prozessual zu beachten und zu einem für beide Parteien gerechten Ausgleich zu kommen.

Der Nutzen der gemachten Anschauungen ist für diese Arbeit dennoch nicht unbedeutend. Abgesehen von der punktuellen Charakteristik der einzelnen Lösungsvorschläge, können die dahinter stehenden Wertungen und gefundenen Prinzipien zumindest auch teilweise für die Beantwortung der vergleichbaren Situation der Klägeraufrechnungsproblematik eine Rolle spielen. Man hat gesehen, dass die meisten Lösungsversuche eine Abhängigkeit in der Wirksamkeit der materiellrechtlichen Aufrechnungserklärung von der prozessualen Wirklichkeit zu begründen versuchen. Dieses Ziel ist Resultat des im Wesentlichen übereinstimmenden Grundbedürfnisses nach einer gleichberechtigten Befriedigung der Aufrechnungsparteien, die im richterlichen Urteil ihre Bestätigung finden soll, um so ein Auseinanderfallen von prozessualer und materieller Rechtslage zu vermeiden. Den Mechanismus einer solchen Abhängigkeit hat dabei m.E. am besten *Häsemeyer* zu erklären versucht[392]. Die Verteidigungs- und Durchsetzungsfunktion als untrennbares Tatbestandsmerkmal ist ein für alle mit der Aufrechnung im Prozess zusammenhängenden Problematiken relevanter und beachtenswerter Kernpunkt. Aufgrund der mangelnden Trag- bzw. Durchsetzungsfähigkeit jeder einzelnen Theorie soll im Fortgang der Arbeit für die Klägeraufrechnung jedoch nach grundsätzlich anderen Lösungswegen gesucht werden. Gleichwohl werden sich einige Gedanken analog übertragen lassen.

Dabei wird unter anderem die Frage nach dem Verhältnis von materiellem Recht und Prozessrecht ein Mittelpunkt des Erkenntnisinteresses sein. Für die Untersuchung im Fall des nichtberücksichtigten Aufrechnungseinwandes des Beklagten lässt sich insoweit zusammenfassend feststellen, dass das Grundbedürfnis nach einer materiell gerechten Entscheidungsfindung nicht stärker als im Interesse der Verfahrenskonzentration notwendig eingeschränkt werden sollte[393]. Materielle Rechtsnachteile, die zur Erreichung prozessualer Ziele nicht notwendig sind, gilt es zu vermeiden. Hierfür haben sich verschieden gangbare Wege gezeigt. Es bleibt festzustellen, dass das materielle Aufrechnungsrecht frei von zeitlichen Befristungen ist. Demzufolge gilt es zu verhindern, dass prozessuale Vorschriften systemwidrig zu materiellen Ausschlussfristen mutieren.

---

[391] Dagegen geht die Rechtsprechung jeweils ohne großen Begründungsaufwand vor: BGHZ 16, 124, 148; BGH DB 1987, 2409; BGHZ 33, 236, 242.

[392] § 1 D.III.3.f.

[393] Thomas/Putzo, § 296 Rn 13.

Die Darstellung vermag somit in der weiteren und für das Verständnis der Gesamtproblematik der Beziehung zwischen materiellem Aufrechnungsrecht und Prozessrecht sehr wesentlichen Prozesssituation der Klägeraufrechnung, einleuchtende Maßstäbe zu setzen.

G: Zusammenfassung des § 1

Die Betrachtungen zur Zulässigkeit der klägerischen Aufrechnung hatten verschiedene formalrechtliche Aspekte ihrer Vornahme zum Gegenstand. Das Ziel bestand darin, den eigentlichen Weg zu ebnen für die in dieser Arbeit weitaus bedeutsamere Frage der prozessualen Auswirkung einer materiell zulässigen und wirksamen Klägeraufrechnung, respektive deren rechtskräftigen Feststellung. Dabei konnte gezeigt werden, dass die Klägeraufrechung ebenso wie die prozessual unzulässige, weil verspätete Aufrechnung, als grundlegend materiellrechtliche Institute, in prozessualen Zusammenhängen immer wieder auf eine Reihe von Schwierigkeiten stoßen. Die Lösung dieser Probleme ist aber insoweit vorgegeben, als sich wiederkehrende Strukturen im Bearbeitungsweg erkennen lassen müssen. Erforderlich ist jeweils eine spezifisch materielle aber auch prozessuale Betrachtungsweise, um der Prozessaufrechnung und ihrer Rechtsnatur im Ganzen als Doppeltatbestand gerecht zu werden.

Die Untersuchung hat weiterhin gezeigt, dass die einzelnen Konstellationen der Klägeraufrechnung von größerer praktischer Relevanz sind, als ihnen für gewöhnlich zugeschriebewird. Damit ist die Aufrechnung des Klägers im Prozess nicht nur ein theoretisches Phänomen, sondern in vielfacher Weise Gegenstand tatsächlichen Prozessgeschehens.

Obwohl sich Literatur und Rechtsprechung zum Teil recht umfangreich mit einzelnen Teilaspekten der Klägeraufrechnung befasst haben, fehlte es an einer Darstellung im Zusammenhang. Insbesondere die allgemein abgelehnte Gegenaufrechnung des Klägers hat sich bei näherer und zusammenhängender Betrachtung als zulässiger Widerspruch gegen die Aufrechnung des Beklagten entpuppt. Zeitliche Priorität war hinsichtlich der Konkurrenz von Kläger- und Beklagtenaufrechnung jedenfalls kein Sachargument. Insgesamt konnte jeder denkbaren Aufrechnungssituation des Klägers die Zulässigkeit und Wirksamkeit attestiert sowie jegliche Bedenken diese betreffend aus dem Weg geräumt werden. Trotz entsprechender prozessualer Regelungslücke, ist die klägerische Aufrechnung entsprechend der §§ 387 ff. BGB, die keine Differenzierung nach der verfahrensrechtlichen Parteistellung enthalten, beachtlich.

Sinnnotwendig ergibt sich daraus, dass die prozessuale Anerkennung solcher Aufrechnungen weder ausgeschlossen noch folgenlos bleiben kann. Der Zulässigkeit muss die Wirksamkeit quasi auf den Fuß folgen, wobei sich letztere in dem Schutz der rechtskräftigen Entscheidung fortsetzen lassen muss, um nicht materiell „leer zu laufen“.

§ 2 Reichweite der Rechtskraft bei Klägeraufrechnung

A. Die objektiven Grenzen der Rechtskraft nach § 322 ZPO

Hat man der Zulässigkeit der Klägeraufrechnung im Prozess nichts entgegenzusetzen, so stellt sich nunmehr die im Mittelpunkt dieser Arbeit stehende Frage, in welchem Umfang das über solch eine Aufrechnung entscheidende richterliche Urteil an der materiellen Rechtkraftwirkung teilnimmt.

Ob man hierbei die Regelung des § 322 II ZPO, der nach allgemeiner Ansicht eine Ausnahme von dem Grundsatz enthält, dass über bloße Vorfragen nicht rechtskräftig entschieden wird, ohne weiteres auf die Aufrechnung des Klägers ausdehnend anwenden kann, ist eine der zentralen zu lösenden Aufgaben. Um dabei zu einer präzisen und rechtsdogmatisch sicheren Antwort zu gelangen und nicht im Stil der Begriffsjurisprudenz einem Subsumtionsautomaten gleich zu beurteilen, ist es unerlässlich, sich mit den zum Umfang der objektiven Rechtskraft herausgebildeten Auffassungen auseinanderzusetzen[394].

Angesichts der Fülle der zu diesem Thema existierenden Literatur und Rechtsprechung muss man jedoch festhalten, dass das Bestreben nach inhaltlicher Vollständigkeit zu einem aussichtslosen Unterfangen, gleich einem „Stich ins Wespennest“ wird. Es geht daher auch nicht darum, in die Diskussion um den objektiven Umfang der Rechtskraft vertiefend einzusteigen, sondern bestenfalls darum, einen Bogen zu § 322 II ZPO im Allgemeinen und der dortigen Position des Klägers im Besonderen zu spannen. So soll Ziel des folgenden Teils nicht eine weitere Aufblähung dieser „ewigen Frage des Prozessrechts“[395] sein, sondern nur einen zum Verständnis des Kernproblems unentbehrlichen Einstieg geben.

I. Konzeption des § 322 I ZPO und die zugrunde liegenden Wertentscheidungen

Während die innerprozessuale Bindungswirkung nach § 318 ZPO und die formelle Rechtskraft nach § 705 ZPO das Urteil seinem äußeren Bestand nach sichern, zielt die materielle Rechtskraft in erster Linie darauf ab, einen erneuten Prozess über denselben Streitgegenstand auszuschließen. Gemäß § 322 I ZPO sind Urteile der Rechtskraft nur insoweit fähig, als über den durch die Klage oder Widerklage erhobenen Anspruch entschieden ist. Unter dem Anspruch im Sinne des § 322 I ZPO ist dabei der prozessuale Anspruch, also der Streitgegenstand zu verstehen. Nach dem heute herrschenden zweigliedrigen prozessualen Streitgegenstandsbegriff wird dieser aus dem Klageantrag des Klägers sowie

[394] Siehe Braun, ZZP 89 (1976) S. 104.
[395] Oberhammer, JBl 2000, S. 205 ff., 223 a.E.

dem der Klage zugrunde liegenden Lebenssachverhalt bestimmt[396]. Damit beschränkt sich die richterliche Entscheidung gemäß § 322 I ZPO auf die Bejahung oder Verneinung der vom Kläger geltend gemachten Rechtsfolge, objektive Grenze ist der prozessuale Anspruch. Das Urteil wird nur in seiner Entscheidung über diesen, nicht auch in seiner Begründung rechtskräftig. Das heißt, dass die Urteilsgründe für sich gesehen nicht an der Rechtskraft teilnehmen. Weder Tatsachenfeststellungen[397], noch die einzelnen rechtlichen Schlussfolgerungen[398], insbesondere nicht die Begründungselemente zu Einwendungen und Einreden des Beklagten[399], sind rechtkrafttauglich.

Um zu erkennen, welche Entscheidung das Gericht in dem rechtskräftigen Urteil getroffen hat, ist also zunächst von der Urteilsformel, dem Tenor auszugehen.

1. Die Bedeutung der Entscheidungsgründe

Schon das Wörtchen „nur" im Wortlaut des § 322 I ZPO legt eine gewisse Beziehung zu den Entscheidungsgründen des Urteils nahe und klammert diese *expressis verbis* von der Rechtskraftwirkung aus. Es wird immer wieder betont, dass zur Auslegung des Tenors die Entscheidungsgründe heranzuziehen seien[400]. Was genau hierunter zu verstehen ist. bleibt meist ebenso unklar wie schwammig. Häufig finden sich leicht missverständliche Formulierungen wie etwa die, dass die Rechtskraft zwar nicht sämtliche, aber doch die „tragenden Entscheidungsgründe" erreiche[401], oder dass eine „relative" Bindung „im Rahmen des richterlichen Subsumtionsschlusses"[402] erfolge, der ja als logische Erkenntnis

---

[396] BGH NJW 1990, 1795 f.; Habscheid, Streitgegenstand, S. 206 ff.; ders., FS Schwab (1990) S. 181 ff.

[397] BGHZ 123, 140; NJW 1983, 2032; NJW-RR 1996, 827.

[398] BGH NJW 1956, 693; NJW 1976, 1095; Rosenberg/Schwab/Gottwald, § 152 III, S. 1063; Stein/Jonas/Leipold, § 322 Rn 78, 81-98.

[399] BGH NJW 1985, 189; Rosenberg/Schwab/Gottwald, § 152 III, S. 1063; MüKo-ZPO/Gottwald, § 322, Rn 88, 92; Doderer, NJW 1991, S. 878; Schilken, ZPR, Rn 1021 ff.; Baumbach/Lauterbach/Albers/Hartmann, § 322 Rn 20; Zöller/Vollkommer, vor § 322 Rn 30 ff.

[400] BGHZ 82, 254; 92, 304; 124, 166; NJW 1985, 2826; 1987, 371; 1990, 1795 f.; 1993, 333 f.; 1995, 967; 1999, 287; Müko-ZPO/Gottwald, § 322 Rn 78 f., 170; Rosenberg/Schwab/Gottwald, § 152 IV, S. 1066; erweiternd: Stein/Jonas/Leipold, § 322 VII Rn 181 ff.

[401] Baumbach/Lauterbach/Albers/Hartmann, § 322 Rn 20; BGH NJW 1995, 968; Schwab, FS Bötticher (1969) S. 323; kritisch und mit Versuch einer Präzisierung des Begriffs der „tragenden" Entscheidungsgründe durch Differenzierung zwischen Kern- und Mantelbegründung: Buchwald, S. 13 ff.

[402] Schwab, FS Bötticher (1969) S. 340; Rosenberg/Schwab/Gottwald, § 152 III 5, S. 1065; MüKo-ZPO/Gottwald, § 322 Rn 88.

nicht nur die Anwendung des konkreten Rechtssatzes enthält, sondern auch auf der Feststellung von Tatsachen beruhe[403].

Fest steht nach alledem jedoch nur eines: Nach der in Deutschland herrschenden Auffassung über den objektiven Umfang des rechtskräftigen Urteils ist damit keineswegs auch nur im Ansatz eine tatsächliche Erstreckung der Rechtskraft auf die Entscheidungsgründe gemeint[404].
Vielmehr geht es bei solchen Aussagen um nicht mehr als eine Konkretisierung und Individualisierung des Tenors durch die Gründe des Urteils im Einzelfall, nicht aber um eine Erweiterung der Bindungswirkung auf dieselben. Ist dem Urteilsausspruch nicht zu entnehmen, worin der genaue Gegenstand des Verfahrens bestand, wie etwa bei Versäumnis- oder klageabweisenden Urteilen, muss durch Auslegung des gesamten Urteils der Entscheidungssatz ermittelt und von den Urteilselementen, die nicht in Rechtskraft erwachsen, abgegrenzt werden[405].

a) Reichweite der Rechtskraft bei Klageabweisung

Besondere Schwierigkeiten ergeben sich bei klageabweisenden Urteilen. Die genaue Reichweite des objektiven Rechtskraftumfangs ist hier in besonderem Maße umstritten[406], denn bei einer Klageabweisung lassen naturgemäß nur die Entscheidungsgründe erkennen, ob die Klage als unzulässig oder als unbegründet abgewiesen wurde[407]. Auch hinsichtlich der Präklusionswirkung sind die Gründe der Abweisung von entscheidender Bedeutung, da sie bestimmen, ob eine neu eingetretene Tatsache das rechtskräftige Urteil beseitigen kann oder nicht[408]. Teilweise wird daher vertreten, dass der ausschlaggebende Abweisungsgrund zur Individualisierung des Tatsachenkomplexes und der geltend gemachten Rechtsfolge an der Rechtskraft teilnimmt[409]. Man könnte somit geneigt sein anzunehmen, dass im Falle der Klageabweisung aufgrund der wirksamen

---

[403] Rosenberg/Schwab/Gottwald, § 154 II 1 S. 1074 f.; Schwab, FS Bötticher (1969) S. 322: das Wesen des Subsumtionsschlusses besteht aus „Grund" und „Folge".

[404] Zu den Ansichten der Mindermeinung siehe § 2 D.; nicht ganz konsequent plädiert auch *Leipold* teilweise für eine „vorsichtige Erweiterung" der Rechtskraft im Hinblick auf Vorfragen, die den Kern des entschiedenen Streites bilden, Stein/Jonas/Leipold, § 322 Rn 80 a.

[405] Zöller/Vollkommer, vor § 322 Rn 31.

[406] Grunsky, ZZP 76 (1963) S. 168 ff.

[407] Stein/Jonas/Leipold, § 322 Rn 184; Musielak/Musielak, § 322 Rn 48; siehe auch aktuell BGH NJW 2004, 1252 ff.; BGH NJW 2003, 1044 ff.

[408] MüKo-ZPO/Gottwald, § 322 Rn 167.

[409] BGH NJW 1987, 371; NJW 1990, 1795 f.; NJW 1993, 3204 f.; Schwab, FS Bötticher (1969) S. 321, 326; Dietrich, ZZP 83 (1970) S. 201, 208 ff.; Stein/Jonas/Leipold, § 322 Rnn 184 f., 250; Rosenberg/Schwab/Gottwald, § 152 IV 2 b, S. 1066; MüKo-ZPO/Gottwald, § 322 Rnn 78, 167; Zeuner, Sinnzusammenhänge, S. 33; Blomeyer, § 89 IV 1; gegen eine Bindung an den Abweisungsgrund: J. Blomeyer, NJW 1969, S. 587; Henckel, S. 150 ff.; Rimmelspacher, S. 248.

Aufrechnung des Klägers, die rechtliche Begründung des Urteils bereits gemäß § 322 I ZPO Bindungswirkung für einen Folgeprozess habe, so dass der späteren Geltendmachung der Gegenforderung des Beklagten die Rechtskraft des Abweisungsgrundes aus dem Vorprozess und damit die Wirksamkeit der Aufrechnung entgegenstünde. Darum kann es aber offensichtlich nicht gehen[410]. Zum einen ist eine solche Bindung der Entscheidungsgründe bei Klageabweisung immer nur dann von Bedeutung, wenn es um eine identische Klagewiederholung mit identischem Streitgegenstand geht, was bei der späteren Geltendmachung der durch Aufrechnung erloschenen Gegenforderung des Beklagten nicht der Fall ist. Zum anderen hat die Streitfrage Einfluss bei der Bestimmung des für die Präklusion relevanten Tatsachenkomplexes sowie bei der Anerkennung einer für die Urteilsanfechtung erforderlichen Beschwer, wenn ein Rechtsmittel gegen die Klageabweisung nur zu dem Zweck einer Auswechslung des Abweisungsgrundes eingelegt wird[411]. Damit bleibt es hinsichtlich der objektiven Grenzen bei dem Grundsatz: keine Rechtskraft der Entscheidungsgründe. Fest steht lediglich, *dass*, nicht aber *weshalb* der geltend gemachte Anspruch nicht durchzusetzen war.

b) Rechtskraft der rechtlichen Qualifikation des Anspruchs

Umstritten ist ferner, ob auch die Entscheidung über die Art des Anspruchs, also die rechtliche Einordnung der festgestellten Rechtsfolge, an der Rechtskraft teilnimmt. Geht auch die wohl überwiegende Meinung[412] von solch einer Bindungswirkung[413] aus, bedeutet das für die Klägeraufrechnung noch keineswegs eine rechtskräftige Feststellung der Aufrechnungsgrundlagen. Denn die Rechtskraft der rechtlichen Einordnung kann zwar eine verbindliche Feststellung der Anspruchsart, z.B. Anspruch aus Werkvertrag oder Anspruch aus deliktischer Handlung bewirken, sie führt aber nicht dazu, den Entstehungs- oder Abweisungsgrund der bejahten oder verneinten Rechtsfolge festzustellen[414].

Die Rechtskraft der rechtlichen Qualifikation kann demnach z.B. für die Frage relevant sein, ob ein im Erstprozess zuerkannter deliktischer Anspruch Bindungswirkung hinsichtlich des Aufrechnungsverbotes aus § 393 BGB entfaltet.

---

[410] So auch Musielak/Musielak, § 322 Rn 48.
[411] J. Blomeyer, NJW 1969, S. 587.
[412] Stein/Jonas/Leipold, § 322 Rn 124 m.w.N.; Zeuner, Sinnzusammenhänge, S. 31 m.w.N.
[413] In diesem Zusammenhang wird auch von einer „relativen" Rechtskraft gesprochen, weil sie Bedeutung nur im Rahmen des Subsumtionsschlusses haben soll, vgl. Schwab, FS Bötticher (1969) S. 335; Rosenberg/Schwab/Gottwald, § 154 II 1, S. 1074; Reischl, S. 242; Bader, S. 46; Zeuner, Sinnzusammenhänge, S. 31.
[414] Stein/Jonas/Leipold, § 322 Rn 123.

Rechtskräftig wird damit nur der Subsumtionsschluss als Ganzes, nicht seine in Vorfragen bestehenden Einzelglieder[415]. Nur wenn der Inhalt des Urteilstenors nicht ausreicht, um den rechtskräftigen Gehalt der Entscheidung zu erfassen, sind auch der Tatbestand und die Entscheidungsgründe als Auslegungshilfe heranzuziehen. Eine tatsächlich bindende Wirkung der Urteilsgründe wird vom Standpunkt des heutigen Rechts aus als Hort weitreichender Unklarheiten und mit der Rechtssicherheit nicht vereinbar angesehen, da im Einzelfall höchst zweifelhaft sein kann, was zu den tragenden Entscheidungsgründen gehört und welche Tragweite ihre Anwendbarkeit auf andere Fallgestaltungen haben kann[416].

Zusammengefasst bedeutet die herkömmliche Formel „keine Rechtskraft der Entscheidungsgründe“ demzufolge: keine rechtskräftige Feststellung von Tatsachen[417], keine Rechtskraft festgestellter präjudizieller Rechtsverhältnisse, keine Rechtskraft der Entscheidung über Einwendungen und Einreden[418] sowie keine Rechtskraft der rechtlichen Qualifikation des Anspruchs außerhalb des Subsumtionsschlusses[419]. Der Gegenstand der Rechtskraft beschränkt sich allein auf das Bestehen oder Nichtbestehen der vom Kläger geltend gemachten Rechtsfolge.
Typischerweise nicht in Rechtskraft erwächst demzufolge die Feststellung des Eigentums in einem Urteil auf Herausgabe gemäß § 985 BGB[420] oder das Zustandekommen und die Rechtswirksamkeit des zugrunde liegenden Vertrages bei Verurteilung zu einer Leistung mit der Folge, dass in einem Prozess um die Gegenleistung die Wirksamkeit des Vertrages einer anderen Beurteilung zugänglich ist[421]. Nach ständiger Rechtsprechung und herrschender Meinung erstreckt sich die Rechtskraft eines der Teilklage[422] stattgebenden Urteils nur auf den eingeklagten Teilbetrag mit der Folge, dass über den nicht entschiedenen Restbetrag in einem weiteren Verfahren durchaus widersprechend entschieden werden kann[423]. Das gleiche soll weitestgehend auch bei dem die Teilklage ab-

415 Rosenberg/Schwab/Gottwald, § 152 III, S. 1063; BGH NJW-RR 1990, 701 f.
416 BGHZ 13, 265, 279.
417 Stein/Jonas/Leipold, § 322 Rn 84; Rosenberg/Schwab/Gottwald, § 152 III 1, S. 1063.
418 Mit Ausnahme des § 322 II ZPO.
419 Rosenberg/Schwab/Gottwald, § 152 III 5, S. 1065.
420 Müko-ZPO/Gottwald, § 322 Rn 97; Zöller/Vollkommer, vor § 322 Rn 36; Stein/Jonas/ Leipold, § 322 Rn 91; a.A. Henckel, S. 183 ff.
421 BGH NJW-RR 1986, 1066.
422 Nach h.A. ist eine Unterscheidung zwischen offener und versteckter Teilklage nicht angezeigt: vgl. Batsch, ZZP 86 (1973) S. 254, 290; BGHZ 135, 178; BGH NJW 1985, 2825 f.; NJW 1997, 1990; a.A. noch BGHZ 34, 337, 340; 36, 365; Zeiss, ZPR, Rn 580 ff.; Bötticher, MDR 1962, S. 724 f.
423 BGHZ 34, 337, 339; 93, 330, 334; BGH NJW 1981, 1045; 1997, 3019 f.; Jauernig, FG 50 Jahre BGH (2000) S. 311 ff.; Schellhammer, Rn 857; a.A. Stein/Jonas/Leipold, § 322 Rn 151 a.E., der für eine positive Feststellung des Anspruchsgrundes plädiert.

weisenden Urteil gelten[424]. Des Weiteren beseitigt das einer Vollstreckungsgegenklage stattgebende Urteil lediglich die Vollstreckbarkeit des titulierten Anspruchs, führt dagegen nicht gleichzeitig zur rechtskräftigen Feststellung des titulierten materiellrechtlichen Anspruchs[425]. Infolge der gesetzlichen Konzeption erreicht die Rechtskraft eines Urteils über die Zinsen nicht auch die Kapitalschuld[426], ein Urteil über die Herausgabe einer zur Erbschaft gehörenden Sache enthält keinen Ausspruch über die Erbenstellung des Klägers[427].

Und so ist es überhaupt auch möglich, dass eine bereits einmal prozessual aufgerechnete Forderung des Klägers mangels Rechtskraft der Entscheidungsgründe in einem späteren Prozess nochmals, ob erfolgreich oder nicht, eingeklagt werden kann, sofern man nicht trotz Abweichung vom Wortlaut die Ausnahmeregelung des § 322 II ZPO eingreifen lässt. Im Gegensatz zu den übrigen, ohne Vollständigkeit angeführten Beispielsfälle, in denen es durch die in Deutschland praktizierte enge Rechtskraftbegrenzung zu Unstimmigkeiten einzelner materieller Zusammenhänge kommen kann, zeichnet sich die rechtskräftige Nichtbeachtung einer Klägeraufrechnung durch ein Auseinanderfallen von materieller und prozessualer Rechtslage in besonders markanter Weise aus. Indem materiell zwingende Rechtsfolgen „sehenden Auges“ ignoriert werden, erzeugt das Prozessrecht quasi neues materielles Recht. Der in einem ersten Urteil zumindest hinsichtlich einer der beiden Forderungen rechtskräftig festgestellte Aufrechnungszusammenhang des Erlöschens beider Forderungen, könnte in einem nächsten Urteil faktisch vollständig ignoriert und einseitig zerrissen werden, wenn das Gegenteil wiederum rechtskräftig beteuert wird.

2. Gesetzgeberischer Hintergrund

Der dieser Wertentscheidung zugrunde liegende teleologische Zusammenhang geht aus den Motiven deutlich hervor. Der historische Gesetzgeber sprach sich mit der Formulierung in § 322 I ZPO (§ 293 I CPO) bewusst gegen die gemeinrechtliche Lehre *Savignys*[428] von der Rechtskraft der Gründe aus, wonach auch „Präjudizialpunkte“ in Rechtskraft erwachsen sollten und war damit erst recht

---

[424] BGHZ 34, 337, 339; 85, 367, 373; 93, 330, 334; JuS 1986, 484; Rosenberg/Schwab/Gottwald, § 153 V, S. 1071 f.; MüKo-ZPO/Gottwald, § 322 Rn 120; Thomas/Putzo, § 322 Rn 26; Zeuner, FG 50 Jahre BGH (2000) S. 351; a.A. Leipold, FS Zeuner (1994) S. 431, 445 ff.; Stein/Jonas/Leipold, Rn 153; Zeiss, ZPR, Rn 580 f.; Musielak/Musielak, § 322 Rn 73; AK-ZPO/Fenge, § 322 Rn 21.

[425] BGH MDR 1985, 138; BGH NJW-RR 1990, 48.

[426] RGZ 70, 27.

[427] Otte, S. 13 f. mit umfangreichem Beispielkatalog.

[428] Savigny, System Bd. VI, S. 352; Redlich, ZZP 25 (1899) S. 358 f.

gegen die Ansicht von *Windscheid*[429], der sogar Tatsachenfeststellungen an der Rechtskraftwirkung teilhaben lassen wollte[430]. *Savigny* rechtfertigte seine These von der Rechtskraft der einzelnen Urteilselemente mit dem logischen Verhältnis von „Grund" und „Folge", welches dem vollständigen Gedankengang des Richters notwendig zugrunde liegt. Das Urteil könne deshalb „nur in unzertrennlicher Verbindung mit den vom Richter bejahten oder verneinten Rechtsverhältnissen" rechtskräftig werden[431]. Die Natur des Rechtsstreits und die Aufgabe des Richteramtes erfordere „nicht bloß die augenblickliche Abwehr äußerer Rechtsverletzung, sondern auch die Sicherung durch die in alle Zukunft fortwirkenden Rechtskraft", indem der gesamte Inhalt des rechtskräftigen Urteils in dem zukünftigen Rechtsstreit über dieselbe Rechtsfrage als wahr behandelt werden soll[432]. Gleichsam als Begrenzung setzte er ferner voraus, dass nur „alle unter den Parteien streitig gewordenen und bis zur Spruchreife verhandelten Rechtsverhältnisse für alle Zukunft" festgestellt werden sollten[433].

Zwar hatte man eine solch weitreichende Wirkung nicht von vornherein für unerwünscht gehalten, sondern wusste durchaus den großen Vorzug dieser Lehre, der darin besteht, sich widersprechende Urteile zwischen den Parteien über dieselbe Rechtsfrage zu verhindern, zu schätzen. Ein Wert, der „nicht hoch genug angeschlagen werden" könne, „weil widersprechende Urteile im Volke als ein schwerer Übelstand empfunden werden müssen"[434]. Auch die damit einhergehende Stärkung der einem Urteil innewohnenden Autorität liege im öffentlichen Interesse.

Dass man *Savignys* Lehre aber dennoch ablehnte, ist dem Einfluss von *Wetzell*[435] *und Unger*[436] geschuldet, denen es gelang, sich mit ihren Ansichten eines restriktiven Rechtskraftumfangs in dem heftigen Kodifikationsstreit durchzusetzen. Sie wiesen vor allem darauf hin, das Urteil solle nicht weiter wirken, als die Absicht der Parteien gegangen sei und Folgen erzeugen, deren sich die Parteien im Laufe des Prozesses vielleicht gar nicht bewusst gewesen sind[437]. *Savignys* Urteilelementenlehre gehe über die Aufgabe des einzelnen Prozesses und den Willen der Parteien hinaus, denn diese hätten den Gegenstand ihres Streites selbst begrenzt und würden eine Entscheidung auch nur über diesen von ihnen

---

429 Windscheid, Lehrbuch des Pandektenrechts, Bd. I, 1. Aufl., 1867, § 130, 5b, zitiert nach Hahn/Mugdan, Materialien II/1, S. 290 ff.

430 Hahn/Mugdan, Materialien II/1, S. 290 ff.

431 Savigny, System VI, S. 352, 358.

432 Savigny, System VI, S. 354 f.

433 Savigny, System VI, S. 358 f., 387.

434 Hahn/Mugdan, Materialien II/1, S. 291; Leipold, FS Zeuner (1994) S. 441.

435 Wetzell, System des ordentlichen Civilprozesses, S. 574 ff., 592.

436 Unger, System des österreichischen Allgemeinen Privatrechts, S. 615 ff.

437 Wetzell, System des ordentlichen Civilprozesses, S. 592; siehe auch Pfeiffer, AcP 37 (1854) S. 93 ff., 263 ff.

selbstbestimmten Streitgegenstand erwarten[438]. Der Richter entscheide über die streitigen Vorfragen nicht um ihrer selbst willen, sondern bloß zu dem Zweck, um die von ihm verlangte Entscheidung über die Klageforderung fällen zu können[439]. Nicht zuletzt in der Rechtssprechungspraxis des preußischen Obertribunals fand *Savigny* einen beständigen Gegner seiner Lehre[440 441].
Um *Savignys* Anliegen nach Sicherung der bedingenden Rechtsverhältnisse für die Zukunft durch Festlegung der einzelnen Entscheidungselemente dennoch gerecht zu werden, wurde stattdessen die Zwischenfeststellungsklage zugelassen (§ 256 II ZPO n.F.)[442]. Auch ein dagegen gerichteter Vorschlag *Struckmanns*[443] zur Abfassung des § 283 Entw. CPO mit dem Wortlaut: „*Urteile sind der Rechtskraft insoweit fähig, als über den durch Klage, Einrede oder Widerklage erhobenen Anspruch und über das Bestehen oder Nichtbestehen des Rechtsverhältnisses, welches ganz oder teilweise jenen Anspruch bedingt, entschieden ist*", konnte keine Änderung im *Savignyschen* Sinne mehr herbeiführen[444].

Es zeigt sich, dass damals schon die Frage nach der Aufgabe und den Funktionen des Prozesses bei einer Definition der objektiven Rechtskraftgrenzen im Vordergrund standen. Bei der zugrunde liegenden Interessenwertung wurde der Dispositionsbefugnis und dem Interesse der Prozessparteien, die Tragweite einer gerichtlichen Entscheidung vorhersehbar und berechenbar zu gestalten, gegenüber dem öffentlichen Interesse an Vermeidung von sich widersprechenden Urteilen und einer sofortigen, umfassenden Streiterledigung, offensichtlich der Vorzug gegeben. Die Parteien kalkulieren das Maß und die Sorgfalt ihrer Prozessführung nach ihren ganz eigenen, vordergründig subjektiven Erwartungen. Von ihrem Standpunkt aus ist die Befriedigung ihres ganz konkreten momentanen Rechtsschutzbedürfnisses entscheidend und nicht die umfassende Erledigung inzident entschiedener Rechtsverhältnisse, deren Tragweite und Bedeutung für einen nächsten Prozess noch gar nicht auszumalen sind. Der Schutz der Parteien vor Überraschungen und Unberechenbarkeiten war somit ausschlaggebend für die CPO Kommission, sich der Lehre *Savignys* zu verschließen[445]. Daneben hat wohl auch die Gefahr der Perpetuierung falscher Urteile eine gewisse Rolle

---

[438] Unger, System des österreichischen Algemeinen Privatrechts, S. 622, 628 ff.
[439] Unger, System des österreichischen Algemeinen Privatrechts, S. 625.
[440] Redlich, ZZP 25 (1898) S. 360, Fn. 13 m.w.N.
[441] Eine genauere Differenzierung über den Meinungsstand zum Umfang der objektiven Rechtskraft im gemeinen, preußischen und französischem Recht gibt Schulte, S. 11 ff., mit dem Fazit, dass es auch dort keine Einigkeit über den Umfang der Bindungswirkung eines Urteils gab.
[442] Hahn/Mugdan, Materialien II/1, S. 291 f.; Zur Entwicklung der Rechtskraft seit Savigny: Gaul, FS Flume (1978) S. 443 ff., insbes. 471 ff.; Redlich, ZZP 25 (1898) S. 362.
[443] Hahn/Mugdan, Materialien II/1, S. 608.
[444] Redlich, ZZP 25 (1898) S. 364.
[445] Hahn/Mugdan, Materialien, II/1, S. 290 ff., 608 ff.

gespielt, wenn man einzelne Entscheidungsgründe nicht gleich mit zementieren wollte[446].

Es wird sich zeigen, dass solchermaßen Argumente auch heute noch genau jene Gesichtspunkte sind, die zur Rechtfertigung einer jeweils engen oder weiten Rechtskraftauffassung herangezogen werden.

3. Der Inhalt des Streitgegenstandes und seine Reichweite

Neben der soeben beantworteten Frage, worin die Motive für eine solche enge Begrenzung der Rechtskraft auf den Anspruch bestehen, basiert das Dogma „keine Rechtskraft der Entscheidungsgründe", auf einer zweiten Säule, die den Gegenstand der materiellen Rechtskraft, den Anspruchsbegriff, betrifft.

Die übliche Faustregel, nur der Tenor des Urteils erwachse in Rechtskraft, kann vielleicht insoweit als Orientierungshilfe dienen, sagt aber nichts über die tatsächliche Bestimmung des Entscheidungsgegenstandes als Rechtskraftgegenstand aus. Es ist also genauer zu untersuchen, worin dieser prozessuale Anspruch besteht, wie er sich individualisieren und definieren lässt.

a) Prozessualer Anspruch

Die konkrete Bestimmung des Streitgegenstandsbegriffes ist bekanntlich streitig. Es besteht heute weitgehend Einigkeit, dass damit nicht der materiellrechtliche Anspruch im Sinne des § 194 I BGB, sondern der prozessuale Anspruch[447] im Sinne eines Streitgegenstandes gemeint ist, der sein spezifisches Gepräge von den Zwecken und Funktionszusammenhängen des Prozessrechts her erhält[448]. Herrschend ist die Ansicht vom zweigliedrigen[449] prozessualen Streitgegenstandsbegriff[450], dem sich auch der BGH[451] angeschlossen hat. Danach bestimmt sich der Streitgegenstand durch den Antrag des Klägers und dem zu seiner Begründung vorgetragenen Tatsachenkomplex[452]. Unabhängig von einer ein- oder

---

[446] Hahn/Mugdan, Materialien, II/1, 608 f.

[447] Müko-ZPO/Gottwald, § 322 Rn 104; Rosenberg/Schwab/Gottwald, § 152 I 1, S. 1061; Schilken, ZPR, Rn 1019 f.; Jauernig, ZPR, § 63 III 6.

[448] BGHZ 117, 1, 5; Zeuner, FG 50 Jahre BGH (2000) S. 345.

[449] Arens/Lüke, ZPR, Rn 162 ff.; Habscheid, Streitgegenstand, S. 221; Lüke, JZ 1960, S. 203 f.; Schilken, ZPR, Rn 229 ff.; Zeiss, ZPR, Rn 307 ff.

[450] Für einen eingliedrigen, lediglich vom Antrag des Klägers ausgehenden Streitgegenstand: Schwab, Der Streitgegenstand im Zivilprozess, S.183; ders., JuS 1965, S. 81, 83 f.

[451] BGH NJW 1992, 1172,1173; BGH NJW-RR 1987, 683, 684; BGHZ 9, 22, 27; BGHZ 8, 47, 52.

[452] Musielak/Musielak, Einl. Rn 68 ff. m.w.N.

zweigliedrigen Bestimmung haben verschiedene Anträge jedenfalls auch immer unterschiedliche Streitgegenstände zur Folge[453].

Mit der völligen Ablösung von den zugrunde liegenden materiellen Ansprüchen, umfasst der prozessuale Streitgegenstand sämtliche konkurrierende Anspruchsgrundlagen in einem und hat sich damit erfolgreich gegenüber der früheren materiellrechtlichen Theorie[454] durchgesetzt. Die einheitliche Bestimmung durch Klageantrag und Sachverhalt bedeutet, dass beide gleichwertig nebeneinander stehen[455].

Eine eingehende Untersuchung des Streitgegenstandes soll hier nicht gegeben werden; ihrer bedarf es auch nicht. Von viel größerem Interesse ist stattdessen, welche Konsequenzen sich im Einzelnen für den Inhalt des Rechtskraftgegenstandes aus der heute als herrschend akzeptierten Streitgegenstandsauffassung ergeben.

b) Aufrechnung als Teil des Lebenssachverhaltes

In der praktischen Tauglichkeit der Lehre vom zweigliedrigen prozessualen Streitgegenstand fragt sich insbesondere, nach welchen Kriterien die Erfassung und Abgrenzung des im Einzelfall zugrunde liegenden Lebenssachverhalts zu realisieren ist[456]. Inwieweit gehört ganz konkret die Tatsache der Aufrechnung mit ihrer Folge des Erlöschens der beiderseitigen Forderungen zu dem den Streitgegenstand mitbestimmenden Lebenssachverhalt und ist möglicherweise bereits Teil der Entscheidung nach § 322 I ZPO? Dem § 322 II ZPO verbliebe dann hinsichtlich der Gegenforderung des Beklagten mehr oder weniger nur eine Klarstellungsfunktion.

Es steht heute außer Streit, dass im deutschen Zivilprozess der Kläger allein und ausschließlich durch seinen Klageantrag den Streitgegenstand des Prozesses festlegt. Einwendungen des Beklagten sind für den Streitgegenstand grundsätzlich nicht von Bedeutung[457]. Es kann somit nur der Kläger durch den Tatsachenvortrag einer eigenen Aufrechnung möglicherweise den Streitgegenstand in dieser Richtung beeinflussen[458]. § 322 II ZPO ist somit nicht funktionslos. Was genau aber ist Streitgegenstand speziell in einem Prozess, in dem der Kläger eine eigene Aufrechnung ins Spiel bringt? Eine Norm, die dem Kläger untersagt, ei-

---

[453] Beys, ZZP 105 (1992) S. 145, 164; Leipold, GS Arens (1993) S. 229.

[454] Dazu Rosenberg/Schwab/Gottwald, § 92 III 1, S. 613 f.

[455] BGHZ 117, 1, 5; BGH NJW 1984, 317; a.A. z.B. Schwab, Streitgegenstand, S. 183 ff.: der Lebenssachverhalt ist nur zur Auslegung des Antrages heranzuziehen (eingliedrige Streitgegenstandslehre).

[456] Zu den verschiedenen Sachverhaltsabgrenzungen: Reischl, § 10 3, S. 217 ff.; Musielak, NJW 2000, S. 3593 ff.; vgl. auch Heiderhoff, ZZP 118 (2005), 185 ff.

[457] Zöller/Vollkommer, Einl. Rn 65; a.A. Costede, S. 157 ff.

[458] Eine Aufrechnung des Klägers, auf die sich der Beklagte beruft, fiele somit nicht darunter.

gene Einwendungen gegen seine Klageforderung vorzubringen, existiert nicht. Dies verbietet schlichtweg auch die prozessuale Wahrheitspflicht. „Der Vortrag des Klägers gibt die Richtung an, in der die Parteien endgültige Rechtsgewissheit erwarten. Er darf nicht unberücksichtigt bleiben, soll dem Verhandlungsgrundsatz kein Abbruch geschehen“[459].

Zu dem Lebenssachverhalt, der für den Streitgegenstand maßgebend ist, sind nach Auffassung des BGH alle Tatsachen zu rechnen, die bei einer natürlichen, vom Standpunkt der Parteien ausgehenden Betrachtungsweise zu dem durch den Vortrag des Klägers zur Entscheidung gestellten Tatsachenkomplex gehören[460]. Dabei wird sowohl von der Rechtsprechung als auch in der Literatur immer wieder versucht, den Sachverhalt anhand materiellrechtlicher Kriterien zu präzisieren[461]. Angefangen von allen rechtsrelevanten Tatsachen, die den Tatbestand der dem Antrag zugrunde liegenden Anspruchsnorm erfüllen, über einen Vergleich der materiellrechtlichen Rechtsschutzziele, bis hin zu allen Tatsachen, auf deren Existenz (oder auch Nichtexistenz) es für die Anwendung des den Klageantrag rechtfertigenden Rechtssatzes bei natürlicher Betrachtungsweise ankommt[462], wird alles vertreten[463] und versucht, der geforderten natürlichen Betrachtungsweise, eine prozessuale Handhabe zu geben.

Der Vortrag des Klägers, er habe vorprozessual mit einer Gegenforderung des Beklagten aufgerechnet, gehört freilich, wie die Erfüllung, zu den Tatsachen, welche die Existenz des gesamten Anspruches tangiert. Klagt er aber von vornherein nur die durch die Aufrechnung nicht erloschene Restforderung ein und richtet seinen Antrag dementsprechend aus, wird die bereits aufgerechnete Teilforderung wie bei der Teilklage nicht Teil des Streitgegenstandes. Sofern der Beklagte den Untergang seiner Gegenforderung durch die vorprozessuale Aufrechnung des Klägers nicht bestreitet, besteht für das Gericht auch kein Anlass, die Wirksamkeit der Aufrechnung zu prüfen. Die Tatsache der Aufrechnung gehört dann nicht zu den die Existenz oder Nichtexistenz des Klageantrages rechtfertigenden Elementen.

Anders jedoch bei einer nach Klageerhebung prozessual oder außerprozessual erklärten und im Prozess geltend gemachten Aufrechnung des Klägers, mit der er seiner Klage quasi den Boden entzieht. Unabhängig davon, wie der Beklagte sich zu dieser Tatsache äußert, muss sich das Gericht aufgrund des klägerischen

---

[459] BGHZ 117, 6.
[460] BGHZ 117, 1, 6; NJW 1991, 1046 f.; NJW 1990, 1795 f.; 1993, 2684 f.; NJW 1995, 967, f.; NJW-RR 1996, 826 f.
[461] Ausführlich Reischl, S. 218, 224 ff.
[462] Musielak/Musielak, Einl. Rn 76.
[463] Reischl, § 10 II 3 b, S. 224 ff. m.w.N.

Vortrages mit der Aufrechnung auseinandersetzen. Sie gehört wegen der materiellrechtlichen Erlöschenswirkung zum Tatsachenvortrag, auf den es für die Existenz oder Nichtexistenz der Klageforderung ankommt.

Um die Sache plastisch zu machen, sei von einer die Gegenforderung des Beklagten in der Höhe übersteigenden Klageforderung ausgegangen. Der erloschene Teil kann nicht mehr „hinweggedacht werden, ohne dass die Klage in dieser Höhe entfiele“. Das heißt, ist der aufgerechnete Teil einmal rechtshängig geworden, muss er sich auch auf den Streitgegenstand auswirken. Denn bei natürlicher, das tatsächliche Geschehen und den Gesamtsachverhalt erfassenden Betrachtungsweise, gehört die Aufrechnung des Klägers zu dem zur Entscheidung gestellten Tatsachenkomplex.
So hat der BGH[464] beispielsweise einem Kläger, der in einem ersten Urteil als Wandelungsberechtigter Rückzahlung des Kaufpreises begehrte und lediglich Leistung Zug um Zug (gegen Rückübertragung der Kaufsache) zugesprochen bekam, eine zweite Klage auf unbeschränkte Leistung, weil die Kaufsache zwischenzeitlich untergegangen sei, wegen Streitgegenstandsidentität als unzulässig abgewiesen. Der zwischenzeitliche Untergang der Kaufsache, den der Kläger im Erstprozess versäumt hatte vorzutragen, begründe keinen neuen Streitgegenstand, denn dieses Geschehen gehöre bei natürlicher Betrachtung zu dem der ersten Klage zugrunde liegenden Sachverhalt[465]. Die Tatsache des Untergangs gehört demzufolge „zu dem mit der Erstklage geltend gemachten Sachverhalt, weil er mit diesem materiell-rechtlich verwoben ist“[466].

Ebenso verhält es sich hier. Aufgrund der Verhandlungsmaxime hat der Kläger die Möglichkeit, den Tatsachen- und Streitstoff selbst zu bestimmen. Der Vortrag des Klägers bestimmt also die Richtung, in der die Parteien endgültige Rechtsgewissheit erwarten[467]. Es würde dem Verhandlungsgrundsatz zum Schaden gereichen, zählte man zum Streitgegenstand nur solche Tatsachen, die das konkrete Rechtsschutzbegehren - Bestehen der Klageforderung- objektiv zu stützen geeignet sind.

Das Bestehen oder Nichtbestehen der klägerischen Forderung wird unter allen rechtlichen Gesichtspunkten geprüft. Auf die Tatsache der Aufrechnung kann in einem Zweitprozess keine eigenständige Rechtsfolgebehauptung in dem Sinne mehr gestützt werden, dass die Aufrechnung im Widerspruch zu dem ersten Urteil nunmehr wirksam oder eben unwirksam ist, denn die rechtliche Beurteilung steht mit bindender Wirkung fest[468]. Der materiellrechtliche Gehalt des im zweiten Prozess intendierten Rechtskraftgegenstandes ist in der im Erstpro-

---

[464] BGHZ 117, 1 ff.
[465] BGHZ 117, 7.
[466] Reischl, S. 221.
[467] BGHZ 117, 6.
[468] Reischl, S. 220 zu BGH NJW 1990, 1795.

zess getroffenen Entscheidung bereits voll ausgeschöpft. Dies ergibt sich ebenso aus einem Vergleich der Rechtsschutzziele, in dem die materiellrechtliche Norm des § 389 BGB insoweit einzubeziehen ist, als sie den Sachverhalt umgrenzt und den Rechtskraftumfang mitbestimmt[469].

Der Kläger hat in dieser Aufrechnungssituation mehrere prozesstaktische Möglichkeiten: Entweder, er erklärt für erledigt (§ 91a ZPO)[470], er nimmt die Klage zurück (§ 269 ZPO), oder er ändert die Klage auf den um die Aufrechnung reduzierten Betrag, sofern ein solcher Überrest noch besteht (§ 264 Nr. 2 ZPO). Unternimmt er gar nichts oder verzichtet er (§ 306 ZPO), führt er selbst die Abweisung seiner Klage als unbegründet herbei, ohne dass das Bestandenhaben der Klageforderung Auswirkung auf die Kosten hätte. Für jede andere Alternative ist im Einzelnen aber die Mitwirkung in Form der Zustimmung des Beklagten erforderlich[471]. Verweigert er diese, was äußerst wahrscheinlich ist, wenn er eine Entscheidung über die Klageforderung begehrt, deren Existenz er unbesehen der Aufrechnung bestreitet, kommt es insoweit auf eine Entscheidung des Gerichtes über die Aufrechnung an.

Das klägerische Begehren, das dieser auf den von ihm vorgetragenen Lebenssachverhalt stützt, besteht dann in der Forderung, der Klage unter Berücksichtigung der Aufrechnung stattzugeben. Dies beinhaltet aber zwangläufig auch die Feststellung, dass die Klageforderung einmal bestanden hat und nur infolge der Aufrechnung nicht mehr besteht.

Würde die Tragweite des hier in Rede stehenden Urteils, welches die klägerische Aufrechnung berücksichtigt, somit nicht nur das „Bestehen", sondern auch das „Bestandenhaben" der erloschenen Klageforderung erfassen, wäre folgerichtig auch das „Bestandenhaben" der Gegenforderung, wie es in § 322 II ZPO im Falle einer Aufrechnung des Beklagten zum Ausdruck kommt[472], vom Umfang der Rechtskraft gedeckt. Die Aufrechnung setzt in gleicher Weise das rechtsgültige Vorhandensein der beiderseitigen Forderungen voraus[473]. Das Erlöschen der einen, kann nicht abweichend vom Erlöschen der anderen beurteilt werden. Der materiellrechtliche Zusammenhang ist unumstößlich und bindend.

---

[469] Böhm, FS Kralik (1986) S. 114.

[470] Mit günstiger Kostenprognose, wenn die Aufrechnungslage nach Rechtshängigkeit entstanden ist.

[471] Auch bei der quantitativen Klageänderung/Beschränkung gemäß § 264 Nr. 2 ZPO ist nach h.M. § 269 ZPO anzuwenden und somit die Einwilligung des Beklagten erforderlich, BGH NJW 1990, 2682; MüKo-ZPO/Lüke, § 264 Rn 23; Groß, JR 1996, S. 357 ff.; ders., ZZP 75 (1962) S. 93 ff.; Zöller/Greger, § 264 Rn 4a.

[472] Nach h.M. ist vom Wortlaut des § 322 II ZPO auch der Fall des „Nichtmehrbestehens" der Gegenforderung umfasst, siehe dazu § 2 A.II.1.b.

[473] Oertmann, S. 252

Steht die Aufrechnung rechtskräftig fest, so kann ihre Gültigkeit wegen der Rechtskraft nicht mehr in Frage gezogen werden.

4. Aufnahme in die Urteilsformel

Der gedankliche Versuch, den Inhalt der Entscheidung nach § 322 I ZPO im Falle der Aufrechnung auch auf den Bestand der Gegenforderung zu beziehen, ist insofern nicht neu. Wie bereits im Rahmen des Vergleichs der Klägeraufrechnung mit der prozessualen Nichtbeachtung der Beklagtenaufrechnung aufgrund § 296 ZPO dargelegt[474], richtete sich *Leipolds* Lösungsvorschlag in die gleiche Richtung. So sollte sich die Rechtskraft des der Klage wegen der prozessualen Nichtberücksichtigung der Aufrechnungseinrede stattgebenden Urteils auch auf die Feststellung erstrecken, dass die Klageforderung nicht durch Aufrechnung erloschen und demzufolge die Gegenforderung nicht durch Aufrechnung weggefallen ist[475]. Denn die Gegenforderung kann nur dann verbraucht werden, wenn sie die Klageforderung mit der zulässigen Aufrechnung zum Erlöschen bringt. Besteht die Klageforderung nach erklärter Aufrechnung aber weiter, dann könne auch die Gegenforderung des Beklagten nicht verbraucht sein. Das Urteil, welches den Beklagten ohne Beachtung seiner Aufrechnung verurteilt, solle genau diese Feststellung treffen[476].

E contrario müsste dann im Fall der Klägeraufrechnung das klageabweisende Urteil feststellen, dass die Klageforderung bestanden hat und nur durch Aufrechnung weggefallen ist, was demzufolge wiederum die Gegenforderung des Beklagten verbraucht hat.

Im Gegensatz zu der Situation bei der prozessualen Nichtberücksichtigung der Aufrechnungseinrede ist die Aufrechnungsforderung bei einer klägerischen Aufrechnung zulässig in den Prozess eingeführt worden und die Parteien hatten theoretisch ausreichend Gelegenheit, sich mit ihr auseinanderzusetzen. Der Gedanke einer solchen Tenorerweiterung, wie sie *Leipold* zu § 296 ZPO vorschlägt, kann hier also nicht an der Befürchtung der Missachtung des Dispositionsgrundsatzes scheitern. Ein Auseinanderfallen von materieller Rechtslage und prozessualer Feststellung ist durch das erste Urteil nicht zu besorgen, so dass die Anwendung dieser Theorie auf den Fall der Klägeraufrechnung auch nicht in den Verdacht zu geraten droht, das richterliche Urteil würde materiellrechtliche Wirkung erzeugen.

---

474 Unter § 1 F.III.3.i.

475 Stein/Jonas/Leipold, § 145 Rn 5; siehe auch Blomeyer, ZZP 88 (1975) S. 441 f.; ähnlich Häsemeyer, FS Weber (1975) S. 223.

476 Blomeyer, ZZP 88 (1975) S. 441 f.; ähnlich Häsemeyer, FS Weber (1975) S. 223; Müko-ZPO/Peters, § 145 Rn 28.

Die Motive geben in dieser Angelegenheit ein Verbot ebenfalls nicht zu erkennen. Den Eintritt der Rechtskraft von der Aufnahme in die Urteilsformel abhängig zu machen, wurde lediglich als übertriebener Formalismus empfunden[477]. So sollte ursprünglich sogar ein dritter Absatz eingefügt werden, der feststellt, dass eine der Rechtskraft fähige Entscheidung auch an einer anderen Stelle des Urteils, namentlich in den Entscheidungsgründen ausgesprochen werden kann, § 283 Abs. 3 Entw.CPO.

Bezüglich der Zulässigkeit der Aufnahme der Aufrechnung in die Urteilsformel hat auch der BGH für den Fall der gewöhnlichen Beklagtenaufrechnung nur betont, dass es einer solchen Vorgehensweise nicht bedarf[478], keine Rede ist hingegen davon, dass sie schlechterdings unstatthaft wäre. So plädieren auch *Oertman*[479] und *Leipold*[480] für die Zulässigkeit der Aufnahme der Aufrechnungsentscheidung in die Urteilsformel. Die Rechtskraft über das Bestandenhaben bzw. das Nichtmehrbestehen der Klageforderung im Fall erfolgreicher Aufrechnung stünde dann unzweifelhaft fest. Eine solche Feststellung wirkt sich positiv auf die Transparenz der Entscheidung insbesondere gegenüber juristischen Laien aus[481]. Es besteht in diesem Sinne für eine Aufnahme der klägerischen Aufrechnung in die Urteilsformel sogar deutlich größerer Anlass, liegt ihr doch der eigene Antrag des Klägers zugrunde. Ein Urteil, welches dann über denselben Aufrechnungsvorgang hinsichtlich der Gegenforderung abweichend entscheidet, setzt sich in „rechtskräftigen" Widerspruch mit dem ersten Urteil.

5. Fazit

Ob man dem Urteil tatsächlich die hier in Rede stehende Tragweite zukommen lässt, hängt schließlich von der zentralen Frage ab, ob sich die Rechtskraft tatsächlich lediglich auf die jeweils einzelne von der Aufrechnung betroffene Forderung bezieht, oder ob mit dem Urteil die Entscheidung über die Aufrechnung als Ganzes rechtskräftig wird. Zwar ist die Entscheidung über die Aufrechnung grundsätzlich nur ein Element der Entscheidung über die Hauptforderung. Abgesehen davon hat sie aber im Gegensatz zu anderen Vorfragen auch eine materiell unabhängige und selbständige Bedeutung in Bezug auf die Gegenforderung, die hinsichtlich der Rechtskraft gleichbehandelt werden muss. Die Frage hängt letztlich also von einer ganzheitlichen Betrachtung des Aufrechnungszusammenhangs ab, der als einheitliches Funktionsgebilde eine signifikante Korrelation zwischen den beiden von der Aufrechnung betroffenen Forderungen herstellt.

---

477 Hahn/Mugdan, Materialien, Bd. II/1, S. 292.
478 BGH MDR 1955, 174.
479 Oertmann, S. 236 f., 252.
480 Stein/Jonas/Leipold, § 322 Rn 174.
481 Schwander, S. 44.

Dass dies der Fall ist, wird noch mehrfach Gegenstand und Argumentationsschwerpunkt der Arbeit sein.

II. Konzeption des § 322 II ZPO und die zugrunde liegenden Wertentscheidungen

Dass abweichend von der Grundregel des § 322 I ZPO eine Entscheidung über die im Wege der Aufrechnung geltend gemachte Gegenforderung ausnahmsweise ebenso an der Rechtskraftwirkung teilnimmt, wie der durch Klage erhobene prozessuale Anspruch, ist zunächst nicht ohne weiteres selbstverständlich. Paragraph 322 II ZPO normiert in dieser Hinsicht eine positiv- rechtliche Ausnahmeregel von dem Grundsatz, dass über rechtliche Vorfragen des zu entscheidenden Anspruchs und über sonstige Einwendungen des Beklagten keine Rechtskraft erwächst. Die Entscheidung über das Bestehen oder Nichtbestehen der Gegenforderung stellt für die Existenz der Klageforderung immer eine Vorfrage dar. Ihre Erwähnung im Urteilstenor ist entbehrlich[482], sie nimmt trotz ihres Standortes in den Entscheidungsgründen gemäß § 322 II ZPO an der Rechtskraftwirkung teil.
Bereits aus der Doppeltatbestandsnatur der Prozessaufrechnung ergibt sich zwingend, dass es für die Rechtskraftwirkung des § 322 II ZPO unerheblich sein muss, ob der Beklagte eine außerhalb des Prozesses erklärte Aufrechnung geltend macht oder dieselbe erst innerhalb des Prozesses erklärt[483]. Was aber sind die Gründe für diese Sonderstellung der Aufrechnungsentscheidung hinsichtlich ihrer Rechtskraftwirkung?

1. Entwicklung des § 322 II ZPO / Hintergründe

Bevor es zur heutigen Fassung des auf den Vorschlag des Referenten *Pape*[484] zurückgehenden § 322 II ZPO kam, herrschte vor allem zwischen gemeinem und preußischem Recht Uneinigkeit darüber, ob die Kompensationseinrede als eigenständige Einrede im Prozess oder nur in Form der Widerklage geltend gemacht werden konnte[485]. Im ersteren Falle hielt man ihr eine Begünstigung der

[482] Stein/Jonas/Leipold, § 322 Rn 174; dazu § 2 A.I.4.
[483] Musielak/Musielak, § 322 Rn 76; Stein/Jonas/Leipold, § 322 Rn 167.
[484] Der § 293 CPO geht zurück auf die Beschlüsse der zur Ausarbeitung des Entwurfs einer Civilprozessordnung für den Norddeutschen Bund berufenen Kommission; dazu Schubert, Protokolle CPO Bd. 1, S. 794.
[485] Diese Frage wurde teilweise von der Liquidität der Gegenforderung abhängig gemacht, Redlich, ZZP 25 (1898) S. 370; Dernburg, S. 538 ff.

verdeckten Widerklage vor, ein Makel, der später nur durch Absehen von einem Rechtshängigkeitseintritt beseitigt werden konnte[486].

Wurde durch das Gericht über die Gegenforderung mitentschieden – was zunächst noch im Ermessen des Richters stand - erwuchs diese Entscheidung auch ohne dass es hierfür schon eine positive gesetzliche Vorschrift gab[487] nach allgemeiner Übung der preußischen Praxis gleichwohl mit der Begründung in Rechtskraft, die Gegenforderung sei durch den Tenor *virtualiter* mitentschieden[488]. Vor allem in dem Fall, dass der Einrede stattgegeben wird, liege in dem die Abweisung der Hauptforderung aussprechendem Tenor wenigstens mittelbar auch eine Entscheidung über die Einrede. Als ein der Rechtskraft fähiges Element der Hauptentscheidung hat die preußische Praxis aber ebenso die Verwerfung der Kompensationseinrede anerkannt[489].

Auch nach gemeinem Recht, welches noch ein Kompensationsurteil erforderte, war es für die Wirkung der Rechtskraft unerheblich, ob die Gegenforderung klageweise oder einredeweise mittels Aufrechnung geltend gemacht wurde, denn man ging davon aus, dass die Kompensationseinrede ihrer inneren Natur nach eine Widerklage sei und zu einer Vermehrung der Streitgegenstände führe[490].

Somit existierte auch vor der Normierung einer für Gesamtdeutschland verbindlichen Zivilprozessnorm bereits eine entsprechende Praxis, welche die Entscheidung über eine mittels Aufrechnung vorgebrachte Gegenforderung als Element der Hauptentscheidung für rechtskräftig mit entschieden ansah.

Nachdem der erste Vorschlag der CPO-Kommission zur Abfassung einer Rechtskraftnorm zunächst keine gesonderte Bestimmung über die Kompensationseinrede traf, machte der Referent wiederholt auf dieses Manko aufmerksam. Die Kompensationseinrede wäre insofern von besonderer Natur, als der Exzipient seinen Gegenanspruch - wenn auch nur bis zur Höhe des gegnerischen Anspruchs-, doch jedenfalls zum Zwecke der vollen Befriedigung verfolge. Es spräche ein Bedürfnis dafür, die über den Gegenanspruch ergehende Entscheidung auch ohne Rekonventionsantrag in Rechtskraft übergehen zu lassen[491]. Seinem Antrag gemäß wurde die Bestimmung schließlich folgendermaßen gefasst:

---

[486] Schubert, Protokolle CPO Bd. 2, S. 794; Reischl, S. 132; Redlich, ZZP 25 (1898) S. 364 ff., 369.

[487] Gemäß § 38 I 13 A.G.O. war ausdrücklich nur der Tenor der Entscheidung der Rechtskraft fähig.

[488] Entscheidung des Obertribunals, Striethorst Archiv Bd. 55. S. 65 ff. (zunächst auf alle Präjudizialeinreden bezogen) zitiert nach Redlich, ZZP 25 (1898) S. 370.

[489] Entscheidung des Obertribunals Bd. 67 Nr. 32, zitiert nach Redlich, ZZP 25 (1898) S. 371.

[490] Blomeyer, ZPR, § 89 VI, 2 a, S. 496 m.w.N.

[491] Schubert, Protokolle CPO, Bd. 2, S. 794; Redlich, ZZP 25 (1898) S. 363.

§ 293 II CPO [Materielle Rechtskraft]
(1)...
(2) Die Entscheidung über das Bestehen oder Nichtbestehen einer mittels Einrede geltend gemachten Gegenforderung ist der Rechtskraft fähig, jedoch nur bis zur Höhe desjenigen Betrages, mit welchem aufgerechnet werden soll.

a) Zweckgesichtspunkte des § 322 II ZPO

Die Motive geben hinsichtlich der Beweggründe für die Einführung des § 322 II ZPO nur begrenzt Auskunft: „Wird die Einrede der Kompensation vorgeschützt, so muss es als Absicht der Parteien angenommen werden, dass das Bestehen oder Nichtbestehen der *compensando* geltend gemachten Gegenforderung *pro concurrente summa* unter ihnen festgestellt werden soll“[492].

Diese erwähnte Absicht der Parteien beruht auf der materiellrechtlichen Eigenart der Aufrechnung, die sich – einmal erklärt - zwangsläufig zugleich auf zwei Forderungen auswirkt und diese zum Erlöschen bringt[493]. Die Aufrechnung befreit den Aufrechnenden von der gegen ihn bestehenden Verbindlichkeit (Erfüllungsfunktion) und ermöglicht ihm gleichzeitig, seine eigene Forderung „im Wege der Selbsthilfe“ durchzusetzen (Vollstreckungsfunktion)[494]. Diese beiden Funktionen sind untrennbar miteinander verbunden und spiegeln sich je nach Standpunkt des Betrachters. Die Aufrechnung führt damit immer zur wechselseitigen Tilgung und kann sich niemals nur auf eine Forderung auswirken.

Erreicht der Beklagte aufgrund der erfolgreichen Aufrechnung die Abweisung der Klage, bedeutet dies für ihn volle Befriedigung[495]. Dieses Ergebnis wird geschützt durch § 322 I ZPO. Die rechtskräftige Verwirklichung der Vollstreckungsfunktion der Aufrechnung verhindert eine erneute Erhebung des einmal erloschenen Anspruchs. Hätte die Erfüllungsfunktion kein entsprechendes rechtskräftiges Pendant in § 322 II ZPO, bliebe es dem Beklagten unbenommen, seine Gegenforderung erneut gerichtlich geltend zu machen. Dies würde dem Sinn und Zweck der Aufrechnungsinstitution widersprechen und ihren materiellrechtlichen Zusammenhang zerreißen. Erfüllt das materielle Aufrechnungsvorbringen alle Voraussetzungen, um im Prozess beachtet zu werden, ergibt sich daraus die prozessuale Notwendigkeit, auch sämtliche Aufrechnungsfunktionen ungeteilt und in ihrer Gesamtheit zu berücksichtigen.
So sieht auch der BGH den Sinn und Zweck der Ausnahmevorschrift des § 322 II ZPO zum einen darin, „zwei Forderungen, die von einer Aufrechnung notwendig gemeinsam gestaltet werden, auch hinsichtlich der materiellen Rechts-

---

[492] Hahn/Mugdan, Materialien, II/1, S. 292.
[493] BGHZ 48, 356, 360.
[494] Bötticher, FS Schima (1969) S. 95 ff. prägte für die Funktion der Aufrechnung den Begriff „Selbstexekution“.
[495] Zeuner, JuS 1987, S. 356.

kraft nicht verschieden zu behandeln"[496] und zum anderen darin, „den Aufrechnungsgegner vor erneuter Inanspruchnahme zu schützen"[497]. Die Möglichkeit einer doppelten Rechtsverfolgung des Beklagten auszuschließen bedeutet im Übrigen auch, wiederholte und sich widersprechende Entscheidungen zu vermeiden[498].

Außer dieser eher technisch- instrumentalen Betrachtungsweise wird aus der Literatur noch auf eine Reihe weiterer teleologischer Aspekte hingewiesen. Abgesehen von dem Fall, in dem der Beklagte mit der rechtskräftigen Aberkennung der Klageforderung die Durchsetzung seiner Gegenforderung erreicht, kann auch der gescheiterte Aufrechnungsversuch für den Beklagten nicht folgenlos bleiben. Vielmehr muss er die rechtskräftige Aberkennung seiner zur Aufrechnung verwendeten Forderung in Kauf nehmen. Denn mit der Geltendmachung der Aufrechnung im Prozess besteht für ihn die gleiche Chance der rechtsgültigen Durchsetzung seiner Forderung wie bei Erhebung einer selbständigen Klage. Die Kehrseite dieser Möglichkeit aber ist das Risiko des Verlustes der Forderung. Müsste der Beklagte bei Erhebung des Aufrechnungseinwandes nicht gleichzeitig mit der rechtskräftigen Aberkennung seiner Gegenforderung rechnen, bedeutete dies eine ungleiche Verteilung des Prozessrisikos zwischen den Parteien[499]. Aus Gründen der Gleichbehandlung zwischen den Parteien muss sich der Aufrechnende daher konsequenterweise beides, Chance und Risiko seiner Forderungsdurchsetzung, zurechnen lassen.

Dagegen ist § 322 II ZPO nicht geeignet Divergenzen zwischen Aufrechnung und Erfüllung zu vermeiden[500]. Eine solche Ableitung scheint zirkulär, wenn man sich verdeutlicht, dass gerade gegen den ausdrücklichen gesetzgeberischen Willen[501] versucht wurde, den Fall des Erfüllungseinwandes vor Urteilserlass mit dem Fall der Aufrechnung gleichzustellen, nicht aber umgekehrt[502]. Erfüllt der Beklagte nach seiner Verurteilung zur Zahlung, steht ihm freilich eine Rückforderungsmöglichkeit wegen des rechtskräftigen Gehaltes der Erstentscheidung (§ 322 I ZPO) nicht zu[503]. Das Urteil bleibt insoweit als Rechtsgrund für die Zahlung unantastbar. Aber gerade wenn die Klage wegen einer vorprozessualen Zahlung abgewiesen wurde, nimmt bei strenger Anwendung objekti-

---

496 BGHZ 48, 359.
497 BGH NJW 1984, 1356 f.
498 Foerste, NJW 1993, S. 1184.
499 Zeuner, JuS 1987, S. 356; Niklas, MDR 1987, S. 99; Foerste, NJW 1993, S. 1184; Zöller/Vollkommer, § 322 Rn 15; Noltze, S. 280 m.w.N.
500 So aber Foerste, NJW 1993, S. 1184, Fn. 19.
501 Hahn/Mugdan, Materialien, II/1, S. 292.
502 Zeuner, Sinnzusammenhänge, S. 84; Braun, ZZP 89 (1976) S. 105.
503 Zöller/Vollkommer, vor § 322 Rn 25; MüKo-ZPO/Gottwald, § 322 Rn 41.

ver Rechtskraftprinzipien der Grund der Abweisung an der Rechtskraft nicht teil.

Die Ausnahmevorschrift des § 322 II ZPO gibt das dem § 322 I ZPO zugrunde liegende enge Rechtskraftprinzip deshalb nicht auf. Sie ist vielmehr eine aus den Sachzwängen des materiellen Aufrechnungszusammenhangs resultierende Notwendigkeit[504]. Insbesondere die für das Dogma der engen Bindungswirkung maßgebliche Überraschungsgefahr, die für die Parteien bei einer extensiven Rechtskraftregelung befürchtet wird, trifft auf die Aufrechnung, die unmittelbar zum Erlöschen der Rechte führt und im Entscheidungsgehalt des Urteils direkt zum Ausdruck kommt, nicht zu. Dass bei einer Aufrechnung immer das beidseitige Erlöschen der Forderungen auf dem Spiel steht, wissen die Parteien. Eine derartige Gleichbehandlung von Forderung und Gegenforderung- auch hinsichtlich der Rechtskraft- kann schwerlich überrumpeln[505].

Diese Besonderheit des Aufrechnungswesens rechtfertigt auch eine enge Auslegung des § 322 II ZPO. Die Norm ist nicht etwa auf andere Gegenrechtewie beispielsweise das Zurückbehaltungsrecht oder die Verrechnung- analog anwendbar[506].

Die Ausnahmeregelung des § 322 II ZPO erklärt sich damit im Wesentlichen aus der materiellrechtlichen Natur des Aufrechnungswesens. Zwar ist die Entscheidung über die Aufrechnungseinrede zunächst nur ein Element der Hauptentscheidung, doch gerade ihre materielle, von der Hauptentscheidung unabhängige, selbständige Bedeutung zwingt dazu, sie auch hinsichtlich der Fähigkeit zur Rechtskraft wie ein selbständiges Urteil zu behandeln[507].

b) Die Feststellung des Nichtbestehens und des Nichtmehrbestehens

Vom Wortlaut und seiner ursprünglichen Intention her, sollte die Aufrechnungsentscheidung eigentlich nicht umfassend in Rechtskraft erwachsen. Ausweislich der Motive zur Änderung des § 293 II CPO, soll, im Unterschied zu dessen ursprünglicher Fassung, die Entscheidung des Bestehens oder Nichtmehrbestehens der Gegenforderung nunmehr ebenso wenig der Rechtskraft fähig sein, wie die Entscheidung darüber, dass die Forderung des Klägers aus einem anderen Grund getilgt sei[508]. Anlass hierfür waren die neu definierten Aufrechnungsvorschriften des BGB. Da die Aufrechnungserklärung das sofortige Erlöschen der aufgerechneten Forderungen in dem Zeitpunkt bewirkt, in dem sie sich erstmals aufre-

[504] Zeuner, JuS 1987, S. 356 f.
[505] Zeuner, JuS 1987, S. 357; Foerste, NJW 1993, S. 1184.
[506] Baumbach/Lauterbach/Albers/Hartmann, § 322 Rn 21 m.w.N.
[507] Redlich, ZZP 25 (1898) S. 384.
[508] Hahn/Mugdan, Materialien, VIII, S. 103.

chenbar gegenüberstanden, führt die Annahme des Nichtmehrbestehens der Gegenforderung unmittelbar zur Verneinung der Klageforderung in Höhe des aufgerechneten Betrages. Diese Entscheidung bedürfe aber über § 322 I ZPO hinausgehend keiner gesonderten Bestimmung[509]. Dass die Aufrechnung die Forderung des Beklagten getilgt hat, werde durch das die Klageforderung infolge der Aufrechnung abweisende Urteil nicht rechtskräftig entschieden. Vielmehr schütze die Beweiskraft des Tatbestandes des früheren Urteils vor der späteren klageweisen Geltendmachung der Gegenforderung. Die Behauptung des früheren Beklagten, die Aufrechnung habe nicht stattgefunden, könne so mit dem materiell-rechtlichen Einwand des Erlöschens angegriffen werden[510].

Nach heutiger herrschender Meinung und Rechtsprechung hat sich jedoch ein anderes Verständnis des § 322 II ZPO durchgesetzt[511]. Es steht seither außer Frage, dass auch im Falle des Erlöschens der Gegenforderung durch Aufrechnung eine der Rechtskraft fähige Entscheidung hinsichtlich ihres „Nichtmehrbestehens“ ergehen muss.

Wie aber kommt man auf rechtstechnischem Wege zu dieser Auslegung? Gesetzesentwicklung und -begründung haben gezeigt, dass eine Ausklammerung der Feststellung des Bestehens und damit auch des Nichtmehrbestehens tatsächlich und ganz eindeutig beabsichtigt gewesen ist, so dass für eine direkte Anwendung und Auslegung der Vorschrift hinsichtlich ihres Wortlautes kein Raum bleibt[512]. Zutreffend ist daher eine Erweiterung im Wege der Analogie[513]. Die rechtskräftige Entscheidung mit dem Inhalt des Nichtbestehens der Gegenforderung entspricht in gleicher Weise wie die mit dem Inhalt des Erlöschens der Gegenforderung durch Aufrechnung, dem soeben erörterten Sinn und Zweck des § 322 II ZPO. Andernfalls stünde zwar das Nichtmehrbestehen der Klageforderung rechtskräftig fest, das Bestehen und die Aufrechnung der Gegenforderung aber könnte durch den Beklagten wieder in Streit gebracht werden, da er durch die Rechtskraft des Urteils nicht gehindert wäre, seine Gegenforderung noch einmal einzuklagen. Auch hier verbietet die untrennbare Einheit von Erfüllungs- und Vollstreckungsfunktion der Aufrechnung eine ungleiche Behandlung hinsichtlich ihrer Rechtskraftfähigkeit.

---

[509] Windscheid/Kipp, Bd. 1, § 131, S. 666 f.; Oertmann, S. 44.

[510] Seuffert, ZZP 16 (1891) S. 463, 470, der als Urheber der Vorschrift gilt.

[511] BGHZ 36, 319, NJW 1962, 907; Rosenberg/Schwab/Gottwald, § 152 III 4, S. 1064 f.; Braun, ZZP 89 (1976) S. 93, 103; Musielak, GK ZPO, § 5 Rn 294; ders., Musielak/Musielak, § 322 Rn 76; MüKo-ZPO/Gottwald, § 322 Rn 179; Grunsky, Verfahrensrecht, § 15, § 47, S. 517; Henckel, S. 221; Zeiss, ZPR, § 71 Rn 576; Blomeyer, § 89, S. 496; Zöller/Vollkommer, § 322 Rn 16; Stein/Jonas/Leipold, § 322 Rn 169; E. Schmidt, ZZP 87 (1974) S. 40.

[512] So aber Leipold, § 322 Rn 169; Rosenberg/Schwab/Gottwald, § 152 III 4, S. 1065.

[513] Zeuner, JuS 1987, S. 356; Foerste, ZZP 108 (1995) S. 178 f.; stellt man auf den ursprünglichen Plan des Gesetzes ab, liegt in der Neuerung des § 293 II CPO auch eine entsprechende Planwidrigkeit der Regelungslücke.

Die Verwirklichung des Verlustrisikos aufgrund Rechtskraft kann nicht davon abhängen, ob die Durchsetzung der Forderung erfolgreich war oder nicht. Denn die Chance ihrer Realisierung ist ebenso hoch wie bei einer eigenständigen Klage. Auch unterliegt die Geltendmachung der Aufrechnung keinen höheren Risiken als die Erhebung der Klage, so dass es für eine Ungleichbehandlung und einseitige Besserstellung des Beklagten auch im Falle der erfolgreichen Durchsetzung der Gegenforderung keine sachlichen Gründe gibt[514]. „Denn wie es dem Kläger recht sein muss, dass im Falle des Durchgreifens der Kompensationseinrede das Bestehen der Gegenforderung ihm gegenüber rechtskräftig festgestellt und er mit der Pflicht der Kostentragung abgewiesen wird, so ist es dem Beklagten billig, dass die ihm ungünstige Entscheidung in ihren Wirkungen nicht anders behandelt werde, als die ihm günstige“[515]. Bietet also die Geltendmachung der Aufrechnung dem Beklagten die gleiche Durchsetzungsmöglichkeit seiner Forderung wie die Klage dem Kläger, muss er auch ein entsprechend gleiches Verlustrisiko tragen.

Die Erkenntnis des Nichtmehrbestehens bedarf darüber hinaus ebenso wie die Entscheidung über das Nichtbestehen der Gegenforderung des Schutzes gegenüber widersprechenden Entscheidungen.

c) Exponierte Stellung des Beklagten?

Bemerkenswert ist, dass in der ursprünglich beschlossenen Fassung des § 293 II CPO eine Unterscheidung zwischen der Geltendmachung der Gegenforderung durch den Kläger und der durch den Beklagten nicht getroffen wurde. Die Entscheidung musste lediglich eine Gegenforderung betreffen - ein Begriff, der dem materiellen Recht angehört und aus ihm heraus zu erklären ist[516]. Schulden demnach zwei Personen einander Leistungen, so ist die Forderung der einen, im Verhältnisse zu der anderen, eine Gegenforderung.

Erst der durch die Zivilprozessnovelle[517] von 1898 eingeführte Normtext schränkte die Anwendung der Vorschrift ihrem Wortlaut nach auf die Geltendmachung der Aufrechnung durch den Beklagten ein:

§ 293 II CPO (§322 II ZPO) [Materielle Rechtskraft]
(1)...
(2) „Hat der Beklagte die Aufrechnung einer Gegenforderung geltend gemacht, so ist die Entscheidung, dass die Gegenforderung nicht besteht, bis zur Höhe des

---

[514] Zeuner, JuS 1987, S. 357; ders., FG 50 Jahre BGH (2000) S. 350, 359.
[515] Redlich, ZZP 25 (1898) S. 396.
[516] Redlich, ZZP 25 (1898) S. 373.
[517] Gesetzt betr. Aenderungen der Civilprozeßordnung vom 17. Mai 1898, RGBl. 1898, S. 256.

Betrags, für welchen die Aufrechnung geltend gemacht worden ist, der Rechtskraft fähig."

Ob diese gesonderte Erwähnung des Beklagten im modernen Normtext des § 322 II ZPO in ihrer heutigen Konsequenz tatsächlich beabsichtigt war, scheint dagegen äußert fraglich.

Es war das erklärte Ziel der Novelle, die Vorschriften der CPO an die nunmehrige reichseinheitlich geltende Aufrechnungsregelung des BGB anzupassen[518]. Bei Erlass der CPO sei man nicht in der Lage gewesen, mit einer einheitlichen und klaren Regelung der Voraussetzungen und der Wirkungen der Kompensation zu rechnen und habe sich mit der Aufnahme einer Vorschrift begnügen müssen, welche für all die verschiedenen Rechtsgebiete passen musste[519]. Das Bürgerliche Gesetzbuch hatte sich dagegen 1896 für die Aufrechnung als einseitige privatrechtliche Willenserklärung entschieden. Während die CPO von 1877 noch von einer „mittels Einrede geltend gemachten Gegenforderung" sprach, was den Bestand der Gegenforderung, die nach gemeinrechtlicher Rechtslehre erst durch richterlichen Gestaltungsakt unterging, noch voraussetzt, ist nunmehr von der „Geltendmachung der Aufrechnung einer Gegenforderung" die Rede, vgl. §§ 145 III, 302 III, 322 II, 530 II (a.F.) ZPO. Gegenstand des Verteidigungsvorbringens ist also nicht mehr die Gegenforderung selbst, sondern die Berufung auf den Aufrechnungsvollzug[520]. Mit dieser redaktionellen Änderung des § 322 II ZPO wurden alle Elemente der CPO, die auf die Urteilstheorie hinwiesen, beseitigt und die Entwicklung der Aufrechnung vom rein prozessualen[521] zu einem außerprozessualen, materiellrechtlichen Rechtsinstitut besiegelt[522].

Anderer Ansicht ist dagegen *Schreiber*[523]. Seiner Meinung nach ist durch die CPO Novelle eine Neuzuordnung der Aufrechnung in diesem Sinne nicht beabsichtigt gewesen. Man habe mit der Änderung des § 136 II CPO, an dessen Wortlaut sich schließlich auch die §§ 274 und 293 II CPO orientierten, lediglich der seit langem anerkannten Rechtsprechung des Reichsgerichts[524] Ausdruck verleihen wollen, die zwischen der Geltendmachung einer Gegenforderung im Wege der Aufrechnung und der Widerklage ohnehin schon längst unterschied.

---

518 „Es sei mithin nur die der Natur der Aufrechnung mit Rücksicht auf die Regelung des Entwurfs nicht entsprechende Redeweise der Civilprozessordnung zu ändern", Protokolle der 1. Kommission, in: Jakobs/Schubert, Die Beratung des BGB, Teil 1, S. 338.
519 Jakobs/Schubert, Die Beratung des BGB, Teil 1, S. 336; siehe auch Kauppert, S. 25.
520 Schwab, FS Nipperdey (1965) Bd. I, S. 942; Kauppert, S. 27
521 Dernburg, S. 168 ff.
522 K.P. Berger, S. 64.
523 Schreiber, FG 50 Jahre BGH (2000) S. 238.
524 RGZ 31, 1 ff.

Richtig ist an dieser Auffassung, dass die §§ 302 I, 322 II, 530 II (a.F.) ZPO letztlich terminologisch an § 145 ZPO anknüpfen. Dass sie jedoch keine eigenständige, darüber hinausgehende Bedeutung haben[525], lässt sich durch die angeführte Dokumentation in den Motiven jedenfalls nicht belegen[526]. So enthielten die Entwürfe zum Novellentext des § 293 II CPO bis zuletzt keine explizite Erwähnung des Beklagten wie in den §§ 136 und 274 CPO, wohl aber die oben genannte Änderung betreffend eine zur Aufrechnung gebrachten Gegenforderung. Zum Vergleich der 2. Kommissionsentwurf zu § 293 II CPO[527]:

§ 293 II CPO (§322 II ZPO) [Materielle Rechtskraft]
(1)...
(2)„Die Entscheidung, dass eine zur Aufrechnung gebrachte Gegenforderung nicht bestehe, ist bis zur Höhe des Betrags, für welchen die Aufrechnung geltend gemacht worden ist, der Rechtskraft fähig."

Erst die ausdrückliche Nennung des Beklagten wurde mit dem Argument der Anpassung an § 274 CPO eingefügt. Welchen Grund aber sollte die Änderung im Hinblick auf die Geltendmachung der Aufrechnung gehabt haben, wenn bezüglich des § 293 II CPO doch nie in Frage stand, dass sich dieser nur auf die Aufrechnung und nicht wie bei § 136 CPO a.F. auch auf die Geltendmachung einer Gegenforderung im Wege der Widerklage bezieht? Hätte man § 293 II CPO von vornherein nur „Anpassen" wollen, dann doch wohl gleich richtig.

Auch *Foerste* weist darauf hin, verantwortlich für die Erwähnung des Beklagten sei eine späte Änderung des Reichsjustizamtes [528] gewesen, die mit der Begründung schloss, schon die §§ 145 III, 302 ZPO wurden entsprechend gefasst, weshalb auch § 322 II ZPO dem dortigen Wortlaut angepasst werden sollte[529]. Zu Recht merkt *Foerste* an, dass mit einer solchen Begründung die sachliche Tragweite der Änderung gar nicht erkannt wurde. Die §§ 145 III, 302 ZPO sprechen zwingend den Beklagten an, weil nach ihrem erklärten Zweck nur von ihm eine Verfahrensverschleppung durch Aufrechnung zu befürchten ist. Dagegen spielen solcherlei Erwägungen bei einer Rechtskraftnorm ganz und gar keine Rolle.

Evident scheint auch die weitere Schlussfolgerung, die Gesetzgeber seien offenbar noch zu stark von dem gemeinrechtlichen Gedanken geprägt gewesen,

[525] Schreiber, FG 50 Jahre BGH (2000) S. 238.
[526] *Schreiber* verweist auf Hahn/Mugdan, Materialien, VIII, S. 90, 102, 103, 113; siehe auch Windscheid/Kipp, Bd. 1, § 131, S. 666; Goldschmidt, ArchBürgR 15 (1899) S. 152, 212, Fn. 153.
[527] Beratungen der 2. BGB-Kommission, Jakobs/Schubert, Die Beratung des BGB, Teil 2, S. 1122.
[528] Jakobs/Schubert, Die Beratung des BGB, Teil 2, S. 1248.
[529] Foerste, NJW 1983, S. 1184; Hahn/Mugdan, Materialien, VIII, S. 103.

der die Aufrechnung nur als Einrede des Beklagten im Prozess kannte. Bei der Anpassung der CPO von 1877 an die Vorschriften des BGB habe man dann nicht hinreichend gewürdigt, dass sich dieses nunmehr hinsichtlich der Aufrechnung reichseinheitlich für die privatautonome Gestaltung durch beide Parteien entschieden hatte[530].

Schließlich wurde auch auf die Formulierung „mittels Einrede“ verzichtet. Die Aufrechnung war eben nicht mehr nur ein Verteidigungsmittel des Beklagten im Prozess. Wurde dies aber erkannt und in der Abfassung der Prozessnorm berücksichtigt, ist es inkonsequent, wenn man die Möglichkeit zur Aufrechnung bewusst wiederum nur auf den Beklagten beschränkt. Es kann sich dabei also nur um ein Versehen gehandelt haben.

Dass der expliziten Erwähnung des Beklagten in § 322 II ZPO keine eigenständige Bedeutung in dem Sinne zukommt, dass sie das materielle Aufrechnungsrecht im Prozess generell nur auf den Beklagten beschränkt, zeigen vor allem frühere Textvorschläge zu §§ 136, 274 CPO. Für beide Normen war empfohlen worden, ihre Anwendung auf den Fall zu beschränken, dass die Aufrechnung nicht nur vom Beklagten geltend gemacht wurde, sondern auch von ihm erklärt war. Dagegen sollte eine vom Kläger erklärte Aufrechnung von der Anwendung ausgeschlossen sein[531]. Zwar konnte sich schließlich eine solche Einschränkung nicht durchsetzen, weil man die Gefahr einer Verzögerung und Verwirrung des Verfahrens unabhängig davon befürchtete, ob die Aufrechnung vom Gläubiger oder vom Schuldner erklärt wurde[532]. Die Tatsache einer solchen Erörterung zeigt aber, dass die Klägeraufrechnung im Prozess kein Absurdum gewesen sein kann, wie man heute teilweise annimmt. Zum anderen wird wiederholt deutlich, dass zwischen „Geltendmachen der Aufrechnung“ und ihrer „Erklärung“ unterschieden wurde. Eine Tatsache, die für die Bewertung der Rechtsprechung des BGH noch von maßgeblicher Bedeutung sein wird.

Die Erwähnung des Beklagten im Normtext des § 322 II ZPO ist somit nicht von eigenständiger und einschränkender Bedeutung für das Aufrechnungsrecht des Klägers[533]. Eine solche inhaltlich tiefgehende und von der materiellen Aufrechnungspraxis bewusst abweichende Bestimmung hätte gewiss nicht nur einge-

---

[530] Foerste, NJW 1983, S. 1184; K.P. Berger, S. 64 mit Zitat Kohler, ZZP 20 (1894) S. 1, 6: „wie kann der Schuldner aber die Kompensation geltend machen? Im Prozess und außer dem Prozess. Das erstere hat man sich so sehr gewöhnt als das selbstverständliche anzunehmen, dass gar manche an eine andere Art der Kompensation gar nicht zu denken pflegen.“

[531] Jakobs/Schubert, Die Beratung des BGB, Teil 1, Protokolle der 1. Kommission , S. 331, 336.

[532] Jakobs/Schubert, Die Beratung des BGB, Teil 1, Protokolle der 1. Kommission , S. 331.

[533] Zur Abkehr von der Erwähnung des Beklagten in § 533 ZPO n.F. siehe unten § 2 C.III. d) a.E.

hender Erörterungen und Abwägungen bedurft, sie wäre ohne dahingehende besondere Absichtserklärung nicht denkbar gewesen. Für solch eine bewusste Auseinandersetzung geben die Materialien allerdings nichts her.

Gleichwohl nehmen herrschende Meinung und Rechtsprechung den heutigen Wortlaut des § 322 II ZPO zum Anlass, die Rechtskraft der Aufrechnung auf eine vom Beklagten ausgehende Erklärung zu beschränken.

2. Fazit

Insgesamt stellt sich die Erklärung der Aufrechnung als Erhebung eines Anspruchs dar, dem im Falle seines Bestehens durch Klageabweisung stattgegeben wird[534]. Die viel beschworene Nähe der Aufrechnung zur Widerklage ist daher nicht ganz abwegig. Da sich die Aufrechnung in ihrer Funktion ebenso durchsetzt wie ein durch Klage erhobener Anspruch, ist ihre prozessuale Gleichbehandlung hinsichtlich der Rechtskraft nicht nur gerechtfertigt, sondern sachlogisch unverzichtbar.

---

[534] Deppert, S. 172.

B: Rechtsvergleichende Betrachtungen zum Umfang des rechtskräftigen Urteils

Die sachlogische Notwenigkeit der Streitbeendigung setzt eine Bindung der richterlichen Entscheidung für die Zukunft gleichermaßen und gleichartig in allen nationalen Systemen der Zivilgerichtsbarkeit voraus. Bemerkenswert ist, dass sich dennoch nicht unerhebliche Differenzen im Bindungsumfang beobachten lassen[535]. Der Blick auf andere Rechtsordnungen gibt besondere Gelegenheit und Anlass, das in Deutschland konventionell vertretene besonders enge Rechtskraftverständnis zu überprüfen und gegebenenfalls nach neuen Wertungsgesichtspunkten bei der Bestimmung der objektiven Rechtskraftgrenzen zu suchen[536]. Diese rechtsvergleichende Betrachtung erscheint lohnenswert auch unter der in Zukunft wohl noch zunehmend an Bedeutung gewinnenden Ausstrahlung insbesondere anderer europäischer Rechtsordnungen auf das deutsche Zivilprozessrecht.

Als Hauptvertreter der neben dem deutschen Recht herkömmlich unterschiedenen wichtigsten Rechtskreise in Europa[537] sollen das französische und englische Recht im Mittelpunkt der rechtsvergleichenden Betrachtungen stehen. Daneben liegt besonderes Augenmerk auf der Entwicklung der hier interessierenden Fragen zum Rechtkraftumfang im Japanischen Recht, welches aufgrund seiner Rezeption aus dem Deutschen Zivilprozessrecht gewisse Ähnlichkeiten in der dogmatischen Herleitung und Begründung erwarten lässt. Mit Blick auf Europa verdient angesichts der angestrebten Harmonisierung der Zivilprozessrechte der Mitgliedsstaaten die Entwicklung der Rechtsprechung des EuGH besondere Beachtung.

Bewusst soll bei der folgenden Darstellung auf eine erschöpfende Wertung der einzelnen nationalen Systeme verzichtet werden. Es geht nicht darum, Stellung darüber zu beziehen, ob ein weites Rechtskraftverständnis auch für Deutschland prinzipiell zu bevorzugen wäre. Ziel ist es vielmehr, die hier interessierende Frage nach dem Bindungsumfang einer klägerischen Aufrechnung, rechtsvergleichend in einen globalen Kontext zu stellen.

I. Der angloamerikanische Rechtskreis

Mit der für das Common Law typischen *„estoppel"* Lehre geht die angloamerikanische Doktrin zum Umfang der Rechtskraft von einem rechtsdogmatisch völlig andersartigen Ausgangspunkt gegenüber der durch das römisch-rechtliche

---

[535] Spellenberg, FS Henckel (1995) S. 841 ff.

[536] Leipold, FS Zeuner (1994) S. 431 f.

[537] Rechtskreislehre nach Zweigert/Kötz, § 1 I, § 5 I; vgl. auch Kötz, ZEuP 1998, S. 493 ff.

Institut der *res judicata* mehr oder weniger geprägten kontinentaleuropäischen Rechtskraftvorstellung aus[538].

1. Das Englische Recht

Die historische Wurzel der englischen Rechtskraftlehre beruht auf dem Gedanken, dass sich die Parteien durch ihre Handlungen nicht mit ihrem früheren Verhalten in Widerspruch setzen dürfen, also auf dem Verbot des *venire contra factum proprium* und bezieht sich in erster Linie auf die Gründe des Urteils, also die Feststellung präjudizieller Rechtsverhältnisse aber auch auf Tatsachenfeststellungen[539]. Rechtstheoretisch gehört die Lehre von der Wirkung des rechtskräftigen Urteils heute in England als prozessuale Wirkung gerichtlicher Entscheidungen zum Beweisrecht (*evidence*) und soll die Entstehung miteinander unvereinbarer Entscheidungen vorbeugen. Nach dieser allgemeinen Rechtsscheins- und Vertrauenslehre[540] ist „*estopped*", wer bereits Vorgetragenes wiederholt vorzutragen und zu beweisen sucht[541].

Die estoppel-Lehre setzt sich zusammen aus zwei Elementen[542]: dem *estoppel by record*, heute auch *cause of action* oder *Anspruchs-estoppel* genannt, was am besten mit Streitgegenstand oder dem prozessualen Anspruch übersetzt werden kann, wobei ein Unterschied insoweit besteht, als dieser nicht nur den Klageantrag und den zugrunde liegenden Lebenssachverhalt erfasst, sondern den gesamten Klagegrund. Diesem wohnen alle materiellrechtlichen Ansprüche inne, die auch dem Lebenssachverhalt zugrunde liegen, gleichgültig, ob sie eingeklagt sind oder nicht, was wiederum die Geltendmachung mehrerer Teilklagen verhindert[543]. Der *cause of action estoppel* bewirkt, dass die Existenz oder Nichtexistenz des in dem Ersturteil unmittelbar festgestellten Anspruchs des Klägers nicht erneut behauptet, vom Beklagten bestritten oder das Gegenteil verlangt werden darf, soweit die *cause of action* mit dem Zweitprozess identisch ist. Die Parteien sind *estopped per rem judicatam*[544].

---

[538] Koshiyama, S. 37, Ritter, ZZP 87 (1974) S. 138, 166 f.
[539] Vgl. Millar, Michigan Law Review, Vol. 39, (1940) S. 1 ff., 3 f., 238 ff.; Cohn, FS Nipperdey I (1965) S. 875 f., 879.
[540] Bunge, § 68 I, S. 135; ders., ZZP 92 (1979) S. 351, 358.
[541] Cohn, FS Nipperdey I (1965) S. 876 f.
[542] Noch detaillierter Bunge, ZZP 92 (1979) S. 351, 360: *estoppel by record, estoppel by deed, estoppel in pais* und *estoppel by representation.*
[543] Tapper, Cross on Evidence, S. 76 f.; Engelmann- Pilger, S. 43 ff; Zeuner, FS Zweigert (1981) S. 605.
[544] Diplock, L.J., in Thoday v. Thoday, 2 W.L.R. (1964) 371, 384 (C.A.), Otte, S. 122; Stürner, FS Schütze (1999) S. 920 f.

Das zweite Element der Lehre vom *estoppel* verbirgt sich im so genannten *issue-estoppel,* auch *Streitpunkteestoppel* genannt. Dieser hat zur Folge, dass sämtliche dem Urteil zugrunde liegenden Vorbedingungen und entscheidungserhebliche Einzelfragen des Vorprozesses, die sich sowohl auf Rechtsverhältnisse als auch auf Tatsachen beziehen, an der Bindungswirkung der Rechtskraft teilnehmen[545] und damit auf eine umfassende Rechtskraft von Entscheidungsgründen hinauslaufen: *„Within one cause of action there may be several issues raised wich are necessary for the determination of the whole case. The rule then is, once an issue has been raised and distinctly determined between the parties, then, as a general rule, neither party can be allowed to fight that issue all over again"*[546]. Dabei werden nicht nur solche Streitpunkte von der *estoppel* Wirkung erfasst, die tatsächlich den Gegenstand der früheren Verhandlung gebildet haben, sondern auch jene, die bei ordnungsgemäßer Prozessführung seitens der Parteien den Gegenstand des Streites bilden mussten und welche von den Parteien bei Anwendung vernünftiger Sorgfalt dem Gericht vorgetragen werden sollten, als das frühere Verfahren schwebte[547]. Eine gewisse Ähnlichkeit zur Präklusionswirkung des deutschen Zivilprozesses ist hier nicht zu übersehen.
Der Nachweis, ob eine Streitfrage entscheidungserheblich ist und später als rechtskräftig entschiedener Streitpunkt angesehen werden kann, fällt leicht, wenn darüber ein pleading stattgefunden hat. Ansonsten kommt es zum Nachweis der tatsächlichen Streitbefangenheit auf die *„evidence aliunde"* an[548].

Für das deutsche Verständnis besonders „gefährlich" erscheint die Wirkung der Rechtskraft nicht nur im Verhältnis zwischen den Parteien, sondern im Einzelfall auch die Möglichkeit der Erstreckung auf Dritte (sog. *privies*), sofern diese freilich Gelegenheit zum rechtlichen Gehör beanspruchen konnten[549]. Die somit insgesamt sehr großzügige Reichweite der Bindungswirkung von Urteilen in England wird allerdings dadurch entschärft, dass die *res judicata* zum einen keine Beachtung von Amts wegen erfährt, sondern nur auf ausdrückliches Parteivorbringen prozessual erfasst wird und zum anderen eine gewisse Relativierung

---

[545] Carl Zeiss Stiftung v. Rayner and Keeler Ltd. (no. 2) (1967) 1 A.C. 853, 916 f. (Lord Reid) 947 (Lord Upjohn); zwischen Tatsachen und Rechtsfolgen unterscheidend: Diplock, L.J., in Thoday v. Thoday, 2 W.L.R. (1964) 371, p. 181, 198; Bunge, § 65 II, S. 136.
[546] Fidelitas Shipping Co. Ltd v. V/O Exportchleb (1966) 1 Q.B. 630, 640 (C.A.) (Lord Denning).
[547] Cohn, FS Nipperdey I (1965) S. 887; Halsbury's Law of England, paras 999 ff.; Henderson v. Henderson, 1843 – 3 Hare 100, 115; Hoystead v. Commissioner of Taxation, 1926, A. C. 155, 170; Zeuner, FS Zweigert (1981) S. 606 ff.
[548] Ritter, ZZP 87 (1974) S. 170; Stürner, FS Schütze (1999) S. 921 f.
[549] Carl Zeiss Stiftung v. Rayner and Keeler Ltd. (no. 2) (1966) 2 All E.R. 536, 550; Otte, S. 125; Habscheid, FS Fragistas I (1966) S. 548 ff.; Spellenberg, ZZP 106 (1993) S. 292; Tiedke Smith, DRiZ 1995, S. 94, 97 f.

bei Versäumnis- sowie Anerkenntnisurteilen stattfindet[550]. So bleibt die *estoppel* Wirkung eines Versäumnisurteils regelmäßig auf den Tenor der Entscheidung beschränkt, wenn der Kläger kein *issue pleading* vorgebracht hat und die Reichweite eines Anerkenntnisurteils hängt davon ab, ob der Beklagte bereits vor oder erst nach seiner schriftlichen Einlassung die Rechtsfolgebehauptung der Klage anerkannt hat. Erst im letzteren Fall tritt die Sperre des *estoppel* ein[551].

Auch in anderen „Grenzfällen" kann mitunter die *estoppel* Wirkung eingeschränkt sein oder gar ganz auf sie verzichtet werden. So z.B. in Ehesachen oder wenn die Beachtung des *estoppel* dazu führen würde, dass ein Gesetz unbeachtet bleiben müsste, welches sozialen Zwecken dient und dessen Bedeutung im Interesse der Öffentlichkeit größer ist als das der Rechtskraft[552]. Dies zeugt von flexibler Handhabung zur Vermeidung von Unbilligkeiten.

Die vielen verschiedenen Aspekte sowohl des Anspruchs- als auch des Streitpunkteestoppels sind in einer umfangreichen Kasuistik von Entscheidungen veranschaulicht, die sich zum Teil angesichts der Fülle und Mannigfaltigkeit nicht immer leicht in Übereinstimmung bringen lassen[553]. Gerade dies offenbart andererseits aber auch eine gewisse Unsicherheit des Systems.

2. Das US-amerikanisches Recht

Die gleiche Bindung von Entscheidungsgründen ergibt sich im US- amerikanischen Recht aus der Wirkung von „*bar and merger*" (auch *claim preclusion* genannt) und dem „*collateral estoppel*", welches im Wesentlichen dem englischen „*issue estoppel*" entspricht[554]. Durch die Präklusionswirkung des *claim preclusion* sind die Parteien daran gehindert, in einem zweiten Prozess denselben Streitgegenstand (*cause of action* bzw. *claim*) zur Entscheidung zu stellen, über den bereits im ersten Prozess streitig verhandelt und entschieden worden ist[555]. Dabei wirkt die Rechtskraft auf der einen Seite für den Beklagten als Schranke (*bar*) vor erneuter Klageerhebung und auf der anderen Seite für den Kläger, der aus seinem materiellrechtlichen Anspruch nicht mehr vorgehen kann, da dieser bereits in dem Urteil aufgegangen bzw. mit diesem verschmolzen ist (*merger*)[556]. Es herrscht auch hier ein im Vergleich zum deutschen Recht sehr weiter

---

[550] Carl Zeiss Stiftung v. Rayner and Keeler, Ltd. (no. 2) (1967) 1 A.C. 853, 933.

[551] Halsbury's Law of England, p. 208 f., no. 389, 391; Ritter, ZZP 87 (1974) S. 169 f.

[552] Cohn, FS Nipperdey I (1965) S. 886.

[553] Cohn, FS Nipperdey I (1965) S. 889.

[554] Engelmann-Pilger, S. 43 ff., 72 ff.; Schack, S. 65 ff.; Lüke, Beteiligung, S. 159 ff.

[555] Restatement Second of Judgments (1982) Introduction, S. 6, § 19, § 17 comment b, c; Koshiyama, S. 7; James/Hazard/Leubsdorf, S. 607 f.; tendenziell unterscheidet sich hier der amerikanische estoppel vom englischen estoppel dahingehend, dass die Wirkung des Letzteren auch dann eintritt, wenn entscheidungserhebliche Streitpunkte im Erstprozess hätten vorgebracht werden müssen; vgl. Zeuner, FS Zweigert (1981) S. 607.

[556] Schack, S. 73; Engelmann-Pilger, S. 36; Koshiyama, S. 13.

Streitgegenstandsbegriff, der sich nicht ausschließlich am Klageantrag oder dem Rechtschutzbegehren orientiert, sondern alle Ansprüche, die sich aus einem einheitlichen, zeitlich und räumlich zusammenhängenden tatsächlichen Lebenssachverhalt ergeben, umfasst[557]. Die *issue preclusion* ergänzt die Funktion der *claim preclusion* insoweit, als die *claim preclusion* zur Verhinderung der unzulässigen Widerholung des im Wesentlichen gleichen Rechtsstreits nicht ausreicht. Ihr kommt umfassende Rechtskraft über alle tatsächlichen und rechtlichen Streitpunkte zu, vorausgesetzt die Parteien haben über diese streitig verhandelt, das Gericht hat tatsächlich über den jeweiligen Streitpunkt entschieden und dieser stellt eine notwendige Voraussetzung zur Urteilsfindung dar[558]. Doch darf die für eine Partei ungünstige Wirkung der *issue preclusion* auch im US-amerikanischen Recht beschränkt werden, um ungerechte Ergebnisse zu verhindern. So z.B. wenn die Entscheidungserheblichkeit bestimmter tatsächlicher Feststellungen im Einzelfall nicht vorhersehbar war oder wenn ein faires Verfahren nicht gewährleistet wurde, weil für eine Partei nicht ausreichend Gelegenheit bestand, den Streitpunkt zu verhandeln[559].

3. Zwischenergebnis

Das *estoppel* Prinzip ist demnach ein aus dem Judikaturrecht entstammender Vertrauensgrundsatz, nach dem sich nicht auf ein Rechtsverhältnis oder eine Behauptung stützen kann, wer dadurch mit früher auf rechtsverbindliche Weise abgegebenen Erklärungen in einen unzulässigen Widerspruch gerät[560]. Nach dieser Präklusionswirkung, die ursprünglich aus dem Rechtsgedanken des *venire contra factum proprium* stammt, nehmen Streitpunkte, die ein präjudizielles Rechtsverhältnis erfassen, auch ohne ausdrückliche Erwähnung im Tenor der Entscheidung insoweit an der Rechtskraftwirkung teil, als sie den logisch notwendigen Schritt des sich in dem Urteilstenor manifestierenden Subsumtionsschlusses bilden[561].

Das angloamerikanische Recht geht in diesem Sinne von einem sehr weiten Streitgegenstandsbegriff aus, ähnlich eines sehr weit gefassten Lebenssachverhaltes. Im Gegensatz zum deutschen Streitgegenstand wird die „cause of action“ nicht durch den mit der Klage verfolgten Antrag begrenzt, sondern bezeichnet vielmehr einen als einheitlich empfundenen Problemkomplex[562].

---

557 Koshiyama, S. 16 f., mit umfangreichen Rechtsprechungshinweisen.
558 Restatement Second of Judgments, § 28 comment b; Yoshimura, S. 263 ff.
559 Koshiyama, S. 37 ff., 50 m.w.N.
560 Millar, The Historical Relation of Estoppel by Record to Res Judicata, 35 Ill L.Rev., S. 52 f.; ders., Michigan Law Review, Vol. 39, S. 238.
561 Bunge, ZZP 92 (1979) S. 351, 361; vgl. auch Tiedke Smith, DRiZ 1995, S. 94, 96 f.
562 Zeuner, FS Zweigert (1981) S. 603, 604.

Das Prinzip des *issue estoppel* oder *collateral estoppel* ist auf diese Weise vergleichbar etwa mit *Zeuners* Theorie der Sinnzusammenhänge[563], mit der von *Henckel*[564] konstatierten Bindung an den in beiden Verfahren identischen wirtschaftlichen Wert oder mit der von *Rimmelspacher*[565] vertretenen identischen Rechtsposition[566]. Es ist im Gegensatz zum Deutschen Prinzip besser geeignet, die Entstehung sachlich miteinander unvereinbarer Urteile zu vermeiden[567].

Für unsere gegebenen Ausgangsfälle der Klägeraufrechnung würde die Anwendung der *estoppel* Lehre bedeuten, dass die in den ersten Prozess durch welche Partei auch immer eingeführte Tatsache der Aufrechnung, in einem nachfolgenden oder parallelen laufenden Prozess, Bindungswirkung auch ohne die Anwendung von § 322 II ZPO entfaltet.

II. Die Französische Doktrin

Einen rechtsvergleichenden Blick in diesem Zusammenhang auch auf das französische Recht zu werfen, erscheint insbesondere deshalb interessant, weil der moderne deutsche Zivilprozess vor allem auf den französischen Zivilprozess zurückgeht. Frankreich hatte anfänglich dieselbe Rechtsentwicklung wie Deutschland durchlaufen und ebenfalls fremde Rechte, wie das Römische, rezipiert[568]. Der ursprünglich aus denselben Wurzeln wie der deutsche Zivilprozess stammende französische Zivilprozess bekommt aber durch die Gesetzgebung der französischen Könige eine besondere Ausprägung und durch den *code de procédure civil* von 1806 eine weit über die Grenzen sichtbare und bedeutsame Kodifikation[569]. Damit nimmt Frankreich eine im Vergleich zu Deutschland umgekehrte politische Entwicklung der Zentralisation, während Deutschland in eine uferlose Rechtszersplitterung verfällt. Für spätere Reform- und Rechtsvereinheitlichungsversuche steht der französische Zivilprozess aber Vorbild.

Gemäß der französischen Lehre über den Umfang der Bindungswirkung eines rechtskräftigen Urteils, schafft in Übereinstimung mit den übrigen kontinentalen Lehrmeinungen des westlichen Rechtskreises[570], grundsätzlich lediglich der Urteilstenor, *le dispositif du jugement*, Rechtskraft gemäß Art. 1351 Code Civil[571].

---

[563] Zeuner, Sinnzusammenhänge (1956); dazu § 2 D.I.
[564] Henckel, S. 171 ff.; dazu § 2 D.IV.
[565] Rimmelspacher, S. 202 ff., 259 ff.
[566] MüKo-ZPO/Gottwald, § 322 Rn 49.
[567] Für eine „geschmeidige Handhabung" der engen Rechtskraftlehre in Deutschland im Sinne einer vorsichtigen Übernahme einzelner Grundgedanken des *estoppel* Prinzips, vgl. Bruns, Rn 237a.
[568] Rosenberg/Schwab/Gottwald, § 4 V 2., S. 28.
[569] Rosenberg/Schwab/Gottwald, § 4, S. 19.
[570] Übersicht bei Ritter, ZZP 87 (1974) S. 138 ff.; auch Otte, S. 93 ff.
[571] Kössinger, S. 64, 96.

Der dort enthaltene identische Verfahrensgegenstand führt zum Klageverbrauch. Ausführungen der Urteilsgründe (*motifs*) hindern die Parteien nicht, später eine erneute Klage über eben diese Ausführungen anzustrengen. Dieser Grundsatz wird wie im deutschen Recht nur dadurch eingeschränkt, dass die Urteilsgründe zur Auslegung heranzuziehen sind, um die Urteilsformel zu tragen und zu verstehen[572].

Trotz diesem, dem deutschen Recht sehr ähnlichem Ausgangspunkt, wird in Frankreich eine bemerkenswert weiterreichende Bindungswirkung der Rechtskraft für möglich gehalten.

Interessant sind vorab folgende Besonderheiten: Zunächst wird der Streitgegenstand (*objet*) bestimmt durch die Parteien (*sujets*), den Antrag (*l'objet*) und die Klagegrundlage (*la cause*)[573]. Im Gegensatz zum deutschen Recht, bestimmt allerdings nicht allein der Antrag des Klägers den Streitgegenstand, sondern die wechselseitigen förmlichen Anträge der Parteien, also auch das Verteidigungsvorbringen des Beklagten ist maßgeblich[574].

Zum anderen ist die materielle Rechtskraft, wie sie vor der Kodifikation des BGB auch in Deutschland verstanden wurde[575], in Frankreich nach klassischem, aktionenrechtlichem Verständnis ein Institut des materiellen Rechts[576], eingereiht in das Gebiet der gesetzlichen Vermutungen (*présomptions légales*)[577]. So enthält § 1350 Nr. 3 Code Civil für die materielle Rechtskraft eine unwiderlegliche gesetzliche Vermutung dahingehend, dass das richterliche Urteil als Ausdruck der Wahrheit als unumstößlich betrachtet wird[578]. Eine Nähe zu der im deutschen Recht nicht mehr vertretenen materiellen Rechtskrafttheorie ist kaum zu übersehen[579].

Ganz wesentlich hebt sich die französische Lehre aber von der deutschen Rechtsmeinung ab, wenn neben dem Urteilstenor auch Teile des Urteilsausspruchs, die sich in den Gründen befinden (*motifs décisoires*), sowie solche Feststellungen in der Urteilsbegründung, die als notwendige Grundlage der im Tenor enthaltenen Entscheidung zu betrachten sind (*motifs décisifs*) an der Rechtskraftwirkung teilnehmen, vorausgesetzt, das Gericht hat diesen Punkt für die Parteien abschließend streitig entschieden und er war für sie als wesentlich

---

572 Kössinger, S. 97 f.; Ritter, ZZP 87 (1974) S. 152.
573 Singer, S. 34 ff.
574 Otte, S. 103; Singer, S. 35 f.
575 Schweickert, S. 2; ebenso in der Schweiz, vgl. Habscheid, Schweizerisches Zivilprozess- und Gerichtsorganisationsrecht, Nrn. 476 ff. und nach angloamerikanischem Verständnis, vgl. Engelmann-Pilger, S. 29; Schack, S. 73.
576 Habscheid, FS Nakamura (1996) S. 210, 215; Otte, S. 106; Schweickert, S. 2.
577 Code Civil, Section III, Des présomptions, § 1 Des présomptions établies par loi.
578 Kössinger, S. 64 ff., 68 ff.; im Anschluss an die klassische Lehre, vgl. Schweickert, S. 6; Singer, S. 80.
579 so auch Otte, S. 107; a.A. Schweickert, S. 19.

erkennbar[580]. Darüber hinaus erwachsen nach französischem Verständnis auch solche streitigen präjudiziellen Rechtsverhältnisse in Rechtskraft, die als logische bedingende Vorfragen mit der Entscheidung in dem Urteilstenor in einem „unzerreißbaren Sinnzusammenhang“ stehen (*chose jugeé implicitement*, oder *décisions implicites*)[581]. Damit lässt das französische Recht sowohl den Anspruch wie auch die den Anspruch tragenden präjudiziellen Rechtsverhältnisse, also dessen tatsächliche und rechtliche Voraussetzungen, rechtskräftig werden.

Eine strikt am Urteilstenor festhaltende Bindungstheorie wird in der französischen Lehre als „zu formale, die Gebote der Logik außer acht lassende Begrenzung betrachtet, da die strikte Verneinung einer Rechtskraftbindung der Urteilsgründe zu absurden Konsequenzen und sogar zur Entwertung der der Rechtskraft immanenten Autorität schlechthin führe“[582].

Vor allem unter dem Gesichtspunkt, dass das französische Prozessrecht eine Art der Zwischenfeststellungsklage, wie sie im deutschen Recht verankert ist, nicht kennt[583], und ein tatsächliches Bedürfnis nach einer endgültigen Klärung und verbindlichen Feststellung von während des Prozesses auftauchenden präjudiziellen Rechtsverhältnissen nicht zu leugnen ist, wird diese Auffassung verständlich.

Die umfassende Bindungswirkung französischer Urteile bleibt jedoch stets auf dasjenige beschränkt, was zur Begründung und Bekämpfung eines Anspruchs im Prozess tatsächlich vorgetragen wurde. Begründungen oder Einwendungen, die nicht vorgetragen oder streitig verhandelt wurden, sind im Folgeprozess auch dann nicht präkludiert, wenn sie im Erstprozess hätten geltend gemacht werden können[584]. Hier kommt im Unterschied zum deutschen Recht, sogar ein Aspekt einer engeren Rechtskraftwirkung zu Tage.

Bei Anwendung des insgesamt jedoch erheblich weiteren Rechtskraftverständnisses hinsichtlich einzelner Vorfragen und Urteilsgründe, käme es in den hier interessierenden Fällen der Klägeraufrechnung nach dem französischen Recht, ebenso wie nach dem *estoppel* Prinzip, zu einer verbindlichen und rechtskräftigen Entscheidung über die Aufrechnung des Klägers. Denn die Tatsache einer erfolgreichen oder nicht erfolgreichen Aufrechnung bedingt die Existenz der klägerischen Forderung und gegebenenfalls der Gegenforderung des Beklagten. Sie ist zwingend zu klärende Vorfrage und kann denknotwendig in einem nächsten Prozess nicht anders beurteilt werden, sondern muss dem Richter eines Zweitprozesses als Vermutung der Wahrheit im Sinne einer verbindlichen Ent-

---

580 Otte, S. 108 f.

581 Kössinger, S. 101 f.; Singer, S. 98; Leipold, FS Zeuner (1994) S. 431, 432; Ritter, ZZP 87 (1974) S. 152 f.; Otte, S. 108 f.; Stürner, FS Schütze (1999) S. 927.

582 Ritter, ZZP 87 (1974) S. 152.

583 Singer, S. 101.

584 Otte, S. 108; Zeuner, FS Zweigert (1981) S. 608.

scheidungsgrundlage dienen. Ein erneuter Streit über dieses bereits einmal entschiedene Faktum ist damit ausgeschlossen.

III. Die Japanische Doktrin

Nach ausführlichen Beratungen und Gesetzesentwurfsvorschlägen durch namhafte deutsche Juristen, ist das Japanische Zivilprozessgesetz von 1890 nach entsprechend weitreichender Rezeption in der zweiten Hälfte des 19. Jahrhunderts, ein ursprünglich mit der deutschen Zivilprozessordnung geradezu identisches Regelwerk und hat sich von diesen Wurzeln auch durch die zwei grundlegenden Reformen von 1926 und 1996 sowie durch den nach dem Zweiten Weltkrieg beginnenden amerikanischen Kodifikationseinfluss nicht gelöst[585]. Auch der Kodifikationsstreit hinsichtlich eines Japanischen Zivilgesetzbuchs wurde, wenn auch mit französischen Einfluss, zugunsten der Übernahme des deutschen BGB entschieden[586]. Nach der Periode der bloßen Übernahme des deutschen Rechts, schloss sich durch die Unterbrechung des Kontaktes zur deutschen Rechtswissenschaft während des Ersten Weltkrieges, eine Periode an, in der das übernommene Recht kritisch untersucht und für eigene Zwecke fortentwickelt wurde[587]. Wie bereits angedeutet, macht diese Tatsache die rechtsvergleichenden Betrachtungen besonders spannend und aufschlussreich. So sieht sich die Japanische Rechtswissenschaft in einem fortwährenden Rechtsvergleich mit Deutschland, der ständige Entwicklungen und Tendenzen beobachtet und in Zusammenhang zu eigenen Evolutionen betrachtet.

Die umgekehrte Betrachtung aus deutscher Sicht ist daher sicher ebenso bereichernd und fruchtbar[588].

Gemäß § 114 I ZPG (n.F.)[589] erstreckt sich die Rechtskraft eines unanfechtbar gewordenen Urteils auf den Urteilstenor. Die Entscheidung über das Bestehen oder Nichtbestehen eines Anspruchs, der zum Zweck der Aufrechnung geltend gemacht worden ist, erwächst gemäß § 114 II ZPG bis zur Höhe des geltend gemachten Betrages in Rechtskraft. Die Vorschrift zu den objektiven Grenzen

---

[585] Zur Darstellung des am 1.1.1998 in Kraft getretenen reformierten Japanischen Zivilprozessgesetz (ZPG) und die weitere Einzelvorschriften enthaltenden Zivilprozessverordnung (ZPVO) siehe: Heath/Petersen: Das Japanische Zivilprozessgesetz (in deutscher Übersetzung) 2002; Nakamura, ZZP 84 (1971) S. 74 ff., 87 f.

[586] Hierzu ausführlich Rahn, S. 80 ff.; Nakamura, ZZP 84 (1971) S. 79 f.

[587] Nakamura, ZZP 84 (1971) S. 89; derselbe, in: Das Deutsche Zivilprozessrecht und seine Ausstrahlung auf andere Rechtsordnungen, S. 415 ff.

[588] Zur rechtsvergleichenden Betrachtung zwischen § 322 II ZPO und § 114 II ZPG siehe Brückner, Liber Amicorum Kigawa, S. 27 ff., 40 ff.

[589] § 199 ZPG i.F.v. 1926.

der Rechtskraft gleicht damit erwartungsgemäß der deutschen Vorschrift des § 322 I, II ZPO.

So wird die materielle Rechtskraft ebenso durch den im Tenor enthaltenen Streitgegenstand bestimmt wie im deutschen Recht. Jedoch herrscht in der japanischen Rechtssprechung noch die materiellrechtliche Streitgegenstandslehre vor, so dass sich Inhalt und Umfang des prozessualen Anspruchs nach dem materiellrechtlichen Anspruch richten[590]. Ergeben sich also aus dem materiellen Recht zur Verfolgung desselben Ziels mehrere materiellrechtliche Ansprüche, so liegen auch mehrere Streitgegenstände vor.

Abgesehen von den Befürwortern[591] der Zeunerschen Theorie zur Beachtung materiellrechtlicher Sinnzusammenhänge, die zur Zeit ihres Erscheinens in Japan große Aufmerksamkeit erregte und vereinzelten Versuchen einer Rechtskrafterweiterung über eine Art funktionellen Streitgegenstand, der immer dann betroffen sein soll, wenn die geltend gemachte Rechtsfolge mit der bereits entschiedenen Rechtsfolge aus der Sicht des materiellen Rechts eine sachliche Fortsetzung der bereits entschiedenen Rechtsfolge darstellt[592], hat sich in der japanischen Rechtsauffassung die so genannte Streitpunktewirkung als herrschend durchgesetzt[593]. Diese von *Shindo* unter den Gesichtspunkten der Endgültigkeit einer umfassenden Streitentscheidung und der Verfahrenserleichterung entwickelte Lehre, führt ebenfalls zu einem weiteren Rechtskraftverständnis als es in Deutschland vertreten wird. Dabei versteht man unter Streitpunktewirkung „die Gültigkeitswirkung, die aus der Entscheidung über den Streitpunkt hervorgeht, den die Partei als Hauptstreitpunkt in einem Vorprozess bestritten und über den das Gericht verhandelt hat, und sie bezeichnet die bindende Wirkung des Urteils im Vorprozess, die eine der Entscheidung im Vorprozess widersprechende Behauptung, Beweisführung und Entscheidung verbietet, wenn in einer Verhandlung über einen neuen Anspruch derselbe Streitpunkt erneut auftaucht"[594]. Haben also die Parteien ernsthaft über einen Punkt gestritten und hat das Gericht darüber eine verfahrenserhebliche Entscheidung gefällt, kommt einer solchen Streitpunkteentscheidung Bindungswirkung zu.

Die Bindung an die einzelnen Streitpunkte wird dabei an die billige Gewährung der Dispositionsfreiheit geknüpft. Den Parteien stand es ja frei, über eine

---

[590] Ausführlich zum Stand der Streitgegenstandslehre: Yoshino, S. 100 ff.; vgl. auch Nakamura, in: Das Deutsche Zivilprozessrecht und seine Ausstrahlung auf andere Rechtsordnungen, S. 434; Koshiyama, S. 19.

[591] So beispielsweise Uemura, *Hogaku Kyoshitsu Dai Niki*, Nr. 7 (1975) S.65, 68, 18, zitiert nach Koshiyama, S. 63 f., Fn. 32.

[592] So Kashiwagi, in: *Koza Minjisosho*, Bd. 2, S. 181, zitiert nach Koshiyama, S. 64, Fn. 33.

[593] Yoshino, S. 107 ff. m.w.N.

[594] Shindo, *Minjisoshoho* (Zivilprozessrecht) 1967, S. 425, übersetzt und zitiert durch Yoshino, S. 108; Yoshimura, S. 250.

bestimmte Vorfrage zu streiten oder eben nicht zu streiten. Haben sie jedoch gestritten, müssen sie für das Ergebnis des Streites auch die Verantwortung tragen. Sie haben ihre prozessual garantierten Befugnisse erschöpfend genutzt und infolgedessen an der Gestaltung der Urteilsgrundlagen teilgenommen[595]. Es entspreche nicht dem Prinzip der Billigkeit, im Nachprozess Behauptungen aufzustellen, die den im Vorprozess gewonnenen Ergebnissen widersprechen. Der allgemeine Grundsatz von Treu und Glauben, der auch im Zivilprozess Geltung beansprucht, werde so zu einer Wirkung des Ersturteils konkretisiert[596]. Damit wird die Streitpunktewirkung weniger als Rechtskrafterstreckungslehre im engeren Sinne verstanden, denn die Bindungswirkung der Urteilsgründe erfolgt nicht durch eine Erstreckung der Rechtskraft, sondern durch eine selbständige, neben der Rechtskraft und der Interventionswirkung dritte Urteilswirkung, die keinen gesetzlichen Grund in der ZPO hat, sondern allein auf dem Prinzip von Treu und Glauben beruht[597]. Es ist kein Geheimnis, dass die Theorie von der Streitpunktewirkung unter dem Einfluss der *estoppel* Lehre entstanden ist. Diese liegt der Streitpunktewirkung als einer der tragenden Rechtsgedanken zugrunde[598].
Die Voraussetzungen einer Bindungswirkung der Streitpunkte ähneln daher auch den Anforderungen wie sie an die *estoppel* Wirkung gestellt werden und sind ebenso wenig konkret. Die Palette möglicher Variationen reicht von der Bedingung eines „ernsthaften" oder „erschöpfenden" Streitens über einen „wesentlichen" Streitpunkt oder Hauptsstreitpunkt bis dahin, dass die Vorfrage „unerlässliche oder „notwendige" Voraussetzung für den Urteilstenor sein muss oder der Streit, über den das Gericht tatsächlich auch eine Entscheidung getroffen hat, in einem späteren Prozess „identisch" und „voraussehbar" war[599]. Wann genau diese Anforderungen erfüllt sind, bleibt freilich eine recht vage Vorstellung. Wegen des Bedürfnisses der Einmaligkeit der Streitlösung wird allerdings die Möglichkeit einer Beschwer durch die Urteilsgründe verneint.

---

[595] Koshiyama, S. 71 (Bindung im Sinne einer „Erfolgshaftung").
[596] Koshiyama, S. 70; Yoshino, S. 107.
[597] Yoshino, S. 93, 118; Yoshimura, S. 239 ff.; Koshiyama, S. 68 f.
[598] Historisch gesehen lassen sich erste Bemühungen um eine Bindungswirkung der Urteilsgründe bereits auf die (wiederum auf dem Rechtsgedanken des *estoppel* basierende) Lehre der Interventionswirkung von *Kaneko* zurückführen, hinter welcher der Gedanke steht, dass auch der Intervenient die Verantwortung für den Ausgang des Prozesses tragen soll, nachdem er diesen- zusammen mit der Hauptpartei- geführt habe. Die Bindungswirkung des § 46 jZPO (§ 70 jZPO a.F.) geht aber nach h.M. über die objektiven Grenzen der Rechtskraft insoweit hinaus, als die Entscheidung auch die tatsächlichen und rechtlichen Feststellungen des Vorprozesses erfasst und damit einer Art Bindungswirkung der Urteilsgründe gleichkommt, vgl. Koshiyama, S. 70; Yoshino, S. 103; Die Lehre von der Streitpunktewirkung greift zu ihrer Begründung neben dem *estoppel* Prinzip insoweit auch auf diese Interventionswirkung zurück.
[599] Vgl. Yoshimura, S. 283 f.; Koshiyama, S. 72.

Die Streitpunktewirkung ist in Japan herrschende Ansicht in der Literatur, aber nur zum Teil auch in der Rechtsprechung anerkannt[600]. Sie dennoch von beiden Seiten in mehrere Richtungen weiterentwickelt worden. So durch z.B. *Takeshita*, der die Bindungswirkung der Entscheidungsgründe allein mit dem Grundsatz vom Verbot des *venire contra factum proprium* und dem Verwirkungsprinzip rechtfertigen will[601] oder *Yoshino,* der die Existenz einer „Quasi-Rechtskraft" konstatiert, wobei das Hauptaugenmerk auf dem Begriff des Rechtsverhältnisses liegt, welches im Vor- und Nachprozess entscheidungserhebliche Gemeinsamkeiten aufweisen muss[602]. Nach einer Entscheidung des OGH vom 30.9.1976 soll dagegen eine Wiederholung des sachlich im ersten Prozess endgültig erledigten Rechtsstreits wegen Verstoßes gegen den Grundsatz von Treu und Glauben ausgeschlossen sein, und zwar auch dann, wenn der Streitgegenstand beider Klagen nicht identisch ist[603]. Im Anschluss an dieses Urteil sieht die neuere Rechtsprechung eine Grundlage der materiellen Rechtskraft im Prinzip von Treu und Glauben[604].

Insgesamt bemerkenswert an der japanischen Auffassung über die Rechtskraft der Urteilsgründe ist die explizite Nähe zum *estoppel* Prinzip, welches insoweit eines der Fundamente der Streitpunktewirkung darstellt. Als wichtigstes Motiv für die im Ganzen weitergehende Bindungswirkung des Urteils wird die Einmaligkeit der Konfliktlösung gesehen. Entscheidend ist, ob bei den Parteien durch die Erklärungen im Vorprozess ein Vertrauenstatbestand geschaffen wurde, zugunsten dessen der gesamte Rechtsstreit über den konkreten Streitgegenstand hinaus als beigelegt angesehen werden darf. Schließlich wird zur Rechtfertigung dieser Ansicht sowohl in der Rechtslehre als auch in der Rechtsprechung im Wesentlichen auf die Grundsätze von Treu und Glauben zurückgegriffen.

Für die hier interessierenden Fälle der Klägeraufrechnung[605] müsste die konsequente Anwendung der japanischen Auffassung zum selben Ergebnis führen wie

---

[600] Ablehnend OGH vom 24. 06. 1969, *Hanreijihō*, Nr. 569, S. 48 ff., zit. Yoshino, S. 141 m.w.N.

[601] Koshiyama, S. 77; *Shindo* selbst modifiziert später seine Lehre zu einer „Abschneidungswirkung" der zugunsten eines Vertrauenstatbestandes wirkenden Verfahrenstatsachenmasse, vgl. Koshiyama, S. 84.

[602] Yoshino, S. 163 ff.

[603] OHG vom 30.09.1976, *Minshu* Bd. 30, Heft 8, S. 799, zit. Koshiyama, S. 80.

[604] Koshiyama, Fn. 100, S. 82.

[605] In Anlehnung an die deutsche Rechtsprechung zur materiellen Rechtskraft der Klägeraufrechnung lehnt der japanische OGH inkonsequenterweise jedwede klägerische Prozessaufrechnung von vornherein als unzulässig ab. Er versucht damit das Problem der analogen Anwendung des § 322 II ZPO (§ 114 II jZPO) zu umgehen. Der Kläger könne nur außergerichtlich materiell aufrechnen und im Anschluss das Erlöschen der Gegenforderung des Beklagten

die Lehre vom *Estoppel* oder die französische Doktrin, sofern die Parteien über diesen Punkt streitig verhandelt haben.

IV. Europa unter Einfluss der „Kernpunktetheorie"

Die unüberschaubare und fast bodenlose Behandlung des objektiven Rechtskraftproblems in Deutschland hat durch die Entwicklung des europäischen Zivilprozessrechts einen gegenwärtigen Aufwind erfahren. So wird erneut in Frage gestellt, ob und inwieweit das europäische Zivilprozessrecht auf die in Deutschland vertretenen engen Rechtskraftgrenzen von Einfluss ist.

Das in der EuGVO und in den beiden Übereinkommen des (heute großenteils überholten) EuGVÜ und LGVÜ[606] normierte europäische Zivilprozessrecht kennt zwar keine ausdrückliche Bestimmung über die Rechtskraft. Wohl aber geben einzelne Bestimmungen insbesondere im Hinblick auf die Judikatur des EuGH Anlass, über solche Rechtskraftgesichtspunkte nachzudenken.

So enthält die Zuständigkeitsregelung des Art. 27 EuGVO (Art. 21 EuGVÜ a.F.) eine mit dem § 261 III Nr. 1 ZPO vergleichbare Regelung über die konkurrierende Rechtshängigkeit von mehreren Klagen wegen *desselben* Anspruchs. Bei Streitgegenstandsidentität hat sich das später angerufene Gericht zugunsten des zuerst angerufenen zwingend für unzuständig zu erklären. In seinen zwei berühmten Entscheidungen *Gubisch/Palumbo* und *Tatry/Maciej Rataj* bringt der EuGH[607] dementsprechend eine Bestimmung des Streitgegenstandsbegriffs zum Ausdruck, die von der in Deutschland herrschenden Vorstellung vom Streitgegenstand erheblich abweicht[608].

In der ersten Entscheidung hatte der deutsche Gläubiger zunächst Klage in Deutschland auf Zahlung des Kaufpreises aus einem Kaufvertrag gegen den Schuldner aus Italien erhoben. Wenig später erhob dieser gegen den deutschen Gläubiger in Italien Klage auf Feststellung der Unwirksamkeit bzw. Auflösung des Kaufvertrages. Gegen diese zweite Klage machte die Beklagte die Einrede der früheren Rechtshängigkeit in Deutschland gemäß Art. 21 EuGVÜ (heute Art. 27 EuGVO) geltend. Beide Verfahren betrafen somit in ihrem Kern die Wirksamkeit des Kaufvertrages. Im *Tatry* Fall dagegen lag die umgekehrte Fallkonstellation vor. Erst hatte der Schuldner, demgegenüber sich eine Gruppe von Gläubigern eines Haftungsanspruchs berühmte, eine negative Feststellungsklage

---

im Prozess geltend machen, Urteil vom 30. April 1998, Senat I, OGH Entscheidungen B. 52, S. 930. Ausführlich dazu: Brückner, Liber Amicorum Kigawa, S. 27 ff.

606 Die im Zuge der Modernisierung des EuGVÜ/bzw. des LugÜ am 1.3.2002 in Kraft getretene Brüssel I-VO, ergänzt durch Brüssel II-VO, ersetzt nunmehr das bisherige EuGVÜ.

607 EuGH v. 8.12.1987, Gubisch Maschinenfabrik/Palumbo, NJW 1989, S. 665 f.; EuGH v. 6.12.1994, Tatry/Maciej Rataj, JZ 1995, S. 616 ff.

608 Rüßmann, ZZP 111 (1998) S. 399 ff.

über den Anspruch in den Niederlanden erhoben, woraufhin die Gläubiger mit einer Schadensersatzklage in England folgten. Im Mittelpunkt beider Fälle stand hier das Bestehen oder Nichtbestehen einer Haftung.

Der EuGH stellt in seiner Entscheidung *Gubisch/Palumbo* zunächst fest, dass der die Rechtshängigkeit betreffende Begriff „desselben“ Anspruchs in Art. 21 EuGVÜ (heute Art. 27 EuGVO) autonom und ohne Rückgriff auf das jeweilige nationale Recht ausgelegt werden müsse[609]. Von der französischen Textfassung ausgehend, liegt nach Ansicht des EuGH „derselbe“ Anspruch im Sinne des Art. 21 EuGVÜ (Art. 27 EuGVO) vor, sofern Grundlage und Gegenstand der Klagen sich decken[610]. Danach soll Grundlage zum einen der Lebenssachverhalt und zum anderen die Rechtsvorschrift sein, auf welche die Klage gestützt wird[611]. Unter Gegenstand der Klage ist nach Ansicht des EuGH deren Zweck zu verstehen, der sich nach dem Kernpunkt beider Klagen richtet. Hieraus hat sich die sog. „Kernpunktetheorie“[612] entwickelt. Vereinfacht gesagt, handelt es sich um die Fragen, worüber im Kern des Erstprozesses gestritten wird und ob der Zweitprozess den gleichen Punkt betrifft. Eine vollständige Identität von Klagegrund und Klageantrag ist nicht erforderlich[613]. Im Falle *Gubisch/Palumbo* war dies die Frage nach der Wirksamkeit des Vertrages, im Falle *Tatry/Maciej Rataj* war der gemeinsame Zweck beider Klagen in der Entscheidung über das Bestehen einer Schadensersatzhaftung zu sehen[614].

In ausdrücklich erklärter Absicht will der EuGH mit dieser Festlegung des Streitgegenstandsbegriffes im Interesse einer geordneten Rechtspflege sich widersprechende Entscheidungen verhindert wissen. Der Anwendungsbereich des Art. 34 Nr. 3 EuGVO (Art. 27 Z. 3 EuGVÜ), der die Nichtanerkennung einer Entscheidung wegen Unvereinbarkeit einer zwischen denselben Parteien in dem Staat, in dem die Anerkennung begehrt wird, ergangenen Entscheidung betrifft, soll damit von vornherein effektiv minimiert werden[615].

---

[609] EuGH Rs 144/86 Gubisch/Palumbo, EuGHE 1987, 4861 Rn 11; Rauscher/Leible, Art. 27 Rn 8; Rüßmann, ZZP 111 (1998) S. 404; Kropholler, Art. 27 Rn 3; a.A. Schütze, RIW 1975, S. 78, 79; Schumann, FS Kralik (1986) S. 301, 312.
[610] EuGH Rs 144/86 Gubisch/Palumbo, EuGHE 1987, 4861, Rn 14; EuGH Rs C-406/92, Tatry/Maciej Rataj, EuGHE 1995, I, 5439 Rn 38.
[611] EuGH Rs C-406/92, Tatry/Maciej Rataj, EuGHE 1995, I, 5439 Rn 39.
[612] Leipold, GS Arens, (1993) S. 227, 246; Linke, RIW 1988, S. 818, 823; vgl. auch Gottwald in: Gottwald/Greger/Prütting, S. 85 ff., 90.
[613] Kropholler, Art. 27 Rn 8; m.w. Ausführungen zur Kernpunktetheorie.
[614] Rüßmann, ZZP 111 (1998) S. 405.
[615] EuGH IPRax 1989, 158, Nr. 8; Kropholler, vor Art. 27 Rn 1; Rauscher/Leible, Art. 27 Rn 1.

Für das nationale Recht stellt sich damit die Frage, ob diese europäische Prägung eines Streitgegenstandsbegriffs im Hinblick auf ein harmonisiertes europäisches Zivilprozessrecht eine adäquate Anpassung erfordert.

Während der BGH die Kernpunktetheorie für den Bereich des Art. 21 EuGVÜ (Art. 27 EuGVO) umgesetzt und auch in ihrer Begründung akzeptiert hat[616], wird in der Literatur beklagt, dass durch die weite Bestimmung des Begriffs „derselbe Anspruch“ durch den EuGH der Zusammenhang zwischen Streit-, Rechtshängigkeits-, und Rechtskraftgegenstand zerstört werde[617]. Es ist sogar darauf hingewiesen worden, dass die „Zeit der dogmatischen Unschuld“ in der Streitgegenstandslehre heute vorbei sei[618]. In der Tat bringt der EuGH mit dieser Entscheidung das die deutsche Streitgegenstandslehre prägende Grundprinzip der Maßgeblichkeit des Antrags ins Wanken und rückt stattdessen das dem Antrag zugrunde liegende Rechtsverhältnis samt der konstituierenden Präjudizialelemente in den Vordergrund[619].

Während somit wohl viele Autoren die Kernpunktetheorie für verfehlt halten und sie lediglich im Rahmen des Art. 21 EuGVÜ (Art. 27 EuGVO) beachten und im Übrigen an der gewohnten Streitgegenstandslehre festhalten wollen[620], sind andere der Ansicht, dass die Gefahr sich widersprechender Entscheidungen in europäischen und nationalen Fällen auf Dauer nur einheitlich beantwortet werden kann. Die Kernpunktetheorie der Rechtshängigkeit sei daher voll in das deutsche Recht zu übernehmen[621].

Eine weitere Diskussion erübrigt sich für den gegenwärtig interessierenden Zusammenhang jedoch insoweit, als dem Bestreben nach Verhinderung sich widersprechender Entscheidungen mit diesem Mittel ohnehin nur bis zum Abschluss des Erstverfahrens genüge getan werden kann[622]. Denn durch Art. 21 EuGVÜ (Art. 27 EuGVO) sind die Parteien jedenfalls nicht daran zu hindern, eine bereits in einem Erststaat rechtskräftig entschiedene Sache wiederholt in einem anderen Vertragsstaat geltend zu machen. Auch die Rechtskraft der früheren Entschei-

---

616 BGH EuZW 1995, 378; JZ 1997, S. 797, 798.

617 Leipold, Wege zur Konzentration von Zivilprozessen, S. 20; Gottwald in: Gottwald/Greger/Prütting, S. 96; Lenenbach, S. 136 ff.; MüKo-ZPO/Gottwald, Art. 21 EuGVÜ Rn 4.

618 Rüßmann, ZZP 111 (1998) S. 424.

619 Rüßmann, ZZP 111 (1998) S. 401.

620 Rüßmann, ZZP 111 (1998) S. 399 ff.; Walker, ZZP 111 (1998) S. 429 ff.; Pfeiffer, ZZP 112 (1999) S. 517 f.; vgl. auch Heiderhoff, Diskussionsbericht, ZZP 111 (1998) S. 455 ff.

621 Gottwald, Gottwald/Greger/Prütting, S. 94; Leipold, Wege zur Konzentration von Zivilprozessen, S. 227, 242; Oberhammer, JBl 2000, S. 218 f.; Stürner, FS Lüke (1997) S. 829, 836.

622 Rüßmann, ZZP 111 (1998) S. 408, 424 f.

dung kann eine widersprechende Entscheidung im Zweitstaat nur dann verhindern, wenn die Anerkennungsprinzipien dies zulassen.

Da das europäische Prozessrecht keine Regelung bezüglich des Umfangs der materiellen Rechtskraft enthält, was die Anerkennung ausländischer Urteile betrifft, ist jeweils auf die einzelnen nationalen Rechte zurückzugreifen. Bekanntlich fällt dort die Reichweite einer rechtskräftigen Bindungswirkung aber zum Teil sehr stark auseinander, so dass eine Anerkennung nach Art. 34 Nr. 3 EuGVO (Art. 27 Z. 3 EuGVÜ) schwer fällt, wenn sie mit einer Entscheidung unvereinbar ist, die zwischen denselben Parteien in dem Mitgliedstaat, in dem die Anerkennung geltend gemacht wird, ergangen ist.

Gemäß Art. 33 I EuGVO wird die in einem Vertragsstaat ergangene Entscheidung ohne eines besonderen zusätzlichen Verfahrens vollumfänglich anerkannt, was nach der Theorie der Wirkungserstreckung zur Ausdehnung der ausländischen Entscheidungswirkungen in den Anerkennungsstaat führt, soweit diese nicht gegen den nationalen *ordre public* verstößt. Nicht unumstritten ist, in welchem Umfang Rechtskraftwirkungen des (Erst)Entscheidungsstaates anzuerkennen sind, die über die des Anerkennungsstaates hinausgehen.

Zwei Beispielfälle seien hierzu exemplarisch angeführt:

Eine in Deutschland erhobene Leistungsklage auf Kaufpreiszahlung wird aufgrund der Aufrechnung des Klägers mit einer Gegenforderung des Beklagten abgewiesen[623]. Nach deutschem Rechtskraftverständnis wird über die Gegenforderung des Beklagten nicht rechtskräftig gemäß § 322 II ZPO entschieden. Demzufolge ist der Beklagte nicht daran gehindert, seine Forderung in einem anderen Vertragsstaat erneut geltend zu machen und das dortige Gericht ist aufgrund der begrenzten Erstreckung der deutschen Urteilswirkung nicht gehindert, eine widersprechende Entscheidung zu erlassen. Damit ist zugleich die Anerkennung und Vollstreckung des deutschen Urteils nach EuGVO verhindert, weil sie nunmehr unvereinbar ist mit einer Entscheidung in dem Vertragsstaat, in dem die Anerkennung geltend gemacht wird. Eine Situation, die der EuGH mit seinen Entscheidungen gerade verhindern wollte[624].

Würde dagegen – um ein weiteres Beispiel zu bilden - derselbe Rechtsstreit in England oder Frankreich begonnen, führte eine Abweisung der Klage aufgrund einer Aufrechnung des Klägers auch zu einer rechtskräftigen Entscheidung über die Gegenforderung des Beklagten, da jeweils entweder der *issue estoppel* oder die *motifs décisifs/décisions implicites* betroffen wären. Nach herrschender Meinung[625] kann nunmehr der Beklagte seine Gegenforderung vor ei-

---

[623] Unerheblich sind Variante und Gründe der klägerischen Aufrechnung.

[624] Rüßmann, ZZP 111 (1998) S. 425.

[625] Fischer, FS Henckel (1995) S. 205 ff., 213; Kössinger, S. 146 ff.; MüKo/Gottwald, § 328 Rn 142; Musielak/Musielak, § 328 Rn 35; Nagel/Gottwald, § 11 Rn 111 ff., 114; a.A. Mat-

nem deutschen Gericht nicht mehr geltend machen. Es hindert ihn die Wirkungserstreckung des ausländischen rechtskräftigen Urteils auch hinsichtlich der Bindung an einzelne tatsächlich entschiedene Vorfragen und der Entscheidungsgründe[626].

Ein solches Auseinanderfallen im Umfang der Bindungswirkung und des Entscheidungsinhaltes hängt also allein von der Wahl des Gerichtsstandes bzw. von der zufälligen zeitlichen Abfolge der Verfahren ab. Im Übrigen schützt Art. 27 EuGVO auch nicht vor widersprechenden Entscheidungen während inländischer Rechtshängigkeit.

Ob die Lösung in einem europaweit einheitlichem Streitgegenstandsbegriff zu suchen ist, darüber kann man streiten[627]. Immerhin legt das gemeinsame Ziel von Rechtshängigkeit und Rechtskraft, sich widersprechende Entscheidungen zu verhindern, einen für beide Institute einheitlichen Streitgegenstandsbegriff zumindest nahe. So wird teilweise als Folge der Kernpunkttheorie des EuGH auch eine einheitliche Rechtskraftkonzeption für den europäischen Justizraum gefordert, die nach französischem oder englischem Vorbild auch präjudizielle Rechtsverhältnisse erfassen müsse[628]. Immerhin haben wohl die objektiven Grenzen ausländischer Rechtsordnungen, wie eben die des französischen oder des englischen Rechts, für die Judikatur des EuGH zu Art. 21 EuGVÜ (Art. 27 EuGVO) entscheidende Impulse gegeben[629].

V. Fazit

Rechtsvergleichung erweist sich stets als nützlich, wenn es darum geht, mit neuen Argumenten den eigenen, nationalen Betrachtungshorizont zu erweitern. Letztlich stimmen alle betrachteten Rechtsordnungen in dem Grundsatz überein,

---

scher, FS Schima (1969) S. 265, 276 f.; Hausmann, S. 180 f.; äußerst umstritten ist die Anerkennung der Bindung an Tatsachenfeststellungen, bejahend: Fischer, FS Henckel (1995) S. 209 f.

626 Der *ordre public* ist gemäß § 328 I Nr. 4 ZPO erst dann verletzt, wenn die Bindung im Einzelfall unzumutbar ist. Dies soll erst bei solchen Feststellungen der Fall sein, um die nach der jeweiligen Verfahrensgestaltung des ausländischen Prozesses nicht gestritten werden musste oder die in ihrer Bedeutung für einen Folgeprozess nicht vorhersehbar waren, vgl. Fischer, FS Henckel (1995) S. 213.

627 Für eine Anpassungsnotwendigkeit der nationalen Prozessrechte an das Europäische: Stürner, FS Lüke (1997) S. 829, 836; Oberhammer, IPRax 2002, S. 431 a.E.; a.A. Rüßmann, ZZP 111 (1998) S. 421: „das wäre ein Weg zurück zu Savigny"; Walker, ZZP 111 (1998) S. 449 ff.

628 Bajons/Böhm, S. 141, 155 ff.; Gottwald, in: Gottwald/Greger/Prütting, S. 85, 95 ff.; Koch, S. 160 ff.

629 Oberhammer, IPRax 2002, S. 430; Stürner, FS Lüke (1997) S. 835.

dass eine gerichtliche Entscheidung den Rechtsstreit möglichst endgültig beenden soll[630]. Im Unterschied zu dem insbesondere im angloamerikanischen Rechtskreis favorisierten Ziel der umfassenden Streitkonzentration in einem Prozess[631] erfüllt die Rechtskraft nach deutschem Verständnis einen anderen rechtspolitischen Zweck, nämlich in den durch den Klageantrag gezogenen Grenzen Rechtsgewissheit und Rechtssicherheit hinsichtlich der mit der Klage geltend gemachten Rechtsbeziehung zu gewährleisten[632]. Dass Deutschland mit dieser Position international eher eine Sonderstellung einnimmt, wie *Leipold* behauptet[633], daran darf man durchaus zweifeln. Schließlich halten sich auch einige andere europäische Zivilprozessordnungen an ein ebenso enges Rechtskraftverständnis wie Deutschland[634].

Es soll an dieser Stelle zudem nicht verschwiegen werden, dass auch in den vorgestellten Rechtskreisen, die ein extensives Rechtskraftverständnis vertreten, durchaus auch kritische Stimmen gegen eine umfassende Bindungswirkung der Entscheidungsgründe existieren. Im Wesentlichen werden hierzu dieselben Bedenken geäußert, wie sie in der deutschen Diskussion für eine enge Rechtskraftkonzeption ausschlaggebend sind. In Wahrheit gäbe es so viele Abgrenzungsprobleme, dass eine Vielzahl von Folgeprozessen geführt werden müssten, in denen um den rechtskräftigen Umfang des Urteils im Vorprozess gestritten wird. Dies sei alles andere als prozessökonomisch[635]. Das Bedürfnis nach Endgültigkeit der Streitbeilegung zielt aber gerade auf Rechtssicherheit und Prozessökonomie ab. Beobachtungen nach, wird daher aufgrund der klaren Grenzen der Rechtskraft in Deutschland weniger über den Umfang der Rechtskraft prozessiert[636].

Das Anliegen der Vermeidung sich widersprechender Urteile bleibt jedoch nicht ohne Bedeutung.

---

630 Stürner, FS Schütze (1999) S. 911.

631 Man versucht damit die Effizienz der Gerichte zu steigern und der allseits bekannten Prozessflut standzuhalten bzw. diese einzudämmen, vgl. Röhl, Gerichtsverwaltung und Court-Management in den USA, S. 137 ff.

632 Zeuner, FS Zweigert (1981) S. 621.

633 Leipold, FS Zeuner (1994) S. 433.

634 Insbesondere Schweiz, Spanien, Portugal und Finnland; dazu Ritter ZZP 87 (1974) S. 138 ff.; Otte, 96 ff.; Rüßmann, ZZP 111 (1998) S. 424.

635 Oberhammer, JBl 2000, S. 214 f.; Zeuner, FS Zweigert (1981) S. 621.

636 Zeuner, FS Zweigert (1981) S. 621.

C. Folgen für die einzelnen Konstellationen der Klägeraufrechnung bei konsequenter Anwendung des konventionellen Rechtskraftverständnisses und der gefundenen Grundsätze

Im Vorfeld einer genaueren Analyse sollen nun die Folgen betrachtet werden, die sich bei konsequenter Anwendung des konventionellen Rechtskraftverständnisses für die einzelnen Fallgestaltungen der Klägeraufrechnung unter Berücksichtigung ihrer Analogiefähigkeit ergeben. Aufgrund der ausdrücklichen und ausschließlichen Nennung des Beklagten im Wortlaut des § 322 II ZPO ist seine Anwendung auf die Klägeraufrechnung unklar. Die hierzu existierende Rechtsprechung und die wenigen, eine differenziertere Aussage treffenden Literaturansichten, sind von ganz unterschiedlicher Argumentation und Überzeugungskraft.

I. Aufrechnung des beklagten Klägers

Eine direkte Anwendung kann § 322 II ZPO wohl unstreitig auf die Aufrechnung des Klägers gegen eine durch den Beklagten im Wege der Widerklage geltend gemachte Forderung finden. Da die Widerklage kein bloßes Verteidigungsmittel wie die Aufrechnung ist, sondern eine echte Klage[637], fällt auch die Aufrechnung des widerbeklagten Klägers unmittelbar unter § 322 II ZPO. Er handelt dabei nicht aus seiner Position als Kläger, sondern aus der Stellung eines Beklagten heraus. Es ist eine gewöhnliche Beklagtenaufrechnung, da sie als Verteidigungsmittel gegen einen Angriff durch Widerklage eingesetzt wird. Für die Rechtskraft bedeutet dies, dass sowohl die Entscheidung über die Klage- als auch über die Widerklageforderung rechtskräftig werden gemäß § 322 I ZPO, während die Entscheidung über die Aufrechnung des Klägers gemäß § 322 II ZPO direkt an der Rechtskraft teilnimmt. Obwohl der Wortlaut des § 322 II ZPO lediglich vom Beklagten, nicht aber auch vom Widerbeklagten spricht, ist man sich doch über solch eine weite Interpretation einig[638].

II. Aufrechnung des klagenden Schuldners

Es stellt sich die Frage, ob für die übrigen Fallkonstellationen der Klägeraufrechnung aufgrund eines ähnlichen, gesetzlich nicht geregelten Tatbestandes, zumindest eine analoge Anwendung des § 322 II ZPO angenommen werden muss.

---

[637] BGH NJW 1981, 1217; Zöller/Vollkommer, § 33 Rn 7, 8.

[638] Braun, ZZP 89 (1976) S. 94; Niklas, MDR 1987, S. 96; Noltze, S. 294.

1. Voraussetzungen der analogen Anwendung

Vor der analogen Anwendung einer Vorschrift muss man sich die Frage stellen, ob überhaupt eine hierfür notwendige Regelungslücke vorliegt[639]. Diese ist nicht schon dann gegeben, wenn das Gesetz für eine bestimmte Fallgestaltung keine Regelung enthält. Eine Regelungslücke liegt nur bei planwidriger Unvollständigkeit vor, wobei der dem Gesetz zugrunde liegende Regelungsplan im Wege historischer und teleologischer Auslegung zu ermitteln ist[640]. Die Prozessaufrechnung ist typischerweise ein Verteidigungsinstrument des Beklagten. Sie hat eine ausdrückliche Regelung in der ZPO auch nur insoweit erfahren, vgl. §§ 145 III, 302, 322 II ZPO. In diesem Sinne könnte man annehmen, dass der Gesetzgeber eine abschließende Regelung gewollt haben könnte, da § 322 II ZPO gegenüber § 322 I ZPO bereits eine Ausnahmebestimmung darstellt. Ein solches bewusstes Schweigen dürfte nicht nachträglich vom Rechtsanwender korrigiert werden[641]. Aber schon der BGH weist darauf hin, dass grundsätzlich auch bei Ausnahmevorschriften eine ausdehnende oder entsprechende Anwendung insoweit zulässig und geboten ist, als Sinn und Zweck der Ausnahmevorschrift auch für vom Wortlaut nicht umfasste Tatbestände zutreffen und insofern eine essentielle Strukturgleichheit mit dem geregelten Sachverhaltstyp aufweisen[642]. Gegen ein bewusstes Offenlassen und damit für eine prinzipielle Analogiefähigkeit spricht auch die Entstehungsgeschichte des § 322 II ZPO. Wie bereits dargelegt[643], hat der Gesetzgeber angesichts des grundlegenden Charakters der Aufrechnung als Verteidigungsmittel die Möglichkeit einer Aufrechnung durch den Kläger offenbar einfach übersehen[644]. Für eine bewusste Regelungslücke bestehen keinerlei Anhaltspunkte. Auch der heute allgemein anerkannten Erweiterung der Rechtskraftwirkung auf die Entscheidung des Nichtmehrbestehens der aufgerechneten Gegenforderung[645], liegt eine prinzipielle Analogiefähigkeit zugrunde.

Im weiteren Fortgang setzt eine Analogie voraus, dass der Normzweck angesichts der Ähnlichkeit des Lebenssachverhalts zu dem tatbestandlich vertypten Sachverhalt eine Analogie rechtfertigt[646]. Ob zwei Sachverhalte einander ähnlich

---

[639] Grundlegend Canaris, Die Feststellung von Lücken im Gesetz 2. Aufl., 1983.
[640] Palandt/Heinrichs, Einleitung VI, Rn 47; Engisch, S. 180 ff.
[641] Musielak, GK BGB, § 9 II, S. 431.
[642] BGHZ 26, 83; 48, 356, 358; BAG AP BetrVG § 81 Nr. 4; MüKo-BGB/Säcker, Einl. Rn 102 ff.; Larenz, Methodenlehre, S. 355.
[643] § 2 A.II.1.c.
[644] vgl. Niklas, MDR 1987, S. 96; Musielak, GK ZPO, § 322 Rn 80; Noltze, S. 296.
[645] § 2 A.II.1.b.
[646] MüKo-BGB/Säcker, Einl. Rn 135 mwN; Musielak/Musielak, § 322 Rn 82.

sind, entscheidet sich nach dem Grad der Übereinstimmung in den für die rechtliche Wertung maßgeblichen Beziehungen[647].

Die Gleichheit oder Ähnlichkeit verschiedener Einzelfälle ergibt sich dabei durch den Bezug auf ein bestimmtes System. Die hier interessierenden und relevanten Systeme sind die Aufrechnung und die Rechtskraft, die gleichsam als Bezugspunkte und Wertungsmaßstab dienen.

2. Negative Feststellungsklage

Die Konstellation der negativen Feststellungsklage ist als Fall der Aufrechnung des klagenden Schuldners rein faktisch eine Aufrechnung des Klägers. Es besteht folgende Situation: Der Kläger sieht sich einem Anspruch des Beklagten ausgesetzt, den dieser vorgibt, gegen den Kläger zu haben. Er begehrt deshalb die verbindliche Feststellung des Gerichts, dass ein solcher Anspruch nicht besteht. Kommt das Gericht folglich bei seiner Prüfung zu dem Schluss, dass der Anspruch besteht, kann der Kläger mit einer Gegenforderung aufrechnen und den Anspruch des Beklagten zu Fall bringen. Vorausgesetzt die Gegenforderung besteht und die Aufrechnung ist wirksam, gewinnt er damit in jedem Fall. Der behauptete oder tatsächlich bestehende Anspruch des Beklagten ist rechtskräftig verneint. Gleichzeitig verliert der Kläger aber auch seine Gegenforderung, wenn seine Aufrechnung Erfolg hatte und das Gericht der Klage eben deswegen stattgibt. Er verliert sie auch dann, wenn das Gericht die Klage abweist, weil es zwar den Anspruch des Beklagten für begründet hält, nicht aber den des Klägers. Dieses Ergebnis folgt aus einer entsprechenden Anwendung des § 322 II ZPO[648].

Zur Begründung wird angeführt, dass hier der streitige materielle Anspruch eigentlich dem Beklagten zusteht. Im Gegensatz zu den sonstigen Fällen der Klägeraufrechnung streitet nicht der Forderungsinhaber für deren Bestehen, sondern der Forderungsgegner für deren Nichtbestehen, weshalb die negative Feststellungsklage im Prinzip nur die fehlende Leistungsklage des Forderungsinhabers ersetzt[649]. Damit handelt es sich aus materieller Sicht eigentlich um den Normalfall des § 322 II ZPO, nur dass die prozessualen Rollen der Parteien vertauscht sind. Trotz des entgegenstehenden Wortlautes muss die Ausnahmevorschrift des § 322 II ZPO auf diesen Fall der Aufrechnung des klagenden Schuldners Anwendung finden. Es kann dabei nicht darauf ankommen, wer von den Parteien zuerst klagt, der materiell Berechtigte oder der Anspruchsgegner, der ihm mit einer negativen Feststellungsklage zuvor kommt[650].

---

647 Larenz/Wolf AT, § 4, Rn 69.

648 BGH NJW 1992, 982, 983; OLG Koblenz NJW-RR 1997, 1426 f.; Braun, ZZP 89 (1976) S. 94 f.; MüKo-ZPO/Peters, § 322 Rn 187; Stein/Jonas/Leipold, § 322 Rn 177.

649 Braun, ZZP 89 (1976) S. 95.

650 Braun, ZZP 89 (1976) S. 95.

3. Vollstreckungsgegenklage

Ähnlich verhält es sich bei der Vollstreckungsgegenklage. Auch hier agiert der Kläger ausnahmsweise als Schuldner, der sich gegen eine titulierte Forderung zur Wehr setzt. Geschieht dies in der Weise, dass er gegen die titulierte Forderung des Beklagten mit einer Gegenforderung im Rahmen der zulässigen Präklusionsgrenzen des § 767 II ZPO[651] aufrechnet, ist heute allgemein anerkannt, dass auch über die zur Aufrechnung gestellte Gegenforderung des Klägers analog § 322 II ZPO rechtskräftig entschieden wird[652]. Begründet wird dies wiederum mit der Ähnlichkeit des Falles zu dem in § 322 II ZPO primär geregelten Sachverhalt. Diese Ähnlichkeit bestehe darin, „dass- wie im Normalfall- der Aufrechnende Schuldner der Forderung ist, die den Gegenstand des Rechtsstreits bildet und durch die Aufrechnung getilgt werden soll“[653]. Der BGH betont an dieser Stelle, entscheidend für die analoge Anwendung des § 322 II ZPO auch auf eine Aufrechnungsforderung des Klägers bei der Vollstreckungsgegenklage spreche, dass das maßgebliche Kriterium dieser Vorschrift nicht die prozessuale Parteistellung, „sondern die besondere materiellrechtliche Eigenart der Aufrechnung, die sich gleichzeitig untrennbar auf zwei einander gegenüberstehende Forderungen auswirkt“ ist [654]. Weiter führt der BGH aus, dass der auch sonst unvollkommene und auslegungsbedürftige Wortlaut des § 322 II ZPO die Parteirolle des Aufrechnenden als Beklagten überhaupt erwähnt, liege daran, dass im Regelfall eines Rechtsstreits, wo der Kläger als Gläubiger eine materiellrechtliche Forderung gegen den Beklagten als Schuldner geltend macht, die Aufrechnung naturgemäß vom Beklagten ausgeht. Die Erwähnung der Parteirolle habe daher allenfalls erläuternde Bedeutung, nicht aber die eines unabdingbaren Tatbestandsmerkmals. Vielmehr liege Sinn und Zweck des § 322 II ZPO darin, „zwei Forderungen, die von einer Aufrechnung notwendig gemeinsam gestaltet werden, auch hinsichtlich der materiellen Rechtskraft nicht unterschiedlich zu behandeln“[655].

---

[651] Nach überwiegender Meinung ist bei der Aufrechnung im Rahmen des § 767 II ZPO der Grund zur Einwendung schon dann entstanden, sobald sich die Forderungen aufrechenbar gegenüberstanden und nicht erst, wenn die Aufrechnung erklärt worden ist, vgl. Zöller/Herget, § 767 Rn 12 m.w.N.

[652] BGHZ 48, 356 ff.; 89, 349 ff.; NJW 1992, 982, 983; NJW 1994, 2769 ff.; Thomas/Putzo, § 322 Rn 44; Musielak/Musielak, § 322 Rn 79; Zöller/Greger, § 145 Rn 12; Zöller/Vollkommer, § 322 Rn 24; Staudinger/Gursky, Vorbem. zu §§ 387 ff. Rn 51; Stein/Jonas/Leipold, § 145 Rn 28a; § 322 Rn 177; Müko-ZPO/Gottwald, § 322 Rn 187; Tiedtke, NJW 1992, S. 1474; Reinicke/Tiedtke, NJW 1984, S. 2791; A. Blomeyer, AcP 165 (1965) S. 494; Braun, ZZP 89 (1976) S. 95 ff.; Zeuner, JuS 1987, S. 357; Niklas, MDR 1987, S. 99.

[653] BGH NJW 1992, 983.

[654] BGHZ 48, 359.

[655] BGHZ 48, 359.

So schlüssig und einleuchtend diese Argumentation des BGH für den Fall der Aufrechnung des klagenden Schuldners klingt, so sehr steht sie den in den Ausgangsfällen zitierten Entscheidungen über die Aufrechnung des klagenden Gläubigers entgegen. Während der BGH die Frage einer entsprechenden Anwendung des § 322 II ZPO auf andere Fälle der Klägeraufrechnung in seiner Entscheidung BGHZ 48, 357 ff. noch ausdrücklich offen ließ, hat er sie dort schließlich endgültig verneint.

III. Aufrechnung des klagenden Gläubigers

Es sei nochmals daran erinnert, dass es sich hierbei um Aufrechnungen des Klägers handelt, welche er entweder vorprozessual, innerhalb des Prozesses, außerprozessual oder zwischen zwei Instanzen erklärt und diese Tatsache im Prozess entweder auch selbst geltend macht oder der Beklagte sich auf sie beruft.

1. Aufrechnung des Klägers mit Klageforderung

Die Abgrenzung der folgenden Fallgruppe als Aufrechnung des klagenden Gläubigers stellt darauf ab, dass die Klageforderung selbst und nicht wie bei der selbständigen vorprozessualen Aufrechnung, ein(e) vom Prozess unabhängige(r) Forderung(steil), aufgerechnet wird. Eine solche dringend erforderliche Differenzierung wird bei der Erörterung um die Klägeraufrechnung oft nicht gesehen[656]. Sie ist von bedeutendem Einfluss auf die Rechtskraftfrage.

a) Ansicht und Argumentation des BGH

In den den Entscheidungen BGH v. 13.1.1984 – V ZR 55/83 (NJW 1984, S. 1356) und BGH v. 4.12.1991 – VIII ZR 32/91 (NJW 1992, S. 982) zugrunde liegenden Fällen der außerprozessualen und zwischeninstanzlichen Aufrechnung hat der BGH eine analoge Anwendbarkeit des § 322 II ZPO mangels Sachverhaltsähnlichkeit verneint. Somit erstreckt sich die rechtskräftige Entscheidung bei wirksamer Aufrechnung des Klägers zwar über den in Höhe der Aufrechnung abgewiesenen Klageanspruch, die gleichsam miterloschene Gegenforderung des Beklagten dagegen bleibt von der Rechtskraft unberührt und kann in einem nächsten Verfahren erneut aufgerechnet oder anderweitig zur Disposition gestellt werden. Ein anderes Gericht kann über das Bestehen oder Nichtbestehen der Gegenforderung nunmehr völlig abweichend von dem ersten Gericht entscheiden, etwa weil es die Entscheidung wegen Nichtvorhandensein einer der Aufrechnungsvoraussetzungen für unrichtig hält. Es besteht keinerlei Bindung im Rahmen des § 322 II ZPO im Hinblick auf die Gegenforderung des Beklag-

---

[656] Richtig Noltze, S. 298 ff.

ten. Obwohl der Kläger aufgrund der Aufrechung den Verlust der eigenen Klageforderung erleidet, wird dieser Verlust nicht durch die Tilgung der Gegenforderung kompensiert.

Begründet wird dieses Ergebnis vor allem mit dem in diesem Fall nicht einschlägigen Zweckgedanken des § 322 II ZPO, der den Schutz des Aufrechnungsgegners vor erneuter Inanspruchnahme beinhalte[657]. Der Beklagte sei in der Rolle als Aufrechnungsgegner bereits durch die Klageabweisung mit Wirkung des § 322 I ZPO geschützt. Auf ein gegenläufiges mögliches Schutzbedürfnis des Klägers geht der BGH nicht ein. Im vorliegenden Fall liefe die entsprechende Anwendung des § 322 II ZPO sogar auf das Gegenteil des beschriebenen Schutzzwecks hinaus. Eine Einbeziehung der Gegenforderung des Beklagten in die Rechtskraftwirkung des § 322 II ZPO könne ihm als Aufrechnungsgegner nur nachteilig sein[658]. Der Kläger sei hier nicht wie bei der Vollstreckungsgegenklage und der negativen Feststellungsklage Schuldner der Forderung, die den Gegenstand des Rechtsstreites bildet[659]. In der Regel müsse das Gericht aber nur in solch einem Fall über die Aufrechnungsforderung entscheiden. Im vorliegenden Fall hingegen, in dem der Kläger aus der Position des Gläubigers heraus aufrechnet, sei für eine entsprechende Anwendung des § 322 II ZPO kein Raum. Im Grunde sei der Fall nicht anders zu beurteilen, als wenn der Kläger vor Klageerhebung aufgerechnet und nur den überschüssigen Restbetrag eingeklagt hätte. Es liege auf der Hand, dass das Gericht sich in diesem Fall mit der Aufrechnung nicht zu befassen hätte und die Rechtskraft des Urteils die von der Aufrechnung erfassten (Teil)Forderungen nicht berühren würde[660].

b) Zustimmende herrschende Literaturmeinung

Überwiegend findet diese gefestigte Rechtsprechung des BGH Zustimmung in der Literatur[661]. Um einiges argumentationsreicher unterstützen ihn dabei vor allem die Autoren *Reinicke* und *Tiedtke*. Sie stellen zunächst fest, dass die Ent-

---

[657] BGH NJW 1984, 1357.

[658] BGH NJW 1992, 983.

[659] BGH NJW 1992, 983.

[660] BGH NJW 1992, 983.

[661] Baumbach/Lauterbach/Albers/Hartmann, § 322 Rn 21; Thomas/Putzo, § 322 Rn 44; Bamberger/Roth/Dennhardt, § 388 Rn 8; Schilken, ZPR, Rn 442; Reinicke/Tietdke, NJW 1984, S. 2790 ff.; Tiedtke, NJW 1992, S. 1473 ff.; ders. EWiR 1992, S. 409 f.; Niklas, MDR 1987, S. 99 f. (sieht das Problem in der Zulassung der doppelten Geltendmachung der Aufrechnungsforderung trotz Rechtshängigkeit, vgl. Fn. 36); Rosenberg/Schwab/Gottwald, § 152 III 4, Rn 19, S. 1065 (jedoch völlig widersprüchlich zu Rn 17); Coester-Waltjen, Jura 1990, S. 31; Haase, JR 1984, 331; Staudinger/Gursky, Vorbem. zu §§ 387 ff. Rn 55, 56; Grunsky, LM § 322 Nr. 132; AK-ZPO/Fenge, § 322 Rn 25; Schellhammer, S. 412; Jauernig/Stürner, § 387 Rn 24.

scheidungen des BGH manches Unbehagen wecken und im Widerspruch zum materiellen Recht stehen. Doch teilen sie die einseitige Schutzzweckauffassung sowie sonstige Argumentation des BGH durchaus und sind dabei der Ansicht, dass § 322 II ZPO weder nach seinem Wortlaut noch nach seinem Sinn und Zweck auf die vorliegende Konstellation anwendbar ist. Der Kläger habe sein Ungeschick durch riskantes Prozessverhalten selbst verschuldet und müsse daher auch das Risiko zweier widersprüchlicher, für ihn ungünstiger Entscheidungen tragen[662]. *Tiedtke* geht noch weiter. Er sieht in § 322 II ZPO eine Art „Preiszweck“ wenn er konstatiert, dass die rechtskräftige Feststellung des Erlöschens der Gegenforderung der zu zahlende Preis dafür sei, dass der Beklagte mit der Aufrechnung die für den Kläger hinzunehmende Abweisung der Klage erreicht hat. Als Tribut hierfür müsse er in einem nächsten Prozess die Feststellung des ersten Gerichts über seine Gegenforderung gegen sich gelten lassen[663]. Im Gegensatz zu den Fällen der Aufrechnung des klagenden Schuldners habe sich hier der Kläger durch die Aufrechnung seiner Klageforderung selbst den „Boden unter den Füßen weggezogen“ und könne deshalb den Rechtsstreit nicht mehr gewinnen. In diesem Fall kann er von der Fortführung des Rechtsstreits nur einen Nutzen haben, wenn das Urteil insoweit auch den rechtskräftigen Untergang der Gegenforderung feststellt. Dieses Interesse des Klägers an der Rechtskrafterstreckung auf die Gegenforderung sei aber nur schützenswert, wenn die Aufrechnung sein Klagebegehren stützt und nicht, wenn sie es vernichtet und damit ein Ziel verfolge, das mit dem schwebenden Prozess nichts zu tun hat[664]. Zudem werde durch die Aufrechnung die eingeklagte Forderung durch eine andere ersetzt - eine Umgestaltung des Rechtsstreits, auf die sich der Beklagte nicht einzulassen brauche. Zwar müsse der Beklagte die außerprozessuale Aufrechnung des Klägers mit der Klageforderung dulden, er brauche aber nicht hinzunehmen, dass der Untergang seiner Gegenforderung rechtskräftig festgestellt und er über den eingeklagten Betrag hinaus belastet wird[665]. Die Nachteile, die ihm dadurch entstehen, dass er zwei Gerichte über die gleiche Forderung entscheiden lässt, könne er vermeiden, in dem er entweder vor Erhebung der Klage aufrechnet oder erst nach einer rechtskräftigen Entscheidung in dem anderen Rechtsstreit die Aufrechnung erklärt. Tut er dies nicht, muss er das Risiko einer den einmal festgestellten Aufrechnungszusammenhang ignorierenden, mit der materiellen Rechtslage nicht übereinstimmenden Zweitentscheidung hinnehmen.

---

[662] Reinicke/Tietdke, NJW 1984, S. 2790 f.
[663] Tiedtke, NJW 1992, S. 1474.
[664] Tiedtke, NJW 1992, S. 1474.
[665] Tiedtke, NJW 1992, S. 1474 f.

c) Mindermeinung

Eine sich in jüngster Zeit zunehmend stärker profilierende Ansicht plädiert dagegen für eine Sachverhaltsähnlichkeit mit dem in § 322 II ZPO normierten Normalfall und damit für eine analoge Anwendung des § 322 II ZPO in der Fallkonstellation, in welcher der Kläger mit seiner Klageforderung oder einem Teil von dieser aufrechnet[666].

In ihrer Auseinandersetzung mit der ständigen Rechtsprechung und den befürwortenden Schrifttumsteilen liegt besondere Aufmerksamkeit auf dem Gebot der Gleichbehandlung und der Kritik an einer fehlenden Differenzierung zwischen Erklärung und Geltendmachung der Aufrechnung durch den Beklagten.

aa) Geltendmachung durch den Beklagten

Bereits die Darstellung zur historischen Entwicklung des § 322 II ZPO hat gezeigt, dass im Rahmen der Zivilprozessnovelle zur Anpassung an die Aufrechnungsregelung des BGB in Abkehr von der früheren Einredenatur der Aufrechnungsinstitution dieselbe nunmehr auch in den Regelungen der ZPO ihrem Wortlaut nach an das Wesen eines einseitigen Gestaltungsgeschäftes und der rückwirkenden Erlöschenseigenschaft des § 389 BGB angepasst wurde[667]. Auch der heute anerkannten Doppeltatbestandsnatur der Prozessaufrechnung liegt eine wesensimmanente Unterscheidung zwischen Erklärung und Geltendmachung der Aufrechnung zugrunde.

Wenn sonach in § 322 II ZPO von der Geltendmachung der Aufrechnung durch den Beklagten die Rede ist, lässt dies zunächst offen, durch welche Partei die jeweilige Erklärung vorgenommen wurde. Die Geltendmachung der Aufrechnung stellt sich somit als Einwendung des Beklagten dar, sofern er sich auf das Erlöschen der aufgerechneten Forderungen beruft. Die Geltendmachung der Aufrechnung einer Gegenforderung erschöpft sich daher nicht lediglich in der Erklärung einer Aufrechnung, sie erfordert auch den entsprechenden prozessualen Einwand. Wird dieser aber vom Beklagten vorgenommen, spielt es keine Rolle, ob er die Aufrechnung auch selbst erklärt hat oder der Kläger. Teile des Schrifttums widersprechen daher dem BGH in dieser Hinsicht und befürworten aus dem genannten Grund eine Anwendung des § 322 II ZPO, wenn der Be-

---

[666] Zeuner, JuS 1987, S. 354 ff.; ders., NJW 1992, S. 2870; Foerste, NJW 1993, S. 1183 f.; Musielak/Musielak, § 322 Rn 78 ff., 82; ders., GK ZPO Rn 297; Stein/Jonas/Leipold, § 322 Rn 177 f.; Zöller/Vollkommer, § 322 Rn 24 (nur soweit es um Aufrechnung mit Klageforderung geht); MüKo-ZPO/Gottwald, § 322 Rn 184; MüKo-ZPO/Rimmelspacher^2, § 530 (a.F.) Rn 20; Noltze, S. 303 ff.

[667] D.III.1.a.cc.

klagte - wie in dem BGH NJW 1984, 1356 zugrunde liegendem Fall - eine Aufrechnung des Klägers jedenfalls selbst geltend macht[668].

bb) Geltendmachung durch den Kläger

Foerste geht noch weiter. Es wäre völlig sachwidrig, die Rechtskraft über die Gegenforderung zu versagen, wenn der Kläger den Aufrechnungsvollzug gleich selbst einräumt, anstatt auf einen entsprechenden Vorhalt des Beklagten zu warten[669]. Fraglich ist darüber hinaus auch, ob sich die Aufrechnung, wenn sie Grund für die Abweisung der Klage ist, nicht immer auch als Einwand des Beklagten darstellt[670]. Hierfür spricht jedenfalls das konkludente Verhalten des Beklagten in dem dem BGH in NJW 1992, 982 zugrunde liegenden Fall, in dem der Beklagte die Zustimmung zu einer vom Kläger nach der Aufrechnung mit der Klageforderung erklärten Klagerücknahme verweigert hat. Mit solch einem Verhalten hat er zumindest konkludent zum Ausdruck gebracht, dass er eine Entscheidung über die Klageforderung in Form einer Klageabweisung wegen des Nichtbestehens bzw. Nichtmehrbestehens der Klageforderung aufgrund der zwischeninstanzlichen Aufrechnung begehrt. In diesem Fall stellt sich die Aufrechnung des Klägers allemal als Einwand des Beklagten dar[671]. Anderenfalls sei eine analoge Anwendung geboten.

cc) Gleichheitsgrundsatz

Insbesondere *Zeuner* hat auf das Gebot der Gleichbehandlung hingewiesen. Ebenso wie es im Falle der Feststellung des Nicht(mehr)bestehens der Gegenforderung des Beklagten heute unstreitig eine ungleiche Verteilung von Chance und Risiko bedeuten würde, den Beklagten an das Ergebnis der Aufrechnung nicht rechtskräftig zu binden und ihm damit die Möglichkeit einer erneuten Geltendmachung seiner Aufrechnungsforderung zu ermöglichen, während der Untergang der Klageforderung gemäß § 322 I ZPO rechtskräftig feststeht, liefe es auch hier auf eine sachlich nicht gerechtfertigte Ungleichbehandlung hinaus, wenn im Falle der Aufrechnung des Klägers lediglich die Forderung, die den primären Klageanspruch bildet, von der Rechtskraft erfasst wäre[672]. Ein die Gesamtkonzeption des § 322 II ZPO berücksichtigendes Verständnis der klägerischen Prozessaufrechnung muss somit zu dem Ergebnis kommen, dass verglichen mit dem Normalfall der vom Beklagten erklärten Aufrechnung, hier gewis-

---

[668] Foerste, NJW 1993, S. 1183; Musielak/Musielak, § 322 Rn 80; Stein/Jonas/Leipold, § 322 Rn 178; ähnlich MüKo-ZPO/Gottwald, § 322 Rn 184; Noltze, S. 303 f.
[669] Foerste, NJW 1993, S. 1183.
[670] So Zeuner, JuS 1987, S. 358; a.A. Tiedtke, NJW 1992, S. 1475.
[671] Ebenso Noltze, S. 305.
[672] Zeuner, JuS 1987, S. 356 ff.; ders., NJW 1992, S. 2870.

sermaßen nur die Vorzeichen vertauscht sind, ohne dass sich damit an dem maßgeblichen Kernproblem der Gleichbehandlung der einander gegenüberstehenden Forderungen etwas ändert[673]. Der sich aus der materiell-wechselseitigen Beziehung der Aufrechnungsforderungen ergebende rechtliche Zusammenhang verbietet die Annahme eines solchen vom BGH postulierten speziellen einseitigen Schutzes des Aufrechnungsgegners. Derartige Ungleichbehandlungen zu verhindern sei die Funktion der in § 322 II ZPO angelegten Rechtskraftausdehnung[674].

dd) Sinn und Zweckerwägungen

In diesem Zusammenhang wird vor allem auch das vom BGH aufgestellte „Sinn und Zweck-Postulat" angegriffen, § 322 II ZPO diene allein und ausschließlich dem Schutz des Aufrechnungsgegners vor erneuter Inanspruchnahme, welches der an anderer Stelle unterstrichenen Äußerung, Sinn und Zweck des § 322 II ZPO sei es, zwei Forderungen, die von einer Aufrechnung notwendig gestaltet werden, auch hinsichtlich der Rechtskraft nicht verschieden zu behandeln[675], geradezu diametral entgegensteht. *Noltze* bemerkt hierzu zutreffend, dass es nicht Sinn und Zweck des § 322 II ZPO sein kann, den materiellen Aufrechnungsgegner zu schützen. Vielmehr werde der Schutz desjenigen bezweckt, der mit einem prozessualen Aufrechnungseinwand konfrontiert wird. Derjenige, der den Aufrechnungseinwand erhebt, soll seine Gegenforderung nicht noch einmal gerichtlich geltend machen können[676]. Auch dem von *Tiedtke* unterstellten Sanktionszweck des § 322 II ZPO fehle jeglicher fundierter Anhaltspunkt[677]. *Foerste*[678] und *Musielak*[679] betonen daher das eigentliche Ziel einer solchen Rechtskraftnorm, das darin besteht, wiederholte oder sogar widersprüchliche Entscheidungen zu vermeiden.

Auch gegen weitere Argumentationspunkte *Tiedtkes* wird Kritik geübt. So sei nicht einzusehen, weshalb in der Aufrechnung der Klageforderung eine nicht hinnehmbare Umgestaltung des Rechtsstreits zu sehen sein soll. Der Kläger „ersetze" den Klageanspruch nicht, denn dieser bleibe ja rechtshängig[680]. Natürlich habe der Kläger die Macht, die Gegenforderung einer rechtskräftigen Entschei-

---

673 Zeuner, JuS 1987, S. 357 f.
674 Zeuner, NJW 1992, S. 2870; ebenso: Foerste, NJW 1993, S. 1184; Musielak/Musielak, § 322 Rn 82; ders., GK ZPO Rn 297.
675 BGHZ 48, 359.
676 Noltze, S. 304.
677 Foerste, NJW 1993, S. 1183.
678 Foerste, NJW 1993, S. 1184.
679 Musielak/Musielak, § 322 Rn 82; ders., GK ZPO Rn 297.
680 Foerste, NJW 1993, S. 1184.

dung zuzuführen. Dies sei aber eher Annex der Macht, die Forderung sogar ganz zu vernichten[681]. Die Gegenforderung des Beklagten spiele im Prozess nur aufgrund der Klageforderung und in deren Höhe eine Rolle[682].
Unzutreffend ist ferner, dass jede Aufrechnung des Klägers mit der Klageforderung der Klage den Boden entziehe und damit zur Erfolglosigkeit verurteile. Ein Prozessverlust ist jedenfalls dann nicht zwingend, wenn die Klageforderung die Aufrechnungsforderung im Betrag übersteigt oder der Kläger den Rechtsstreit einseitig für erledigt erklärt.

d) Stellungnahme

Der soweit in allen Punkten zustimmungswürdigen Mindermeinung seien noch einige weitere, unbesprochen gebliebene Auffälligkeiten in der Argumentation der h.M. hinzugefügt, die Fragen aufwerfen.

Für die zwischenprozessuale Aufrechnung des Klägers mit seiner Klageforderung führt der BGH zur Untermauerung seiner eine Analogie ablehnenden Auffassung aus, im Grunde sei der Fall nicht anders zu beurteilen, als wenn der Kläger vor Klageerhebung aufgerechnet und nur den überschüssigen Restbetrag eingeklagt hätte. Es liege auf der Hand, dass das Gericht sich in diesem Fall mit der Aufrechnung nicht zu befassen hätte und die Rechtskraft des Urteils die von der Aufrechnung erfassten (Teil)Forderungen nicht berühren würde[683]. Dieser Vergleich mit einer vorprozessualen nicht prozessrelevanten Aufrechnung des Klägers lässt einen wesentlichen Unterschied zwischen beiden Fallgestaltungen unberücksichtigt. Dieser besteht darin, dass der Kläger in dem vom BGH erwähnten Vergleichsfall den aufgerechneten Teil eben gar nicht erst in den Prozess eingeführt hat. Bei einer Aufrechnung des Klägers mit der Klageforderung hat der Kläger jedoch zunächst die gesamte Forderung rechtshängig und zum Streitgegenstand gemacht. Selbstverständlich muss sich das Gericht dann mit der Forderung, anders als bei der vorprozessualen, vom Beklagten unwidersprochen gebliebenen Aufrechnung befassen[684].

Wenn *Tiedtke* der Meinung ist, dass der Umstand, dass das Gericht die Zulässigkeit der Aufrechnung und das Bestehen beider Forderungen prüft, alleine noch nicht ausreicht, um auch das Erlöschen der Gegenforderung in Rechtskraft erwachsen zu lassen, und sich hierbei auf einen Vergleich mit dem Zurückbehaltungsrecht stützt, dann hat er m.E. ebenfalls Unrecht. Ein derartiger Fall sei auch gegeben, wenn der Beklagte sich auf ein Zurückbehaltungsrecht wegen ei-

---

[681] Foerste, NJW 1993, S. 1184.
[682] Noltze, S. S. 305.
[683] BGH NJW 1992, 983.
[684] Ähnlich sieht der BGH die Situation zwar selbst, zieht daraus jedoch keinerlei Konsequenzen.

ner Gegenforderung beruft. Verneint das Gericht ein solches Zurückbehaltungsrecht wegen Nichtbestehens der Gegenforderung, so kann der Beklagte dieselbe ohne weiteres in einem anderen Rechtsstreit einklagen und erneut zur Überprüfung stellen[685]. Ein solcher Vergleich mit dem Zurückbehaltungsrecht ist aber hier, wo es um den Gegenstand der Rechtskrafterstreckung geht, nicht geeignet, irgendwelche Maßstäbe zu setzen. Denn das Zurückbehaltungsrecht führt nicht- wie sonst bei aufschiebenden Einreden- zur Klageabweisung, sondern zur Verurteilung Zug um Zug, die gegenüber der unbeschränkten Verurteilung kein *aliud*, sondern ein *minus* ist[686]. Durch die Verurteilung wächst nur die Feststellung der Leistungspflicht des Schuldners in Rechtskraft, nicht die Pflicht des Gläubigers zur Gegenleistung[687]! Dies ist ein gravierender Unterschied zwischen dem Zurückbehaltungsrecht und der Aufrechnung, weshalb beide Institute einem solchen Vergleich miteinander schon von ihren Grundlagen her nicht zugänglich sind.

Die in § 322 II ZPO formulierte „Geltendmachung" einer Aufrechnung impliziert quasi schon ihren Charakter als eine prozessuale Einwendung. Legt man das klägerische Prozessverhalten aber richtig aus, wird sich dieses niemals als bewusste Einwendung gegen seine eigene Klage darstellen. Unstreitig sind Parteihandlungen im Prozess der Auslegung zugänglich und bedürftig. Es kommt dabei allein darauf an, wie die Erklärung im Augenblick ihrer Abgabe unter Berücksichtigung aller erkennbaren Gesamtumstände verstanden werden muss, wobei sich die Partei im Zweifel stets so verstanden wissen und auf alle rechtlichen Gesichtspunkte stützen will, dass ihr Anliegen erfolgreich sein kann[688].

In dem ersten vom BGH zu entscheidendem Fall hatte sich ausdrücklich und nachweislich der Beklagte auf die außerprozessuale Aufrechnung des Klägers mit seiner Klageforderung berufen. Der Charakter als prozessuale Einwendung des Beklagten steht hier außer Frage. In der zweiten Entscheidung wird zu dem Umstand, wie die Tatsache der Aufrechnung in den Prozess gelangte, jedoch nichts mitgeteilt. Allein der Faktor, dass der Kläger die Klagrücknahme oder den Rechtsstreit in Höhe der Aufrechnung für erledigt erklärt, stellt sich nicht als Einwendung gegen seine Klage dar. Es ist richtig, dass der Kläger ein Interesse an der Fortführung des Rechtsstreites nur haben kann, wenn die aufgrund der erfolgreichen Aufrechnung abgewiesene Klage auch zur Folge hat, dass sich die Rechtskraft des Urteils insoweit ebenso auf den Untergang der Gegenforderung bezieht[689]. Das Ziel der klägerischen Erklärung war sicher nicht, seine Klage zu Fall zu bringen. Er wollte lediglich alles prozessökonomisch Sinnvolle

[685] Tiedtke, NJW 1992, S. 1475.
[686] Palandt/Heinrichs, § 274 Rn 1; Jauernig/Stadler, § 274 Rn 2.
[687] BGHZ 117, 1, 2 f.
[688] Rosenberg/Schwab/Gottwald, § 65 III, S. 407.
[689] So selbst Tiedtke, NJW 1992, S. 1474.

und der prozessualen Wahrheitspflicht gerecht werdende Erforderliche tun, um sein Verhalten im Prozess den außerprozessualen Umständen anzupassen. Hier von Vorwerfbarkeit zu sprechen, trifft sicher nicht in adäquater Weise die wahre Intention des Klägers. Unabhängig von der Dispositionsbefugnis der Parteien über den Streitgegenstand des Prozesses prüft doch das Gericht in ganz eigenständiger Weise alle ihm bekannt werdenden prozessrelevanten Tatsachen. Es gibt insoweit keine Verfügungsfreiheit der Parteien über den Tatsachenstoff. Die Frage ist damit nicht, ob § 322 II ZPO bei einer vom Kläger geltend gemachten Aufrechnung analog angewandt werden soll, sondern ob § 322 II ZPO bei einer vom Kläger zwar erklärten, durch das Gericht aber selbst zum prozessrelevanten Tatsachenstoff gemachten Aufrechnung analog angewandt werden muss. Hier wird es darauf ankommen, ob die Rechtskraftausdehnung des § 322 II ZPO auf die Gegenforderung maßgeblich vom Willen und Einfluss des Beklagten abhängen muss, oder ob diese auch von anderer Seite einer rechtskräftigen Entscheidung zugeführt werden kann. Dies ginge jedenfalls mit einer entsprechenden Einschränkung der Dispositionsfreiheit des Beklagten gegenüber seiner Gegenforderung einher.
Der Vorwurf, die Klägerin bringe ihre Klage in selbstverschuldeter Weise zu Fall, da sie die Aufrechnung nicht nur selbst erklärt, sondern auch selbst ohne Rücksicht darauf, wie sich der Beklagte dazu stellte, als Tatsache in den Prozess eingeführt und damit seine Klage unschlüssig macht[690], lässt diese grundlegende Motivation des Klägers außer Acht und berücksichtigt nur unzureichend das entsprechende Verhalten des Beklagten. Denn sowohl bei einer verweigerten Zustimmung zur Klagerücknahme, als auch bei einer einseitig bleibenden Erledigterklärung, begehrt der Beklagte schließlich eine Entscheidung in Form einer Klageabweisung, weil entweder der Klageanspruch von vornherein nicht bestand, oder aber mindestens wegen der Aufrechnung (ex tunc) erloschen ist. Sich nicht mit der verfahrensbeendigenden Erklärung des Klägers einverstanden zu zeigen oder sich dieser anzuschließen bedeutet, auf die Aufrechnung zu pochen und ihretwegen eine Entscheidung zu verlangen.

Die Annahme, § 322 II ZPO sei nur für den Normalfall gedacht, wo der Aufrechnende auch Schuldner der Forderung ist, die den Gegenstand des Rechtstreits bildet, entbehrt weitestgehend einer sachlichen Grundlage. Auch bei einer Aufrechnung des Klägers ist der Aufrechnende Schuldner einer Forderung. Diese bildet spätestens dann auch den Gegenstand des Rechtsstreits, wenn über sie zu befinden und zu entscheiden ist. Eine für die Aufrechnung konzipierte Rechtskraftnorm sollte immer im Gesamtzusammenhang gesehen werden und sich dadurch auszeichnen, dass sie auch für vom Normalfall abweichende Fälle

---

[690] Tiedtke, NJW 1992, S. 1475.

eine befriedigende Lösung bereithält. Es gibt in der Tat keinen Grund für einen solchen einseitigen Schutz.

Der Kläger hat sich den Nachteil auch nicht selbst zuzuschreiben, weil er entweder vor Erhebung der Klage hätte aufrechnen können oder die Aufrechnung erst nach Entscheidung über den ersten Rechtsstreit erklären sollen. Dies macht beispielsweise keinen Sinn, wenn der Beklagte die Existenz der Klageforderung bestreitet und deshalb auch die Aufrechnung nicht akzeptieren wird oder dem Kläger auf einem anderen Kriegsschauplatz die Vollstreckung droht, die er dort nur durch rechtzeitige Aufrechnung von sich abwenden kann. Eine Rechtskraftnorm muss aber sinnvoller Weise auf alle derart kalkulierbaren Fallkonstellationen anwendbar sein.

Der BGH stützt sich zur Begründung der Ablehnung einer Analogie zu § 322 II ZPO bei der Klägeraufrechnung maßgeblich auf den Wortlaut dieser Norm, die allein von der Aufrechnung „des Beklagten" spricht. § 322 II ZPO entspricht in diesem Punkte den anderen Bestimmungen über die Prozessaufrechnung, die ebenfalls allein die herkömmliche Beklagtenaufrechnung erfassen (§§ 145 III, 302 I, 322 II, 530 [a.F.] ZPO). Diese Argumentationskette ist durch die Reform der ZPO des Jahres 2001 und den dabei neu eingefügten § 533 ZPO erheblich ins Wanken geraten. Die Prozessaufrechnung in der Berufungsinstanz war bislang in § 530 ZPO geregelt, der, wie gesehen, allein die Beklagtenaufrechnung erwähnte. Der neue § 533 ZPO des Jahres 2001 enthält die Beschränkung auf die Aufrechnung des Beklagten nicht mehr. Damit hat der Gesetzgeber aus der Argumentationslinie des BGH einen wesentlichen Baustein herausgebrochen. Man könnte zwar einwenden, § 322 II ZPO sei unverändert geblieben und stelle nach wie vor allein auf die Beklagtenaufrechnung ab. Aber der Gesetzgeber hatte im Rahmen des ZPO-Reformgesetzes des Jahres 2001 keine Veranlassung, die übrigen Bestimmungen über die Prozessaufrechnung neu zu fassen, weil diese nicht im Mittelpunkt der Reformtätigkeit standen. Die Abkehr von der Beklagtenaufrechnung in § 533 ZPO n.F. zeigt, dass der Gesetzgeber selbst keinen Wert auf die Beschränkung der Regelungen über die Prozessaufrechnung auf den Beklagten legt.

2. Aufrechnung des Klägers mit anderer Forderung als Klageforderung

Die Aufrechnung des klagenden Gläubigers mit einer anderen Forderung als seiner Klageforderung oder einem nicht eingeklagten Teil seiner Klageforderung ist möglicherweise die in der Praxis am häufigsten vorkommende Konstellation, weil sie, meist vorprozessual oder noch in der Klageschrift erklärt, ein typisches Mittel des Klägers ist, durch Ausschaltung einer möglichen Gegenforderung des Beklagten den Erfolg seiner Klage zu sichern. Die auf diese Weise vorprozessual aufgerechnete Gegenforderung des Klägers wird im Prozess nur dann von Bedeutung sein, wenn der Beklagte die Aufrechnung für nicht wirksam hält und deswegen seine nicht erloschene Gegenforderung noch aufrechnungshalber der Klageforderung entgegen zu halten versucht. Das Gericht hat sodann nicht nur das Bestehen der Klageforderung, sondern auch die Wirksamkeit der vorprozessualen Aufrechnung und damit das Bestehen der beiden Gegenforderungen zu prüfen. Kommt es zu dem Ergebnis, dass beide Gegenforderungen bestanden und die vorprozessuale Aufrechnung wirksam war, wird es der Klage stattgeben, sie anderenfalls bei Durchgreifen der Beklagtenaufrechnung abweisen. Die Entscheidung über die Klageforderung wird demzufolge rechtskräftig gemäß § 322 I ZPO. Was die aufgerechneten Gegenforderungen betrifft, ist die Rechtskraftfrage jedoch völlig unklar.

Die vorprozessuale Aufrechnung des Klägers ist für den Prozess zunächst nicht von Einfluss, sofern der Beklagte ihr nicht durch einen eigenen Aufrechnungsversuch widerspricht. Sie ist solang bloße, allerdings bestreitbare Tatsache, sonst aber weder direktes Angriffs- noch Verteidigungsmittel.

Noltze sieht dagegen den Aufrechnungseinwand i.S.d. § 322 II ZPO, offensichtlich bezogen auf die vorprozessuale Aufrechnung, als vom Kläger erklärt[691]. Wie er dabei zu der Annahme einer direkten Anwendung des § 322 II ZPO auf die Gegenforderung des Beklagten kommt, bleibt allerdings unklar, hat dieser nach seiner Darstellung doch gar keine Aufrechnung geltend gemacht. Entscheidend für die Frage der Anwendbarkeit einer Prozessnorm muss aus dem sachlogischem Zusammenhang aber sein, wer Aufrechnungsgegner im Prozess und nicht wer Aufrechnungsgegner der außerprozessualen Aufrechnung ist.
Da die vorprozessuale Aufrechnung somit immer nur durch ein Bestreiten des Beklagten prozessrelevant wird, ist *er* derjenige, der die Aufrechnung gegen die Klageforderung geltend macht. Folglich müsste man daran denken, auf das Erlöschen seiner Gegenforderung § 322 II ZPO direkt anzuwenden, während bei konsequenter Anwendung der herrschenden Rechtskraftgrundsätze eine rechtskräftige Feststellung über die im Erfolgsfall der vorprozessualen Aufrechnung ebenfalls erloschene klägerische Forderung ausbliebe.

a) Rechtsprechung

Der BGH hatte anders als bei der Aufrechnung des klagenden Gläubigers mit seiner bereits eingeklagten Forderung eine solche Konstellation noch nicht zu entscheiden. Dagegen liegt ein Urteil des OLG Koblenz[692] vor, welches die Er-

---

[691] Noltze, S. 310.
[692] OLG Koblenz, Urteil v.12.9.1996, JR 1997, 466-468; siehe auch OLG Frankfurt a.M., Urteil v. 29.2.1996, NJW-RR 1997, 526 f.

streckung der Rechtskraft auf die Gegenforderung des Klägers entsprechend § 322 II ZPO mit der kurzen Begründung ablehnt, die Aufrechnung habe hier nicht als unmittelbares Angriffsinstrument gedient. Die Entscheidung folgt damit ausdrücklich den vom BGH vertretenen Grundsätzen zur Klägeraufrechnung.

Interessanterweise ändern aber die in dieser Konstellation von der ständigen Rechtsprechung als unumstößlich determinierten Schutzzweckvorstellungen des § 322 II ZPO hier ihre Vorzeichen. Während die fehlende Rechtskraft bislang den Kläger traf, der sich vor einer erneuten Inanspruchnahme durch den Beklagten fürchten musste, ist es nun der Beklagte selbst, der zwar, seiner Gegenforderung verlustig geworden, keine entsprechende Sicherheit bezüglich der gleichfalls erloschenen vorprozessualen Forderung des Klägers hat. Dient somit die Rechtskraftnorm des § 322 II ZPO ausschließlich dem Schutz des Aufrechnungsgegners vor erneuter Inanspruchnahme, müsste dieser Zweck eine Analogie des § 322 II ZPO auf die Forderung des Klägers jedenfalls in diesem Fall rechtfertigen.

b) Literaturstimmen

Soweit diese Fallgruppe in der rechtswissenschaftlichen Debatte überhaupt explizite Erwähnung findet und als solche einzelne Fallgruppe erkannt wird, gibt es auch hier teils Befürworter[693], teils Gegner[694] einer entsprechenden Anwendung des § 322 II ZPO auf die Gegenforderung des Klägers.

Am deutlichsten äußert sich wohl *Pawlowski*, wenn er in seinen Ausführungen, die zwar eher von Präklusions- als von Rechtskraftfragen motiviert sind, konstatiert, eine Verschiedenbehandlung sei nicht gerechtfertigt, weil auch für die Aufrechnung des Klägers die Beweiserhebungstheorie gelte. Das Urteil beruhe insoweit in der gleichen Weise auf der Entscheidung über die Aufrechnung des Klägers, wie es auf der Entscheidung über die Aufrechnung des Beklagten beruht. Das Gebot der Waffengleichheit im Prozess rechtfertige es daher, wenn man auch beiden Parteien das Risiko der Bindung an eine Fehlentscheidung sowie des Verlustes infolge Präklusion auferlegt[695].

Eine interessante, wenn auch nicht recht überzeugende Argumentation liefert darüber hinaus *Niklas*: Er vergleicht diesen Fall der Aufrechnung des klagenden Gläubigers in Anlehnung an den Normalfall mit den Fällen der Aufrechnung des

---

693 Niklas, MDR 1987, S. 98 f.; Pawlowski, ZZP 104 (1991) S. 267; Musielak/Stadler, § 145 Rn 27; Noltze, S. 310 f.; (*Braun* dagegen meint den Fall der Gegenaufrechnung des Klägers, ZZP 89 (1976) S. 104, insofern ungenau Noltze, Fn. 742).

694 Zöller/Vollkommer, § 322 Rn 24 (mit Verweis auf OLG Koblenz NJW-RR 1997, 1426).

695 Pawlowski, ZZP 104 (1991) S. 267.

klagenden Schuldners (negative Feststellungs- und Vollstreckungsgegenklage) und sucht nach dem einschlägigen Vergleichskriterium, ob sich auch hier der Beklagte als Aufrechnungsgegner im Rahmen der Aufrechnung in einer dem Klagegegner vergleichbaren Position befindet. Dies sei zu bejahen, denn auch in der vorliegenden Konstellation werde der Beklagte mit der Aufrechnungsforderung im Wege der Klage überzogen[696]. Dies geschehe zwar nicht direkt, so aber doch auf dem Umweg der um den Aufrechnungsbetrag reduziert geltend gemachten Klageforderung. Durch die Geltendmachung der Restforderung behaupte der Kläger im Rahmen der Klage schlüssig, dass seiner Aufrechnung der Vorzug gebühre, mithin seine Aufrechnung berechtigt sei. Der Kläger überziehe den Beklagten somit indirekt auch mit der Aufrechnungsforderung im Wege der Klage, so dass dieser den Rechtskraftschutz verdiene[697].

Es will bei dieser Argumentation jedoch nicht so recht einleuchten, weshalb sich der Beklagte hier in einer dem Klagefall ähnlichen Position befinden soll. Macht doch der Kläger deutlich die Aufrechnungsforderung gerade nicht zum Klage- und damit zum Entscheidungsgegenstand[698]. Für oder gegen die beiden außerprozessualen Forderungen wäre ohne Einwand des Beklagten damit auch nichts entschieden.

c) Eigene Ansicht

Sind die um eine Gleichstellung in der Rechtskraftfrage beider Aufrechnungsforderungen bemühten Ansichten hinsichtlich dieser Intention auch zu befürworten, stellt sich doch die Frage, ob nach dem zum Vorrang der Aufrechnungen im Kollisionsverhältnis Gesagten[699] eine solche Analogie überhaupt bemüht werden muss, oder ob nicht eine einfachere, eine Lösung *de lege lata* gefunden werden kann. Ist abgesehen von der Klageforderung und der Gegenforderung des Beklagten eine dritte Forderung des Klägers im Spiel, kommt es entscheidend auf die Reihenfolge des Erlöschens der durch die jeweiligen Aufrechnungserklärungen betroffenen Forderungen an. Denn erst danach bestimmt sich, wer mit seiner Aufrechnung zum Erfolg gelangt, wer somit überhaupt aufgerechnet hat und auf wessen Erklärung § 322 II ZPO demnach möglicherweise Anwendung findet.

---

696 Niklas, MDR 1987, S. 99.
697 Niklas, MDR 1987, S. 99.
698 Niklas kommt damit eher zu dem „Zufallsergebnis" einer entsprechenden Anwendung des § 322 II ZPO. Im Übrigen verteidigt er die Argumentationslinie des BGH.
699 § 1 E.V.

aa) Rechtzeitiger Widerspruch

Die Betrachtungen zur Kollision von Klägeraufrechnung und Beklagtenaufrechnung beim Vorhandensein mehrerer Forderungen des aufrechnenden klagenden Gläubigers[700] haben gezeigt, dass ein rechtzeitiger Widerspruch[701] des Beklagten gegen die vorprozessuale Aufrechnung des Klägers und damit gegen die von diesem vorgenommene Anrechnungsbestimmung auf seine nicht eingeklagte Forderung kein eigenes, neues Aufrechnungsverhältnis begründet, sondern vielmehr nur geeignet ist, den gesetzlichen Anrechnungsmodus des § 366 II BGB wirksam werden zu lassen[702]. Der Widerspruch des Beklagten greift damit nur modifizierend in das durch den Kläger begründete Aufrechnungsverhältnis ein, soweit er versucht, den freien Anrechnungswillen des Aufrechnenden und die damit einhergehende Tilgungswirkung zu beeinflussen. Was bedeutet das für die Rechtskraft?

Führt die gesetzliche Tilgungsregel des § 366 II BGB ausnahmsweise zum Erfolg des Widerspruchs des Beklagten, handelt es sich immer noch um eine Aufrechnung des Klägers, und zwar dann um eine mit seiner eigenen Klageforderung. In diesem Fall ist, was die Rechtskraftfrage betrifft, auf die oben dargestellte Fallgestaltung zu verweisen[703].

Hat der Widerspruch des Beklagten wegen des Anrechnungsvorrangs der Klägeraufrechnung keinen Erfolg, ist die Erklärung aus materiell-rechtlichen Gründen (§§ 396 I, 366 II BGB) unbeachtlich. Sie hat keine Bedeutung im Sinne einer „Geltendmachung der Aufrechnung“, da sie weder eigene materielle Erklärung im Sinne des § 388 BGB noch darauf bezogener prozessualer Einwand ist. Über einen Widerspruch des Beklagten wird nicht rechtskräftig entschieden, da er eben keine Erklärung im Sinne von § 322 II ZPO ist. Ergeht über die Forderung des Beklagten aus diesem Grunde keine rechtskräftige Entscheidung, besteht auch ein solches Bedürfnis für die Gegenforderung des Klägers nicht. Beide Parteien haben für sich gesehen nicht mehr verloren als die jeweils andere Partei und können ihre Forderungen mit gleicher Chance und gleichem Risiko einer erneuten und verbindlichen Entscheidung zuführen. Damit ist das prozessuale Gleichgewicht der Forderungen, ungeachtet der materiellen Wahrheit, also der Richtigkeit der Entscheidung gewahrt, ohne dass es der Heranziehung einer Analogie bedürfte. Rechtskräftig wird allein die Entscheidung über die Klageforderung gemäß § 322 I ZPO.

---

[700] § 1 E.V.1.
[701] Als solcher ist der unbedingte und unverzüglich gegen eine in der Klageschrift erklärte Aufrechnung des Klägers gerichtete, eigene Aufrechnungsversuch des Beklagten zu werten.
[702] Staudinger/Gursky, § 396 Rn 23; Gernhuber, § 12 VIII, 3, S. 305.
[703] Vgl. § 2 C.III.1.

bb) Nicht rechtzeitiger Widerspruch

Ist der Widerspruch des Beklagten gegen die vorprozessuale Aufrechnung des Klägers mit seiner Gegenforderung nicht unverzüglich[704] abgegeben, kann er in einen solchen auch nicht mehr umgedeutet werden. Es fehlt ihm der unmittelbare Bezug zur Aufrechnungserklärung des Klägers. Anders als bei dem rechtzeitigen Widerspruch ist hier die Charakterisierung als Aufrechnungserklärung zwingend. Denn eine Umdeutung der Erklärung in einen Widerspruch i.S.v. § 396 I S. 2, 2. Alt. BGB macht nur solange Sinn, wie der Beklagte damit sein Ziel des Erlöschens der nicht eingeklagten Forderungen noch erreichen kann. Eine in der Klageschrift abgegebene und damit gerichtskundige Aufrechnungserklärung des Klägers lohnt sich sicher nicht mit einer eigenen, zeitlich nachfolgenden Aufrechnungserklärung zu bestreiten. Die Tatsache der früheren Aufrechnung des Klägers ist gerichtskundig, das Gegenteil nicht mehr beweisbar. In diesem Fall ist der Widerspruch keine sinnvolle Verteidigungsstrategie um möglicherweise doch noch eine andere Erlöschensreihenfolge herbeizuführen.

Bei dem nicht mehr rechtzeitigen Widerspruch gegen eine Aufrechnung des Klägers lange vor Klageerhebung muss der Erklärung des Beklagten dennoch jede mögliche Wirkung, die noch zum gewünschten Erfolg führen kann, belassen werden. Kann der Kläger die Tatsache der vorprozessualen Aufrechnung und damit das frühere Erlöschen der Forderungen nicht nachweisen, gewinnt die Aufrechnungserklärung des Beklagten im Prozess wieder an Bedeutung. Die Erklärung muss im Zweifel immer so ausgelegt werden, dass sie zum Erfolg führt. Kann der Widerspruch des Beklagten die Wirkung des § 389 BGB also nicht mehr hindern, bleibt die Erklärung des Beklagten in ihrer Eigenschaft als eigene Aufrechnungserklärung bestehen. Bei einer nachweislich erfolgreichen vorprozessualen Aufrechnung des Klägers geht diese jedoch „ins Leere"[705].

Was bedeutet das hinsichtlich der Rechtskraftfrage? Wenn es auch vermeintlich wünschenswert wäre, eine Abhängigkeit der prozessualen Beachtlichkeit vom materiellrechtlichen Erfolg der Aufrechnung zu fingieren, um so die Rechtskraftfrage ebenso wie bei dem rechtzeitigen Widerspruch gar nicht erst relevant werden zu lassen, würde dies dem tatsächlichen Prozessgeschehen letztlich nicht in adäquater Weise gerecht werden. Denn zum einen geht es hier nicht, wie beispielsweise in dem umgekehrten Fall der prozessualen Unbeachtlichkeit der materiell wirksamen Aufrechnungserklärung[706], darum, ein Auseinanderfallen von materieller und prozessualer Rechtslage verhindern zu müssen. Über die

---

[704] Zu dem Kriterium der Unverzüglichkeit siehe § 1 E.V.1.c.
[705] Zöller/Greger, § 145 Rn 22, mit Hinweis auf BGH DRiZ 1954, S. 129.
[706] Vgl. die Darstellung in § 1 D.

einmal abgegebene Aufrechnungserklärung rechtskräftig zu entscheiden, liegt schließlich auch im Interesse des Klägers, der ähnlich wie der Beklagte hinsichtlich der Klageforderung durch die Erklärung der Aufrechnung einer Gegenforderung schuldig gestellt wird. Zum anderen besteht für den Beklagten, der einer rechtskräftigen Feststellung seiner erfolglosen Aufrechnung entgehen will, nicht zuletzt auch die Möglichkeit, die Prozessaufrechnung als Prozesshandlung zurückzunehmen[707]. Ein richterlicher Hinweis diesbezüglich wäre sicher sinnvoll. Erfolgt keine Rücknahme, muss eine rechtskräftige Entscheidung des Gerichts über das Bestehen oder Nichtbestehen der Gegenforderung als beabsichtigt betrachtet werden. Da es der Beklagte ist, der sich mit der Aufrechnung zu verteidigen versucht, ist auf die Entscheidung über seine Forderung § 322 II ZPO direkt anwendbar. Die Entscheidung über die zugleich verbindlich mitentschiedene Gegenforderung des Klägers bedarf dann zur Vermeidung der bekannten Unbilligkeiten einer Analogie über § 322 II ZPO. Eine solche kann in dieser Konstellation jedenfalls nicht mit der einschlägigen Argumentation des BGH abgelehnt werden. Denn die Rechtskraft der klägerischen Gegenforderung würde -jedenfalls den materiellen Aufrechnungsgegner der Klägeraufrechnung- vor erneuter Inanspruchnahme schützen.

IV. Gegenaufrechnung

Soweit eine Mindermeinung die Gegenaufrechnung überhaupt für zulässig hält und sie nicht von vornherein aufgrund der Rückwirkung der Beklagtenaufrechnung ins Leere gehen lässt[708], besteht keine Einigkeit betreffend einer rechtskräftigen Entscheidung über die jeweiligen Gegenforderungen.

Die Betrachtungen zur Zulässigkeit der Gegenaufrechnung haben gezeigt, dass auch wenn eine entsprechende Aufrechnungserklärung des Klägers aufgrund zeitlicher Nachrangigkeit jedenfalls bei einer unbedingt erklärten Aufrechnungserklärung des Beklagten gegen die Klageforderung keinen Erfolg mehr haben kann, so doch eine Umdeutung in einen Widerspruch sehr wohl zu einer Änderung in der Tilgungsrichtung führen kann. Hat der Widerspruch wegen der den Kläger als Inhaber einer Forderungsmehrheit begünstigenden Tilgungsreihenfolge des § 366 II BGB Erfolg, führt dies zum Erlöschen nicht der Klageforderung, sondern der beiden Gegenforderungen. Was bedeutet dies hinsichtlich der Rechtskraft?

---

[707] Müko-BGB/Schlüter, § 387 Rn 42 m.w.N.
[708] Siehe § 1 E.V.2.

1. Befürworter einer Analogie

Braun[709] kommt durch fallvergleichende Überlegungen mit einem Zahlungsurteil zu dem Ergebnis einer Gleichstellung der Erfüllungshandlungen Aufrechnung und Zahlung und damit zu einer Rechtskrafterstreckung auf die Gegenforderung des Klägers. Zahle der Kläger auf eine vom Beklagten *eventualiter* zur Aufrechnung gestellte Gegenforderung, werde über diese rechtskräftig gemäß § 322 II ZPO erkannt. Da sich die Rechtskraft einer Entscheidung, die einen Anspruch deshalb verneint, weil er durch Zahlung erloschen ist, stets auch darauf erstrecke, dass diese Zahlung mit Rechtsgrund erfolgt ist, könne der Kläger das aufgrund der Zahlung Geleistete nicht über einen Kondiktionsanspruch wieder heraus verlangen. Warum sollte er, falls er nicht das Erfüllungsmittel der Zahlung, sondern das der Aufrechnung wählt, hinsichtlich dieser besser stehen? Die Aufrechnung könne im Hinblick auf die Rechtskraft nicht grundsätzlich andere Folgen haben als die Zahlung[710]. Dem im Prozess erfolgreich aufrechnenden Kläger müsse es daher verwehrt sein, Erfüllung zu verlangen, falls er nachträglich beweisen kann, dass die Forderung des Beklagten von Anfang an nicht bestanden hat. Das heißt, dass über die Gegenforderung des Klägers rechtskräftig entschieden wird. Die Rechtskraft einer Entscheidung über die Aufrechnungsforderung des Klägers reiche daher genauso weit wie eine Entscheidung über die Aufrechnung des Beklagten gemäß § 322 II ZPO[711].

Die Befürworter einer entsprechenden Anwendung des § 322 II ZPO auf die Gegenforderung des Klägers bei einer zulässigen Gegenaufrechnung fordern daher für den Beklagten den gleichen Schutz durch Rechtskraft, wie § 322 II ZPO ihn dem Kläger gewährt[712].

2. Einzelmeinung *Mankowski*

Mankowski allerdings sieht die Konstellation der Gegenaufrechnung von dem Streit über den Umfang der Rechtskraft bei einer Aufrechnung des Klägers gar nicht erst betroffen[713]. Mit dem erfolgreichen Widerspruch des Klägers richte sich die Aufrechnung des Beklagten nicht mehr gegen die Klageforderung, sondern gegen die nicht eingeklagte Gegenforderung des Klägers, §§ 396 I S. 2, 2. Alt., 366 II 2. Alt. BGB. Dies führe rückwirkend zu einer Änderung in der Erlöschensrichtung. Entscheidet das Gericht nunmehr über die Aufrechnung des Beklagten, könne diese nicht mehr an der Rechtskraft des Urteils teilnehmen. Denn es werde durch das Gericht lediglich festgestellt, dass die Aufrechnung gegen

---

[709] Braun, ZZP 89 (1976) S. 93, 105 f.
[710] Braun, ZZP 89 (1976) S. 93, 106.
[711] Braun, ZZP 89 (1976) S. 106.
[712] Niklas, MDR 1987, S. 99; Musielak/Stadler, § 145 Rn 27; Noltze, S. 319.
[713] Mankowski, JR 1996, S. 223, 229, Fn. 78.

die Klageforderung aus materiellrechtlichen Gründen unzulässig ist. Ein solcher Ausspruch nimmt aber an der Rechtskraft nicht teil[714]. Rechtskräftig entschieden werde demnach nur über die eingeklagte (Teil)Forderung des Klägers. Dadurch würde auch verhindert, dass der Kläger sich über den Weg der Gegenaufrechnung einen Titel über die Gesamtforderung bei reduziertem Kostenrisiko quasi erschleicht[715].

3. Eigene Ansicht

Die eine Analogie zu § 322 II ZPO befürwortenden Ansichten versuchen zwar eine prozessuale Gleichbehandlung zwischen den durch die Aufrechnung erloschenen Gegenforderungen herzustellen, gehen aber nicht mit der hier vertretenen Ansicht konform, soweit sie unberücksichtigt lassen, dass der Kläger keine eigene Aufrechnung erklärt, sondern durch seinen Widerspruch dem durch den Beklagten begründeten Aufrechnungsverhältnis lediglich eine andere Tilgungsrichtung verleiht.

Anders dagegen *Mankowski*. Wenngleich seiner Auffassung, die beide durch die Aufrechnung erloschenen Forderungen von der Rechtskraft unberührt sieht, im Ergebnis auch zuzustimmen ist, bestehen dennoch Bedenken gegen den Begründungsweg. Richtig ist, dass eine rechtskräftige Entscheidung nicht ergeht, wenn die Aufrechnung aus materiellrechtlichen Gründen unzulässig ist[716], beispielsweise aufgrund eines Aufrechnungsverbots oder nach §§ 390 ff. BGB. In dem hier zu erörternden Fall ist die Aufrechnung jedoch zulässig; nur hatte der Kläger aufgrund seines Widerspruchsrechts die Macht, eine Änderung in der Erlöschensrichtung herbeizuführen. Mit anderen Worten: Es liegt eine voll wirksame Aufrechnung des Beklagten vor, die jedoch nicht zum Erlöschen der von ihm in der Aufrechnung Bezug genommenen Forderung führt, sondern zu der vom Kläger durch seinen Widerspruch bestimmten Forderung. Welchen Einfluss hat das auf die Entscheidung des Gerichtes über die Aufrechnung des Beklagten?

Die Aufrechnung des Beklagten ist aufgrund des Widerspruchs des Klägers also nicht aus materiellen Gründen unzulässig. Der Widerspruch führt lediglich zu einer Umlenkung der Anrechnungsbestimmung und nimmt der Aufrechnung damit höchstens im Verhältnis ihrer Tilgungsrichtung die Wirksamkeit und damit auch den prozessualen Angriffscharakter in Bezug auf die Klage.

Ziel muss es sein, über die Aufrechnung des Beklagten nur dann eine rechtskräftige Entscheidung zu erlangen, wenn sich die Aufrechnung auch gegen die Klageforderung richtet. Denn nur dann ist der spezielle aufrechnungstypische

---

[714] Mankowski, JR 1996, S. 229.
[715] Mankowski, JR 1996, S. 229.
[716] BGH NJW 1997, 743; MüKo-ZPO/Gottwald, § 322 Rn 187; Zöller/Vollkommer, § 322 Rn 18 m.w.N.

Zusammenhang zwischen Klage- und Gegenforderung im Rahmen des § 322 II ZPO auch betroffen. Nur ein solches Verständnis lässt sich schließlich mit dem Sinn und Zweck des § 322 II ZPO vereinbaren.

Wenn es in § 322 II ZPO heißt: „Macht der Beklagte die Aufrechnung einer Gegenforderung geltend, [...]", kann sich dies, in Ausnahme zu dem Grundsatz, dass über Vorfragen, die den Bestand der Klageforderung betreffen, nicht rechtskräftig entschieden wird, nur auf eine gegen die Klageforderung geltend gemachte Gegenforderung beziehen. Richtet sich die Aufrechnung aber infolge der Änderung der Tilgungsrichtung von vornherein nicht mehr gegen die Klageforderung, ist die Entscheidung über sie auch keine für die Klageforderung relevante Vorfrage. Absatz II des § 322 ZPO steht nicht isoliert, sondern ist stets in Beziehung zu Absatz I zu verstehen, nämlich in Beziehung auf den Klageanspruch. Ist die Gegenforderung aber für den Klageanspruch nicht von Einfluss, wird über sie auch nicht rechtskräftig entschieden. Das Erlöschen der beiden Gegenforderungen ist nicht mehr Gegenstand der Entscheidung des Gerichts und nimmt deshalb an der Rechtskraft nicht teil.
Durch § 322 II ZPO soll der Aufrechnungsgegner vor erneuter Inanspruchnahme ebenso geschützt sein, wie der Klagegegner durch die Feststellung nach § 322 I ZPO. Dafür besteht vernünftigerweise im vorliegenden Zusammenhang aber kein Bedürfnis, da es bereits an einer ersten Inanspruchnahme fehlt. Der Widerspruch des Klägers nimmt der Aufrechnung des Beklagten den prozessualen Charakter eines Angriffs- bzw. Verteidigungsmittels. Hat die Aufrechnung des Beklagten in Bezug auf die Klageforderung keine prozessrelevante Bedeutung, ist sie wie eine sonstige außerprozessuale Aufrechnung für den Prozess nicht beachtlich. Sie ist kein der Rechtskraft fähiges Element der Hauptentscheidung.

V. Fazit

Mit den vorstehenden Überlegungen wurde versucht, die einzelnen Fallkonstellationen der Klägeraufrechnung hinsichtlich der Frage nach dem Umfang der rechtskräftigen Entscheidung unter Zugrundelegung des konventionellen Rechtskraftverständnisses und der vom BGH vertretenen Auffassung einer Lösung zuzuführen. Ziel war es, eine mit den materiellrechtlichen Wertungen der Aufrechnung übereinstimmende Rechtskrafterstreckung zu ermöglichen.

Die vom BGH für die Klägeraufrechnung bei der negativen Feststellungsklage und der Vollstreckungsgegenklage angeführten Argumente geben dabei eine Leitlinie und bilden den Maßstab aller der mit einer Aufrechnung im Prozess verwurzelten Rechtskraftprobleme. Danach ist das maßgebliche Kriterium des § 322 II ZPO nicht die prozessuale Parteistellung des Aufrechnenden, „sondern die besondere materiellrechtliche Eigenart der Aufrechnung, die sich gleichzeitig untrennbar auf zwei einander gegenüberstehende Forderungen auswirkt“[717]. Die Erwähnung der Parteirolle hat allenfalls erläuternde Bedeutung, nicht aber die eines unabdingbaren Tatbestandsmerkmals. Vielmehr besteht der Sinn und Zweck des § 322 II ZPO darin, „zwei Forderungen, die von einer Aufrechnung notwendig gemeinsam gestaltet werden, auch hinsichtlich der materiellen Rechtskraft nicht unterschiedlich zu behandeln“[718]. Allerdings wendet der BGH diese Grundsätze über die Feststellungsklage und die Vollstreckungsgegenklage hinaus nicht auf die übrigen Fälle der Klägeaufrechnung an.

Abgesehen von der Aufrechnung des Klägers, die er mit einer anderen Forderung als der Klageforderung vornimmt[719] sowie den Fällen der Gegenaufrechnung, die in der Regel über eine sachgemäße Anwendung der Widerspruchsvorschriften und ohne eine Normerweiterung des § 322 II ZPO auskommen[720], bleibt für die Konstellation der Aufrechnung des Klägers mit seiner eigenen Klageforderung eine Lösung zu suchen.

---

[717] BGHZ 48, 359.
[718] BGHZ 48, 359.
[719] Vgl. § 2 C.III.2.
[720] Vgl. § 2 C.IV.

D: Rechtskrafterweiterungsversuche

Die vorstehenden Überlegungen haben gezeigt, dass nicht alle Fallgruppen der Klägeraufrechnung einer Lösung ohne Rückgriff auf § 322 II ZPO zugänglich sind. Im Folgenden soll daher an die Thematik einer Normerweiterung des § 322 II ZPO herangeführt werden.

Seit jeher hat es umfangreiche Bestrebungen gegeben, die Reichweite der materiellen Rechtskraft über die engen Grenzen des § 322 I ZPO hinaus auszudehnen, ohne dabei auf die längst überwundene Lehre Savignys zurückzufallen[721]. Es kann an dieser Stelle nur grob auf die Grundthesen einiger wichtiger Vertreter aus dieser Richtung eingegangen werden. Das große Interesse an einer solchen Ausdehnung ist bis heute ungebrochen, ja geradezu wieder aktuell. Für verschiedene Sachverhalte scheint bis heute keine befriedigende Lösung gefunden, wenn es um die Vermeidung von materiellrechtlichen Widersprüchen zwischen mehreren Entscheidungen geht. Gleichwohl haben sich in Rechtsprechung und herrschender Lehre in Abweichung von der konventionellen Begrenzungspraxis einige Ausnahmefälle etabliert[722], in denen auch Urteilselemente in gewissem Maße an der Rechtskraft teilnehmen, um Entscheidungen zu verhindern, die ein ein vorheriges Urteil inhaltlich entwerten, bzw. durch die das Ersturteil mit dem Urteil im Zweitprozess seinen Sinn verlieren würde. Eine qualifizierte Begründung bleibt man allerdings meist schuldig.

Im Folgenden soll abhängig von der jeweiligen Darstellung das Augenmerk auf den speziellen Aufrechnungszusammenhang beschränkt bleiben.

I. Der Schutz von materiellrechtlichen Sinnzusammenhängen nach *Zeuner*

Heftige und bis heute noch anhaltende Diskussionen hat *Zeuner* mit seiner 1957 erschienen Schrift „Die objektiven Grenzen der materiellen Rechtskraft im Rahmen rechtlicher Sinnzusammenhänge“ hervorgerufen[723]. Er versuchte an-

---

[721] Siehe bereits Klöppel, „Die Einrede der Rechtskraft nach der Deutschen Civilprozessordnung“, 1892, worauf bereits Reischl, S. 181 f. hinweist.

[722] Ausführliche Darstellung bei Otte, § 3, S. 29 ff. mit umfangreichen Fallbeispielen und Nachweisen.

[723] Zeuner folgend: Blomeyer, ZPR, S. 489 f.; Bruns, ZPR, Rn 233 f.; Schlosser, ZPR, Rn 225 f.; Martens, ZZP 79 (1966) S. 441; Schönke/Kuchinke, S. 352; Grunsky, Verfahrensrecht, § 47 IV 2 b; Henckel, S. 175, 191, 198 ff.; Zeiss, ZPR, Rn 574; Kerameus, AcP 167 (1967) S. 241; Gilles, ZZP 83 (1970) S. 61, 114, Fn. 242; Altmeppen, ZIP 1992, S. 449, 453, Fn. 88; Wieling, JZ 1986, S. 5, 10 f.; ähnlich Foerste, ZZP 108 (1995) S. 167 (Ausgleichszusammenhang); ablehnend: BGHZ 85, 67, 373; 93, 330, 335; 94, 29, 33; Brox, JuS 1962, S. 121, 123 ff.; Lent, ZZP 73 (1960) S. 316; Yoshimura, S. 248; Otte, S. 47 ff.; Zöller/Vollkommer, Vor § 322 Rn 36; Peters, ZZP 76 (1963) S. 229; Reischl, S. 185 ff., 194; für eine Lösung über § 242 BGB, § 138 ZPO: Jauernig, ZPR, § 63 III 2; Musielak/Musielak, § 322 Rn 27; ders., FS Nakamura (1996) S. 429; A. Blomeyer, FS Lent (1957) S. 55, Fn. 57; Lüke, ZPR, Rn 365; für

hand der Aufzählung zahlreicher Fallgestaltungen, in denen die Beschränkung der Rechtkraft auf den Urteilstenor zu nicht hinnehmbaren Widersprüchen führt, auf das Bedürfnis einer Lösung zur Vermeidung materiellrechtlicher Unstimmigkeiten zwischen zwei Urteilen aufmerksam zu machen. So könne beispielsweise der Gläubiger eines Darlehensvertrages, der zunächst erfolgreich die vereinbarten Zinsen einklagt, in einem nächsten Prozess, in dem er nunmehr Rückzahlung der Darlehenssumme fordert, nicht mehr mit der Begründung abgewiesen werden, zwischen den Parteien habe ein Darlehensvertrag nicht bestanden[724]. Auch sei nicht einzusehen, dass der Beklagte, der sich erfolgreich mit der Einrede der Erfüllung gegen eine Leistungsklage verteidigte, später das zur Erfüllung Geleistete im Wege der Bereicherungsklage mit der Begründung zurückfordern könnte, die Schuld habe gar nicht bestanden[725].

Zeuner sieht daher zur Ermittlung der Rechtskraftgrenzen eine Notwendigkeit der Formulierung von sachlichen Abgrenzungsprinzipien gegeben. § 322 I ZPO gebe für sich gesehen keine Klarheit über Umfang und Reichweite des inneren Entscheidungsgehalts eines Urteils[726]. Die lediglich auf Präjudizialität und das kontradiktorische Gegenteil beschränkten Rechtskraftwirkungen seien äußerst unbefriedigend und führten in vielen Fällen eines wertungsgleichen Konstruktionszusammenhangs nicht weiter[727]. *Zeuner* versucht sich daher an einer Verallgemeinerung und Übertragung der den Präjudizialitätsverhältnissen zugrunde liegenden Ordnungsstruktur. Präjudizialität bezwecke im Grunde die Wahrung einer inhaltlichen Beziehung zwischen dem rechtskräftig Festgestelltem und der neu zu beurteilenden Rechtsfolge. Beide seien in der materiellrechtlichen, strukturellen Ordnung miteinander verbunden. In gleicher Weise stünden auch die Gründe des Urteils in einer Sinnbeziehung zu der neu zu beurteilenden Rechtsfolge des Zweiturteils. Soweit der nachfolgende Prozess als inhaltliche Fortsetzung des rechtskräftig abgeschlossenen Vorprozesses erscheint, wohne dem ein telelogisches Richtungselement inne, welches eine Bindung an den materiellrechtlichen Sinnzusammenhang ebenso erfordere, wie in Fällen echter Präjudizialität[728]. Die erweiterte Rechtskraftwirkung solle somit eingreifen, wenn ein solcher teleologischer Sinnzusammenhang zwischen der rechtskräftig festgestellten und der im zweiten Prozess geltend gemachten Rechtsfolge besteht[729]. Der für § 322 I ZPO maßgeblichen Vorhersehbarkeit der Reichweite

---

eine vorsichtige, erweiterte Ausdehnung der Rechtskraft: Stein/Jonas/Leipold, § 322 Rn 218 f.; MüKo-ZPO/Gottwald, § 322 Rn 49 f.; Schwab, JZ 1959, S. 186 f.; Baumbach/Lauterbach/Albers/Hartmann, § 322 Rn 5.

[724] Zeuner, Sinnzusammenhänge, S. 54.

[725] Zeuner, Sinnzusammenhänge, S. 84 ff.

[726] Zeuner, Sinnzusammenhänge, S. 4.

[727] Zeuner, Sinnzusammenhänge, S. 13 ff., 27 ff.

[728] Zeuner, Sinnzusammenhänge, S. 44 f., 57.

[729] Zeuner, Sinnzusammenhänge, S. 173.

des rechtskräftigen Entscheidungsgehaltes werde durch das Abgrenzungskriterium des teleologischen Zusammenhangs genügend Rechnung getragen. Die Bindung im Rahmen bestimmter inhaltlicher und materiellrechtlicher Sinnzusammenhänge sei für die Parteien nicht überraschend, sondern ohne weiteres vorhersehbar[730]. Ein solcher Sinnzusammenhang liegt nach *Zeuner* beispielsweise zwischen dem Herausgabeanspruch nach § 985 BGB und den sich daraus ergebenden Nebenansprüchen aus §§ 987 ff. BGB vor. Wird der Anspruch aus § 985 BGB rechtskräftig zuerkannt, darf ein später geltend gemachter Anspruch aus §§ 987 ff. BGB nicht deshalb abgelehnt werden, weil das Eigentum an der Sache nicht bestehe[731].

1. Anwendung auf die Klägeraufrechnung

Bei Zugrundelegung des engen konventionellen Rechtskraftverständnisses, welches im Falle einer Aufrechnung im Prozess von § 322 II ZPO immer nur eine Forderung erfasst sieht, nämlich die vom Beklagten geltend gemachte Gegenforderung, werden die der Aufrechnung innewohnenden teleologischen Zusammenhänge nicht beachtet. Die Anwendung der *Zeunerschen* Theorie auf die Lösung der Klägeraufrechnungsfälle würde den materiellrechtlichen Zusammenhängen des Aufrechnungsvorganges dagegen weitaus besser gerecht. Die der Aufrechnung innewohnende materiellrechtliche Ordnungsstruktur ergibt den erforderlichen Sinnzusammenhang, der eine das teleologische Richtungselement des Erlöschens der beiderseitigen Forderungen ignorierende Zweitentscheidung verbietet. Wird einmal mit Rechtskraft über eine durch Aufrechnung erloschene Forderung befunden, darf die Wirkung des § 389 BGB in einem zweiten Prozess, was die Gegenforderung betrifft, nicht noch einmal in Frage gestellt werden. Der materiellrechtliche Sinnzusammenhang bliebe damit gewahrt. Im Übrigen würde dies auf alle Aufrechnungskonstellationen gleichermaßen zutreffen. Eine mühselige Differenzierung zwischen Erklärung und Geltendmachung des Klägers oder des Beklagten bliebe somit erspart.

2. Bewertung

Die Vorteile eines solch weiteren Rechtskraftverständnisses liegen auf der Hand. *Zeuners* Theorie von der rechtskräftigen Wahrung materieller Sinnzusammenhänge ermöglicht eine weitgehend einheitliche Entscheidung zusammengehöriger Sachverhalte und hilft, materielle Widersprüche zwischen mehren Urteilen zu vermeiden. Auf gerichtsinterner Ebene ist sie geeignet, „Abstimmungslük-

---

[730] Zeuner, Sinnzusammenhänge, S. 44 f.
[731] Zeuner, Sinnzusammenhänge, S. 69 f., 143 ff., 146.

ken" zu beseitigen und eine prozessuale Doppelarbeit der Gerichte einzuschränken[732].

Überwiegend aber wird der Begriff des rechtlichen Sinnzusammenhangs im Rahmen einer intendierten Ordnung für zu unscharf und unbestimmt gehalten, um ihm hinreichend Praktikabilität bei der Bestimmung des Rechtskraftumfangs abgewinnen zu können[733]. Als eine rechtspolitische Schattenseite wird der Theorie *Zeuners* darüber hinaus die Perpetuierung falscher Urteile vorgeworfen. Erweist sich das Ersturteil als eine sachlich falsche Entscheidung, würde eine Rechtskrafterstreckung kraft Sinnzusammenhangs dazu führen, dass auch das zweite Urteil falsch ist[734]. Das Kriterium des Sinnzusammenhangs erweist sich ferner praktisch nicht durchführbar bei der Einklagung eines Teilbetrages. Da der Gegenanspruch nicht teilbar ist, müsste die Rechtskraftwirkung nach *Zeuner* ganz entfallen[735]. Auch aus prozessökonomischer Sicht ergeben sich Bedenken. Ob ein entsprechender Sinnzusammenhang gegeben ist oder nicht, bedürfte mühsamer und aufwendiger Konkretisierungsarbeit der Gerichte, denn eine derart differenzierte Feststellung kann sich nur aus den Urteilsgründen ergeben[736]. Wie bei Urteilen zu verfahren ist, bei denen von vornherein darauf verzichtet wird[737], bleibt fraglich[738]. Die Annahme einer Rechtskraft materieller Sinnzusammenhänge hat sich daher nicht durchsetzen können.

Aus der jüngeren Literatur sieht *Otte* die von *Zeuner* dargestellten Fallgruppen als Fälle klassischer Vorfragenidentität[739]. Seiner Meinung nach müsse man auf das Verhältnis der Rechtsschutzinteressen zueinander abstellen. Eine Unterscheidung zum Normalfall der Vorfragenidentität sei nur dann einzusehen, wenn bei wertender Betrachtung eine teleologische Sinnbeziehung der beteiligten Rechtsschutzinteressen vorläge und nur diese Sinnbeziehung eine Rechtskraftwirkung der Urteilselemente rechtfertigt. Eine solche Sinnbeziehung sei gegeben, wenn die Verwirklichung des einen Rechtsschutzinteresses das andere Rechtsschutzinteresse - ohne mit ihm deckungsgleich zu sein- in anderer Form oder Ausprägung verwirklicht[740].

---

[732] Reischl, S. 187.

[733] Stein/Jonas/Leipold, § 322 Rn 216 f.; Jauernig, ZPR, § 63 III 2; Rimmelspacher, S. 184 ff.; Schulte, S. 70; Yoshino, S. 44; Arens/Lüke, ZPR, Rn 365; Zöller/Vollkommer, Vor § 322 Rn 36.

[734] Peters, ZZP 76 (1963) S. 231 ff.; Otte, S. 58.

[735] Zeuner, Sinnzusammenhänge, S. 90; Peters, ZZP 76 (1963) S. 232 ff.

[736] Schulte, S. 71.

[737] Z.B. im Fall des § 313 a I 2 ZPO bei Verzicht auf die Urteilsgründe oder in den Fällen des § 313 b I ZPO bei Versäumnis-, Anerkenntnis- oder Verzichtsurteilen.

[738] Peters, ZZP 76 (1963) S. 234.

[739] Otte, S. 49.

[740] Otte, S. 49.

Genau dies trifft für den Aufrechnungszusammenhang zu. Durch das zeitgleiche und untrennbar miteinander verbundene Erlöschen der durch die Aufrechnung betroffenen Gegenforderungen hat sich für beide Parteien die Durchsetzungs- und Befriedigungsfunktion ihrer Forderungen durch Aufrechnung realisiert. In demselben Moment, in dem sich das Interesse der einen Partei durch Selbstexekution verwirklicht, setzt sich untrennbar damit verbunden auch das konnexe Rechtsschutzinteresse der anderen Partei durch.

Aus diesem Grund bleibt auch festzustellen, dass die für die Theorie *Zeuners* befürchteten Nachteile auf die Aufrechnung, als einen gesetzlich genau definierten und daher rechtlich transparenten Sinnzusammenhang, nicht zutreffen.

II. Der Schutz von Ausgleichzusammenhängen

Von besonderem Interesse ist die in Anknüpfung an *Zeuners* Sinnzusammenhänge konkretisierte These von *Foerste* zur Rechtskraft in Ausgleichszusammenhängen[741], da das Institut der Aufrechnung quasi als „Mutter" des Ausgleichszusammenhangs betrachtet werden kann.
Ausgleichszusammenhänge bestehen überall dort, „wo mindestens zwei Rechtspositionen durch einen gesetzlichen Wertungszusammenhang derart verbunden sind, dass eine divergierende Entscheidung über sie auch jene Bewertung beschädigen müsste"[742]. So sei es vor allem bei gegenseitigen Verträgen, wo die im „*do ut des*" Verhältnis stehenden Ansprüche auf Leistung und Gegenleistung mehrfach aufeinander bezogen und gegenseitig bedingt sind. Ausgleichzusammenhänge heben sich von den Fällen, in denen es „lediglich" um die Vermeidung prozessualer Doppelarbeit oder Aushöhlungsgefahr durch ein möglicherweise abweichendes Zweiturteil geht dadurch ab, dass ihre Nichtbeachtung durch eine vom Ersturteil abweichende Zweitentscheidung einer identischen und maßgeblichen Vorfrage per se *eindeutig* falsch und *schädlich* ist. Denn bereits die bloße Divergenz der Entscheidungsergebnisse verstoße gegen das materielle Recht, wenn ein Ausgleichszusammenhang zerrissen und einer Partei der danach nötige Ausgleich genommen wird[743]. Dies wird beispielsweise deutlich, wenn nach der Verurteilung zu Lieferung und Übereignung der Kaufsache die anschließende Klage des Verkäufers auf Kaufpreiszahlung wegen der Unwirksamkeit des im ersten Urteil als wirksam vorausgesetzten Vertrages abgewiesen wird. Beide Urteile werden rechtskräftig und kollidieren mittelbar hinsichtlich der gemeinsamen Vorfrage der Rechtsgültigkeit des zugrunde liegenden Vertrages.

[741] Foerste, ZZP 108 (1995) S. 167 ff.; siehe auch schon Zeuner, Sinnzusammenhänge, S. 75 ff.
[742] Foerste, ZZP 108 (1995) S. 170.
[743] Foerste, ZZP 108 (1995) S. 170.

1. Teleologische Reduktion des § 322 I ZPO

Nachdem ein materiellrechtlicher Schutz der Ausgleichszusammenhänge über eine Analogie zum Leistungsstörungsrecht, einen Bereicherungsausgleich oder über die Arglisteneinrede nicht Erfolg versprechend scheint, sucht *Foerste* nach einem prozessualen Schutz über eine partielle Erweiterung der Rechtskraft auf den verbindenden Entscheidungsgrund aus dem Ersturteil. Ausgleichszusammenhänge scheinen nach *Foerste* außerhalb der *ratio legis* des § 322 I ZPO zu liegen, da eine Überrumpelungsgefahr - das für die enge Rechtskraftbegrenzung tragende Motiv- für die Parteien kaum zu befürchten ist. Wer aufgrund Gesetzes einen Vorteil nur deshalb erlangt, weil die andere Partei dafür einen Ausgleich bekommt, weiß, dass sein Gewinn im Falle eines Prozesssieges mit der Verpflichtung zum Ausgleich einhergeht[744]. Im Wege einer teleologischen Reduktion des § 322 I ZPO sei dieser „nur insoweit" anzuwenden, als die Entscheidung die Parteien tatsächlich überrumpeln könnte. Eindeutig auszuschließen sei dies eben bei Ausgleichzusammenhängen, weshalb der Anwendungsbereich der Ausnahmevorschrift unter Beachtung des Normzwecks und im Interesse genügender Rechtssicherheit bei der Abgrenzung einschlägiger Anwendungsfälle auf solche Ausgleichszusammenhänge reduziert sein sollte[745].

2. Analoge Anwendung des § 322 II ZPO

Darüber hinaus führe aber auch eine Analogie des § 322 II ZPO zu dem gewünschten Schutz der Ausgleichszusammenhänge[746]. Die extensive Anwendung des § 322 II ZPO auf den Fall, dass eine Gegenforderung bestand und durch Aufrechnung erloschen ist, lässt in Ausnahme zu § 322 I ZPO bereits einen Entscheidungsgrund an der Rechtskraftwirkung teilhaben. Grund hierfür sei ebenfalls die notwendige Beachtung eines Ausgleichszusammenhangs. Bliebe dem Beklagten trotz erfolgreicher Aufrechnung seiner Gegenforderung die Möglichkeit, dieselbe nochmals einzuklagen, führe dies zu einem evidenten Rechtsbruch. Der Kläger hätte aufgrund der Aufrechnung nicht nur seinen Klageanspruch verloren, sondern müsste den Beklagten im Zweifel sogar nochmals in Geld befriedigen[747]. Der zu beachtende Ausgleichszusammenhang folge für die Aufrechnung aus der zwingenden Wertung des § 389 BGB. Hat man sich aber dafür entschieden, diesen speziellen Ausgleichszusammenhang durch Rechtskraft zu schützen, wäre es schlicht willkürlich, § 322 II ZPO nicht auch für son-

---

[744] Die Parteien wären wohl eher überrascht, wenn das Gericht eine Entscheidung fällt, die den Ausgleichszusammenhang zerreißt.
[745] Foerste, ZZP 108 (1995) S. 177.
[746] Foerste, ZZP 108 (1995) S. 178 f.
[747] Foerste, ZZP 108 (1995) S. 178.

stige Ausgleichszusammenhänge zu öffnen[748]. Soweit man durch die Novelle des § 293 CPO einer erweiterten Auslegung des § 322 II ZPO eigentlich den Boden entzog[749], sei der Gesetzgeber einem dogmatischen Irrtum erlegen gewesen[750].

3. Bewertung

Der sichtliche Schwachpunkt an *Foerstes* Argumentation liegt in einer unzulässigen Gleichstellung sämtlicher Ausgleichszusammenhänge mit dem besonderen Ausgleichszusammenhang der Aufrechnung. Dieser vollzieht sich direkt und zeitgleich vor einem Gericht, die Aufrechnungswirkung nach § 389 BGB tritt daraufhin unmittelbar und für beide Forderungen gleichzeitig ein, was die Entscheidung in Begründung und Wirkung einmalig, umfassend und unumstößlich sein lässt. Eine Meinungsänderung zu den Voraussetzungen des Ausgleichs kann sich daraufhin nicht mehr auswirken[751]. Die Regelung des § 322 II ZPO basiert somit nicht auf der generellen durch § 389 BGB inspirierten Natur der Ausgleichszusammenhänge, sondern auf der in ihrer Art einmaligen Durchsetzungs- und Befriedigungsfunktion der Aufrechnung[752]. Auf andere Ausgleichszusammenhänge, deren verbindender Charakter auch zeitlich auseinander fallen kann, ist diese Wirkung nicht ohne weiteres übertragbar. So hängt die Beurteilung synallagmatischer Pflichten nicht zwingend von der Meinung nur eines Gerichtes ab, vielmehr entscheidet ein Zweitgericht völlig autonom und möglicherweise abweichend über den Rechtsgrund des Austauschverhältnisses[753]. Dies ist ein wesentlicher Unterschied zum Typus der Aufrechnung.

Eine Analogie auf sämtliche Ausgleichsverhältnisse würde sich durch § 322 II ZPO nur rechtfertigen lassen, wenn es Grundlage und Ziel der Norm wäre, einen Entscheidungsgrund in Rechtskraft erwachsen zu lassen, weil es- unabhängig vom Zeitpunkt- überhaupt irgendwann zu einem Ausgleich kommen soll[754]. Eine solche Motivation ist der Norm aber nicht zu entnehmen. Die von *Foerste* vorgeschlagene Analogie des § 322 II ZPO auf Ausgleichszusammenhänge läuft letztlich auf eine Rechtskraft der Entscheidungsgründe hinaus, eine Folge, gegen die sich der Gesetzgeber ausdrücklich entschieden hatte[755].

---

[748] Foerste, ZZP 108 (1995) S. 179.
[749] § 2 A.II.1.
[750] Foerste, ZZP 108 (1995) S. 179.
[751] Otte, 57.
[752] Noltze, S. 288.
[753] Otte, S. 57.
[754] Ebenso Otte, S. 57.
[755] Gegen eine Rechtskrafterstreckung im Synallagma auch: Batschari/Durst, NJW 1995, S. 1650 ff.; Schellhammer, Rn 880 f.; Reischl, S. 182 ff., 194; Rosenberg/Schwab/Gottwald, § 153 IV, S. 1070 f.; Zöller/Vollkommer, Vor § 322 Rn 36; skeptisch: Peters, ZZP 76 (1963) S. 242; a.A.: Zeuner Festgabe 50 Jahre BGH (2000) S. 358.

Nicht ganz so einfach lässt sich dagegen der Gedanke einer teleologischen Reduktion zurückweisen, indem man darauf abstellt, die Rechtskrafterstreckung auf Ausgleichszusammenhänge könne zwar für die Parteien eine Überraschungsgefahr ausschließen, nicht aber die Gefahr der Perpetuierung eines unrichtigen Ersturteils beseitigen. Die Bindung des Zweitrichters führe zwar zu einem Ausgleich, möglicherweise aber auch zu einem zweiten materiellrechtlich unrichtigen Ergebnis[756]. Richtig ist, dass auch die Gefahr der Aufrechterhaltung falscher Urteile ein maßgebliches Kriterium für die enge Konzeption des § 322 I ZPO war[757]. In welchem Verhältnis aber steht die bloße Gefahr der Perpetuierung eines falschen Urteils zu der sicheren Zerstörung eines Ausgleichszusammenhanges? Ist nicht die Beachtung eines ein *„do ut des“* Verhältnis bestätigenden Urteils, auch wenn es sich als materiell falsch erweist, vorzugswürdiger? Immerhin liegt diesem rechtskräftigen Urteil ein materieller Ausgleich zwischen den Parteien zugrunde. Ein zweites, (möglicherweise!) berichtigendes Urteil nimmt dagegen diesen Ausgleich und schafft aktiv materiellen Unfrieden im Sinne einer nicht gerechtfertigten einseitigen Vermögensverschiebung.

Es ist ein nach allen Rechtskrafttheorien unstreitiger Grundsatz, dass die materielle Rechtskraft die im Urteil festgestellte Rechtslage als unangreifbar und richtig gelten lässt[758]. Die materielle Rechtskraft führt dazu, dass grundsätzlich alle Mängel des früheren Verfahrens, abgesehen von der Unwirksamkeit der Entscheidung oder der Wiederaufnahme des Verfahrens gemäß §§ 578 ff. ZPO als unbeachtlich gelten, gleich ob es sich um fehlerhafte Tatsachenfeststellungen oder um eine unrichtige Anwendung des materiellen oder prozessualen Rechts handelt[759]. Der Gesetzgeber hat damit dem Interesse an Rechtsgewissheit den Vorrang vor dem individuellen Interesse der unbegrenzten Geltendmachung behaupteter Urteilsmängel und der Gerechtigkeit im Einzelfall eingeräumt[760].

Wenn sich die materielle Rechtskraft auch nur auf die konkrete einzelne Rechtsfolge bezieht und hier lediglich eine Vorfragenidentität gegeben ist, so ignoriert doch das zweite Urteil den eigentlichen Entscheidungsgehalt des Ersten. Was nützt der Schutz der Rechtskraft dem ersten Urteil, wenn es inhaltlich durch die Zweitentscheidung doch ausgehöhlt werden kann? Die Gefahr der Perpetuierung eines falschen Urteils ist demgegenüber in mehrerlei Hinsicht relativ und hypothetisch. Sie setzt nicht nur die Gewissheit besserer Einsicht voraus, sie ist auch im Verhältnis zu betrachten mit dem prinzipiellen Geltungsanspruch des unrichtigen Urteils und der Gefahr der Erzeugung neuen materiellen Unrechts.

---

[756] Rosenberg/Schwab/Gottwald, § 153 IV, S. 1070 f.; Otte, S. 57.
[757] Hahn/Mugdan, Materialien, II/1, S. 608 f.
[758] Lenenbach, S. 44.
[759] Stein/Jonas/Leipold, § 322 Rn 263.
[760] Stein/Jonas/Leipold, § 322 Rn 262.

So bleibt zu fragen, ob in diesem konkreten Zusammenhang der Austauschverhältnisse die Perpetuierungsgefahr nicht zugunsten der Vermeidung eines noch größeren Übels zurücktreten muss. Mit der umfassenden Beachtung des Ersturteils wird jedenfalls ein gewisser Ausgleich im Sinne einer ausgleichenden Gerechtigkeit - wenn auch im Unrecht- gewahrt, anstatt ein nach materiellem Recht zwar (möglicherweise!) richtiges Zweiturteil zu bekommen, der Gerechtigkeit im eigentlichen Sinne damit aber nicht zu helfen.

Das jedoch ist eine Grundsatzfrage, für deren abschließende Beantwortung hier kein Raum ist. Spielt die Perpetuierungsgefahr keine Rolle oder wird sie zugunsten der „Wahrung von Recht im Unrecht" verdrängt, gibt es kein Argument gegen eine teleologische Reduktion des § 322 I ZPO in Bezug auf solche Ausgleichszusammenhänge.

Mit der Aufrechnung haben die Ausgleichszusammenhänge schließlich eines gemeinsam: das Bestehen oder Nichtbestehen des einen Rechtes kann nicht ohne Einfluss auf die entsprechend korrespondierende Pflicht beurteilt werden. Leistung und Gegenleistung eines synallagmatischen Vertrages sind durch die *causa* des gegenseitigen Austausches untrennbar verbunden. Daraus folgt, dass die verbindende Rechtsgrundlage jeweils gleich beurteilt werden sollte um dem Entscheidungsgehalt des Ersturteils nicht völlig die Grundlage zu entziehen bzw. es nicht substanziell gänzlich zu entwerten und den Eintritt einer mit den materiellrechtlichen Wertungen übereinstimmenden Rechtskrafterstreckung zu ermöglichen.

4. Anwendung auf die Klägeraufrechnung

Es liegt auf der Hand, dass die Anwendung von *Foerstes* Theorie sämtliche im Zusammenhang mit der Klägeraufrechnung auftretenden Rechtskraftprobleme lösen würde. Denn selbstverständlich macht es für den Ausgleichszusammenhang keinen Unterschied, von wem der Ausgleich gefordert oder ausgelöst wird, vom Kläger oder dem Beklagten. Es bedarf auch keiner gesonderten Erwähnung, dass die Aufrechnung gerade die originäre materielle Basis seiner Theorie bildet und quasi als Prototyp fungiert.

Foerste hat versucht, eine Norm, die für einen besonderen Einzelfall entstanden ist, *contra legem* oder zumindest *praeter legem* auf generelle, gleiche Einzelmerkmale besitzende Zusammenhänge auszudehnen. Für die Aufrechnung aber ist dieser Zusammenhang im Gesetz bereits angelegt und als Ausnahme eines ansonsten engen Rechtskraftverständnisses *de lege lata* verankert.

III. Erweiterung der Begriffe der Präjudizialität und der Kontradiktion

Die Bindungswirkung der materiellen Rechtskraft greift nach deutschem Verständnis über den Fall der Klagenidentität hinaus nur dann ein, wenn entweder das kontradiktorische Gegenteil beantragt wird oder die Entscheidung des ersten Prozesses für den folgenden Prozess präjudiziell ist. Teilweise[761] wird daher versucht, die Kategorien der Präjudizialität und des kontradikorischen Gegenteils einer erweiterten Auslegung zuzuführen, um schließlich auf diesem Wege den Ergebnissen *Zeuners* und einem erweiterten Rechtskraftverständnis doch noch näher zu kommen. Es bleibt zu betrachten, welche Auswirkungen dies auf den Fall der Klägeraufrechnung hat.

1. Ausgangspunkt kontradiktorisches Gegenteil

Nach ganz h.M. steht einer Klage die Rechtskraft entgegen, wenn der frühere Beklagte des Erstprozesses den Streit in seiner Umkehrung erneut anhängig macht und das genaue, mit der rechtskräftigen Feststellung des Erstprozesses unvereinbare Gegenteil begehrt[762]. Der Begriff des kontradiktorischen Gegenteils lässt sich auf zwei unterschiedliche Fallgruppen anwenden:

Wird einer Klage auf Feststellung des Eigentums stattgegeben, so steht der negativen Feststellungsklage des Beklagten auf Feststellung des Nichtbestehens des Eigentums des Klägers die Rechtskraft entgegen[763]. Man spricht in diesem Fall auch von dem „echten" kontradiktorischen Gegenteil, weil eine völlige Identität des Streitgegenstandes gegeben ist, wenn das logisch exakte Gegenteil verlangt wird[764]. Aber auch in Fällen des „unechten" kontradiktorischen Gegenteils, wenn z.B. in demselben Fall mit einer positiven Feststellungsklage die Feststellung des Eigentums des früheren Beklagten begehrt wird, wirkt die Rechtskraft gegen die zweite Klage[765]. Hier wird zwar nicht das unmittelbare

---

[761] Gottwald sprich sogar von der herrschenden Lehre, vgl. Müko-ZPO/Gottwald, § 322 Rn 48.

[762] BGH NJW 1993, 2684; NJW 1995, 1757; NJW 1996, 396; Rosenberg/Schwab/Gottwald, § 153 II, S. 1068; Stein/Jonas/Leipold, § 322 Rn 197; Zöller/Vollkommer, Vor § 322 Rn 21; Musielak/Musielak, § 322 Rn 21.

[763] BGH NJW 1993, 2684 f.; NJW 1995, 967 f.; Stein/Jonas/Leipold, § 322 Rn 197; Zöller/Vollkommer, Vor § 322 Rn 21; Rosenberg/Schwab/Gottwald, § 153 II 1, S. 1068 f.; MüKo-ZPO/Gottwald, § 322 Rn 39; Reischl, S. 209.

[764] Rimmelspacher, S. 180; Zeuner, Sinnzusammenhänge, S. 49; Koussoulis, S. 199; gegen eine solche Terminologie: Reischl, S. 209, weil sie nicht als Abgrenzung taugt, ob es sich im jeweiligen Fall um Identität des Streitgegenstandes oder um Präjudizialität der Rechtsfolgen handelt.

[765] Jauernig, ZPR, § 63 II; Rosenberg/Schwab/Gottwald, § 153 II, S. 1069; Rimmelspacher, S. 181 f.; Koussoulis, S. 202; Fall einer gebotenen Rechtskrafterweiterung: Musielak/Musielak, § 322 Rn 21.

Gegenteil des alten Streitgegenstandes verlangt, die begehrte Rechtsfolge ist dennoch mit dem rechtskräftigen Ersturteil sachlich unvereinbar[766]. Beide Klagen beruhen auf dem identischen Lebenssachverhalt, während der zweiten Klage der Antrag zugrunde liegt, eine von dem rechtskräftigen Ersturteil abweichende Entscheidung zu treffen. Die Streitgegenstände sind hier zwar nicht identisch, dennoch wird das exakte gesetzliche Gegenteil der im Erstprozess getroffenen Aussage begehrt[767].

Die Fälle der Klägeraufrechnung sind mit der Konstruktion des kontradiktorischen Gegenteils nicht zu lösen. Klagt der Beklagte seine im Erstprozess durch Klägeraufrechnung erloschene Forderung in einem zweiten Verfahren selbständig ein, liegt weder eine Streitgegenstandsidentität vor, noch verlangt er das exakte Gegenteil im Sinne einer „Umkehrung" des im Erstprozess Zu- bzw. Abgesprochenen.

2. Ausgangspunkt Präjudizialität

Dagegen unterscheiden sich die Fälle der Präjudizialität vom kontradiktorischen Gegenteil dadurch, dass eine Identität des Lebenssachverhaltes nicht vorliegt. Prozessuale Bindungswirkung entfaltet eine Entscheidung im Rahmen einer zweiten Klage mit anderem Streitgegenstand dennoch, wenn der Inhalt der rechtskräftigen Entscheidung zum Tatbestand der im zweiten Prozess geltend gemachten Rechtsfolge gehört[768]. Der rechtskräftige Inhalt des Ersturteils bindet den Richter des Folgeprozesses hier im Sinne einer Vorfrage. Er ist in seinem Zweiturteil an die rechtskräftig entschiedene Vorfrage gebunden und hat diese seiner Entscheidung ohne erneute eigene sachliche Prüfung zugrunde zu legen[769]. Typische Beispiele für eine solche Präjudizialitätswirkung sind die Bereicherungsklage des rechtskräftig zur Kaufpreiszahlung Verurteilten oder die

---

766 Überwiegend wird auch hier auch hier ein Fall der Streitgegenstandsidentität angenommen, vgl. BGH NJW 1993, 2684; NJW 1995, 967 f.; Doderer, NJW 1991, S. 878 f.; Zöller/Vollkommer, Vor § 322 Rn 21.

767 Teilweise wird diese Fallgruppe auch als (unechte) Präjudizialität verstanden, vgl. Koussoulis, S. 202; Reischl, S. 209; MüKo-ZPO/Gottwald, § 322 Rn 40 mit der Begründung, Identität im Sinne der bloßen Verneinung der Leistungspflicht sei nur im Verhältnis von positiver und negativer Feststellungsklage oder von Feststellungs- und Leistungsklage denkbar.

768 BGH NJW 1983, 2032; NJW 1993, 3204 f.; Rosenberg/Schwab/Gottwald, § 153 III, S. 1069; Zöller/Vollkommer, Vor § 322 Rn 24; MüKo-ZPO/Gottwald, § 322 Rn 46; Stein/Jonas/Leipold, § 322 Rn 204; Rimmelspacher, S. 179 f.; Koussoulis, S. 229 ff., 235 ff.; Reischl, S. 210.

769 Musielak/Musielak, § 322 Rn 22; MüKo-ZPO/Gottwald, § 322 Rn 24; Thomas/Putzo, § 322 Rn 9; Schellhammer, Rn 878.

Eigentumsherausgabeklage nach im Vorprozess rechtskräftig festgestelltem Eigentums des Klägers[770].

So führt auch ein strenges Päjudizialitätsverständnis im Falle der Klägeraufrechnung nicht zur Beachtlichkeit der aufgrund der wirksamen Aufrechnung erloschenen Gegenforderung des Beklagten im Zweitprozess. Denn ist § 322 II ZPO nicht anwendbar, handelt es sich gerade nicht um eine rechtskräftig entschiedene Vorfrage. Die Wirksamkeit der Aufrechnung ist zwar als Vorfrage ein relevantes Tatbestandsmerkmal der im Zweitprozess zu entscheidenden Rechtsfolge. Jedoch sind die Frage der Wirksamkeit der Aufrechnung und das Erlöschen der Gegenforderung als Einzelglieder des Subsumtionsschlusses ohne Anwendbarkeit des § 322 II ZPO nur rechtskraftlose Gründe der Vorentscheidung.

3. Die Auffassung *Schwabs*

Um in bestimmten Fällen dennoch die inhaltliche Tragweite der im Rahmen des § 322 I ZPO getroffenen Entscheidung zu erweitern, versucht eine von *Schwab*[771] als Vorreiter dieser Strömung geführte Ansicht im Wege einer erweiternden Auslegung der Begriffe „Präjudizialität" und „kontradiktorisches Gegenteil" gleichwohl zu einer Berücksichtigung materiellrechtlicher inhaltlicher Sinnzusammenhänge im Sinne des Anliegens von *Zeuner* zu gelangen[772].

Präjudizialität eines Rechtsverhältnisses liege sonach nicht nur dann vor, wenn die Entscheidung des Vorprozesses zum Tatbestand der bedingten Rechtsfolge gehört, sondern auch in den Fällen der Ausgleichszusammenhänge. Denn dort seien die Entscheidung des Vorprozesses und des Folgeprozesses derart eng miteinander verbunden und aufeinander abgestellt, dass eine gegensätzliche Entscheidung des Folgeprozesses auch die Entscheidung des Vorprozesses in ihrer Existenz beeinträchtigen müsste[773]. Um derartig logisch unvereinbare Entscheidungen handele es sich eben auch bei gegenseitigen Verträgen oder wenn die

---

[770] BGH NJW 1982, 1147 f.; Reischl, S. 210; Müko-ZPO/Gottwald, § 322 Rnn. 41, 47.; Musielak/Musielak, § 322 Rn 22; Koussoulis, S. 231.

[771] Im Gegensatz zu früheren Auflagen hat sich Gottwald heute von einer Erweiterung der Begriffe und einer entsprechenden Bindungswirkung distanziert, Rosenberg/Schwab/Gottwald, § 153 IV, S. 1070.

[772] Schwab, JZ 1959, S. 786 f.; Stein/Jonas/Leipold, § 322 Rn 218; MüKo-ZPO/Gottwald, § 322 Rn 50; Baumbach/Lauterbach/Albers/Hartmann, § 322 Rn 5; Koussoulis, S. 229 ff.; Zeuner, FS Zweigert (1981) S. 615; vorsichtig: Peters, ZZP 76 (1963) S. 229 f., 242 f.; für eine weitergehende Interpretation der Urteilsformel im Sinne einer Ausdeutung des Urteilsinhalts: Lent, ZZP 73 (1960) S. 316 ff., 319; gegen jede Ausdehnung: Musielak/Musielak, § 322 Rn 27; ders., FS Nakamura (1996) S. 42, 429.

[773] Schwab, JZ 1959, S. 787.

Klage aufgrund einer erfolgreichen Aufrechnung abgewiesen und die zur Aufrechnung verwendete Forderung dann erneut eingeklagt wird[774].

Ein kontradiktorisches Gegenteil soll ferner bereits dann vorliegen, wenn die angestrebte Entscheidung die Wirkung des rechtskräftig gewordenen Urteils in irgendeiner Weise zu beeinträchtigen vermag[775].

Zu solchen Fällen, die in „Grenzbereichen" bei „wertender Betrachtung" den Fällen unstreitiger Bindung gleichstehen[776], zählt diese Meinungsgruppe in Übereinstimmung das Urteil über einen Grundbuchberichtigungsanspruch (§ 894 BGB), durch welches zugleich auch die Eigentumslage rechtskräftig festgestellt wird sowie die Rechtskraftwirkung bei der negatorischen Unterlassungsklage im Verhältnis zum Schadensersatzprozess[777]. Dagegen soll das Eigentum des Klägers bei einer Herausgabeklage als bloße Vorfrage ohne Beziehung zur Schlussfrage nicht rechtskräftig festgestellt sein[778]. Auch wird eine Bindungswirkung auf den Gegenanspruch beim gegenseitigen Vertrag überwiegend abgelehnt[779].

4. Bewertung

Obwohl hier im Ausgangspunkt eine Rechtskraft der Entscheidungsgründe ausdrücklich verneint wird, kommt man nicht an der Konsequenz vorbei, dass eine solche Erweiterung der Begriffe letztendlich doch in einer solchen Wirkung mündet[780]. Den Vertretern dieser Meinungsrichtung wird daher auch entgegengehalten, dass ihre auf nur schwer nachvollziehbaren Wertungsgesichtspunkten beruhende Lösung keine wirklich befriedigende Erklärung des dogmatischen Zusammenhangs geben kann[781]. Ebenso wie bei einer Rechtskrafterweiterung in Sinn- und Ausgleichszusammenhängen hält man die durch eine Erweiterung der Begriffe Präjudizialität und Kontradiktion resultierende Bindungswirkung mit dem Wortlaut von § 322 I ZPO unvereinbar und befürchtet eine Überraschung der Parteien sowie die Perpetuierung falscher Urteile[782].

Kann eine einheitliche und übereinstimmende Lösung für die verschiedenen Fallgruppen sich inhaltlich widersprechender Urteile nach dieser Methode nicht

---

774 Schwab, JZ 1959, S. 787.
775 Schwab, JZ 1959, S. 787.
776 MüKo-ZPO/Gottwald, § 322 Rn 50.
777 Rosenberg/Schwab/Gottwald, § 153 II 2, S. 1069 (allerdings als Fall des kontradiktorischen Gegenteils); Zeuner, S. 143 ff.; MüKo-ZPO/Gottwald, § 322 Rn 50; Stein/Jonas/Leipold, § 322 Rn 220.
778 Stein/Jonas/Leipold, § 322 Rnn. 91, 220.
779 MüKo-ZPO/Gottwald, § 322 Rn 51 m.w.N.; a.A. noch Rosenberg/Schwab/Gottwald[14], § 155 III 2, S. 986.
780 Ebenso Yoshino, S. 44.
781 Otte, S. 30.
782 Rosenberg/Schwab/Gottwald, § 153 IV, S. 1070.

gefunden werden, leidet jede Theorie bei dem Versuch einer Rechtskrafterweiterung unter dem Makel für eine Einzelfallgerechtigkeit eintreten zu wollen. Der Vorschlag, das Problem auf eine kasuistische Lösung beschränken zu wollen[783], macht in der Tat die Vorhersehbarkeit der Entscheidungsreichweite für die Parteien sehr unsicher[784]. Dagegen tritt die Gefahr der Perpetuierung falscher Urteile m.E. dort zurück, wo durch ein abweichendes Zweiturteil die materielle Rechtsposition für zumindest eine der Parteien, im Vergleich zur rechtskräftig festgestellten Rechtslage im Ersturteil, nur verschlimmern kann.

5. Anwendung auf die Klägeraufrechnung

Auch mit einem erweiterten Präjudizialitäts- und Kontradiktionsverständnis lässt sich die Rechtskraftfrage bei der Klägeraufrechnung zweifelsfrei positiv beantworten. Klagt der Beklagte seine im ersten Prozess erloschene Gegenforderung erneut ein, so zieht er den Inhalt des rechtkräftigen Ersturteils insgesamt in Zweifel und begehrt damit das kontradiktorische Gegenteil der dort entschiedenen Rechtsfolge im weitesten Sinne. Wird dem Anspruch des Beklagten im Zweitprozess stattgegeben, müsste es für den Kläger des Erstprozesses die Möglichkeit geben, das durch die Aufrechnung Geleistete zurückzufordern. Dies aber würde die Existenz des rechtskräftigen Ersturteils beeinträchtigen. Ferner wäre das Ersturteil unter Berücksichtigung des dortigen Ausgleichs- und Sinnzusammenhangs präjudiziell für den Zweitprozess.

IV. Bindung an den identischen wirtschaftlichen Wert

1. Ausgangspunkt

Abweichend von den bisherigen Vorschlägen mit einem durchgehend materiellrechtlichen Ausgangspunkt, orientiert sich die von *Henckel* vertretene Theorie an dem konkreten Verfahrensgang. Er leitet die Rechtskraft der Entscheidungsgründe aus dem Zweck des § 322 I ZPO ab, der zur Ausübung subjektiver privater Rechte gewissen materiellen Wertungsprinzipien zu unterwerfen sei[785]. So will er prozessuale Ergebnisse wie die Wirkung und den Umfang der Rechtskraft mit materiellrechtlichen Instituten wie dem der Verwirkung oder des Verzichts vergleichen und so die Parteien in die Pflicht zu sorgfältiger Prozessführung nehmen[786].

Die Beschränkung der Rechtskraft auf den Streitgegenstand sei nach den Vorstellungen des Gesetzgebers deswegen erfolgt, weil das Urteil nur insoweit

---

[783] Peters, ZZP 76 (1963) S. 243.

[784] Henckel, JZ 1992, S. 645, 652; Koshiyama, S. 63.

[785] Henckel, S. 58; siehe auch Gaul, FS Henckel (1995) S. 235 f.

[786] Henckel, S. 62 f.

von einer gewissen Richtigkeitsgewähr getragen sei. Eine Rechtskraft der Entscheidungsgründe sei daher anzunehmen, wenn nach dem konkreten Verfahrensgang die Richtigkeit der Entscheidungsgründe gewährleistet ist. Ausschlaggebend hierfür sei, inwieweit die Parteien durch den Gang des Verfahrens veranlasst waren, zur richtigen Sachverhaltsfeststellung beizutragen[787].

Henckel unterscheidet bei Identität des Streitgegenstandes im Vor- und Nachprozess hinsichtlich der Bindungswirkung zunächst danach, ob es je nach klageabweisenden oder klagestattgebenden Entscheidungen noch andere, alternative Klageabweisungs- oder Verurteilungsgründe gab. Die Parteien sind an die Feststellungen des Urteils nur insoweit gebunden, als sie veranlasst waren, zur richtigen Sachverhaltsfeststellung beizutragen. Gab es nur einen einzigen Klageabweisungsgrund, ist dieser im nächsten Prozess auch bindend. Gab es dagegen alternative Abweisungsgründe, ist der Kläger im nächsten Prozess nicht gebunden, weil er möglicherweise nicht jeden Abweisungsgrund mit gleicher Intensität bestritten haben mag, als wenn es nur einen einzigen gegeben hätte[788].

Liegen dem Vor- und Nachprozess unterschiedliche Streitgegenstände zugrunde, entwickelt *Henckel* zudem ein neues Abgrenzungskriterium zur Feststellung des rechtkräftigen Entscheidungsgehaltes. Eine Rechtskraftbindung soll nur insoweit eintreten, als der wirtschaftliche Streit stehenden Gegenstandes etwa identisch ist. Wer nur einen begrenzten wirtschaftlichen Wert aufs Spiel setze und die Intensität seiner Prozessführung danach ausrichte, solle später nicht in weitergehendem Umfang gebunden sein. Ist somit um eine Vorfrage ihrem Wert nach bereits im Vorprozess gestritten worden, so bewirkt diese Beurteilung Rechtskraft[789].

2. Bewertung

Die Parteien sollen an rechtliche und tatsächliche Wertungen und Feststellungen des Urteils nur insoweit gebunden sein, als diese Feststellungen nicht hinweggedacht werden können, ohne dass die Entscheidung nach der konkreten Lage des Prozesses am Schluss der letzten Tatsachenverhandlung hätte anders ausfallen müssen[790]. Diese Kausalitätsverknüpfung versucht die Richtigkeitsgewähr des Prozessergebnisses zu garantieren und damit Bedenken gegen eine Überraschungsgefahr auszuräumen.

Die Lehre *Henckels* hat jedoch keinen großen Anklang im Schrifttum gefunden. Ihr ist entgegenzuhalten, dass sie durch ihre Unberechenbarkeit die Unge-

---

787 Henckel, S. 155 f. (setzt noch nicht voraus, dass die Parteien den Streitpunkt tatsächlich ausreichend und erschöpfend verhandelt haben).
788 Henckel, S. 158.
789 Henckel, S. 171 ff.
790 Henckel, S. 170, 171.

wissheit des Rechtskrafteintritts nur noch vergrößert[791]. Dem Zweitgericht obliegt die arbeitsreiche und aufwendige Aufgabe nachzuforschen, in welchem Umfang die Parteien ihrer Pflicht zur ordnungsgemäßen Prozessführung im Erstprozess nachgekommen sind und welche Gründe, die zur Klageabweisung geführt haben, demzufolge zum Bestreiten Anlass boten. Die Berücksichtigung des konkreten Verfahrensganges des Erstprozesses ist daher mit den Anforderungen an Rechtssicherheit und Prozessökonomie kaum zu vereinbaren[792]. Zweifelhaft ist zudem die denkgesetzliche Richtigkeit der Abhängigkeit des Umfangs der Rechtskraft von der zu erwartenden und daher gebotenen Streitintensität. Es lasse sich genauso gut annehmen, dass umgekehrt die Streitintensität von dem zu erwartenden objektiven Umfang der Rechtskraft abhängt[793].

3. Anwendung auf Klägeraufrechnung

Henckel sieht die Gefahr für die Parteien in der Richtigkeitsgewähr des Urteils und meint damit nichts anderes als die allseits befürchtete Überraschungsgefahr vor allzu exzessiven Urteilswirkungen. Die Parteien sollen nicht mit einer Rechtskraftbindung überrascht werden, deren Bedeutung sie sich im Erstprozess gar nicht bewusst waren und dementsprechend auch ihre prozessuale Verantwortung auf entsprechende Prozessführung nicht wahrgenommen haben.

Für die Aufrechnung ist eine solche Richtigkeitsgewähr stets garantiert. Wer den Prozess gewinnt, weil eine- von wem auch immer erklärte- Aufrechnung Erfolg hatte, kann sich nicht in der Annahme wiegen, seine Gegenforderung bestehe vielleicht doch noch. Für eine Richtigkeitsgewähr spricht zudem die Beweiserhebungstheorie[794], wonach jedenfalls das Bestehen der beiden Forderung erst einmal festgestellt sein muss, ehe das Gericht zur Prüfung der Wirksamkeit der Aufrechnung voranschreitet. Wird die Klage sodann abgewiesen, ist die Aufrechnung der einzige bestreitbare Abweisungsgrund, und daher für den Folgeprozess auch bindend. Zudem decken sich die Forderungen des Vor- und Folgeprozesses in ihrem wirtschaftlichen Wert, so dass die Parteien wussten, was auf dem Spiel steht.

---

[791] Bötticher, ZZP 85 (1972) S. 16 f.
[792] Koshiyama, S. 68.
[793] So Peetz, S. 46 f.; kritisch auch Arens, AcP 173 (1973) S. 263; Yoshino, S. 58; Bötticher, ZZP 85 (1972) S. 1, 15 ff.; Foerste, ZZP 108 (1995) S. 176; Oberhammer, JBl 2000, S. 211.
[794] RGZ 42, 362; 80, 164; 142, 175; BGH LM § 322 Nr. 21; NJW 1962, 173; Palandt/Heinrichs, § 388 Rn 3; Staudinger/Gursky, § 388 Rn 45 m.w.N.

V. Fazit

Entsprechende Versuche, die Rechtskraft über die engen Grenzen des § 322 I ZPO hinaus zu ergänzen, hat es unaufhörlich gegeben[795]. In der Kritik zieht sich man sich letztlich immer wieder auf zwei wesentliche Sicherheitskriterien zurück: die durch die Rechtskraftbindung einzelner Urteilselemente befürchtete Überraschungsgefahr der Parteien sowie die Perpetuierung falscher Urteile. Sämtliche Rechtskrafterweiterungstheorien haben jedoch eins gemeinsam: sie führen bereits über § 322 I ZPO zu einer Lösung der Rechtskraftfrage bei der Klägeraufrechnung, ohne die Ausnahmevorschrift des § 322 II ZPO in Anspruch nehmen zu müssen. Insgesamt hat sich ein solch weites Rechtskraftverständnis trotz fortwährender Diskussion dieser Thematik in Deutschland bis jetzt nicht durchsetzen können. Lediglich in bestimmten Sonderfällen haben sich- meist mit Hilfe eines erweiterten Verständnisses der Institute Präjudizialität und Kontradiktion- einzelne Fallgestaltungen etabliert, in denen eine Durchbrechung des strengen Prinzips nach § 322 I ZPO allgemein anerkannt und für notwendig erachtet wurde. Eine überzeugende dogmatische Begründung ist indes nicht in Sicht. Die beschriebenen Rechtskrafterweiterungsversuche erinnern schließlich an das System der prozessualen Präklusion der angloamerikanischen Rechtsordnung[796]. Teilweise wird daher sogar eine „geschmeidige Handhabung" der objektiven Rechtskraftgrenzen nach Art des „*estoppel*" in Erwägung gezogen[797].

Festzuhalten bleibt, dass die gegen die einzelnen Rechtskrafterweiterungsversuche sprechende Kritik auf die Klägeraufrechnung nicht zutrifft. Insbesondere ist die Überraschungsgefahr der Parteien vor ungeahnten Urteilsfolgen im Aufrechnungszusammenhang nicht zu befürchten. Der von *Foerste* geforderten teleologischen Reduktion des § 322 I ZPO auf Ausgleichszusammenhänge ist daher zumindest für den Zusammenhang der Klägeraufrechnung zuzustimmen.

---

[795] Vgl. auch die Lehren von Rimmelspacher, S. 175 ff.; Bruns, ZPR, § 44 Rn 233, S. 369 („Sinnbeziehung innerhalb eines Rechtsverhältnisses"); Yoshino, S. 153 ff. („Quasi - Rechtskraft"); A. Blomeyer, ZPR, S. 447 ff.; Buchwald, S. 13 ff., 25 ff. („relative Rechtskraft der Kernbegründung"); Ritter, S. 155 ff. (Erweiterung durch „Implizitrechtskraft des Substanzrechtsverhältnisses").

[796] Müko-ZPO/Gottwald, § 322 Rn 49.

[797] Bruns, ZPR, § 44 Rn 237, S. 374.

E: Auslegung und richterliche Rechtsfortbildung durch Analogie

Das vorstehende Kapitel hat die zu lösenden Rechtkraftprobleme der Klägeraufrechnung auf eine verbleibende Konstellation reduziert, nämlich die Aufrechnung des klagenden Gläubigers. Für diese ist weder eine direkte Anwendung des § 322 II ZPO noch eine Behandlung als Widerspruch möglich. Sofern eine Analogie gemäß § 322 II ZPO von der herrschenden Meinung und der höchstrichterlichen Rechtsprechung abgelehnt wird, bleibt als Kern der Arbeit an dieser Stelle zu prüfen, ob diese Sichtweise einer sorgfältigeren rechtstheoretischen und rechtsdogmatischen Analyse tatsächlich standhalten kann und auf diese Weise im Einklang mit fundamentalen Wertungen der Rechtsordnung steht.

Mit der Nichtanerkennung der materiellen Aufrechnungswirkung setzt das Prozessrecht der materiellen Rechtsausübung durch eine vom Inhalt eines rechtskräftigen Zivilurteils abweichende und im Widerspruch zu den tatsächlichen materiellrechtlichen Verhältnissen stehende Entscheidung eine Grenze, die soweit nur vom „Versäumnisurteil“ bekannt ist und sich auf Fälle beschränkt, in denen der Rechteinhaber entweder durch seine Nachlässigkeit oder wegen der Art seiner Ausübung oder wegen Unzumutbarkeit für den Gegner, sein Recht quasi „verwirkt“[798]. Die folgenden Fragen nach dem eigentlichen Sinn und Zweck des Zivilprozesses im Allgemeinen und der Rechtskraft im Besonderen dienen dazu, den funktionellen Zusammenhang zwischen materiellem Recht und Prozessrecht näher zu beleuchten und bewusst zu machen. Hat der Zivilprozess eine dienende Funktion oder legitimiert er sich durch einen Selbstzweck? Damit verbunden ist die Frage nach dem Zusammenhang und dem Verhältnis zwischen materiellem Recht und dem Prozess. Müssen sich materiellrechtliche Wertungen im Prozess zwingend durchsetzen oder zeichnet sich dieser durch eine weitgehende Eigenständigkeit des Prozessrechts aus? Ist schließlich zivilgerichtlicher Rechtsschutz um des einzelnen Bürgers willen eingeräumt oder besteht er allein im Interesse der Bewährung der objektiven Rechtsordnung[799]?

Die Beantwortung dieser Fragen soll die Richtung weisen für eine im Sinne eines zwingenden Analogieschlusses erforderlichen Strukturgleichheit des in § 322 II ZPO geregelten Sachverhaltes mit der Klägeraufrechnung. Dass die richterliche Rechtsfortbildung heute im Verhältnis zum Gesetzesrecht gleichrangig Geltung hat, daran besteht seit dem Fall des Dogmas von der Lückenlosigkeit der Gesetze kein Zweifel[800]. Der Richter ist bei Vorliegen einer entsprechenden Lücke zu deren Ausfüllung von Rechts wegen verpflichtet, Art 20 III GG[801]. Wie jeder juristischen Interpretation liegt auch der Lückenausfüllung ein Rück-

---

[798] Henckel, S. 62.

[799] Schumann, Bundesverfassungsgericht, Grundgesetz und Zivilprozeß, S. 17 f. mit Darstellung der entsprechenden Antworten des BVerfG.

[800] Canaris, Lücken, S. 173.

[801] MüKo-BGB/Säcker, Einl. Rn 137.

schluss auf maßgebliche gesetzgeberische Wertentscheidungen zugrunde. Die Ermittlung und Einordnung derselben im Gesamtsystem der Rechtsnormen steht dabei ebenso im Mittelpunkt des Erkenntnisinteresses des folgenden Abschnitts wie die Bestimmung des Einflusses grundrechtsgleicher Prozessrechte sowie insbesondere des Prinzips der Chancen- bzw. Waffengleichheit der Parteien im Prozess.

I. Vorrang der Auslegung

Im Verhältnis zur Analogie stellt die erweiternde Auslegung einer Norm in methodischer Hinsicht eine Art Vorstufe dar. Sie ist der Analogie vorzuziehen, weil sie sich im Gegensatz zur richterlichen Rechtsfortbildung näher an der Rechtsordnung hält. Beide Institute orientieren sich jedoch an den weithin selben Kriterien, ihr Übergang ist im Einzelnen fließend[802]. Insbesondere Merkmale wie die Regelungsabsichten und Zwecke des Gesetzgebers sowie objektiv-teleologische Aspekte spielen gleichermaßen eine wesentliche Rolle[803]. Man kann daher von einer Art Verwandtschaft der juristischen Argumentationsmittel erweiternde Auslegung und Analogie sprechen, die beide einen gleichartigen Begründungsaufwand erfordern[804].

Ihre Grenze findet die Auslegung jedoch am möglichen Wortsinn der Norm[805]. § 322 II ZPO spricht von der Geltendmachung der Aufrechnung durch den Beklagten. Über den möglichen Wortsinn, den Bedeutungszusammenhang der Vorschrift sowie die dahinter stehende Regelungsabsicht des Gesetzgebers wurde bereits ausführlich referiert[806]. Im Ergebnis konnte festgestellt werden, dass die Geltendmachung der Aufrechnung aufgrund ihrer Doppeltatbestandsnatur von dem Tatbestand ihrer Erklärung grundlegend abzugrenzen ist. Damit fällt bei einer sich sowohl am Wortlaut orientierenden, als auch historisch sowie objektiv teleologische Aspekte berücksichtigenden Auslegung ein wesentlicher Teil der Klägeraufrechnung bereits im Wege der Gesetzesauslegung unter die direkte Anwendbarkeit des § 322 I ZPO. Einer Analogie im Sinne der *Rechtsfindung* bedarf es somit bei den vom Kläger erklärten, jedoch vom Beklagten als Verteidigungsmittel in den Prozess eingeführten Aufrechnungen überhaupt nicht. Eine Lösung lässt sich mit dem bloßen Mittel der *Rechtsanwendung* durch einfache Subsumtion finden[807]. Dass diese Sichtweise auch die einzig verfas-

---

[802] Engisch, S. 192.
[803] Larenz/Canaris, Methodenlehre, S. 187 f.
[804] Pawlowski, Methodenlehre, S. 107, 109.
[805] Müller, Methodik, S. 216 ff.; Canaris, Lücken, S. 19 ff.
[806] § 2 A.I./II.
[807] Zur Abgrenzung der Rechtsanwendung gegenüber der Rechtsfindung praeter legem, Canaris, Lücken, S. 19 f.

sungskonforme ist, wird sich im Folgenden aus den der Analogie in gleichem Maß zugrunde liegenden Prüfungsgesichtspunkten bestätigen.

Der mögliche Wortsinn des § 322 II ZPO endet bei einer nicht nur vom Kläger erklärten, sondern auch von ihm selbst geltend gemachten, also in den Prozess eingeführten Aufrechnung. Damit ist die Grenze der Auslegung erreicht. Normative Regeln, die vom möglichen Wortsinn eines Gesetzes nicht mehr gedeckt sind, können nur durch Analogie und richterliche Rechtsfortbildung Geltung erlangen[808]. Dass der Formulierung „Geltendmachung der Aufrechnung" vor dem gesamten Normhintergrund als prozessuale Einrede zwingend der Charakter eines Verteidigungsmittels gegen die Klageforderung zukommt- eine Prozesshandlung deren Vornahme bereits aus der Natur der Sache auf den Kläger nicht passt- ändert nichts an der Notwendigkeit einer Lösungsfindung für diese Fälle der Klägeraufrechnung, denen mit einer Wortlautauslegung des § 322 II ZPO nicht zu helfen ist.

II. Planwidrige Regelungslücke

Das Gesetz enthält eine explizite Rechtskraftregelung für die Klägeraufrechnung nicht. Damit ist es lückenhaft. Hinsichtlich der für eine Analogiebildung erforderlichen nicht beabsichtigten Regelungslücke des Gesetzes wurde bereits klargestellt[809], dass § 322 II ZPO -auch als Ausnahmenorm- nicht nur grundsätzlich analogiefähig ist[810], sondern ebenso für den konkreten Fall der Aufrechnung durch den Kläger eine entsprechende Planmäßigkeit der Lücke im Sinne eines bewussten Offenlassens nicht vorliegt[811]. Stattdessen lag es in der Regelungsabsicht des Gesetzgebers, über § 322 I ZPO hinaus, die Rechtskraftfrage auch für den Aufrechnungszusammenhang zu regeln. Durch die besondere Natur der Aufrechnung, die eine beidseitige sofortige Befriedigung eintreten lässt, unterscheidet sich die Aufrechnungseinrede maßgeblich von anderen Einreden und Einwendungen. Dieser Tatsache soll bei der Entscheidung über den Klageanspruch im Prozess durch gleichsame Rechtskrafterstreckung Rechnung getragen

---

[808] Larenz/Wolf, AT, § 4 II 2 a, S. 103.

[809] Siehe § 2 A.II.1.

[810] Der Grundsatz: „*Singularia non sunt extendenda*" ist nicht allzu eng zu verstehen. In den Grenzen des Grundgedankens der Ausnahmevorschrift ist eine Analogie stets statthaft, vgl. MüKo-BGB/Säcker, Einl. Rn 102 m.w.N.; kritisch zu diesem Prinzip insbes. Engisch, Einführung, S. 194.

[811] Für die Fälle der Aufrechnung des Klägers im Rahmen einer negativen Feststellungsklage und der Vollstreckungsgegenklage wird eine analoge Anwendung des § 322 II ZPO von der herrschenden Meinung und Rechtssprechung unstreitig befürwortet, vgl. hierzu § 2 C.II.3. Ebenso wird die Norm heute nicht mehr nur auf das Bestehen der Gegenforderung, sondern auch auf den Fall des Erlöschens der Gegenforderung durch die Aufrechnung, also das Nichtmehrbestehen, angewandt, vgl. hierzu § 2 A.II.1.b.

werden. Dass das Gesetz nur die Geltendmachung der Aufrechnung durch den Beklagten wörtlich erwähnt, wird heute u.a. darauf zurückgeführt, dass eine solche gewöhnlich nur von diesem zu erwarten ist und die Regelung insoweit ausreicht[812]. Nach der eindeutigen Fassung der materiellrechtlichen Aufrechnungsvorschriften des BGB ist dies objektiv nicht der Fall. Es handelt sich um eine Lücke, weil nach der zugrunde liegenden Regelungsabsicht, eine Rechtskrafterstreckung auch auf die erloschene Gegenforderung im Falle der Aufrechnung zu ermöglichen, sich auf die Eigenart der Aufrechnung bezieht und nicht auf die eines Verteidigungsmittels. Eine entsprechende Regelung muss daher auch für die Klägeraufrechnung erwartet werden.

III. Ausfüllung durch Analogie

Die hier erforderliche Gesetzesanalogie[813] erfolgt anhand der Übertragung einer für einen bestimmten Tatbestand im Gesetz vorgesehenen Rechtsfolge auf einen vom Gesetz nicht geregelten, dem geregelten aber ähnlichen Tatbestand[814].

Die formal-logische Struktur des Analogieschusses ist bereits hinreichend analysiert und diskutiert worden[815]. Es soll sich an dieser Stelle lediglich der übereinstimmend anerkannten Ergebnisse bedient werden ohne eine diesbezügliche wissenschaftstheoretische Auseinandersetzung zu vertiefen. Insbesondere die Frage, ob es sich bei dem Analogieschluss eher um einen induktiven Schluss vom Besonderen auf das Allgemeine oder umgekehrt um eine Deduktion oder gar beides zusammen handelt, soll hier nicht von näherer Bedeutung sein[816]. Zentrum des Augenmerks ist der Begriff der Ähnlichkeit[817]. Sind die beiden Tatbestände aufgrund ihrer Ähnlichkeit in den für die gesetzliche Bewertung maßgeblichen Hinsichten gleich zu bewerten, verlangt die Forderung der Gerechtigkeit, Gleichartiges gleich zu behandeln, die Ausfüllung der Lücke durch das dem Gesetz zugrunde liegende Prinzip, sofern aufgrund der Ähnlichkeit der Sachverhalte das jeweilige Prinzip auf den ungeregelten Sachverhalt ebenso zutrifft und ein sachlicher Grund für eine Ausnahme nicht vorliegt[818]. Die Recht-

---

[812] Vgl. § 2 A.II.1.c.

[813] Im Gegensatz zur Rechtsanalogie, die aus einem mehreren gesetzlichen Vorschriften zugrunde liegenden allgemeinen Prinzip Rückschlüsse auf einen Einzelfall ziehen will (Enneccerus/Nipperdey, I 1, § 58 II 1) soll hier nur eine einzelne Gesetzesnorm auf einen von ihr nicht geregelten Sachverhalt entsprechend angewandt werden.

[814] Bydlinski, S. 477.

[815] Z.B. Heller, Logik und Axiologie der analogen Rechtsanwendung (1961); Kaufmann, Analogie und Natur der Sache (1982); Romeo, Analogie (1991); Sigloch, Die Analogie als rechtstheoretischer Grundbegriff (1983); Klug, S.109 ff.

[816] Siehe nur Engisch, S. 186: Schluss vom Besonderen auf das Besondere; Bydlinski, S. 475.

[817] Engisch, S. 187.

[818] Larenz/Canaris, Methodenlehre, S. 202.

fertigung dieser Rechtsfolgenübertragung lässt sich somit letztlich durch die Forderung des allgemeinen Gleichheitssatzes begründen, Sachverhalte, die sich in wesentlichen Beziehungen ähnlich sind, gleich zu behandeln.[819] Die für den allgemeinen (und besonderen) Gleichheitssatz maßgeblichen Prinzipien, Rechte und Ziele werden daher im Folgenden für den Analogieschluss auch von besonderer Bedeutung sein.

1. Methodologische Vorüberlegungen

Rechtlich gesehen ähnliche Sachverhalte sollen die gleichen rechtlichen Folgen haben. Dem Rechtsgewinnungsprozess der Analogiebildung liegt somit zunächst ein Fallvergleich zugrunde. Diesem geht eine Wertung voraus, ob der Normzweck angesichts der Ähnlichkeit der Sachverhalte zu dem tatbestandlich vertypten Sachverhalt eine Analogie rechtfertigt[820]. Die Ähnlichkeit zweier Sachverhalte entscheidet sich nach dem Grad der Übereinstimmung in den für die rechtliche Wertung maßgeblichen Hinsichten[821]. Eine in diesem Sinne geforderte Feststellung einer rechtlichen Strukturgleichheit[822] der Sachverhaltstypen ergibt sich erst durch den Bezug auf ein bestimmtes System. Die im vorliegenden Zusammenhang interessierenden und relevanten Systeme sind die *Aufrechnung* und die *Rechtskraft*. Sie dienen gleichsam als Bezugspunkte und als Wertungsmaßstab.

Knüpft also die Rechtsfolge der Rechtskraft in erster Linie an die (vom Beklagten geltend gemachte) Tatsache der Aufrechnung und die damit verbundene charakteristische Besonderheit des selbständigen Erlöschens der Forderungen an, oder liegt der Focus auf der spezifischen Eigenart der Geltendmachung als Verteidigungsmittel? Die Abhängigkeit der Anordnung der Rechtskraft von der Geltendmachung der Aufrechnung speziell als Verteidigungsmittel würde der Vorschrift in dieser Hinsicht einen Ausschließlichkeitscharakter verleihen und ihre Einführung als bloße Tatsache bedeutungslos werden lassen. Sie würde als *argumentum e contrario* zum Ausschluss der Analogie führen[823].

Engisch betont, dass die Wahl zwischen Analogieschluss und Umkehrschluss nicht mit reiner Logik getan ist, sich die Logik vielmehr mit der Teleologik verbinden muss[824]. Dass heißt, dass sie in Verbindung mit bestimmten

---

[819] Alexy, Theorie der juristischen Argumentation, S. 344; Staudinger/Coing, Einl. zum BGB Rn 157; Zippelius, S. 69 f.; Canaris, Lücken, S. 71 ff., Fn. 47 m.w.N.
[820] MüKo-BGB/Säcker, Einl. Rn 135 mwN; Musielak/Musielak, § 322 Rn 82.
[821] Larenz/Wolf, AT, § 4, Rn 69.
[822] Heller, S. 24 ff.
[823] Larenz/Canaris, Methodenlehre, S. 209.
[824] Ebenso Klug, S. 111, 136, mit Aufstellung eines sog. „Ähnlichkeitskreises" als Konkretisierungsmerkmal.

materiellen Erkenntnissen gesetzt werden muss[825]. Dabei sollen die allgemeinen Werturteile des Gesetzes und des Gewohnheitsrechts nicht nur die unmittelbar betroffenen Fälle, sondern auch ähnlich gelagerte Fälle regeln und beherrschen. Gefordert ist somit wie bei der teleologischen Auslegung, eine Verfahrensweise der teleologischen Analogie, bei der in Ermittlung des „maßgebenden Grundgedankens" sowohl nach dem Willen des historischen Gesetzgebers oder nach dem „objektiven" Willen des Gesetzgebers zu forschen ist und die Bedeutung der Zwecke, welche der Vorschrift zugrunde liegen, für deren Sinnerfassung beleuchtet wird[826].

Nach welchen konkreten Kriterien aber ist nun der Grad der Ähnlichkeit zu bemessen? Aussagen wie, die geforderte Ähnlichkeit der Tatbestände bestimme sich nicht nach äußerlichen Ähnlichkeiten[827] oder, die Vergleichbarkeit in den für die *ratio legis* der gesetzlichen Vorschrift wesentlichen Merkmalen mache den nicht geregelten Fall dem gesetzlichen Fall rechtsähnlich[828], helfen nicht wirklich weiter.

Der Versuch von *Alexy*, die Analogie als einen gültigen logischen Schluss darzustellen, geht in dieser Frage von folgender Prämisse aus: Liegt der Analogie das Gleichheitsprinzip zugrunde, bedeutet dies, dass bei „der Feststellung der Ähnlichkeit, alle Schwierigkeiten der Anwendung des Gleichheitssatzes auftauchen. Es lassen sich zwar die logischen Strukturen von Ähnlichkeitsbeziehungen analysieren, die Feststellung einer rechtlich relevanten Ähnlichkeit kann sich aus solch einer Analyse allein jedoch nicht ergeben"[829]. Der Analogie liege daher eine Wertung zugrunde, zu deren Begründung alle im juristischen Diskurs möglichen Argumente zulässig seien. Damit sei die Analogie eine formale Struktur von inhaltlichen Argumenten, die erst in dieser Struktur ihre Wirkung entfalten können[830].

Mit dieser Einschätzung liegt *Alexy* im Einklang mit dem heute vollzogenen Wandel in der Methode der Gesetzesauslegung und der richterlichen Rechtsfortbildung hin zur Wertungsjurisprudenz[831]. Zur wertorientierten Rechtsanwendung bedarf es danach eines wertorientierten Denkens, wobei sich die Wertmaßstäbe

---

[825] Engisch, S. 190 f.
[826] Engisch, S. 192.
[827] Bydlinski, S. 475.
[828] Diederichsen, AcP 198 (1998) S. 192.
[829] Alexy, Theorie der juristischen Argumentation, S. 344.
[830] Alexy, Theorie der juristischen Argumentation, S. 345.
[831] Vgl. die Darstellung der Entwicklung von der Begriffsjurisprudenz zur Interessen- und Wertungsjurisprudenz bei Pawlowski, Methodenlehre, S. 78 ff.; Staudinger/Coing, Einl. zum BGB Rn 177 ff.

aus der Verfassung, insbesondere aus den Grundrechten ergeben[832]. Ist man sich heute insoweit einig, dass die juristische Subsumtion nicht das allein ausschlaggebende Erkenntnismittel darstellt[833], sondern diesem auch andere juristische Argumentationsmittel zugrunde liegen, so können auch allgemeine Rechtsprinzipien, in denen sich materielle Wertentscheidungen[834] verkörpern, zur Lückenausfüllung herangezogen werden. Ihre Rechtfertigung erfahren solche Rechtsprinzipien meist aus den „allgemeinen Grundsätzen des Rechts", dem „Geist der Rechtsordnung" oder insbesondere aus der „Natur der Sache"[835]. Als deren Ergebnis sind z.B. das Ökonomieprinzip und die Interessenabwägung hier von besonderer Bedeutung.

Schließlich wird noch vom Postulat der Einheit der Rechtsordnung[836] zu sprechen sein, welches das Gebot der logischen Widerspruchslosigkeit in sich trägt und auf sachliche Vereinbarkeit und Übereinstimmung der jeweiligen Wertungen ausgerichtet ist[837]. Geben die materiellrechtlichen Normen der §§ 387 ff. BGB eine Wertung in bestimmter Richtung vor, die durch die Anwendung prozessualer Vorschriften ins Gegenteil verläuft, ist die innere wertungsmäßige Übereinstimmung der gesamten Rechtsnormen und Regelungskomplexe gefährdet. Im Einzelnen ergeben sich Widersprüche in normativer Hinsicht aus der unterschiedlichen Handhabung der Aufrechnungsbefugnis für Kläger und Beklagten. Steht nach materiellem Recht die Aufrechnung beiden Parteien gleichermaßen ohne Unterscheidung nach ihrer prozessualen Stellung offen, so wird diese Befugnis für den Kläger durch die Prozessordnung zwar nicht *in concreto* verboten, ihrer Ausübung jedoch keine prozessuale Wirkung beigemessen. Da es bei dieser Wirkung um materielle Rechtskraft geht, schlägt diese Tatsache durch die Möglichkeit der wiederholten Geltendmachung der erloschenen Gegenforderung wiederum auf das materielle Recht durch. Bei einem derartigen Normwiderspruch treffen wir von neuem auf die bereits oben angesprochene Vorrangfrage zwischen materiellem Recht und Prozessrecht. Ein entsprechender Wertungswiderspruch ist diesem Vorgang danach ebenso geradezu immanent.

2. Folgerung für die Klägeraufrechnung

Es sind somit im Folgenden alle diejenigen Strukturen und Interessen zu ermitteln, die für eine entsprechende Rechtsfolgenauslösung im Rahmen der Kläge-

---

[832] Larenz/Wolf, § 4 I 3 Rn 13, S. 96; Larenz, FS Wilburg (1975) S. 217 ff.; Staudinger/Coing, Einl. zum BGB Rn 191 ff.
[833] Kaufmann, Verfahren der Rechtsgewinnung, S. 2 m.w.N.
[834] Zur Terminologie und Konkretisierung des Wertbegriffs: Pawlowski, S. 92 ff.
[835] Engisch, S. 200 m.w.N.; insbes. Kaufmann meint, das analogische Denken an sich findet seine Grundlage in der Natur der Sache: Analogie, S. 44 ff.
[836] Zum Begriff: Engisch, Einheit der Rechtsordnung (1935).
[837] Larenz/Canaris, Methodenlehre, S. 197; Engisch, S. 206 f.

raufrechnung Bedeutung haben können, und diese sind sodann aufgrund bestimmter Wertvorstellungen zueinander in Beziehung zu setzen. Die Notwendigkeit einer analogen Anwendung des § 322 II ZPO auf die Klägeraufrechnung hängt von der Beurteilung des Gesamtrechtssystems ab, denn eine abschließende Aufzählung der notwendigen und hinreichenden Bedingungen für die Auslösung einer Rechtsfolge ist nur unter Beachtung aller Rechtssätze möglich ist, die für die Lückenausfüllung von Bedeutung sein können[838].

IV. Zwecke des Zivilprozesses

So muss zuerst die Frage nach dem eigentlichen Sinn und Zweck des Zivilprozesses gestellt werden, um den funktionellen Zusammenhang zwischen materiellem Recht und dem Prozessrecht näher zu beleuchten[839]. Darüber hinaus bedarf jede teleologische Interpretation einer einzelnen Prozessnorm auch einer Betrachtung aus dem Sinn- und Funktionszusammenhang des gesamten Prozesses, um ihre Bedeutung richtig zu erkennen[840].

Gegen eine über den Prozess selbst hinausgehende Betrachtung wandte sich einst *Goldschmidt*, indem er das eigentliche Ziel des Prozesses in der Herbeiführung der Rechtskraft gegeben sah[841]. Sein Bestreben ging dahin, das moralinfreie Prozessrecht möglichst wertneutral zu betrachten und von teleologischen und ideologischen Erwägungen freizuhalten[842]. Eine solche Vorstellung führt jedoch zu dem höchst unbefriedigenden Ergebnis, dass damit der Prozess nicht mehr Mittel zu einem –außerprozessualen- Zweck, sondern zum Selbstzweck erhoben wird. Sie ist heute, wie eine Fülle weiterer Prozesszwecktheorien, überholt[843]. Dennoch steht die Rechtskraft als Mittel zur Erhaltung des in dem Prozess gefundenen Rechts in untrennbarem Zusammenhang mit seinem Zweck und lässt sich hervorragend unmittelbar zu ihm in Beziehung setzen[844].

Unter der zahlreichen Vielfalt von Prozesszwecklehren[845] haben sich heute der Schutz subjektiver Rechte, die Bewährung des objektiven Rechts, Schaffung

---

838 Heller, S.63.
839 Gaul, in: Yildirim, S. 96 („[…], auch wenn der Prozesszweck zur Lösung prozessualer Einzelprobleme nur einen begrenzten Beitrag leisten kann“); sehr kritisch zur allgemeinen Zweckbetrachtung des Zivilprozesses: v. Hippel, ZZP 65 (1952) S. 424 ff.
840 Henckel, S. 47; Gaul, in Yildirim, S. 70.
841 Goldschmidt, Prozeß, S. 151.
842 Goldschmidt, Prozeß, S. 246.
843 U.a. Beys, FS Henckel (1995) S. 4.
844 Die Zweckbetrachtung des Zivilprozesses macht daher für den vorliegenden Problemzusammenhang durchaus Sinn; vgl. Gaul, AcP 168 (1968) S. 35; näher dazu unten § 2 E.IV.
845 Vgl. hierzu die Darstellung bei Schaper, S. 104 ff.

von Rechtsgewissheit für die Parteien sowie die Wahrung des Rechtsfriedens[846] als einschlägig erwiesen. Der Schutz der subjektiven privaten Rechte wird dabei nach herrschender Meinung in Rechtsprechung und Literatur zum Hauptanliegen erklärt[847], während die anderen Zwecke teilweise als gleichwertig daneben existierend anerkannt werden[848] oder aber als bloßer Reflex der Sicherung und Durchsetzung subjektiver Rechte dahinter zurücktreten[849].

Zum Teil wird auch aus der Aufgabe des Richters zur Findung des Rechts im Einzelfall ein Prozesszweck der Rechtsfortbildung hergeleitet[850], was unter dem Gesichtspunkt der Erwartung an die Gerichte zur Fortbildung des Rechts und dem Rechtsverweigerungsverbot durchaus nicht abwegig ist[851].

Otte hat vorgeschlagen, als weiteren Prozesszweck die umfassende, widerspruchsfreie Streitentscheidung anzuerkennen, räumt aber selbst die Schwierigkeit im Abwägungsvorgang mit anderen gegenläufigen Interessen ein[852]. Widersprüchliche Entscheidungen führen zu einer Verminderung der Autorität der Gerichte in der Öffentlichkeit und erfahren Akzeptanzverluste durch die Parteien und die Allgemeinheit. Für den Einzelnen haben sie möglicherweise ungerechte Belastungen zur Folge, wie im Falle der Klägeraufrechnung, wo der Kläger unter Umständen zweifach zu leisten hat.

Im vorliegenden Fall der Klägeraufrechnung ist zweckmäßigerweise zunächst zu definieren, worin der eigentliche Inhalt des Begriffes des in Rede stehenden

---

[846] v. Mettenheim, S. 19 m.w.N.; a.A. insbes. Gaul, in Yildirim, S. 94 f.: Seiner Meinung nach liegt in dem Bestreben, die Wahrung des Rechtsfriedens ebenfalls als Prozesszweck zu etablieren der Versuch, auch das unrichtige Urteil aus dem Prozesszweck rechtfertigen zu können. Das unrichtige Urteil jedoch ist ein „pathologischer Ausnahmefall" und zur Herleitung eines Prozesszwecks völlig ungeeignet. Es rechtfertigt sich lediglich aus dem Institut der Rechtskraft und das sie tragenden Gründe. Die Rechtskraft ist dabei nicht Ziel des Prozesses sondern Schranke.

[847] Grundlegend Wach, Vorträge, § 1, S. 3 ff.; ders., Handbuch, S, 149; Henckel, S. 61 ff.; Jauernig, JuS 1971, S. 329 ff.; MüKo-ZPO/Lüke, Einl. Rn 7 f.; Rosenberg/Schwab/Gottwald, § 1 III 1, S. 3; Musielak/Musielak, Einl. Rn 5; Stein/Jonas/Brehm, Einl. Rn 9 ff.; Arens/Lüke, Rn 4; BVErfGE 42, 73; 52, 131, 153; 55, 93 f.; BGH NJW 1953, 1830; BGHZ 10, 333, 336.

[848] Im Sinne eines „sowohl-als-auch": Gaul, AcP 168 (1968) S, 46 f.

[849] Rosenberg/Schwab/Gottwald, § 1 III 1, S. 3; MüKo-ZPO/Lüke, Einl. Rn 8; ebenso Zöller/Vollkommer, Einl. Rn 39; Musielak/Musielak, Einl. Rn 5; Grunsky, Verfahrensrecht, S. 6; v. Mettenheim, S. 25.

[850] Stein/Jonas/Brehm, Einl. Rn 22, 23; AK-ZPO Eike Schmidt, Einl. Rn 14; Pawlowski, ZZP 80 (1967) S. 345, 348 ff. Fn. 18.

[851] Kritisch wegen grundsätzlich fehlender Präjudizienbindung; für erwägenswert dagegen hält Stein/Jonas/Brehm, Einl. Rn 23 einen solchen Zweck unter dem Gesichtspunkt der Bindung an bestehende Gerichtspraxis als Rechtsquelle eigener Art; ders. auch in FS Schumann (2001) S. 57.

[852] Otte, S. 840 (zu erreichen mit Mitteln der Verfahrenskoordination und Zuständigkeitskonzentration).

subjektiven privaten Rechtes besteht. Allgemein wird darunter eine dem einzelnen zwecks Befriedigung seiner Bedürfnisse durch die Rechtsordnung zuerkannte und gesicherte Willensmacht oder gleichbedeutend eine Rechtsmacht verstanden, als ein festes, der Person zugeeignetes Machtverhältnis, in dem ihr Wille herrscht[853]. Es handelt sich also um ein rechtlich geschütztes Interesse, eine individuelle Berechtigung, über deren Ausübung, Nutzung sowie Verfügung der einzelne selbst entscheiden kann. Damit unterscheidet sich das subjektive Recht vom objektiven Recht, welches die generell geltenden, abstrakten Vorschriften und Verhaltensweisen erfasst[854]. Es muss also gefragt werden, was ist das Ziel der Prozessführung einer Partei?

Sollen im Prozess subjektive Privatrechte durchgesetzt werden, so ist evident, dass die Ausgestaltung und die Eigenart dieser Rechte sich auch auf den Inhalt der Prozessordnung auswirken[855]. Ungeachtet dessen, ob man den Inhalt des Zivilprozesses an materiellen öffentlichen Interessen oder am Schutz subjektiver Privatrechte misst, er schlägt in jeder Hinsicht die Brücke zum materiellen Recht. Jede Bestimmung des Prozesszwecks, die über den Prozess selbst hinausgeht, ergibt sich nicht durch eine isolierte, vom materiellen Recht unabhängige Betrachtung, sondern stellt den Prozess in Beziehung zum materiellen Recht[856]. Damit dient der Zivilprozess zumindest auch der Verwirklichung des materiellen Rechts[857].

In funktionaler Hinsicht ersetzt die Institution des Zivilprozesses die dem Einzelnen im Interesse *übergeordneter Gemeinschaftsinteressen* verbotene Selbsthilfe. Die Feststellung und Durchsetzung subjektiver Rechte ist unter diesem Gesichtspunkt zentrale Aufgabe des Zivilprozesses. Subjektive Rechte in Form von Gestaltungsrechten ermächtigen den Berechtigten dazu, Privatrechtsverhältnisse seinem Willen gemäß einseitig zu gestalten[858]. Erklärt der Kläger im Prozess die Aufrechnung gegenüber einer Gegenforderung des Beklagten, übt er damit ein subjektives Recht aus, das in der Befugnis zur einseitigen sofortigen und endgültigen Befriedigung durch Aufrechnung besteht. Diese Befugnis ist nicht dadurch eingeschränkt, dass der Kläger den aufgerechneten Anspruch zuvor im Wege des Klageantrages zur Entscheidung des Gerichts gestellt hat. Das Gericht entscheidet über den Klageantrag unter allen rechtlichen Gesichtspunkten, also auch unter der Wirkung der Aufrechnung. Freilich hängt der Umfang des zu gewährenden Rechtsschutzes im Hinblick auf den Verfahrens- und Dis-

[853] Larenz/Wolf, AT § 14 II 1 Rn 11.
[854] Larenz/Wolf, AT § 14 Rn 1.
[855] Jauernig, JuS 1971, S. 331.
[856] Henckel, S. 7; Jauernig, JuS 1971, S. 329.
[857] Bürgers, S. 88, vgl. dort Fn. 5; zum Verhältnis des materiellen Rechts zum Prozessrecht siehe unten § 2 E.IV.
[858] Larenz/Wolf, § 14 II 1 d Rn 17.

positionsgrundsatz der Parteien vom Antrag des Klägers ab, so dass es nahe liegt, den Kläger mit seinem Interesse der rechtskräftigen Feststellung der beiderseitigen Aufrechnungswirkungen auf einen weitergehenden Antrag im Sinne der Erhebung einer Zwischenfeststellungsklage zu verweisen, wenn eine Umstellung seiner Interessen im Laufe des Verfahrens das Bedürfnis hierzu vorgibt.

Dass eine Obliegenheit zur Erhebung der Zwischenfeststellungsklage für den Kläger aber nicht besteht, wird noch anderer Stelle näher darzulegen sein. Stattdessen ergibt sich am Beispiel der Entscheidung des BGH Urteil vom 4.12.1991 – VIII ZR 32/91[859], dass der Antrag auf Schutz des subjektiven Interesses durch die Aufrechnung des Klägers nicht aufgegeben wird. Die Beachtung der materiellrechtlichen Verknüpfung der gegenseitigen Forderungen im Rahmen des § 389 BGB durch die Rechtskraft hat seinen Grund in dem Klagebegehren selbst, wie dessen Auslegung zeigt.

Mit der ursprünglichen Klagerhebung umfasste der Antrag des Klägers eine Entscheidung über die gesamte klägerische Forderung. Kann dem Wegfall der Klageforderung in Höhe der Aufrechnung wegen fehlender Einwilligung des Beklagten durch entsprechende Anpassung des Klageantrages bzw. Klagerücknahme nicht entsprochen werden, bleibt es bei dem ursprünglichen Begehren. Wenn der Kläger seinen Antrag aufrecht erhält, nachdem er die Aufrechnung erklärt hat, so behält der Klageantrag, obwohl äußerlich unverändert, doch nicht den gleichen Inhalt. Vor Erklärung der Aufrechnung hatte der Kläger die Aussicht, dass das Gericht seine Forderung als bestehend ansehen und seiner Klage stattgeben würde. Nach Erklärung der Aufrechnung hingegen lohnt die Fortsetzung des Prozesses trotz Klageabweisung nur, wenn das Gericht im Umfang der Aufrechnung auch das Erlöschen der Gegenforderung rechtskräftig feststellt. Die Aufrechnung ist insoweit Teil des Klageantrages, als darin der modifizierte Antrag auf Feststellung enthalten ist, dass die Klageforderung grundsätzlich besteht und nur wegen der Aufrechnung erloschen ist. Dies ergibt die Auslegung des Klageantrages nach der Aufrechnung.

Weist daraufhin das Gericht die Klage in Höhe der Aufrechnung ab, dann hat sich das objektiv bestehende subjektive Recht des Klägers in dieser Höhe in dem Prozess nur dann durchgesetzt, wenn der Kläger als Kompensation für die Abweisung auch die rechtskräftige Feststellung des Erlöschens der Gegenforderung erhält. Denn der aufgrund der eigenen Vollstreckungsfunktion der Aufrechnung eintretende Fortfall des Interesses an der Weiterverfolgung des Zwecks, stellt den Zweck selbst nicht Frage[860].

Damit sei eine weitere Besonderheit der Aufrechnung im Zusammenhang der Verfolgung der Prozesszwecke angesprochen.

---

[859] NJW 1992, S. 982.
[860] Vgl. Gaul, AcP 168 (1968) S. 51.

Das subjektive Recht besteht hier in der Befugnis zur einseitigen sofortigen und endgültigen Befriedigung durch Aufrechnung. Die Aufrechnung ist Selbstexekution und zwangsweise Befriedigung[861]. In Ausnahme zu den sonstigen materiellrechtlichen Vorschriften und dem dort geltendem Selbsthilfeverbot bei der Durchsetzung trägt das materielle Aufrechnungsrecht bereits eine Art Selbsthilfe- bzw. Vollstreckungsfunktion in sich. Der Prozess als Instrument zur Feststellung und Durchsetzung subjektiver Rechte reduziert sich in diesem konkreten Fall auf die Feststellungsfunktion, ob die materiellen Aufrechnungsvoraussetzungen vorgelegen haben oder nicht und dementsprechend die materiellen Aufrechnungswirkungen eingetreten sind. Stattet er diese Entscheidung nicht mit Rechtskraft aus, kommt der Feststellungsfunktion keine Bedeutung mehr zu und der Prozess hat seinen Zweck verfehlt.

Die *Einmaligkeit des Justizgewährungsanspruches*[862] schließt eine erneute Beurteilung dieser Feststellungen nicht zuletzt im Interesse des Gegners und der Effizienz und Ökonomie der Gerichte aus. Ein Urteil dagegen, das abweichend über die Voraussetzungen der einmal vollzogenen Aufrechnung entscheidet, greift widerrechtlich in die Vollstreckungsfunktion der Aufrechnungsinstitution ein. Die Befugnis, eine solche Entscheidung zu fällen, käme nur einer Rechtsmittelinstanz zu.

Vom Blickwinkel des zweiten Prozesses aus betrachtet, der mit Rechtskraft ausgestattet, die Vollstreckungswirkung der privatrechtlichen materiellen Aufrechnungserklärung durch eine vom Urteilsinhalt des Erstprozesses abweichende Entscheidung einfach aufhebt und ohne gleichartige materiellrechtliche Berechtigung beseitigt, dient nicht der Sicherung, sondern der Vernichtung des subjektiven privaten Gestaltungsrechts, indem er die durch sie verliehene Rechtsmacht einseitig für den Kläger des Vorprozesses wirkungslos macht.

Die Aufgabe des Prozesses, Individualrechtsschutz zu gewährleisten, bedeutet nicht, dass die Urteilsentscheidung immer wahr, gerecht und richtig ist. Ein dementsprechender Wahrheitszweck wird als Prozesszweck von der herrschenden Ansicht abgelehnt[863]. Doch verlangt der Schutz subjektiver privater Rechte

---

[861] Dieser Begriff wurde geprägt von Bötticher: „Die Selbstexecution im Wege der Aufrechnung und die Sicherungsfunktion des Aufrechnungsrechts“, FS Schima (1969) S. 95 ff.

[862] Der Justizgewährungsanspruch ist ein aus dem Rechtstaatsprinzip resultierender und daher verfassungsrechtlich geschützter Anspruch, der das Recht auf Zugang zu den Gerichten und eine grundsätzlich umfassende tatsächliche und rechtliche Prüfung des Streitgegenstandes sowie eine verbindliche Entscheidung durch den Richter garantiert (vgl. Rosenberg/Schwab/Gottwald, § 3 I, S. 17; BVerfGE 85, 337, 345). Dagegen wird die Existenz eines Rechtsschutzanspruch im Sinne eines subjektiv öffentlichen Rechts gegen den Staat auf richtige Entscheidung nach Maßgabe des materiellen Rechts allgemein abgelehnt.

[863] Stein/Jonas/Brehm, Einl. Rn 25 m.w.N.

im Umkehrfall natürlich auch Schutz vor ungerechtfertigter Inanspruchnahme. Dies kann aber nur im Rahmen der durch die Verfahrensgarantie gewährleisteten „Etappen" erreicht werden[864]. Hat der Beklagte Einwände gegen die Aufrechnung des Klägers, so muss er diese so wie jedes andere Angriffs- und Verteidigungsmittel rechtzeitig im jeweils zur Entscheidung stehenden Verfahren vorbringen, um nicht präkludiert zu werden. Darauf kann er nicht verzichten, nur weil ihm die Aufrechnung in diesem Verfahren zugute kommt, um sich dann im nächsten Prozess die Vorteile aus der gegenteiligen Behauptung zu sichern.

Das unrichtige Urteil ist ein Ausnahmefall, der für die Bestimmung des Prozesszwecks nicht maßgeblich sein darf[865]. Selbst dann, wenn das über die Aufrechnung zuerst urteilende Gericht sachlich unrichtig über die Aufrechnungsvoraussetzung entschieden hat, so dient der Prozess doch den Schutz der subjektiven privaten Rechte, wenn er die Erlöschenswirkung gemäß dem materiellen Recht für beide Seiten gleichsam verbindlich feststellt. Die nur einseitig verbindliche Feststellung bewirkt das Gegenteil und steht dem weiteren Prozesszweck der Bewährung der materiellen Rechtsordnung zugleich diametral entgegen.

Die Feststellungen des Urteils sind ohne materielle Rechtskraft zwecklos. Die weitere Aufgabe des Zivilprozesses, Rechtsgewissheit für die Parteien herzustellen, erfordert eine verbindliche und endgültige Entscheidung in der Sache. Hat der Kläger seinen Anspruch nicht durchsetzen können, weil dieser infolge wirksamer Aufrechnung erloschen ist, muss diese Feststellung in alle Zukunft für beide Parteien gleichermaßen verbindlich feststehen. Der Prozessverlust des Klägers ist entsprechend der Natur der Aufrechnungswirkung nach den zwingenden Gesetzen der Logik untrennbar verbunden mit dem Forderungsverlust des Beklagten. Genau diese Wertung liegt auch dem § 322 II ZPO zugrunde. Der Kläger darf nicht trotz seines Prozessverlustes fürchten müssen, von dem Beklagten jemals wieder wegen der Aufrechnungsforderung (und dann doppelt) in Anspruch genommen zu werden und gleichzeitig das Risiko einer abweichenden Entscheidung erdulden müssen. Dem Ziel, Rechtsgewissheit und Rechtsfrieden unter den Parteien zu schaffen, ist ein solcher Prozess nur abträglich. Auch in seiner sozialen Funktion, die sich nicht allein in der Streitentscheidung zwischen den Parteien erschöpft, sondern sich auch auf Folgewirkungen wie den Rechtsfrieden für die Allgemeinheit und die Förderung der allgemeinen Rechtsentwicklung auswirkt[866], hat sich ein solcher Prozess angesichts der geschaffe-

[864] Die Einlegung eines Rechtsmittels scheitert allerdings bei Zugrundelegung der Rechtsprechung des BGH mangels Rechtskraft der Gegenforderung an der erforderlichen Beschwer des Beklagten.

[865] Rosenberg/Schwab/Gottwald, § 1 III 4, S. 3 f.; zur Rechtfertigung des unrichtigen Urteils und insbesondere seine Vollstreckung siehe unten § 2 E.VI.4.

[866] Musielak/Musielak, Einl. Rn 5.

nen Unsicherheiten nicht verwirklicht. Kommt es zu einander widersprechenden Urteilen, fördern diese den Rückgang der gesellschaftlichen Akzeptanz solcher Urteile und schaden dem Ansehen der Gerichte.

Bereits die Motive zur CPO von 1877 konstatieren: „als oberstes Erfordernis einer Prozessordnung darf hingestellt werden, dass sie praktisch brauchbar und zweckmäßig ist, dass sie den Rechtsstreit auf dem einfachsten, kürzesten und sichersten Wege seiner Entscheidung zuführt“[867]. Unter Zugrundelegung dieser Ziele des Prozesses ist die in Bezug auf die Klägeraufrechnung durch den BGH gefestigte restriktive Auslegung und Anwendung des § 322 II ZPO als Mittel zur Erreichung mehr als ungeeignet.

Dies zwingt zu der Frage, ob das Prozessrecht und die mit ihm verfolgten Zwekke der materiellen Rechtsausübung derartige Schranken setzen können, die im ungünstigsten Fall zu einem materiellen Rechtsverlust ohne entsprechenden Ausgleich führen. Die Antwort hängt entscheidend von dem Verhältnis der beiden Institutionen zueinander ab. Ist das Prozessrecht in der Lage Einfluss auf das materielle Recht zu nehmen oder ist umgekehrt der Prozess am materiellen Recht orientiert und tritt hinter dessen Interessen und Wertungen zurück? Die Frage der Wechselwirkung von Prozessrecht und materiellem Recht ist insbesondere für das Wesen der Prozessaufrechnung und die aus seiner Doppelnatur resultierenden Schwierigkeiten von großer Bedeutung[868]. Sie steht letzten Endes auch hinter dem Theorienstreit um die Rechtsnatur der Prozessaufrechnung[869].

V. Das Verhältnis zwischen materiellem Recht und Prozessrecht

Will man versuchen, Prozessrecht und materielles Recht in die richtige Beziehung zueinander zu setzen, ist es lohnenswert, kurz die einzelnen Entwicklungsstadien in der Sicht der gegenseitigen Kohärenz beider Institute zu skizzieren. *Koussoulis*[870] unterscheidet hierbei drei Phasen der Beziehung:

1. Phase der Abhängigkeit

Noch bis zur Hälfte des 19. Jahrhunderts hatte die Lehre vom Zivilprozess kaum eine eigenständige Bedeutung und vom materiellen Recht unabhängige Funktion. Ihr kam insgesamt nur ein schmaler Entfaltungsbereich zu. So erfasste die Prozessrechtswissenschaft lediglich die Formen des Prozesses, die in der Frage des „Wie“ der Verwirklichung der Privatrechte zum Ausdruck kam, während das „Was“ als Gegenstand und Inhalt der prozessualen Geltendmachung dem

[867] Hahn/Mugdan, Materialien II/1, S. 115.
[868] Henckel, S. 166 f.
[869] Deppert, S. 64 f.
[870] Koussoulis, in: Gottwald/Greger/Prütting, S. 8.

Zivilrecht vorbehalten war[871]. Es herrschte somit eine rein privatrechtliche Auffassung vom Zivilprozess vor, der ausschließlich im Dienste des materiellen Rechts und dessen Zwecken stand[872].

Exkurs:

Im Bereich des Gegenstandes und Inhaltes der prozessualen Geltendmachung gehörte demzufolge als Frage der „Auswirkung im künftigen Prozess" somit auch die materielle Rechtskraft dem materiellen Recht an, während lediglich die formelle Rechtskraft dem Prozessrecht zugeordnet war[873]. Von diesem Standpunkt gingen offensichtlich auch noch die Verfasser der CPO von 1877 und dem 1. Entwurf zum BGB aus, was sich unter anderem daran zeigt, dass mit den §§ 190 bis 192 E I BGB die Vorschriften über die materielle Rechtskraft im Wesentlichen ins BGB aufgenommen werden sollten. Dass die gesamte Materie der Rechtskraft dann doch in die CPO gefasst wurde, liegt einzig an dem damaligen Bestreben einer schnellen Rechtsvereinheitlichung für die Frage der Rechtskraft, die bislang landesweit unterschiedlich gehandhabt wurde. Und die CPO sollte zusammen mit den Reichsjustizgesetzen nun mal zeitlich früher, nämlich bereits 1879 in Kraft treten, während das BGB erst zum 1.1.1990 zu einem reichseinheitlichen Bürgerlichen Recht aufschloss.

Sollte nun nicht nur die Aufrechnung selbst, sondern ebenso ihre materiellen Rechtskraftfolgen ausschließlich im Bürgerlichen Gesetzbuch geregelt werden, dann muss man sich über eine fehlende Regelung der Materie der Prozessaufrechnung bzw. über eine nur mangelhafte Ausgestaltung der ZPO in dieser Hinsicht nicht wundern. Wäre die materielle Rechtskraft heute dem materiellen Recht zuzuordnen, stünde sicher weit weniger in Frage, ob auch die Aufrechnung des Klägers rechtskräftig würde.

2. Phase der Emanzipation

Die daraufhin in Abkehr des Einheitsdenkens von Materiellem Recht und Aktionenrecht[874] einsetzende „Emanzipation des Prozessrechts aus den Fesseln des Zivilrechts"[875] eröffnete den Weg zu einem Trennungsdenken, welches im Bereich der Prozessrechtswissenschaft noch heute als bahnbrechend bezeichnet

---

[871] Gaul, AcP 168 (1968) S. 28; siehe auch Goldschmidt, Prozess, S. 146.
[872] Koussoulis, in: Gottwald/Greger/Prütting, S. 8.
[873] Gaul, AcP 168 (1968) S. 28.
[874] Den Anstoß hierfür gab *Windscheid* mit seinem Werk „Die Actio des römischen Civilrechts, vom Standpunkte des heutigen Rechts" (1856); Simshäuser, S. 45; Zöllner, AcP 190 (1990) S. 473.
[875] So schon Kohler, ZZP 33 (1904) S. 218; Jauernig, Das fehlerhafte Zivilurteil, S. 1; Gaul, AcP 168 (1968) S. 31; Koussoulis, in: Gottwald/Greger/Prütting, S. 8.

werden kann[876]. Die dann durch *Bülow* eingeleitete „konstruktive (moderne) Epoche" der Prozessrechtswissenschaft, führte diese Richtung weiter und revolutionierte den Prozess von einer bloßen Beschreibung seiner selbst zu einem eigenen Prozessrechtssystem[877]. Nach der begrifflichen Verselbständigung der römischem *actio* und ihrer Zuordnung zu den subjektiven Rechten sprach man erstmals vom Prozess als „Rechtsverhältnis" und stellte zugleich seinen öffentlichrechtlichen Charakter fest[878], ohne sich freilich zugleich darüber einig zu sein, was genau Inhalt und Wesen dieses Rechtsverhältnisses sein sollte[879]. Das bis dahin unterentwickelte und mehr oder weniger nur nach Zweckgesichtspunkten beurteilte Prozessrecht wuchs zu einer eigenständigen Materie heran der fortan auch eigene, vom materiellrechtlichen Denken befreite Wertungen zugrunde lagen[880]. Mit der Entwicklung eigener elementarer prozessualer Rechtsfiguren und prozessualer Rechtsprinzipien begann zugleich auch eine Zeit, in der man großen Aufwand in die weitgehende Abgrenzung beider Rechtsgebiete investierte und ihr Verhältnis zueinander zu bestimmen suchte. Die Schwierigkeiten der Abgrenzung beider Rechtsgebiete und ihr wechselseitiger Einfluss aufeinander ist seitdem fortwährendes Streitthema und zieht sich, gleich ob Streitgegenstands- oder Rechtskraftproblematik, Parteilehre oder Prozessaufrechnung betreffend, durch sämtliche prozessuale Rechtsfiguren. Stets geht es um die Frage, ob eine eher prozessuale oder materiellrechtliche Betrachtung angemessen ist.

3. Phase der Rückbesinnung

Die noch bis in die heutige Zeit die Wissenschaft beschäftigende Phase der Rückbesinnung auf die Zusammenhänge des Prozessrechts mit dem materiellen Recht[881], gekennzeichnet durch die Rückwendung des Prozesses hin zum materiellen Recht, ist vermutlich vor allem durch das Werk von *Henckel*[882] entzündet worden, der den Blick für die strukturellen Gemeinsamkeiten beider Rechtsgebiete wieder nachhaltig geschärft hat[883]. Dabei hat er untersucht, in welchen Bereichen materiellrechtliche Wertungen auf das Prozessrecht übergreifen oder wo beiden Bereichen gemeinsame Wertungsprinzipien zugrunde liegen[884]. Seine

---

[876] Hierzu ausführlich: Simshäuser, S. 71 ff., 78 ff.
[877] So sah es Bülow selbst, ZZP 27 (1900) S. 201 ff.
[878] Bülow, ZZP 27 (1900) S. 201 ff.; derselbe, Prozessvoraussetzungen, S. 1, 6 ff., 9 ff.
[879] Goldschmidt, Der Prozess als Rechtslage, S. 1, S. 146.
[880] Koussoulis, in: Gottwald/Greger/Prütting, S. 8.
[881] Vgl. die endlose Aufzählung der sich mit dem Verhältnis zwischen materiellem Recht und Prozessrecht beschäftigenden Autoren bei Zöllner, AcP 190 (1990) S. 475, Fn. 17.
[882] Henckel, Prozessrecht und Materielles Recht (1970).
[883] So Häsemeyer, AcP 188 (1988) S. 143; Gaul, FS Henckel (1995) S. 235; ähnlich Zöllner, AcP, 190 (1990) S. 493.
[884] Henckel, S. 41.

Kennzeichnung des Prozesses als Ausübung des materiellen Rechts in einem Verfahren vor Rechtspflegeorganen, gestattet es, „materiell privatrechtliche Wertungen für die Auslegung von Prozessnormen nutzbar zu machen, gemeinsame für das materielle wie das Prozessrecht verbindliche Wertungen aufzudekken und damit den Zivilprozess sinnvoll in die Privatrechtsordnung einzufügen“ [885]. Dies sei nicht als Rückschritt ins 19. Jahrhundert zu werten, sondern soll nur daran erinnern, dass jedes Streiten schließlich privatrechtlich motiviert ist. Damit behält zwar der Prozess im Unterschied zur ersten Phase der Entwicklung seine eigene Funktionsbestimmung, er ist aber geprägt von einer Abhängigkeit zum materiellen Recht in der materiellrechtliche Ausgangspunkte und Einflüsse zu berücksichtigen sind[886]. Die Wiederentdeckung der verlorenen Schnittpunkte zwischen Zivilrecht und Zivilprozessrecht führt zur Anwendung der teleologischen Methode auch auf das Prozessrecht unter Berücksichtigung der Interessenlage der Beteiligten[887] und zur Notwendigkeit einer materiellrechtsfreundlichen Auslegung des Prozessrechts insgesamt[888].

Die Begriffe materielles Recht und Prozessrecht stehen also nicht in einer Antithese zueinander. Eine solche Vorstellung ist im Übrigen durch das Trennungsdenken auch gar nicht impliziert. Das Gegenteil ist der Fall. Mit der beschriebenen Trennung von Anspruch und Klage wurde die Aufgabe des Prozesses nicht mehr als eine die Rechtslage konstituierende, sondern als eine auf ihre Verwirklichung zielende angesehen. Es steht seither in erster Linie die Frage nach der materiellen Rechtslage im Vordergrund, deren Verwirklichung das Prozessrecht, unabhängig von weiteren ihm heute zugeschriebenen Zwecken, zu dienen hat[889].

Die dienende Funktion des Prozesses ist heute weitgehend unbestritten[890]. Sie entspricht zugleich der ständigen Rechtsprechung des Bundesverfassungsgerichts, das bei seinen zivilprozessbezogenen Entscheidungen von einer dienenden Funktion des Prozesses ausgeht, wenn es seine „zweckbedingte Ausrichtung

---

[885] Henckel, S. 63, 64.

[886] Koussoulis, in: Gottwald/Greger/Prütting, S. 9.

[887] Koussoulis, in: Gottwald/Greger/Prütting, S. 9.

[888] Zum Begriff der materiellrechtsfreundlichen Auslegung: Schuhmann, FS Larenz (1983) S. 571 ff.

[889] Zöllner, AcP 190 (1990) S. 473, 476 (versteht materielles Recht und Verfahrensrecht als eine die Rechtslage insgesamt konstituierende Sinneinheit. Durch verstärkten Rückbezug des Prozessrechts auf das materielle Recht sei diese Sinneinheit zu erhöhen. vgl. S. 482, 487 ff., 495).

[890] Statt vieler: Beys, FS Henckel (1995) S. 4; von einer dienenden Funktion gehen u.a. aus: Zöllner, AcP 190 (1990) S. 471; Schumann, FS Larenz (1983) S. 571; Varvitiotis, S. 134; MüKo-ZPO/Lüke, Einl. Rn 23; Jauernig, JuS 1971, S. 329.

auf die Verwirklichung des materiellen Rechts" betont[891]. Der Prozess ist nicht als rein technische Veranstaltung zu begreifen, es existiert ein unlösbarer Zusammenhang zwischen der subjektiven materiellen Rechtsposition des Bürgers und jeder prozessualen Regelung[892]. In der gleichen Richtung determiniert auch der BGH das Verhältnis zwischen beiden Rechtsgebieten und fordert, dass die Verfolgung und Durchsetzung materieller Rechte nicht durch Verfahrensvorschriften und Formalismus zu erschweren sei und das Prozessrecht nicht als Selbstzweck zu behandeln ist[893].

Aus dieser Argumentation der Rechtsprechung mit der Zweckbestimmung des Zivilprozesses folgt eine „Art Interpretationsmaxime"[894] des Prozessrechts, die eine Auslegung prozessualer Normen an materiellrechtlichen Interessen erfordert[895]. Eine solche materiellrechtsfreundliche Auslegung des Prozessrechts hilft Wertungswidersprüche zwischen beiden Rechtsgebieten zu vermeiden und damit die Einheit der Rechtsordnung zu wahren[896].

4. Fazit für die Klägeraufrechnung

Für unseren Untersuchungsgegenstand der prozessualen Klägeraufrechnung bedeutet dies, dass die materiellrechtliche Strukturierung der Aufrechnungsvorschriften auch für die Frage der objektiven Rechtskraftbegrenzung maßgeblich sein sollte[897]. Folgt das Prozessrecht dem materiellen Recht und ist zu seiner Durchsetzbarkeit geschaffen, erscheint es angebrachter, § 322 II ZPO im Falle der klägerischen Prozessaufrechnung so auszulegen oder entsprechend anzuwenden, dass das Recht aus § 388 S. 1 BGB im Prozess unangetastet ausgeübt werden kann und aufgrund der Ausübung wegen der Besonderheit der Prozesslage keine Nachteile erleidet.

Eigene Wertungen des Prozessrechts stehen dieser Betrachtung nicht entgegen. Die Argumentation, § 322 II ZPO diene allein dem Schutz und Interesse des Aufrechnungsgegners vor ungerechtfertigter Inanspruchnahme, scheint in Hinblick auf das, was dem Kläger droht, als blanker Hohn. Der Prozess darf mit seinen teilweise auf die Spitze getriebenen Emanzipationsbewegungen[898] und eigenständigen Wertungen nicht vergessen, dass er eine Sinneinheit mit dem

---

891 BVerfGE 52, 131, 164; Schumann, S. 18, III 1a; schon das Reichsgericht ist von einer dem materiellen Recht dienenden Funktion des Prozesses ausgegangen, vgl. RGZ 102, 276, 278; 48, 417 f.

892 Thesenartige Zusammenfassung der Rechtssprechung des BVerfG, Schumann, S. 80.

893 Z.B. BGHZ 10, 350, 359; Vgl. w.N.w. bei Stein/Jonas/Brehm, Einl. Rn 108.

894 Gaul, AcP 168, S. 37; derselbe, in: Yildirim, S. 70, Fn. 10.

895 Zöller/Vollkommer, Einl. Rn 92.

896 Schumann, FS Larenz (1983) S. 577.

897 Vgl. Koussoulis, in: Gottwald/Greger/Prütting, S. 15; Henckel, S. 150.

898 So Zöllner, AcP 190 (1990) S. 495.

materiellen Recht bilden soll. Ein Verständnis des § 322 II ZPO, das seine Anwendung vor einer Aufrechnung des Klägers mit seiner Klageforderung verschließt, hilft nicht, materielle Regelungsziele zu verwirklichen, sondern behindert im Gegenteil die eigene Durchsetzungsfunktion der Aufrechnung und fördert durch die nur einseitige Rechtskraftwirkung die Entstehung materieller „Ungleichgewichtslagen".
Seine dienende Funktion bestimmt auch die Auslegung des Prozessrechts. Da es die Verwirklichung des materiellen Rechts zum Gegenstand hat, ist im Zweifelsfall nicht anzunehmen, einer prozessualen Vorschrift komme eine Bedeutung zu, die geeignet ist, die Durchsetzung materieller Ansprüche übermäßig zu erschweren. Soll eine Norm des materiellen Rechts angewendet werden so hat sich die Handhabung des Prozessrechts diesem anzupassen und seine Durchsetzung zu gewährleisten. Das Prozessrecht ist daher im Zweifel in einem Sinn auszulegen, welcher die Verwirklichung des materiellen Aufrechnungsrechts auf einfachstem Wege ermöglicht.

Exkurs:

Das Bemühen des Prozessrechts, materiellrechtliche Zusammenhänge gerade auch für den Bereich der Rechtskraft zu wahren, wird deutlich an einer Reihe weiterer prozessualer Rechtsfiguren, die mit teilweise großem Begründungsaufwand versucht haben, ihr Verhältnis zum materiellen Recht und dort zwingenden Bedingungszusammenhängen zu definieren. Nur beispielhaft seien genannt der Prozessvergleich, der sich heute nach h.M. ähnlich wie die Prozessaufrechnung mit einer Doppelnatur zum materiellen Recht positioniert hat[899], der aufgrund von § 296 ZPO nicht berücksichtigte Aufrechnungseinwand oder die Lehre von der Rechtskrafterstreckung infolge zivilrechtlicher Abhängigkeit, die versucht, unter bestimmten Voraussetzungen eine Drittwirkung der Rechtkraft zu begründen[900].

Hinsichtlich des Prozessvergleiches ist nicht streitig, dass der Prozessvergleich beide - materiellrechtliche und prozessrechtliche - Voraussetzungen erfüllen muss, damit er materiellrechtliche und prozessrechtliche Wirkungen entstehen lässt[901]. Wenn der Inhalt des Vergleichs nicht protokolliert wird, ist kein wirksamer Prozessvergleich geschlossen worden und die beiden Wirkungen entstehen nicht. Wenn ein Prozessvergleich materiellrechtlich mangelhaft ist, dann

---

[899] Vgl. nur BGH NJW 1993, 1995 f.; Jauernig, ZPR, § 48 I; Rosenberg/Schwab/Gottwald, § 129 III 1d, S. 895.

[900] Koussoulis, S. 164 ff.; A. Blomeyer, ZZP 75 (1962) S. 1 ff.; Bürgers, S. 87 ff.

[901] Die prozessuale Wirkung des Prozessvergleichs besteht in der Beendigung des Rechtsstreits und der Rechtshängigkeit; ihm kommt dagegen keine Rechtskraftwirkung zu, vgl. Thomas/Putzo, § 794 Rn 29.

bleibt das Verfahren anhängig[902]. Es existiert also ein Abhängigkeitsverhältnis zwischen den beiden Naturen.

Hinsichtlich des Problems des verspäteten oder nicht berücksichtigten Aufrechnungseinwandes im Prozess nach § 296 ZPO wurde gezeigt[903], dass es aufgrund der Doppeltatbestandsnatur der Prozessaufrechnung zu einem Auseinanderfallen von materieller Rechtslage und prozessualen Feststellungen kommt, wenn nur eine der beiden Seiten Beachtung findet. Man hat daher versucht, auf unterschiedlichsten Wegen ein Abhängigkeitsverhältnis zwischen der materiellrechtlichen Wirksamkeit der Aufrechnung und ihrer Beachtung im Prozess zu fingieren, um schließlich im Ergebnis zu einer materiell gerechten Entscheidung zu kommen. Dabei handelt es sich um ein Ziel, das im Hinblick auf die Funktion des Prozesses im Vordergrund stehen muss und nicht stärker als im Interesse der Verfahrenskonzentration erforderlich eingeschränkt werden darf[904].

Stärker als im Interesse der hinter § 322 II ZPO stehenden Wertungen darf auch die Durchsetzung des materiellen Aufrechnungsrechts nicht eingeschränkt werden. Wird die Klage abgewiesen, weil die materiellrechtliche Wirkung der Aufrechnung eintreten soll, muss dies auch prozessual beachtlich sein und sich in der Frage der Rechtskraft auswirken.

VI. Zwecke und Rechtfertigung der Rechtskraft

Den Betrachtungen zum Verhältnis von materiellem Recht und Prozessrecht folgend, kommt der materiellen Rechtskraft als Schnittstelle[905] zwischen beiden Institutionen eine wesentliche Bedeutung zu. Das im Prozess festgestellte materielle Recht ist als Ergebnis nur dann von Wert, wenn es für die Zukunft unantastbar und gesichert feststeht. Die Verschiedenheit der ermittelten Prozesszwecke erfordert zudem eine Abwägung und Ergründung gerade der für die jeweilige Norm maßgebenden Wertungsfaktoren, also dem Sinn und Zweck der Rechtskraft im Besonderen.

Man könnte am Nutzen der Fragestellung nach den Rechtskraftzwecken für die hier angestrebte Lösungsfindung zunächst durchaus zweifeln, geht es doch gerade darum, die Ablehnung der Rechtskraft im Falle der Klägeraufrechnung zu widerlegen. Die Voraussetzungen eines Institutes mit seinen Wirkungen zu erklären erscheint dementsprechend zirkulär. Im Folgenden geht es dagegen nicht darum, das Urteil durch seine fehlende Rechtskraftwirkung zu erklären, denn es wirkt ja im Rahmen und Umfang des § 322 I ZPO volle Rechtskraft. Fraglich ist allein, welchen Sinn das Urteil hat, wenn es, soweit es Rechtskraft wirkt, die durch die Rechtskraft erstrebten Zwecke gar nicht verwirklicht. Dies

---

[902] Rosenberg/Schwab/Gottwald, § 129 IV 1, S. 898 f.; Schellhammer, S. 331 ff.
[903] § 1 F.
[904] BGH NJW 1990, 2390.
[905] Zeuner, Sinnzusammenhänge, S. 176 f.; ebenso Henckel, S. 231.

aufzuhellen, macht eine funktionsorientierte Analyse der materiellen Rechtskraft nach ihrem Geltungsgrund erforderlich.

1. Rechtsnatur

Für das Wesen der Rechtskraft ist entscheidend, wie der Grund ihrer Bindungswirkung zu erklären ist. Auch hier steht das Verständnis im Widerstreit zwischen materiellrechtlicher oder prozessualer Betrachtung. Dementsprechend wird im Wesentlichen unterschieden zwischen der früher vertretenen materiellrechtlichen Theorie[906], nach der das richterliche Urteil eine Veränderung der materiellen Rechtslage bewirkt und somit die materielle Rechtslage zwischen den Parteien konstitutiv gestaltet, sowie der prozessualen Theorie[907], nach der das Urteil rein prozessrechtliche Wirkung hat und die im Urteil gefundene Rechtslage lediglich feststellt. Nach dieser heute weitgehend herrschenden Sichtweise ist die materielle Rechtskraft nicht in der Lage, die materielle Rechtslage zu verändern, sondern sie besteht in der bindenden Kraft der im Urteil enthaltenen Feststellung. Gleichwohl existiert daneben eine, wenn man so will, gemischtrechtliche Auffassung, die, ausgehend von einer grundsätzlich prozessrechtlichen Natur der Rechtskraft, den Gesetzgeber in seiner Ausgestaltung, den Richter in seiner Auslegung an materiellrechtliche Wertungen gebunden sieht. Erst so seien die objektiven Grenzen der Rechtskraft ermittelbar[908]. Die Plausibilität dieser Sichtweise erklärt sich aus der vorhergehenden Betrachtung zum Verhältnis von materiellem Recht und Prozessrecht.

Im Einzelnen ist eine Stellungnahme zu den Rechtskrafttheorien jedoch entbehrlich, da sie keine präziseren Kriterien zur Bestimmung des hier interessierenden objektiven Umfangs der materiellen Rechtskraft enthalten[909]. *Grunsky* ist daher zuzustimmen, wenn er meint, entscheidend seien nicht die Theorien, sondern allein die Interessenlage, und diese bleibt die gleiche unabhängig davon, welcher Theorie man anhängt. Bei interessengemäßer Anwendung führt jede Theorie zum selben Ergebnis[910].

---

[906] Pagenstecher, S. 302 ff.; Kohler, Bd. I, S. 218; Windscheid/Kipp, Bd. 1, § 129; RGZ 46, 336; 78, 395.

[907] V.a. *Hellwig* und *Goldschmidt*, vgl. Schumann, FS Bötticher, S. 305 ff.; BGHZ 3, S. 82, 85; 34, 337; heute h.A., vgl. Müko-ZPO/Gottwald, § 322 Rn 9.

[908] Baumbach/Lauterbach/Albers/Hartmann, Einf. §§ 322-327 Rn 7; Bötticher, ZZP 85 (1972) S. 15; Henckel, S. 421; Koussoulis, S. 34 ff., 189 ff.; Stein/Jonas/Leipold, § 322 Rn 42.

[909] Ähnlich: Müko-ZPO/Gottwald, § 322 Rn 12; Stein/Jonas/Leipold, § 322 Rn 26.

[910] Grunsky, Verfahrensrecht, S. 430.

2. Wirkungsweise

Eine weitere Auseinandersetzung hat man ausgehend von der prozessualen Theorie über die genaue Wirkungsart der gerichtlichen Entscheidung geführt. Wenn die richterliche Entscheidung die materielle Rechtslage nicht verändert, ist noch nichts darüber gesagt, in welcher Weise das richterliche Urteil dann zu berücksichtigen ist.

Während eine Mindermeinung[911] auf die positive Wirkung der Rechtskraft abstellt und eine Art Widerspruchsverbot annimmt, das nicht eine gleichlautende, sondern lediglich eine vom Ersturteil abweichende spätere Entscheidung verbietet, geht die herrschende Ansicht[912] heute überwiegend von einem generellen Verbot jeder neuen Verhandlung und Entscheidung über den Gegenstand des Vorprozesses nach dem Grundsatz „*ne bis in idem*" aus. Diese negative Rechtskraft wirkt als eine von Amts wegen zu berücksichtigende Prozessvoraussetzung, ohne dass es auf das Vorliegen eines möglichen Rechtsschutzbedürfnisses für eine erneute Entscheidung über denselben Streitgegenstand ankäme.
Für die *ne bis in idem* Lehre spricht eindeutig, dass sie unnötige und insbesondere im Ergebnis nutzlose Arbeit für das neu angerufene Gericht unterbindet[913]. Das Anliegen, einander widersprechende Entscheidungen zu verhindern[914], liegt dagegen beiden Ansichten gleichermaßen zugrunde. Das öffentliche Interesse an der der Einmaligkeit des Gerichtsschutzes überwiegt in diesem Punkt jedoch die sonst so hoch geschätzte Dispositions- und Streitfreiheit bezüglich des Streitgegenstandes und steht deswegen auch einer abweichenden Parteivereinbarung über die Rechtskraft entgegen[915].

Über die prozessuale Bindung des Gerichts hinaus wird teilweise primär die private Wirkung der Rechtskraft zwischen den Parteien im Sinne einer allgemeinen Verpflichtung zur Beachtung des Urteils betont[916]. Welche Bindung dabei nun im Vordergrund steht und möglicherweise nur als Reflex der jeweils anderen auftritt, lohnt sich an dieser Stelle nicht näher zu reflektieren.

---

911 Hellwig, System I, S. 777; derselbe, Rechtskraft, S. 7 ff.; Grunsky, Verfahrensrecht, S. 431; siehe auch Gaul, FS Weber (1975) S. 162.

912 Bötticher, Kritische Beiträge, S. 139 ff., 201; Baumbach/Lauterbach/Albers/Hartmann, Einf. §§ 322-327 Rn 2, 12; BGHZ 35, 338, 340; BGH NJW 1985, 2535; MüKo-ZPO/Gottwald, § 322 Rn 9; Musielak/Musielak, §322 Rn 5; ähnlich: Koussoulis, S. 209 ff. und Stein/ Jonas/Leipold, § 322 Rn 39: unterscheiden zwischen materiellrechtlicher und prozessualer Wirkung der Rechtskraft.

913 MüKo-ZPO/Gottwald, § 322 Rn 12.

914 Im Übrigen eine „nicht hoch genug anzuschlagende" Aufgabe der materiellen Rechtskraft, „weil widersprechende Urteile im Volke als ein schwerer Übelsstand empfunden werden müssen", Hahn/ Mugdan, Materialien II/1, S. 291.

915 Dickhuth-Harrach, S. 185.

916 So z.B. Rosenberg/Schwab/Gottwald, § 150 II 3, S. 1057; Stein/Jonas/Leipold, § 322 Rn 34; Müko-ZPO/Gottwald, § 322 Rn 14.

3. Rechtskraftzwecke

Nach h.M. ist die materielle Rechtskraft eine dem Urteil aus Zweckmäßigkeitsgründen zuerkannte Wirkung[917]. Welches aber sind die Zwecke, denen sie dient? Ähnlich wie bei den Prozesszwecken streiten auch hier die Interessen zwischen kollektiven und individuellen Belangen und für den Fall, dass sie im Dienste beider stehen, ist fraglich, wie ihr Verhältnis zueinander zu bestimmen ist. Vor allem *Bülow* hatte mit seiner öffentlich-rechtlichen Betonung des Prozesses für ein überwiegend öffentliches Interesse an der Rechtskraft plädiert, was schließlich auch zur Beachtung der Rechtskraft von Amts wegen beitrug[918]. Die Motive zum Entwurf des BGB stellten dagegen eher die privaten Interessen der Parteien in den Vordergrund und folgerten daraus die Disponibilität der Rechtskraft, vgl. § 191 II BGB E-I. Die heutige Sicht neigt ebenfalls wieder dazu, in den Rechtskraftzwecken vorrangig private Interessen zu sehen oder diese doch zumindest gleichrangig neben die öffentlichen Interessen zu stellen[919].

a) Rechtssicherheit und Rechtsfrieden

Die materielle Rechtskraft sichert zunächst den inhaltlichen Bestand einer formell endgültigen Entscheidung für weitere Verfahren und sorgt damit für eine konkrete Maßgeblichkeit der Entscheidung zwischen den Parteien[920]. In dieser Bestandssicherungs- und Ordnungsfunktion[921] hat die Rechtskraft in erster Linie zum Ziel, für Rechtssicherheit und Rechtsfrieden zu sorgen[922]. Beide Begriffe lassen sich sowohl in einem individuellen als auch in einem kollektiven Sinn verstehen und werden auch in diesen beiden Varianten mit unterschiedlichem Vorrang verwandt[923]. Könnte die unterlegene Prozesspartei den Streit jederzeit wieder aufnehmen und den durch das Urteil errungenen Rechtsfrieden auf diese Weise zerstören, wäre die gerichtliche Entscheidung für alle Beteiligten weitestgehend wertlos. Ohne eine endgültige streitbeendigende Wirkung des Urteils müsste auch der Sieger des Rechtsstreits stets mit der Aberkennung seines Sieges rechnen, was die Gefahr, dass die Parteien zum Mittel der Selbstjustiz grei-

---

[917] Dickhuth-Harrach, S. 174 m.w.N.; darüber hinaus notwendige Folge des Rechtsstaatsprinzips, vgl. MüKo-ZPO/Gottwald, § 322 Rn 14 Rn 2.

[918] Gaul, FS für Henkel (1995) S. 235, 246 ff.

[919] C. Berger, S. 14: Öffentliche Interessen werden durch die materielle Rechtskraft nur mittelbar im Wege einer Reflexwirkung über ihre vorwiegend parteibezogene Komponente geschützt; vgl. Darstellung der Entwicklung bei Dickhuth-Harrach, S. 186 m.w.N.; Schumann, FS Bötticher (1969) S. 289, 319; Stein/Jonas/Leipold, § 322 Rn 32.

[920] MüKo-ZPO/Gottwald, § 322 Rn 2.

[921] C. Berger, S. 14.

[922] BVErfGE 2, 380, 403; 15, 313, 319.

[923] Siehe Stein/Jonas/Leipold, § 322 Rn 32; C. Berger, S. 14; BGHZ 36, 365, 367; an einer genaueren Definition der Begriffe fehlt es meistens, Dickhuth-Harrach, S. 182 ff. m.w.N.

fen, erhöht. Da Selbstjustiz stets auch Gemeingefahr bedeutet[924], rechtfertigt sich ein Verständnis des Begriffs zumindest auch im kollektiven Sinne, für die Rechtssicherheit gilt dies in besonderem Maße. Die Kriterien der Streitbeendigung und der Erhaltung von Rechtsfrieden und Rechtssicherheit durch die bindende Kraft des Urteils sind somit die Hauptzwecke, denen die gerichtliche Rechtspflege zu dienen hat[925]. Das Urteil soll für die Zukunft unter den Parteien sichere rechtliche Verhältnisse schaffen und damit ebenfalls für überindividuelle Rechtssicherheit sorgen.

b) Rechtsgewissheit

Gleichzeitig wird das Bedürfnis nach Rechtsgewissheit häufig als ein wesentlicher Rechtskraftzweck genannt[926]. Diese Forderung deckt sich mit der des Prozesszwecks, der insoweit zugleich auch Zweck der materiellen Rechtskraft ist[927]. Der Gedanke des Vertrauensschutzes gegenüber den Gerichten spricht dafür, dass sich die Parteien auf die bisherige gerichtliche Beurteilung über zusammenhängende Rechtsfolgen verlassen dürfen[928]. Die durch das rechtskräftige Urteil geschaffene Gewissheit unter den Parteien erhält ihnen ihre wirtschaftliche Dispositionsfähigkeit, indem sie nicht immer wieder kostspielige Prozesse mit ungewissem Ausgang fürchten müssen[929].

c) Autorität und Ansehen des Staates und der Justiz

Ohne Rechtskraft eines Urteils ist die Gefahr einander widersprechender Entscheidungen stets gegeben. Da der Richterspruch aber die autoritative Feststellung des vorhandenen Rechts enthalten soll[930], würde es dem Ansehen und der Autorität der Gerichte[931] nicht gut anstehen, wenn sich eine solche Gefahr regelmäßig verwirklicht und nicht jeder Streit über dieselbe bereits rechtskräftig entschiedene Sache den Parteien versagt bleibt sowie jede Entscheidung darüber unzulässig wäre[932]. Die sich sonst ergebenden Unsicherheiten würden das Vertrauen in Justiz und Staat nachhaltig gefährden. Autorität und Ansehen des

---

[924] Dickhuth-Harrach, S. 183.
[925] BGHZ 93, 287, 289; 123, 30, 33 f.; Rosenberg/Schwab/Gottwald, § 150 I, S. 1055.
[926] Vgl. Dickhuth-Harrach, S. 185 m.w.N.
[927] Vgl. Stein/Jonas/Leipold, § 322 Rn 30: „Um den Zweck der Rechtskraft zu erkennen, ist auf den Zweck des Zivilprozesses überhaupt zurückgreifen".
[928] Peetz, S. 28 ff.
[929] Dickhuth-Harrach, S. 185.
[930] BGHZ 36, 367; 34, 337.
[931] Zu Eigenschaft und Rechtfertigung der Autorität des Richterspruchs: Fenge, FS Wassermann (1985) S. 659 ff.
[932] BGH NJW 1962, 1109 f.

Staates und der Justiz werden daher ebenfalls als im öffentlichen Interesse stehende Rechtskraftzwecke verstanden[933].

d) Fazit für die Klägeraufrechnung

Insgesamt herrscht der Grundsatz der Einmaligkeit der gerichtlichen Feststellung. Es handelt sich hierbei um ein Prinzip unserer Staatsordnung[934], welches die Endgültigkeit der Entscheidung voraussetzt und den Justizgewährungsanspruch der Parteien ein für alle mal erfüllt. Das Verbot jeder neuen Verhandlung und Entscheidung über den bereits einmal entschiedenen Streitgegenstand liegt im Interesse des Ansehens der Gerichte, der Rechtssicherheit und des Rechtsfriedens der Parteien. Mit der Streitentscheidung hat der Staat zwischen den Parteien Rechtsgewissheit geschaffen und damit seine Rechtsaufgabe erfüllt[935]. Für das Urteil, welches über die Aufrechnung des Klägers nur einseitig verbindlich entscheidet, bedeutet dies, dass keiner der durch die Rechtskraft angestrebten Ziele erreicht wird. Die Möglichkeit des Beklagten, dessen Gegenforderung durch die Rechtskraft des Urteils nicht erfasst ist, erneut vor Gericht zu ziehen, und eine vom Inhalt des Ersturteils abweichende Entscheidung zu erstreiten, schafft Rechtssicherheit und Rechtsfrieden weder zwischen den Parteien noch in der Allgemeinheit. Ein solches Urteil hat zur Folge, dass die Entscheidung weder des einen noch des anderen Gerichts als verlässlich angesehen werden kann, was große Unsicherheit für die Parteien und eine Erschütterung des Vertrauens in die staatliche Rechtspflege zur Folge hat. Der mit seiner Klage aufgrund der erfolgreichen Aufrechnung abgewiesene Kläger muss stets mit einer erneuten Inanspruchnahme durch den Beklagten rechnen und im Falle einer abweichen-

---

[933] Homfeldt, S. 34, 68: „Das Urteil als Staatsakt würde der spekulativen Wagelust wankelmütiger Parteien schutzlos ausgeliefert sein. Als Konsequenz sinke das Ansehen und die Würde der Gerichte als Staatsorgane, und langsam aber sicher gehe die ihnen verliehene staatliche Autorität verloren, weil die Bereitschaft, sich einer Institution unterzuordnen, die scheinbar willkürlich ihre Entscheidungen treffe und auf einen Wink hin keinen Bestand mehr habe, auf Seiten der Rechtssuchenden relativ gering sein dürfte."; s.a. Rimmelspacher, S. 67; Rosenberg/Schwab/Gottwald, § 150 I, S. 1055; Arens/Lüke, ZPR, Rn 351; a.A. jedoch Stein/Jonas/Leipold, § 322 Rn 33; Dickhuth-Harrach, S. 184.

[934] Homfeldt, S. 67.

[935] BGHZ 93, 288 ff.; Die Forderung nach Verfahrensökonomie durch Vermeidung doppelter Inanspruchnahme der knappen Ressource Justiz, ist höchstens ein allgemeiner Prozessgrundsatz, jedoch kein spezieller Rechtskraftzweck. Siehe auch Lüke, Beteiligung, S. 236: „Überspitzt könnte man sagen, dass die Prozessökonomie oder Verfahrenswirtschaftlichkeit ein „effizientes", nämlich vielseitig verwendbares, Argument bildet, dessen Gebrauch von einer gewissen Beliebigkeit gekennzeichnet ist".

den Zweitentscheidung sogar eine Verböserung seiner materiellen Rechtslage befürchten. Von den Folgen für die Prozessökonomie sei ganz zu schweigen[936].

Es sprechen somit der Befriedigungszweck des Prozesses und speziell der Rechtskraft nachhaltig dafür, dass eine über den Bestand einer einheitlichen Rechtsposition der hier zur Erörterung stehenden Art ergehende gerichtlichen Entscheidung diese im Ganzen und nicht nur in zusammenhanglosen Einzelteilen außer Streit stellt.

4. Rechtfertigung des unrichtigen Urteils und Klägeraufrechnung

a) Perpetuierungsgefahr und Rechtskraftzwecke

Beharrt man als Grund für den engen Umfang der Rechtskraft nach § 322 I ZPO auf der Bekämpfung der Gefahr der Perpetuierung falscher Urteile, müssen sich Sinn und Zweck dieser Begrenzung an dem eigentlichen Geltungsgrund der Rechtskraft messen lassen. Beide stehen in offensichtlichem Widerspruch zueinander und wirken als gegenseitige Beschränkung.

Zunächst ist unabhängig von den eigentlichen Rechtskraftzwecken zu fragen, wie die Bindungswirkung der Rechtskraft in Fällen sachlich unrichtiger Entscheidungen zu rechtfertigen ist[937]. Die prozessuale Rechtskrafttheorie muss im Fall des unrichtigen Urteils konsequenterweise von einem Auseinanderfallen von prozessualer und materieller Rechtslage ausgehen und die Parteien mit einer Art doppelter Rechtsordnung[938] konfrontieren. Die im überwiegenden öffentlichen Interesse liegende Notwendigkeit, dass jeder Streit im Interesse von Rechtssicherheit, Rechtsfrieden und Rechtsgewissheit einmal ein Ende haben muss und die staatliche Autorität nicht grenzenlos beanspruchbar ist, erfordert jedoch, dass gegenüber der richterlichen Feststellung das materielle Recht des Einzelnen zu weichen hat[939]. Die Maßgeblichkeit der Entscheidung zur Sache ist für alle Beteiligten in der Gegenwart unsicherer Rechtsverhältnisse überragend wichtig und hat Vorrang vor Gerechtigkeit im Einzelfall. Die Verbindlichkeit auch des unrichtigen Urteils bedeutet dabei keine Preisgabe der durch den Pro-

---

936 Zum Zusammenhang zwischen Verfahrenszwecken und Prozessökonomie: Lüke, Beteiligung, S. 234 ff., 247.

937 Man hat oft den Fehler gemacht, eine Definition der Rechtskraft von dem pathologischen Fall des unrichtigen Urteils aus zu führen, siehe hierzu Schumann, FS Bötticher (1969) S. 289 ff., 316. Zu beachten sind freilich die Möglichkeiten der Durchbrechung der Rechtskraft nach den Vorschriften der Wiederaufnahme des Verfahrens gemäß §§ 578 ff. ZPO sowie die Rechtsprechung zu § 826 BGB, dazu Walker, FG 50 Jahre BGH (2000) S. 367.

938 MüKo-ZPO/Gottwald, § 322 Rn 12.

939 BVerfGE 2, 380, 403; BGHZ 3, 82, 85 ff.; 38, 333, 336; Schumann, FS Bötticher (1969) S. 319 f.; Baumbach/Lauterbach/Albers/Hartmann, Einf. §§ 322-327 Rn 9, 13; Lenenbach, S. 53.

zess angestrebten Ziele[940]. Die Rechtskraft ist in diesem Fall aber aufgrund überwiegender öffentlicher Interessen als Schranke des Prozesses zu begreifen[941]. Schließlich bietet dieser durch eine Vielzahl verschiedener Verfahrensgarantien, wie beispielsweise durch die Gewährung rechtlichen Gehörs, Selbstverantwortung der Parteien oder den Instanzenzug, immerhin eine gewisse Gewähr für die Richtigkeit der jeweiligen Entscheidung. Eine darüber hinausgehende Sicherheit der nunmehrigen Richtigkeit des Urteils kann im Übrigen auch die zweite Entscheidung nicht bieten[942].

Das unrichtige Urteil ist also gekennzeichnet durch ein Auseinanderfallen der materiellen Wahrheit und der prozessual festgestellten Wahrheit. Im Interesse überindividueller Rechtsklarheit ist dies hinzunehmen. Daneben gibt es aber auch eine auf Grundlagen der Logik basierende Wahrheit[943], welche die durch die Rechtskraft geschützten Interessenlagen nicht tangiert. Eine solche logische Wahrheit innerhalb des unrichtigen Urteils ist beschädigt, wenn unabhängig von der materiellen Richtigkeit der Feststellung sich innerhalb dieser materielle Widersprüche ergeben, wie es bei der Zerreißung des Aufrechnungszusammenhangs der Fall ist. Das Urteil, welches abweichend von der materiellen Wahrheit die Wirksamkeit der Aufrechnung feststellt und das Erlöschen beider Forderungen dementsprechend mit Rechtskraft bedenkt, mag zwar unrichtig sein, aber es ist gerecht, weil es die Aufrechnungsparteien auf der formalen, logischen Wahrheitsebene gleichermaßen befriedigt hat. Die dem Aufrechnungsmechanismus innewohnende materielle Gerechtigkeit im Sinne des materiellen Ausgleiches hat sich, wenn auch zu Unrecht, realisiert. Geht das Urteil aber von einer wirksamen Aufrechnung aus, stellt jedoch nur das Erlöschen des einen Teils der Aufrechnungsforderungen rechtskräftig fest und lässt einem zweiten Gericht die Möglichkeit, das rechtskräftige Bestehen der anderen Aufrechnungsforderung festzustellen, dann sind beide Urteile falsch und darüber hinaus ungerecht[944]. Für ein solch unlogisches Auseinanderfallen innerhalb der materiellen (Un)Wahrheit gibt es keine Rechtfertigung im Sinne überindividueller Gemeininteressen.

b) Schutz der Vollstreckung durch Rechtskraft

Die Verbindlichkeit des gerichtlichen (Leistungs-)Urteils hat darüber hinaus nur dann auch einen praktischen Sinn, wenn es ebenso seine Vollstreckung schützt

---

940 Statt vieler: Arens, FS Waseda (1988) S. 699: Ziel des Prozesses sei das richtige Urteil.
941 Gaul, AcP 168 (1968) S. 60; *Gaul* spricht von einer notbehelfsmäßigen Preisgabe des Prozessziels im Falle der Rechtskraft des unrichtigen Urteils.
942 In diesem Sinne auch Rosenberg/Schwab/Gottwald, § 150 I, S. 1055: „[…] und wer wollte verbürgen, dass die zweite Entscheidung ‚richtiger' ausfiele als die erste?".
943 Vgl. Varvitiotis, S. 132.
944 Ebenso Varvitiotis, S. 135.

und damit die tatsächlichen Verhältnisse an die festgestellte Rechtslage anpassen kann. Es versteht sich von selbst, dass dies auch für das unrichtige Urteil gilt. Die Rechtskraft soll daher den Streit nicht nur theoretisch beenden, sondern auch dazu beitragen, dass eine endgültige Regelung im Sinne einer sachlichen Streitbeendigung durch Vollstreckung erreicht und die festgestellte Rechtslage auch zu Realität wird[945].

Das materielle Aufrechnungsrecht enthält in seiner Natur eines Gestaltungsrechts ausnahmsweise gewissermaßen bereits eine eigene, private Vollstreckung. Es ist kein Grund ersichtlich, weshalb diese Art der Vollstreckung durch die Rechtskraft des Urteils weniger geschützt sein sollte als jede andere Art der Vollstreckung[946]. Dann kann sie aber auch nicht mehr durch ein den Aufrechnungszusammenhang zerreißendes Zweiturteil aufgehoben werden. Es liegt ein Widerspruch in der Rechtsordnung, gewährt man den Parteien nach materiellem Recht eigene Vollstreckung, um nach Erschöpfung des Rechtswegs durch die Hintertür der fehlenden Rechtskraft diese Vollstreckung wieder wirkungslos zu machen.

Freilich kommt der Privatvollstreckung mittels Aufrechnungserklärung nicht die gleiche Autorität einer rechtskräftigen Entscheidung als Vollstreckungstitel zu[947]. Sind sich also die Aufrechnungsbeteiligten über die Wirkung der Aufrechnung nicht einig, besteht immer die Möglichkeit, dass ein Prozess mit einer rechtskräftigen Entscheidung und einem Vollstreckungstitel Sicherheit über die Existenz der beiden Forderungen bringt. Die Aufrechnungsinstitution ist deshalb aber nicht bedeutungslos. Entscheidend ist allein, dass das den Aufrechnungsvollzug überprüfende Urteil mit Rechtskraft sich auf beide Forderungen auswirkt.

Bleibt zu fragen, welches Gewicht dem Argument der Perpetuierungsgefahr im konkreten Fall der Klägeraufrechnung dann noch zukommt. Hinter dem Argument der Perpetuierungsgefahr steht das Ziel einer materiell gerechten und richtigen Entscheidung. Das ist Ziel eines jeden Prozesses und Ausfluss des Rechtsstaatsprinzips. Beschränkt man hier aber die Rechtskraft unnötiger Weise auf nur einen Teil der durch die materielle Aufrechnungswirkung erloschenen Forderung, wird das falsche Urteil deswegen nicht beseitigt, es ist und bleibt rechtskräftig und existiert in seinen Folgen weiter. Die durch die Möglichkeit eines abweichenden Zweiturteils geschaffenen Diskrepanzen mit der materiellen Rechtslage wiegen dagegen ungleich schwerer, als wenn man die durch die Rechtskraft des Ersturteils angestrebten Ziele von Rechtsfrieden und Rechtssicherheit wirken ließe. Perpetuierungsgefahr ist also allenfalls dann ein Argu-

---

[945] Niklowitz, S. 8; Gaul AcP 168 (1968) S. 60 m.w.N.; derselbe, in: Yildirim, S. 95.
[946] Ebenso Varvitiotis, S. 116 f.
[947] Ebenso Varvitiotis, S. 118.

ment, wenn das Zweiturteil die Möglichkeit bietet, eine für alle (!) Beteiligten materiell gerechte und richtige Entscheidung herbeizuführen, nicht nur für einen.

c) Ergebnis

Der mit der Regelung des § 322 I ZPO verfolgte Zweck, die Bestimmung und Begrenzung des Gegenstandes und der Tragweite der gerichtlichen Entscheidung den Parteien durch ihre Anträge zu überlassen, steht einer Anwendung des § 322 II ZPO auf die Klägeraufrechnung jedenfalls aus Gründen der Perpetuierungsgefahr nicht entgegen.

Dass im Aufrechnungszusammenhang für die Parteien auch keine Überraschungsgefahr besteht, wurde bereits mehrfach dargelegt.

VII. Zwecke der Aufrechnung

Die Aufrechnung ist ursprünglich ein auf Billigkeitserwägungen beruhendes Institut, welches seine dogmatische Wurzeln in dem römisch-rechtlichen Grundsatz des *„dolo agit, qui petit, quod redditurus est*" hat[948]. Ewas zu fordern, was dem anderen geradewegs wieder zurückgegeben werden muss, scheint arglistig, weshalb nach klassischen römisch-rechtlichen Prozessgrundsätzen dem Beklagten die *exeptio doli* zur Verfügung stand[949], wollte der Kläger eine bestehende Aufrechnungsforderung des Beklagten nicht berücksichtigen[950].

Ausgehend von der heutigen Charakteristik der Aufrechnung als materielles Rechtsinstitut[951] in Form eines einseitig ausübbaren materiellen Gestaltungsrechts stellt sich die Frage, welche Funktion der Aufrechnung als Institution und ihren Rechtswirkungen im modernen Rechtsleben gegenwärtig zukommt. Schon *Kohler* wies bereits vor Inkrafttreten des BGB auf die „unendliche wirtschaftliche Wichtigkeit" der Aufrechnung hin[952]. Diese Aussage ist heute nicht weniger

---

[948] Schon unter römischem Recht galt: „Jedermann weist seinen Gläubiger, welcher fordert und zugleich sein Schuldner ist ab, wenn er selbst in der Lage ist, zu verrechnen", wobei die Verrechnung die „Verschmelzung" einer Schuld mit einer Forderung bewirkt (D. 16, 2,1/2; D. 44, 4, 8 pr.); vgl. Dernburg, S. 361; Kohler, ZZP 20 (1894) S. 11.

[949] Zurückgehend auf ein Reskript von *Marc Aurel*, überliefert von *Justinian*, vgl. Kaser/Knütel, § 34, IV, 4, § 53, III, 4.

[950] K.P. Berger, S. 61 f. mwN.

[951] Das Aufrechnungsrecht war im römischen Recht zunächst rein prozessualer Natur und entwickelte sich erst unter der Praxis des gemeinen Rechts zum einseitig auszuübenden materiellen Rechtsinstitut, vgl. zur wechselvollen geschichtlichen Entwicklung der Aufrechnung: Dernburg, S. 580 ff.; Eisele, S. 385; Enneccerus/Lehmann, § 69 II; Kohler, ZZP 20 (1894) S. 1, 10 f.; Kawano, ZZP 94 (1981) S. 18 ff.

[952] Kohler, ZZP 24 (1898) S. 1.

aktuell; die Kompensation gegenseitiger Forderungen ist aus dem praktischen Geschäftsalltag nicht mehr hinwegzudenken. Sie ist entsprechend durch eine gewisse Multifunktionalität[953] gekennzeichnet.

1. Befreiungs- und Befriedigungsfunktion

In ihrer defensiven Funktion ist sie zunächst Schuldtilgungsgeschäft, durch welches mittels Hingabe der eigenen Forderung die Erfüllung der Passivforderung bewirkt wird. Der Aufrechnende wirkt damit zugleich auf die gegnerische Forderung in einer Weise ein, die zur Durchsetzung der eigenen Forderung dient, worin sich die offensive Funktion der Aufrechnung, nämlich die Befriedigungsfunktion zeigt. Die Verfügung über die eigene Forderung führt somit über den Untergang der fremden Forderung zur Befriedigung der eigenen Forderung[954]. Ausgehend von dieser Doppelfunktion der Aufrechnung kann je nach Lage des Falles, einmal die eine oder die andere Funktion im Vordergrund stehen. Beispielsweise kommt in den §§ 94, 96 InsO (§§ 53 ff. KO) stärker die Funktion eines Zugriffsrechts zum Ausdruck, während in den §§ 387 ff. BGB eher der Aspekt des Tilgungsmittels im Vordergrund steht[955]. Während diese beiden Funktionen früher getrennt voneinander für den Charakter der Aufrechnung gestritten haben, sind sie heute im Sinne der herrschenden Kombinationstheorie[956] gegenseitig unabdingbar[957].

2. Vereinfachungsfunktion

Der Zweck der Aufrechnung besteht in erster Linie darin, ein unökonomisches und unökologisches Hin und Hertransferieren von realen Leistungen zu verhindern[958]. Ihr wirtschaftlicher Reflex geht darüber jedoch weit hinaus. Denn gleichzeitig reduziert sie den Bargeldverkehr und unterstützt so einen unvermeidlichen Trend zur *„cashless society“*[959]. Bei Sachverhalten mit Auslandberührung kommt dieser Vereinfachungsfunktion des Aufrechnungsrechts im in-

---

953 Begriff bei Erman/Wagner, Vor § 387 Rn 3.
954 Bötticher, FS Schima (1969) S. 97.
955 Staudinger/Gursky, Vorbem. zu §§ 387 ff. Rn 6 f.; Gernhuber, § 12 I 3 a, S. 227.
956 Eisele, S. 231; Bötticher, FS Schima (1969) S. 95 ff.; Gernhuber, § 12 I 3 a, S. 227 f.; Erman/Wagner, Vor § 387 Rn 3; MüKo-BGB/Schlüter, § 387 Rn 1; Staudinger/Gursky, Vorbem. zu §§ 387 ff. Rn 6; Palandt/Heinrichs, § 387 Rn 1; Varvitiotis, S. 113 ff.
957 Zum früheren Streit darüber, welche der beiden Funktionen wohl einschlägig sei, Tilgungstheorie oder Befriedigungstheorie, vgl. Oertmann, AcP 113 (1915) S. 376 ff.; Gernhuber, § 12 I 3 a, S. 227 m.w.N.
958 BGHZ 71, 380, 383; Palandt/Heinrichs, § 387 Rn 1.
959 Kannengießer, S. 75.

ternationalen Wirtschaftsverkehr sogar noch größere Bedeutung zu[960]. Denn die Geltendmachung von Forderungen im Ausland ist nicht nur in ökonomischer Sicht aufwendig, auch die damit verbundenen Unwägbarkeiten des Prozessierens vor ausländischen Gerichten sind beachtlich[961]. Man denke darüber hinaus nur an wechselseitige Forderungen gleichartiger Güter und den damit verbundenen Austauschaufwand. Nicht zuletzt aus gesamtwirtschaftlicher Sicht stellt somit der wechselseitige Austausch, abgesehen von den dabei profitierenden Transferunternehmen, eine sinnlose Vergeudung von Arbeitskraft und Zeit dar[962].

3. Sicherungs- und Vollstreckungsfunktion

Die Sicherungsfunktion der Aufrechnung gibt dem Gläubiger einer Forderung durch die Möglichkeit, sich ohne Berücksichtigung förmlicher Vollstreckungsverfahren sofort und unmittelbar sogar bei einer Zahlungsunfähigkeit des Schuldners zu befriedigen, eine Art Erfüllungsgarantie[963]. Denn könnte der Gläubiger nicht von der Aufrechnung Gebrauch machen, müsste er unter Umständen die gegen ihn bestehende Forderung seines Schuldners voll und real erfüllen, während er mit seiner Gegenforderung „auf dem Trockenen“ sitzen bleibt. In der Insolvenz des Schuldners nimmt die Sicherungsfunktion der Aufrechnung dem Gläubiger das Insolvenzrisiko des Schuldners, indem sie die Aufrechnungsbefugnis gegenüber der Insolvenzmasse erhält und damit dem Gläubiger eine dem Absonderungsrecht ähnliche, über dessen Beschränkung hinausgehende (§§ 166 II, 170 f. InsO) Befriedigung verschafft.

Die Rückwirkungsfunktion der Aufrechnung hat darüber hinaus auch ein nachträgliches Wegfallen jeglicher Zinspflichten seit Eintritt der Aufrechnungslage zur Folge. Sie stellt für den zur Aufrechnung Befugten eine zinsgünstige Befriedigungsmöglichkeit dar, wenn die Gegenforderung höher verzinslich ist als die Aufrechnungsforderung[964]. Außerdem ist die Position des zur Aufrechnung Befugten abtretungssicher, § 406 BGB, und gibt ihm die Möglichkeit des Zugriffs sogar auch noch bei einer bereits verjährten Gegenforderung, sofern die Verjährung bei Entstehung der Aufrechnungslage noch nicht eingetreten war, § 215 BGB.

---

[960] K.P. Berger, S. 5; dazu auch Kannengießer, S. 93 f., der vor allem auch den Aspekt einer effizienten Rechtspflege und Rechtsprechung im Sinne von Prozessökonomie durch das Institut der Aufrechnung betont, vgl. auch derselbe, S. 75.

[961] K.P. Berger, S. 5.

[962] Kannengießer, S. 75.

[963] Kannengießer, S. 94 f.; BGH NJW 1987, 2997 f.; NJW 1995, 1966.

[964] Leipold, ZZP 107 (1994) 216, 224; Coester-Waltjen, FS Lüke (1997) S. 35, 44.

Insgesamt wird somit durch die Sicherungsfunktion der Aufrechnung auch das Vertrauen der Parteien in den Bestand der Aufrechnungslage und die damit gegebene Befriedigungsmöglichkeit geschützt.

Die Vollstreckungsfunktion bedeutet eine zwangsweise Befriedigung, indem sie dem anderen Schuldner die Schuldbefreiung sozusagen „aufnötigt“[965]. Die Aufrechnung wird dementsprechend auch als „Selbstexekution“[966], „Privatvollstreckung“ oder „außergerichtliche Selbsthilfe“ bezeichnet[967]. Sie enthält damit zwangsläufig ein Element der Eigenmächtigkeit der Forderungsdurchsetzung. Dies ist ein Aspekt, der bei der Argumentation *Tiedtkes*, der Beklagte dürfte nicht dazu genötigt werden, dass der Kläger seine Gegenforderung einer rechtskräftigen Entscheidung zuführt[968], zu berücksichtigen ist. Besteht eine Verpflichtung des klagenden Gläubigers und gleichzeitigen Schuldners einer Gegenforderung zur „Duldung“ der Aufrechnung, muss dies auch umgekehrt gelten.

4. Schlussfolgerung für die Klägeraufrechnung

Die Gewährung der Aufrechnungsmöglichkeit, deren fundamentaler Rechtsgedanke in dem Grundsatz von Treu und Glauben liegt, bildet im heutigen modernen Wirtschaftverkehr einen unabkömmlichen Faktor und ist von großer praktischer Bedeutung sowohl auf nationaler wie auf internationaler Ebene. Die Bandbreite der von ihr erfassten Rechtsverhältnisse ist enorm, darunter insbesondere diejenigen von Banken untereinander und gegenüber ihren Kunden[969]. Das heutige Aufrechnungsrecht bedeutet somit nicht zuletzt auch ein Zugeständnis an wirtschaftliche Erwägungen durch den Gesetzgeber[970] und eine Erleichterung des Austausches von Zahlungsmitteln. Es ist insoweit von allen Rechtsordnungen anerkannt. Die eigenständige Vollstreckung der Forderungen durch die zur Aufrechnung befugten Parteien begünstigt schließlich in prozessökonomischer Weise die Vermeidung einer Zirkulation von Klagen und eine Perpetuierung von Verfahren.

All diese gesellschaftlich und ökonomisch wichtigen Funktionen werden wertlos, wenn das Vertrauen in die Aufrechnungsinstitution verletzt ist. Die Rechtssprechung des BGH zur Auslegung und Anwendung des § 322 II ZPO in

---

965 Staudinger/Gursky, Vorbem. zu §§ 387 ff. Rn 10; ähnlich Bötticher, FS Schima (1969) S. 96; Varvitiotis, S. 113.

966 Bötticher, FS Schima (1969) S. 95 ff.; schon Motive, Bd. II, S. 113.

967 K.P. Berger, S. 74 m.w.N., Fn. 94-96; zu einer Bandbreite weiterer Bezeichnungsformen siehe auch Varvitiotis, S. 114 m.w.N.; in allen Begriffsvarianten kommt die Vollstreckungsfunktion deutlich zum Ausdruck.

968 Reinicke/Tietdke, NJW 1984, S. 2790 ff.; Tiedtke, NJW 1992, S. 1473 ff.

969 Zimmermann, FS Medicus (1999) S. 707.

970 K.P. Berger, S. 5.

den Fällen der Klägeraufrechnung verletzt dieses Vertrauen in gleicher Weise, wie *Varvitiotis* dies treffend für die Präklusion des Aufrechnungseinwandes nach § 296 ZPO dargelegt hat[971]. Denn auch hier hängt eine interessengerechte Lösung von der Einsicht ab, dass die Befriedigung der Aufrechnungsbeteiligten gegenüber einander nur wechselseitig bedingt sein kann, eine Voraussetzung ohne die die Aufrechnung für den Geschäftsverkehr sonst zu Bedeutungslosigkeit tendieren würde.

Angesichts der charakteristisch verbundenen Einheit der Aufrechnung als Schuldtilgungs- und Befriedigungsakt, angesichts des genetisch bedingten Doppeleffektes der Aufrechnungserklärung hinsichtlich des Erlöschens der jeweiligen Aufrechnungsforderungen, ist eine Regelung , die - wie die herrschende Interpretation des § 322 II ZPO - nur einen dieser Aspekte berücksichtigt, nicht überzeugend. Die Möglichkeit des einseitigen Wiederauflebens der durch das Urteil nicht rechtskräftig berücksichtigten Schuld des Beklagten würde zum Wegfall der Vorteile führen, die der Geschäftsverkehr und die Aufrechnungsbeteiligten mit der Aufrechnung bezweckten[972] und auf die zu vertrauen ihnen die Vorschriften der §§ 387 ff. BGB Anlass geben. Die Aufrechnungsparteien haben ein verfassungsrechtlich geschütztes Interesse an Vermögensintegrität insofern, als ihr Vermögensbestand *in summa* erhalten bleibt. Ist die gleichzeitige Befriedigung keine logische Voraussetzung für das Erlöschen der Forderungen, dann wäre die einseitige Aufrechnungsmöglichkeit von der Rechtsordnung nicht gedeckt[973]. Es besteht ein so enger Sinnzusammenhang zwischen Befriedigung und Erlöschen der Forderungen, dass ein Erlöschen der Forderungen nicht gerechtfertigt ist, wenn nicht gleichzeitig eine Befriedigung stattfindet. Da im Fall der Klägeraufrechnung aber das Ersturteil unumstößlich das Erlöschen der klägerischen Forderung aufgrund der Aufrechnung mit Rechtskraft feststellt, kann die Lösung nur auf eine analoge Befriedigung des Klägers durch ebenfalls rechtskräftiges Erlöschen der Forderung des Beklagten abstellen[974].

Die Nichtberücksichtigung der erloschenen Gegenforderung durch Rechtskraft des Urteils würde *de facto* eine Bedingung dergestalt setzen, dass das gegenseitige Erlöschen der Forderungen im Prozess von der Person des Aufrechnenden abhängt. Eine solche Bedingung ist aber *de iure* gemäß § 388 S. 2 BGB unzulässig. Der Zweck des materiellen Aufrechnungsrechts, eine schnelle, effektive, sichere, ökonomische und endgültige Befriedigung beider Aufrechnungsparteien zu erzielen, würde bei nur einseitiger Rechtskrafterstreckung

[971] Varvitiotis, S. 113 ff., 123 ff.
[972] Varvitiotis, S. 115.
[973] Varvitiotis, S. 115 f.
[974] Die in § 1 F.III.3. vorgestellten Lösungen zur Präklusion des Aufrechnungsvorbringens, die überwiegend einen Bedingungszusammenhang im umgekehrten Sinn postulieren, finden deswegen hier kein adäquates Anwendungsspektrum, obwohl die Interessenlagen identisch sind.

durch den Prozess verfehlt. Eine solche Einflussnahme auf das materielle Recht steht dem Prozessrecht aber nicht zu. Es würde schließlich zur Existenz von zwei unterschiedlichen Aufrechnungssystemen führen: eines im Prozess und eines außerhalb eines Prozesss. Dies wäre ein völlig undenkbares Ergebnis. Der Zweck des materiellen Aufrechnungsrechts kann also nur erfüllt werden, wenn über die an der Aufrechnung beteiligten Forderungen auch sachlich und rechtskräftig entschieden wird[975].

Unter Gesichtspunkten der ökonomischen Analyse der Aufrechnungsinstitution und der Folgenberücksichtigung ihrer prozessualen Behandlung ergeben sich gewichtige Gründe für eine Analogie des § 322 II ZPO. Lehnt man eine solche ab, folgt daraus eine schwerwiegende Erschütterung in das Vertrauen der Aufrechnungsfunktionen die ihre Daseinsberechtigung in Frage stellt.

5. Exkurs: Vergleich mit der Erfüllung

Die Aufrechnung ist aufgrund ihrer Tilgungsfunktion ein Erfüllungssurrogat[976]. Wenn eine Aufrechnungslage gegeben ist, hat der Schuldner die freie Wahl, ob er sich von seiner Verbindlichkeit auf normalem Weg der effektiven Erfüllung oder über den der Aufrechnung befreien will. Das geschützte Vertrauen der Parteien in das Vorliegen der Aufrechnungslage gibt ihnen mit der Auswahl des Erfüllungsmittels eine freiwillige Alternative, deren Vorzüge ganz individuell abzuwägen sind. Welche Konsequenzen ergeben sich daraus? Haben die Parteien die freie Wahl zwischen den einzelnen Erfüllungsmitteln, dürfen sich aus der Auswahl des einen oder anderen auch keine prozessualen Nachteile ergeben. So ist es aber, lehnt man eine entsprechende Anwendung des § 322 II ZPO im Falle der Klägeraufrechnung ab. Hätte der Beklagte nämlich von sich aus erfüllt, wie es die Rechtspflicht eines jeden Schuldners ist, könnte er das Geleistete nach rechtskräftiger Abweisung der Klage auch nicht zurück verlangen. Weshalb also soll ihm die Möglichkeit bei Abweisung der Klage aufgrund anderweitiger Erfüllung gegeben sein?

VIII. Der Grundsatz der Waffen- und Chancengleichheit im Prozess

Die vereinzelt pauschale Erwähnung des Waffengleichheitsprinzips im Zusammenhang mit der Rechtskraft der Klägeraufrechnung durch einen Teil der eine Analogie des § 322 II ZPO befürwortenden Literaturstimmen[977] ist symptoma-

[975] Für die Präklusion ebenso Varvitiotis, S. 131 f.
[976] Staudinger/Gursky, Vorbem. zu §§ 387 ff. Rn 8; abweichend K.P. Berger, S. 74: aufgrund gewichtiger Unterschiede zur Erfüllung ist die Aufrechnung eher ein Schuldtilgungsgeschäft *sui generis*.
[977] Zeuner, JuS 1987, S. 356.

tisch für die Behandlung dieses Grundsatzes in Literatur und Rechtsprechung allgemein. Über eine meist unpräzise und nur schlagwortartige Behauptung der Verletzung des Waffengleichheitsprinzips hinaus, die kaum eine konkretere Inhaltsbestimmung und Subsumtion des Prinzips aufweist, fehlt es meist ebenso an einer spezifischen Schlussfolgerung zur Anwendung und inhaltlichen Konkretisierung, die über eine bloße Hilfsargumentation hinausgehende Bedeutung hätte[978]. Dabei verdankt der Waffengleichheitsgrundsatz seiner Ableitung aus Art. 3 I GG Bedeutung von Verfassungsrang. Ist ein Verstoß zu bejahen, liegt eine Verletzung von einigem Gewicht vor, auch wenn seine Normstruktur als bloßes Rechtsprinzip[979] seiner unmittelbaren Anwendung Grenzen setzt. Als Ableitung aus dem allgemeinen Gleichheitssatz nach Art. 3 I GG verpflichtet er jedoch Gesetzgeber und Rechtsprechung bei der verfassungskonformen Auslegung oder analogen Anwendung und Rechtsfortbildung in besonderer Weise, Art. 1 III GG. Für den hier interessierenden Zusammenhang stellt sich also die Frage, ob aus dem Waffengleichheitsprinzip eine analoge Anwendung des § 322 II ZPO auf den Fall der Klägeraufrechnung *über die bloße Behauptung hinaus* tatsächlich angenommen werden muss.

1. Begriffsdefinition und Inhaltsbestimmung

Obwohl der Begriff Waffengleichheit mit seiner Assoziation als „Waffe“ im Kontext eines modernen, geordneten und rechtsstaatlichen Verfahrens heute eher befremdlich wirkt, hat er sich dennoch als gebräuchlich etabliert[980]. Gleichwohl wird er nicht einheitlich verwendet, sondern variiert von Einzelbezeichnungen der prozessualen Waffengleichheit oder prozessualen Chancengleichheit bis hin zu einer Mischform von beiden. Teilweise wird auch nur auf den allgemeinen Gleichheitssatz Bezug genommen[981], so dass sich die Frage nach der Notwendigkeit einer begrifflichen Differenzierung stellt. Diese lässt sich jedoch leichter nach einer kurzen Inhaltbestimmung des prozessualen Waffen- und Chancengleichheitssatzes beantworten, die in Literatur und Rechtsprechung teilweise ganz unterschiedlich ausfällt.

---

978 Ähnlich Kwaschik, S. 89, 108 f.

979 Zu dieser Qualifikation vgl. unten § 2 E.VIII.2.

980 Alternative Begriffsvorschläge wie „Gleichwertigkeit“, „Chancengleichheit“ (MüKo-ZPO/Lüke, Einl. Rn 144) „Mitwirkungsgleichheit“ (Kwaschik, S. 87, Fn. 1) oder „Gleichgewichtsgrundsatz“ (H. Jung, FS Lüke (1997) S. 332) haben sich bislang nicht einschlägig durchsetzen können.

981 Lindemeier, S. 13.

a) Abgrenzung zum „*fair trial*"

Seinen Ursprung und seine frühe Entwicklung findet der Waffengleichheitsgrundsatz im Strafprozess, wo erstmals von ihm als anerkannter Grundsatz des fairen Verfahrens die Rede war[982]. Das BVerfG hat seine Anwendbarkeit in einem Arzthaftungsprozess auch für den Zivilprozess bejaht[983]. Die historische Verbindung des Waffengleichheitsgrundsatzes mit dem der Verfahrensfairness lässt nach dem Verhältnis beider Prinzipien zueinander fragen.

Die Rechtsgrundlage des vom BVerfG[984] als „allgemeines Prozessgrundrecht" bezeichneten Grundsatzes des „fairen Verfahrens" wird in Art. 2 I GG in Verbindung mit dem Rechtsstaatsprinzip und Art. 6 I EMRK gesehen[985]. Inhaltlich fehlt es dem Grundsatz des *fair trial* jedoch an klaren und fassbaren Konturen, weshalb er als eine Art Generalklausel fungiert, der eine Konkretisierung im praktischen Einzelfall erforderlich macht[986]. Konsens besteht lediglich hinsichtlich der auf die kleinste Gemeinsamkeit reduzierten Funktion des Grundsatzes, dass er zur Rücksichtnahme des Richters gegenüber den Verfahrensbeteiligten in ihrer konkreten Situation aufruft und widersprüchliche Verhaltensweisen zur Gewährung eines fairen und rechtsstaatlichen Verfahrens zu verhindern sucht[987]. Verfahrensfairness soll vor der Degradierung der Parteien als bloßes Verfahrensobjekt bewahren[988].

Neben diesem allgemeinen und recht konturlosen Grundsatz des *fair trial* wird der prozessuale Waffengleichheitssatz überwiegend zwar als eine speziellere Ausprägung desselben, aber mit ganz eigenständiger und unabhängiger Bedeutung gesehen[989]. Beide sind füreinander insoweit von Belang, als die Verwirklichung von Waffengleichheit Voraussetzung für ein faires Verfahren ist, umgekehrt dagegen kann der Grundsatz des *fair trial* den Geltungsbereich für die Waffengleichheit weder konkretisieren noch begrenzen[990]. Er tritt in seiner Wirkung hinter dem spezielleren Prinzip zurück.

---

[982] BVerfGE 26, 66, 71; er findet heute Anwendung in allen Verfahrensordnungen, vgl. dazu Darstellung der Anwendungsfelder bei Tettinger, S. 22 ff.

[983] BVerfGE 52, 131, 156; erste Erwähnung auch schon in OLG Celle NJW 1969, 1905 und BVerfGE 22, 83 ff.; vgl. T. Jung, S. 7 f.

[984] BVerfGE 57, 250, 275; 78, 123, 126.

[985] Stein/Jonas/Leipold, vor § 128 Rn 65 f.

[986] Marczak, S. 24; dazu auch Karwacki, „Der Anspruch der Parteien auf einen fairen Zivilprozess" (1984).

[987] MüKo-ZPO/Lüke, Einl. Rn 141 m.w.N. aus Rechtsprechung und Literatur.

[988] BVerfGE 38, 105, 115.

[989] Tettinger, S. 20; Lindemeier, S. 94; T. Jung, S. 121 f.; Baumgärtel, FS Matscher (1993) S. 29 f.; H. Jung, FS Lüke (1997) S. 332.

[990] T. Jung, S. 123; Kwaschik, S. 211.

b) Inhaltsbestimmung

Eine einheitliche Auffassung über Inhalt und Wesen des prozessualen Waffengleichheitsgrundsatzes, der weder ausdrücklich normiertes Prozessgrundrecht noch explizit geregeltes Verfahrensrecht ist, hat sich bis heute weder in Rechtsprechung noch Literatur entwickelt. Als besondere Ausprägung des allgemeinen Gleichheitssatzes werden seine Wurzeln gesehen in Art. 3 I GG in Verbindung mit dem Sozial- und Rechtsstaatsprinzip aus Art. 20 I, III GG und Art 6 I EMRK[991]. Seine breite Anerkennung als ein der ZPO immanenter Verfahrensgrundsatz führt zu einer gewissen Selbstverständlichkeit in seiner Anwendung als Argumentationsgrundlage im Einzelfall.

aa) Rechtsprechung

Das BVerfG hat auf den Grundsatz der prozessualen Waffengleichheit im Zivilprozess in mehreren Entscheidungen Bezug genommen und seinen verfassungsrechtlichen Mindestgehalt erläutert[992]. Danach gewährleistet der allgemeine Gleichheitssatz im Zivilverfahren die Gleichwertigkeit der prozessualen Stellung der Parteien vor dem Richter und verlangt Gleichheit der Rechtsanwendung durch den Richter im Interesse materieller Gerechtigkeit[993]. In diesem Sinne verlangt der Grundsatz der Waffengleichheit eine gleichmäßige Verteilung des Risikos am Verfahrensausgang und der Kostenbelastung[994]. Der Richter hat den Prozessparteien im Rahmen der Verfahrensordnung gleichermaßen die Möglichkeit einzuräumen, alles für die Entscheidung Erhebliche vorzutragen und alle zur Abwehr des gegnerischen Angriffs erforderlichen prozessualen Verteidigungsmittel selbständig geltend zu machen[995]. Diese Pflicht zur Gleichstellung der Parteien hat der Richter durch eine objektive, faire Verhandlungsführung, durch die unvoreingenommene Bereitschaft zur Verwertung und Bewertung des gegenseitigen Vorbringens der Parteien, durch eine unparteiliche Rechtsanwendung und durch die korrekte Erfüllung seiner sonstigen prozessualen Obliegenheiten gegenüber den Prozessparteien zu verwirklichen[996].

Der EGMR folgert einen Anspruch auf prozessuale Waffengleichheit aus dem Recht auf ein *fair hearing* gemäß Art. 6 EGMRK, was beinhaltet, dass die

[991] Stein/Jonas/Leipold, vor § 128 Rn 63; Schilken, Gerichtsverfassungsrecht, § 9, Rn 117; Vollkommer, FS Schwab (1990) S. 503 f.; T. Jung, S. 87 ff.; Lindemeier, S. 61; Roth, ZEuP1996, S. 484, 492.
[992] T. Jung, S. 6 ff. mit einer ausführlichen Bestandsaufnahme und Analyse der Rechtsprechung zum Waffengleichheitsgrundsatz; ebenso Vollkommer, FS Schwab (1990) S. 505 ff.
[993] BVerfGE 52, 131, 156; 54, 117, 125; 69, 248, 254.
[994] BVerfGE 52, 131, 144.
[995] BVerfGE 52, 131, 156; 55, 72, 94.
[996] BVerfGE 52, 131, 156.

Ausgestaltung des Verfahrens keinen substantiellen Nachteil für eine Partei im Verhältnis zu ihrem Prozessgegner erwarten lässt[997].

Dagegen verzichtet der BGH ganz auf eine detailliertere Deutung des Waffengleichheitsgrundsatzes und wendet das Gebot einer möglichst weitgehenden Waffengleichheit[998] schlicht als einen von selbst einleuchtenden Grundsatz[999] an, den er in einer Reihe mit den Geboten der Verfahrensfairness, der prozessualen Billigkeit und der Prozessökonomie stehend sieht[1000].

bb) Schrifttum

In Abgrenzung einer Gleichheit der Parteien vor dem Gesetz, die *Bötticher* als „Gleichheit in der Reihe" bezeichnet und die das Verhältnis aller Rechtssuchenden untereinander bestimmt, findet die prozessuale Waffengleichheit ihren Bezugspunkt im Verhältnis zum jeweiligen Prozessgegner des konkreten Prozesses in Form einer Gleichheit vor dem Richter[1001]. Das ist ein wesentlicher und wichtiger Unterschied, da er das kontradiktorische Verhältnis unter den Parteien betrifft, aus dem sich letztlich die Ungleichbehandlung erschließen soll.

Inhaltlich fordert die prozessuale Waffengleichheit nach *Bötticher* neben einem gleichen Start und gleichen Chancen auch eine gleichmäßige Verteilung des Risikos am Prozessausgang[1002], die er vor allem durch die beiderseitig gleiche Wirkung der Rechtskraft eines Urteils für die Parteien gegeben sieht[1003]. Darüber hinaus soll die Neutralität des Richters eine Gleichbehandlung der Parteien im Prozess verwirklichen[1004].

Im Wesentlichen sind diese von *Bötticher* genannten Elemente zur Gewährleistung prozessualer Waffengleichheit breiter Konsens und Grundlage für weitere Konkretisierungs- und Anwendungsvorschläge[1005] geblieben, sofern man sich der eigenständigen Anerkennung eines solchen Grundsatzes nicht überhaupt verschlossen hat[1006].

---

[997] EGMR NJW 1995, 1413.
[998] BGH NJW 1988, 494.
[999] BGH NJW 1999, 363, 364.
[1000] Vollkommer, FS Schwab (1990) S. 511; MüKo-ZPO/Lüke, Einl. Rn 143 m.w.N. aus der Rechtsprechung des BGH.
[1001] Grundlegend Bötticher, Gleichheit, S. 6 f.; derselbe, Gleichbehandlung, S. 10.
[1002] Bötticher, Gleichheit, S. 9.
[1003] Bötticher, Gleichbehandlung, S. 16.
[1004] Bötticher, Gleichbehandlung, S. 19.
[1005] Einen fallgruppenartigen Überblick des auf einzelne Anwendungsbereiche konkretisierten Waffengleichheitsgrundsatzes geben: T. Jung, S. 42; Kwaschik, S. 94 ff.; Lindemeier, S. 65 ff.
[1006] Z.B. Ak-ZPO/Schmidt, Einl. Rn 89 f.

cc) Formelle und materielle Gleichheit

Uneinigkeit besteht jedoch seit jeher darüber, ob die prozessuale Waffengleichheit nur formelle Gleichheit der Parteien oder auch ihre Gleichbehandlung im Sinne materieller Gleichheit verlangt.

Während ein Teil der Lehre[1007] eine formale Gleichstellung der Parteien durch die Gewährung gleicher formeller Befugnisse und Mitwirkungsmöglichkeiten ohne Rücksicht auf ihre Stellung als Angreifer oder Gegner für ausreichend hält und die tatsächlichen Ausgangsbedingungen der Parteien, so wie sie durch außerprozessuale Umstände beeinflusst sind, unbeachtet lässt, streitet der wohl überwiegende Teil des Schrifttums[1008] für ein auch materielles Gleichbehandlungsgebot. Dieses beinhaltet über formell gleiche Befugnisse hinaus auch die Möglichkeit ihrer tatsächlichen Realisierung. Außerprozessuale Unterschiede und Ungleichheiten sollen durch richterliche Kompensation ausgeglichen werden können, wenn sie dazu führen, dass die Parteien die ihnen zustehenden prozessualen Befugnisse z.B. aufgrund prozessualer Unerfahrenheit oder sonstiger Unterlegenheit nicht gleichermaßen in Anspruch nehmen können. Bei einer solchen Einflussnahme des Richters auf das Prozessgeschehen wird im Kern der Diskussion ein Zielkonflikt mit dem Erfordernis der richterlichen Neutralität und dem Gleichstellungsgebot gesehen[1009]. Jede ausgleichende richterliche Verfahrensgestaltung zu Gunsten einer ungleich schwächeren Partei benachteilige gleichzeitig die andere Partei und schränke ihre Freiheitsrechte ein.

Zu Recht wenden dagegen Befürworter einer materiellen Gleichstellung ein, dass das Gebot der rechtlichen Parität im formellen Sinne sich im Grunde an den Gesetzgeber richtet, der für die Schaffung gleicher Ausgangsbedingungen zu sorgen hat[1010]. Sind gleiche Ausgangsbedingungen jedoch nicht vorhanden oder sollen diese durch das Gericht umgesetzt werden, reicht eine solche formelle Betrachtungsweise nicht aus. Eine entsprechende Handlungsgleichheit bzw. Ausübungsgleichheit erfordert, dass den Parteien auch tatsächlich „materiell" gleichwertige Möglichkeiten zur Ausübung ihrer formell gleich gewährleisteten

---

[1007] Jauernig, ZPR, § 18 VI 2; Tettinger, S. 40; Stürner, Rn 40; derselbe, ZZP 99 (1986) S. 292, 326; Lüke, ZPR, Rn 103; Baumgärtel, FS Matscher (1993) S. 31.

[1008] T. Jung, S. 108 ff.; Schilken, Gerichtsverfassungsrecht, § 9 Rn 121; MüKo-ZPO/Lüke, Einl. Rn 144; Baumbach/Lauterbach/Albers/Hartmann, Einl. III Rn 21; Zöller/Vollkommer, Einl. Rn 102; Roth, ZEuP 1996, S. 494; Vollkommer, FS Schwab (1990) S. 520; Wolf, S. 278; Musielak/Musielak, Einl. Rn 32; Kwaschik, S. 188 ff.; auch das BVerfG geht offensichtlich von einer materiellen Sichtweise aus, wenn es „Gleichwertigkeit der prozessualen Stellung der Parteien [...] im Interesse materialer Gerechtigkeit" fordert, vgl. BVerfGE 52, 131, 156.

[1009] Lindemeier, S. 77; T. Jung, S. 106; Wolf, S. 282 f.; Kwaschik, S. 189: es streiten Freiheit und Gleichheit miteinander.

[1010] Vollkommer, FS Schwab (1990) S. 516.

Rechte zur Verfügung stehen[1011]. Denn das Ziel des Prozesses besteht letzten Endes darin, nicht derjenigen Partei Recht zu geben, die sich taktisch am geschicktesten in der Ausübung ihrer Rechte gezeigt hat, sondern die wahre Rechtslage festzustellen und so dem Rechtsfrieden und der materiellen Gerechtigkeit zu dienen[1012]. Nur der so verstandene Grundsatz der Waffengleichheit kann unmittelbar der Verwirklichung der Zwecke des Zivilprozesses dienen[1013].

Das richterliche Neutralitätsgebot gibt dabei allerdings die Grenze vor, innerhalb derer sich die kompensatorische Tätigkeit des Gerichts zur Gewährung von Waffengleichheit zu bewegen hat. Sie bleibt gewahrt, wenn der Richter die Parteien nach gleichen Maßstäben beurteilt und behandelt[1014]. Umgekehrt ist richterliche Neutralität auch Voraussetzung für Waffengleichheit, so dass beide Prinzipien sich gegenseitig inhaltlich bestimmen und begrenzen[1015].

Von entscheidender Bedeutung ist der Streit um eine formelle oder materielle Gleichstellung, wenn es um die Rechtfertigung des sachlichen Grundes für eine Ungleichbehandlung im Einzelfall geht. Verlangt prozessuale Waffengleichheit lediglich formelle Gleichheit, können sich sachliche Gründe für eine Differenzierung nur aus innerprozessualen Unterschieden ergeben, während bei einem materiellen Verständnis auch faktische, außerprozessuale Gründe herangezogen werden müssen[1016]. Im konkreten Fall der fehlenden Rechtskraft bei der Klägeraufrechnung ist aber schon das Gebot formaler Rechtsanwendungsgleichheit durch eine gleiche formale prozessuale Rechtsstellung nicht gewährleistet, soweit es den Wortlaut und die Anwendung des § 322 II ZPO betrifft.

c) Waffen- und/oder Chancengleichheit

Wie bereits angedeutet, existiert keine einheitliche Verwendung des Begriffs der Waffen- und Chancengleichheit. Einige Autoren sprechen lediglich von „Waffengleichheit"[1017], andere verwenden den Begriff „Waffen- und/oder Chancengleichheit"[1018]. Dies wirft die Frage auf, ob es sich dabei lediglich um unter-

---

1011 Vollkommer, FS Schwab (1990) S. 518 f.
1012 T. Jung, S. 108; Lindemeier, S. 80.
1013 In diesem Sinne auch OLG Schleswig, NJW 1986, 3146, 3148.
1014 T. Jung, S. 107.
1015 Kwaschik, S. 207.
1016 Kwaschik, S. 192 f.
1017 T. Jung, „Der Grundsatz der Waffengleichheit im Zivilprozess"; Zöller/Vollkommer, Einl. Rn 102; Baumbach/Lauterbach/Albers/Hartmann, Einl. III, Rn 21; Rosenberg/Schwab/Gottwald, § 1 VIII 2, S. 8; Stein/Jonas/Leipold, Vor § 128 Rn 63 f.; Tettinger, S. 18; Bötticher, Gleichheit, S. 9 ff. (spricht aber auch von gleichen Chancen); Kwaschik, S. 182.
1018 MüKo-ZPO/Lüke, Einl. Rn 144; Lindemeier, S. 79 ff.; H. Jung, FS Lüke (1997) S. 332; Vollkommer, FS Schwab (1990) S. 518; Musielak/Musielak, Einl. Rn 32; C. Berger, S. 152 f.; BVerfG JZ 1983, 599, 600.

schiedliche Bezeichnungen ein und desselben Verfahrensgrundsatzes handelt, oder ob die unterschiedlichen Bezeichnungen auch Folge unterschiedlicher Inhaltsbestimmungen sind.

Kwaschik konstatiert, in der Diskussion um den prozessualen Waffengleichheitsgrundsatz müsse unterschieden werden zwischen Zugangs- und Mitwirkungsgleichheit[1019]. Erstere sei im Anschluss an *Bötticher* die „Gleichheit in der Reihe“ genannt, da alle Rechtsschutzsuchenden unabhängig von ihrer Rolle im Prozess miteinander verglichen werden. Zugangsgleichheit bedeute, dass allen Rechtsschutzsuchenden Chancengleichheit im Zugang zum Gericht gegeben sein müsse. Die prozessuale Waffengleichheit ist dagegen „Gleichheit im kontradiktorischen Verhältnis“ und bezieht sich auf die Mitwirkungsgleichheit. Diese unterschiedlichen Vergleichsrichtungen stünden einer einheitlichen Begriffsbildung entgegen und erfordern ein enges Verständnis des Waffengleichheitsgrundsatzes[1020].

Der Notwendigkeit einer Unterscheidung zwischen Zugangs- und Mitwirkungsgleichheit ist zuzustimmen. Waffengleichheit im Prozess ist streng am kontradiktorischen Verhältnis der Parteien zueinander im konkreten Prozess zu messen, um den Waffengleichheitsgrundsatz von anderen Verfahrensmaximen abzugrenzen. Aber auch eine Mitwirkungsgleichheit der Parteien erfordert jedenfalls bei einem materiellen Verständnis von Waffengleichheit nicht lediglich gleiche prozessuale Stellungen, sondern auch die Gleichheit in der Auswirkung ihrer grundsätzlich gleichen Möglichkeiten. Mitwirkungsgleichheit schließt den Begriff der Chancengleichheit nicht von vornherein aus. Wie es eine Chancengleichheit beim Zugang zum Gericht gibt, gibt es eine solche auch bei der Ausübung prozessualer Mittel im kontradiktorischen Verhältnis. Denn was nützt die formell gleiche Mitwirkungsbefugnis der Parteien, wenn sie nicht die gleiche Chance verspricht, sie auch mit gleicher Wirkung wahrzunehmen?

In diesem Sinne stellt auch *Vollkommer* fest, dass die Waffengleichheit im Zusammenhang mit der richterlichen Verfahrensgestaltung eine Akzentverschiebung erfährt: „Es geht nicht mehr (sosehr) um die „gleiche prozessuale Rechtsstellung beider Parteien“, sondern um die gleiche Ausübungschance (bestehender) prozessualer Rechte und Möglichkeiten; Waffengleichheit wird zur prozessualen Chancengleichheit, auf die die Partei ein Recht hat“[1021].

Eine begriffliche Differenzierung zwischen Waffen- und Chancengleichheit scheint daher insgesamt nicht erforderlich, es sei denn, man will unter Waffengleichheit nur Gleichheit im formalen Sinne und unter Chancengleichheit

---

[1019] Kwaschik, S. 181 f.

[1020] Kwaschik, S. 182.

[1021] Vollkommer, FS Schwab (1990) S. 518; ebenso Lindemeier, S. 79: „Der Grundsatz der Waffengleichheit avanciert bei einem materiellen Verständnis zur prozessualen Chancengleichheit“; Roth, ZEuP 1996, S. 490 (494); Musielak/Musielak, Einl. Rn 32.

Waffengleichheit im materiellen Sinne verstehen. Gerade unter dem Gesichtspunkt der Mitwirkungsgleichheit können sich, wenn es um die Folgen grundsätzlich gleicher Möglichkeiten geht, auch unterschiedliche Chancen und Risiken ergeben. Die gleichmäßige Verteilung des Prozessrisikos ist anerkanntermaßen Inhalt des Waffengleichheitsgrundsatzes und lässt sich in Verbindung bringen mit dem Begriff der gleichen Chance und Risiko am Ausgang des Prozesses. "Waffengleichheit und Chancengleichheit lassen sich bei diesem Verständnis nicht eindeutig voneinander trennen. Sie bilden vielmehr einen einheitlichen Rechtsgedanken[1022]".

Wenn also im Folgenden auch weiterhin von Waffengleichheit die Rede ist, dann deswegen, weil dieser Begriff am gebräuchlichsten ist[1023] und sich gegenüber anderen Vorschlägen wie „Gleichwertigkeit", „Mitwirkungsgleichheit", „Gleichgewichtsgrundsatz" oder „Chancengleichheit" am stärksten manifestiert hat.

2. Normstruktur, Dogmatik und Methode der konkretisierenden Anwendung

Zur weiteren Konkretisierung der Waffengleichheit am Fall der Klägeraufrechnung ist es zunächst erforderlich, ein spezifisches Anwendungsmuster des Waffengleichheitsgrundsatzes und eine Methode zur praktischen Vorgehensweise der Prüfung einer Verletzung zu finden. Hierzu bieten sich die Normstruktur des Waffengleichheitsprinzips zum einen und die Dogmatik des allgemeinen Gleichheitssatzes zum anderen an[1024].

Überwiegend wird der Waffengleichheitsgrundsatz in seiner Rechtsnatur dem Rechtsprinzip zugeordnet[1025]. Aus dieser Einordnung ergeben sich Anhaltspunkte zu seiner Geltungsweise und Anwendung. *Kwaschik* legt folglich in ihrer Untersuchung zur Anwendung des Waffengleichheitsgrundsatzes die Prinzipientheorie *Alexy's* zugrunde[1026]: Danach sind Prinzipien in Abgrenzung zur Regel Optimierungsgebote, die ein Ziel oder einen bestimmten Wert in möglichst hohem Maße graduell erfüllen wollen und graduelle rechtliche Relevanz haben[1027]. Die Zielvorgabe des Waffengleichheitssatzes besteht darin, die Gleichwertigkeit der prozessualen Stellungen der Parteien zu sichern. Im Bereich der tatsächlichen und rechtlichen Möglichkeit der Realisierbarkeit eines

---

[1022] Lindemeier, S. 90.
[1023] Ebenso Lindemeier, S. 86.
[1024] *Kwaschik* hat hierzu eine wichtige methodische Vorarbeit geleistet. An ihren Ergebnissen orientiert sich auch die nachstehende Prüfung.
[1025] Kwaschik, S. 117 ff., 127; Lindemeier, S. 82 ff.; Roth, ZEuP 1996, S. 490, 493.
[1026] Kwaschik, S. 119 ff.; ebenso Lindemeier, S. 82 ff.
[1027] Alexy, Theorie der Grundrechte, S. 75 f.

Prinzips ist zu beachten, dass es mit anderen Prinzipien kollidieren kann, woraus sich eine gegenseitige Abwägungsnotwendigkeit ergibt[1028]. Diese Abwägung im Kollisionsfall geschieht durch die Festsetzung von Vorrangrelationen[1029]. Fehlende inhaltliche Bindungen und konkrete Rechtsfolgen des Waffengleichheitsprinzips werden auf diesem Wege kompensiert. Die Abwägung ist somit die aus der Prinzipiennatur der Waffengleichheit folgende Methode der Konkretisierung[1030].

Als „dogmatischer Ort" der Abwägung bietet sich der Verhältnismäßigkeitsgrundsatz an[1031]. Ein besonderes Argumentationsschema bei der Anwendung des Verhältnismäßigkeitsgrundsatzes ergibt sich daraus, dass das Prinzip der Waffengleichheit eine besondere Ausprägung des allgemeinen Gleichheitssatzes aus Art. 3 I GG ist[1032]. Die Anwendung des Verhältnismäßigkeitsgrundsatzes im Rahmen der Prüfung einer Verletzung des allgemeinen Gleichheitssatzes ist dabei ein anerkanntes Argumentationsmodell. Das Zusammenwirken von Waffengleichheit, Abwägung und Verhältnismäßigkeitsprüfung kann somit bestmöglich in der Prüfungsstruktur des allgemeinen Gleichheitssatzes dargestellt werden[1033].

Unter Anwendung der Dogmatik und Methode des Art. 3 I GG ist somit zu prüfen, ob in der Rechtsprechung des BGH zur Auslegung und Anwendung des § 322 II ZPO im Falle der Klägeraufrechnung eine Ungleichbehandlung von wesentlich Gleichem ohne sachlichen Grund vorliegt.

3. Vergleichsgruppenbildung

Ausgangspunkt der Prüfung des Gleichheitssatzes muss die formal-logische Struktur der Gleichheit sein. Im Unterschied zur Identität bezieht sich die Gleichheit auf eine grundsätzliche Verschiedenheit, weshalb das Gleichheitsurteil immer nur eine Aussage im Hinblick auf bestimmte gemeinsame Merkmale (sog. *tertium comparationis*) treffen kann, die auf die unter einen gemeinsamen Oberbegriff fallende Vergleichsgruppe zutreffen [1034].

Vorliegend sind Kläger und Beklagter trotz unterschiedlicher Interessenlagen gleich in ihrer Stellung als an einem rechtsstaatlichen Verfahren teilnehmende Prozessparteien und Rechtsschutzsuchende vor Gericht. Als solche sind auf sie die Vorschriften der ZPO mit grundsätzlich gleichen Rechten und Pflichten *ex*

[1028] Alexy, Theorie der Grundrechte, S. 76 ff., 80 ff.
[1029] Alexy, Theorie der Grundrechte, S. 83.
[1030] Kwaschik, S. 141; ähnlich: Lindemeier S. 82 ff.
[1031] Kwaschik, S. 163.
[1032] Kwaschik, S. 163.
[1033] Kwaschik, S. 163.
[1034] Dreier/Heun, Art. 3 GG Rn 18, 23.

aequo anwendbar. Gleichheit besteht auch in ihrem kontradiktorischen Verhältnis zueinander. Normunterschiede, die an die besondere Stellung als Kläger oder Beklagter anknüpfen, können aus der Unterschiedlichkeit der Interessenlagen (Angriff/Verteidigung) resultieren und sind immer rechtfertigungsbedürftige Ungleichbehandlungen[1035].

4. Feststellung einer Ungleichbehandlung

Der sachliche Anwendungsbereich des Art. 3 I GG setzt eine Ungleichbehandlung voraus[1036], also eine unterschiedliche Behandlung der zu vergleichenden Prozessparteien. Erfordert prozessuale Waffengleichheit die Gleichheit der prozessualen Stellung der Parteien, müssen als Vergleichskriterium die prozessuale Beteiligung am Verfahrensausgang aufgrund der Mitwirkungsmöglichkeiten der Parteien und ihre Beteiligung am Prozessrisiko herangezogen werden. Dabei kann sich eine Ungleichbehandlung nicht nur aus normativ ungleichen Mitwirkungsmöglichkeiten ergeben. Es kommt vielmehr ebenso darauf an, ob trotz identischer Befugnisse diese auch in ihren Auswirkungen für die Parteien eine faktische Gleichheit schaffen. Eine Ungleichbehandlung liegt demzufolge immer vor, wenn die Parteien nichtidentische Rechtsfolgen treffen[1037].

Als Rechtskraftnorm ist § 322 I ZPO grundsätzlich Ausdruck einer Gleichbehandlung. Die Rechtskraftwirkung eines Urteils wird ohne Unterscheidung nach der Parteirolle an die Entscheidung des Gerichts über den durch Klage oder Widerklage erhobenen Anspruch für beide Parteien gleichermaßen geknüpft. Dies entspricht der Forderung nach einer gleichmäßigen Verteilung des Risikos am Prozessausgang. Das die Klage abweisende Urteil enthält dementsprechend nicht nur eine Entscheidung gegen den Kläger, sondern gleichermaßen auch eine Entscheidung für den Beklagten[1038]. Denn so wie der Kläger mit der rechtskräftigen Aberkennung seines Anspruchs rechnen muss, darf der Beklagte erwarten, in Zukunft nicht nochmals wegen ein und derselben Forderung in Anspruch genommen zu werden. Das Risiko eines Prozesses schlägt sich in den beidseitigen Erwartungen an einen gleich hohen wirtschaftlichen Wert nieder. Es ist also nicht richtig, dass nur der Beklagte verlieren und nur der Kläger gewinnen kann, weil letzterer maximal ein Kostenrisiko trägt[1039]. Der Verurteilung des Beklagten zur Zahlung steht die Abweisung der Klage gegenüber. In beiden Fällen handelt es sich um den identischen wirtschaftlichen Wert, dessen Bestehen oder Nichtbestehen für die Zukunft mit Rechtskraft festgestellt werden soll. Das Bekommen des Klägers entspricht insoweit dem Behaltendürfen des Beklagten.

[1035] T. Jung, S. 97 f.
[1036] Jarass/Pieroth, Art. 3 Rn 4.
[1037] Kwaschik, S. 185 f. (Begriff der Ungleichbehandlung ist deskriptiv zu verstehen).
[1038] Bötticher, Gleichheit, S. 15 f.; C. Berger, S. 152.
[1039] So aber Arens/Lüke, ZPR, Rn 103.

Die Gleichbehandlung der Parteien hinsichtlich der Rechtskraft einer Entscheidung ist also in § 322 I ZPO angelegt.

Auch § 322 II ZPO als Ausnahmenorm zu § 322 I ZPO geht grundsätzlich von einer Gleichbehandlung in der Rechtskraftfrage bei der Geltendmachung der Aufrechnung im Prozess aus. Beispiel hierfür ist die heute nach ganz herrschender Meinung befürwortete Anwendung der Norm auch auf das Nichtmehrbestehen der Gegenforderung des Beklagten[1040]. Es wird als ungerecht und gegen das Gebot der prozessualen Chancengleichheit der Parteien verstoßend angesehen, wenn der Kläger nur im Falle des Nichtbestehens der im Wege der Aufrechnung geltend gemachten Forderung des Beklagten nicht mehr mit der erneuten Inanspruchnahme durch diesen rechnen müsste. Könnte der Beklagte mangels Rechtskraft seine bereits aufgerechnete Forderung erneut einklagen, so hätte er dadurch im ersten Prozess die prozessuale Chance gehabt, eine Forderung gerichtlich durchzusetzen, ohne zugleich dem Risiko einer endgültigen Aberkennung ausgesetzt zu sein. Dem Kläger dagegen steht eine solche Möglichkeit nicht zur Verfügung. Der Chance des Beklagten, mit der Forderung erfolgreich und rechtskräftig durchzudringen, muss also das Risiko des Verlustes der Forderung, wie in § 322 I ZPO für den Kläger normiert, gegenüberstehen um dem Prinzip der Gleichbehandlung der Parteien gerecht zu werden[1041].

Im Falle der Klägeraufrechnung stehen den Parteien grundsätzlich gleiche Möglichkeiten zur Ausübung ihrer prozessualen Befugnisse zur Verfügung. Es gibt keine Prozessnorm, welche die Befugnis zur Ausübung des Aufrechnungsrechts von der prozessualen Stellung als Kläger oder Beklagter abhängig macht. Die Klägeraufrechnung ist unter allen relevanten Gesichtspunkten zulässig[1042]. Die Auslegung und Anwendung des § 322 II ZPO durch den BGH bedeutet jedoch, dass allein der Kläger mit dem Risiko einer rechtskräftigen Abweisung seiner Aufrechnungsforderung belastet wäre, nicht aber der Beklagte hinsichtlich seiner Gegenforderung. Darin liegt eine Ungleichbehandlung. Die gleiche Befugnis zur Aufrechnung wirkt sich hinsichtlich der Rechtskraft nicht gleich aus. Obwohl der Beklagte durch die Abweisung der Klage aufgrund der Aufrechnung des Klägers eine vollwertige Befreiung von seiner Verbindlichkeit erhält, steht dem nicht die gleiche Befreiung des Klägers gegenüber. Der Kläger trägt allein das Risiko des Prozesses ohne auch nur eine Chance auf Befreiung zu haben.

[1040] Siehe oben § 2 A.II.1.b.
[1041] Zeuner, JuS 1987, S. 356.
[1042] Siehe oben § 1 E.

5. Differenzierungsgrund/Rechtfertigung

Diese festgestellte Ungleichbehandlung bedarf verfassungsrechtlich einer Rechtfertigung[1043].

Fraglich ist jedoch, welcher Maßstab an einen hierfür erforderlichen Differenzierungsgrund zu stellen ist. Die aus Art. 3 I GG resultierenden Anforderungen an den Differenzierungsgrund fallen je nach Regelungsgegenstand und Differenzierungsmerkmalen ganz unterschiedlich aus. Sie reichen vom bloßen Willkürverbot, welchem eine recht großzügige Prüfung zugrunde liegt, bis zu einer strengen Bindung an Verhältnismäßigkeitserfordernisse[1044]. In Anlehnung an die Rechtsprechung des BVerfG haben sich für die Prüfung der Voraussetzungen einer Verletzung des Gleichheitssatzes verschiedene „Formeln" entwikkelt. Man spricht dementsprechend von einer „Willkürformel" und einer „neuen Formel"[1045].

In „klassischer" Deutung des Gleichheitssatzes als Willkürverbot hat das BVerfG eine Verletzung dann angenommen, „wenn sich ein vernünftiger, aus der Natur der Sache ergebender Grund für die gesetzliche Differenzierung nicht finden lässt"[1046]. Dem entspricht die Forderung „wesentlich Gleiches nicht willkürlich ungleich und wesentlich Ungleiches nicht willkürlich gleich zu behandeln"[1047]. Die Unsachlichkeit der Differenzierung muss darüber hinaus evident sein[1048]. Im Schrifttum wurde diese Deutung vielfach als zu unbestimmte „Leerformel" kritisiert, die statt eines geeigneten Prüfungsmaßstabes abzugeben, unzulässigerweise eigene subjektive Wertungen anstelle der des Gesetzgebers zulässt[1049]. Eine Wende hin zu einer sog. „neuen Formel" sah man in der Rechtsprechung des Ersten Senats seit 1980 gegeben. Danach ist Art. 3 I GG vor allem dann verletzt, „wenn eine Gruppe von Normadressaten im Vergleich zu anderen Normadressaten anders behandelt wird, obwohl zwischen beiden Gruppen keine Unterschiede von solcher Art und solchem Gewicht bestehen, dass sie die ungleiche Behandlung rechtfertigen könnten"[1050]. Dieser neuen Formel wird eine höhere Kontrolldichte durch einen inhaltlich klareren Maßstab bescheinigt, da sie Aspekte der Verhältnismäßigkeit stärker berücksichtigt[1051]. Es genügt

---

[1043] Alexy, Theorie der Grundrechte, S. 371 ff.

[1044] BVerfGE 88, 87, 96; Jarass/Pieroth, Art. 3 GG, Rn 17.

[1045] Kritisch zum tatsächlichen „Neuheitswert" der „neuen Formel": v. Mangoldt/Klein/Starck, Art. 3 GG Rn 11; ähnlich: Dreier/Heun, Art. 3 GG Rn 20.

[1046] BVerfGE 1, 14, 52; 68, 237, 250; 89, 132, 141.

[1047] BVerfGE 4, 144, 155; 27, 364, 371; 78, 104, 121.

[1048] BVerfGE 12, 326, 333; Sachs, Art. 3 Rn 9 m.w.N.

[1049] V. Münch/Kunig/Gubelt, Art. 3 Rn 13; Dreier/Heun, Art. 3 Rn 20 m.w.N. aus der Literatur.

[1050] BVerfGE 55, 72, 88; 81, 108, 118; 82, 126, 146; vgl. Sachs/Osterloh, Art. 3 Rn 13 (stete Rechtsprechung).

[1051] BVerfGE 74, 28, 30; Dreier/Heun, Art. 3 Rn 21 m.w.N.

nicht mehr irgendein sachlicher Grund um die Ungleichbehandlung zu rechtfertigen, vielmehr muss eine Gewichtung erfolgen, ob die tatsächlichen Unterschiede eine Ungleichbehandlung tragen[1052]. Eine strenge Prüfung anhand Verhältnismäßigkeitskriterien ist vor allem vorzunehmen, wenn – wie im Fall der Klägeraufrechnung- verschiedene Personengruppen und nicht nur verschiedene Sachverhalte ungleich behandelt werden[1053]. Die Grenzen des Gestaltungsspielraumes werden dabei umso enger, je stärker sich die Ungleichbehandlung auf grundrechtlich geschützte Freiheiten nachteilig auswirkt[1054].

Im Folgenden sind also zunächst die sachlichen Gründe für eine Ungleichbehandlung zu suchen.

Abstellend auf den Wortlaut des § 322 II ZPO liegt das Hauptargument einer Rechtskraftversagung der Klägeraufrechnung im Schutzzweck der Norm begründet. Einschlägiger Zweck des § 322 II ZPO sei demnach der Schutz des Aufrechnungsgegners vor erneuter Inanspruchnahme[1055]. Alternativ wird gefordert, der Aufrechnende müsse Schuldner der Forderung sein, die den Gegenstand des Rechtsstreits bildet[1056]. Literaturstimmen sehen ferner einen Grund für die Beschränkung der Rechtskraft in der Autonomie des Beklagten. Dieser dürfe nicht dazu genötigt werden, dass der Kläger seine Gegenforderung einer rechtskräftigen Entscheidung zuführt[1057]. Unterstellt, dass diese Differenzierungsgründe dem Erfordernis der Sachlichkeit im Sinne eines sich aus der Natur der Sache ergebenden oder sonst wie einleuchtenden Grundes[1058] genügen, fragt sich, ob sie einer weiteren Prüfung standhalten.

6. Entsprechenskontrolle/Abwägung

Werden wie im Fall der Klägeraufrechnung personengebundene Merkmale zur Differenzierung dadurch verwandt, dass man „die Gunst der Rechtskraft" davon abhängig macht, welche Prozesspartei die Aufrechnung erklärt hat, findet eine strenge Verhältnismäßigkeitsprüfung statt, wobei der Rechtfertigungsgrund der Differenzierung in „angemessenem Verhältnis zu dem Grad der Ungleichbehandlung" stehen muss[1059]. Entscheidendes Element dieser Prüfung ist die Abwägung im engeren Sinne. Diese erfordert ganz allgemein eine Gesamtabwägung zur Angemessenheit des Verhältnisses zwischen Zielen, Gründen und

---

1052 V. Münch/Kunig/Gubelt, Art. 3 Rn 14.

1053 BVerfGE 75, 348, 357; 78, 232, 247; 88, 87, 96 f.; 100, 195, 205; kritisch zur Abgrenzung nach personalen Gesichtspunkten: Sachs/Osterloh, Art. 3 Rn 27 f.

1054 BVerfGE 88, 87, 96; 89, 87, 96; 97, 271, 290; Sachs/Osterloh, Art. 3 Rn 32.

1055 BGH NJW 1992, 982.

1056 BGH NJW 1992, 982.

1057 Reinicke/Tietdke, NJW 1984, S. 2790 ff.; Tiedtke, NJW 1992, S. 1473 ff.

1058 BVerfGE 1, 14, 52; 89, 132, 141.

1059 Jarass/Pieroth, Art. 3 Rn 19.

Wirkungen im Sinne einer relativierenden Gewichtung und Bewertung von allgemeinen und individuellen Interessen[1060]. Dabei darf die durch die Ungleichbehandlung bewirkte Belastung nicht weiter reichen als der die Verschiedenbehandlung legitimierende Zweck es rechtfertigt[1061]. Grundlage der Vergleichsperspektive ist die Gewichtung und Bewertung von Gründen und Zielen der vorgenommenen Differenzierungsmerkmale einerseits und der Differenzierungswirkungen für den Betroffenen andererseits[1062].

a) Berechtigtes Interesse des Beklagten an eingeschränkter Rechtskraft

Wenden wir uns zunächst dem Argument von *Tiedtke* zu, der Beklagte dürfte nicht dazu genötigt werden, dass der Kläger eine rechtskräftige Entscheidung über seine Gegenforderung herbeiführt[1063], so ist zu klären, ob die Aufrechnung berechtigte Interessen desjenigen verletzt, der die Aufrechnung möglicherweise nicht will. Davon zu unterscheiden ist die Frage, ob er nur die Rechtskraft der Entscheidung über die Aufrechnung nicht will und ob hieran ebenfalls ein berechtigtes Interesse bestehen kann. Die eine Frage verlangt eine materiellrechtliche Antwort, die zweite eine prozessuale.

Die Aufrechnung ist Selbstexekution und zwangsweise Befriedigung, die dem Aufrechnenden das Recht verleiht, durch Verfügung über die eigene Forderung auch seine eigene Befriedigung herbeizuführen[1064]. Die Vollstreckungsfunktion der Aufrechnung enthält dabei zwangsläufig ein Element der Eigenmächtigkeit der Forderungsdurchsetzung. Das ist die „Zweischneidigkeit des Aufrechnungsrechts“[1065]. Zwar hat der Beklagte grundsätzlich die Wahl, auf welche Art und Weise er seinen Gläubiger befriedigen will, weshalb der durch die Klägeraufrechnung erzwungene Zugriff auf seine Gegenforderung durchaus einen gewissen Eingriff in diesen Entscheidungsrahmen darstellt. Dass der Aufrechnende mit der Aufopferung seiner eigenen Forderung gleichzeitig neben dem Befriedigungseffekt auch den Tilgungseffekt bewirken kann, gestattet ihm jedoch das vom Gesetz verliehene Aufrechnungsrecht. Allein die Ausübung des Aufrechnungsrechts im Prozess durch den Kläger verletzt dabei kein berechtigtes Interesse des Beklagten am Fortbestand seiner (zwangsweise) aufgerechneten Forderung.

Umgekehrt greift der Beklagte, der im Regelfall der Prozessaufrechnung gegen die Klageforderung aufrechnet, in gleichem Maße exekutorisch auf die klä-

---

1060 Sachs/Osterloh, Art. 3 Rn 22.
1061 BVerfGE 85, 238, 245.
1062 Sachs/Osterloh, Art. 3 Rn 22.
1063 Tiedtke, NJW 1992, S. 1474.
1064 Siehe dazu oben § 2 E.VII.
1065 Bötticher, FS Schima (1969) S. 106.

gerische Forderung zu, während dieser vielleicht gern nur einen vollstreckungsfähigen Titel gehabt und über diesen nach seinem Gutdünken disponiert hätte. Der Kläger hat also die Macht, die Forderung des Beklagten durch Aufrechnung zu vernichten. Hat er aber auch die Macht, Rechtskraft über die Entscheidung des Erlöschens der Forderung herbeizuführen?

Tatsächlich würde eine völlig prozessfremde Forderung des Beklagten, die bislang nicht Gegenstand des Rechtsstreits war, ohne sein Zutun allein durch die Erklärung des Klägers der Rechtskraft zugeführt. Für den deutschen Zivilprozess ist die grundsätzliche Parteiherrschaft prägend. Sie zeichnet sich durch die Dispositionsmaxime und die Verhandlungsmaxime aus[1066]. Die Dispositionsmaxime betrifft die Herrschaft über das Verfahren insgesamt, während die Verhandlungsmaxime sich auf die durch die Parteien beizubringenden Tatsachen bezieht[1067]. Sind durch den rechtskräftigen Zugriff auf die durch den Kläger aufgerechnete Forderung des Beklagten eben die jenes Prinzip der Parteifreiheit und Parteiverantwortung im Zivilprozess repräsentierenden Grundsätze[1068] betroffen, wenn der Beklagte eine Verhandlung und Entscheidung über seine Forderung möglicherweise gar nicht wollte?

Was den Verhandlungsgrundsatz betrifft, der den Parteien im Grunde die freie Wahl lässt, welche Tatsachen sie mit bindender Wirkung dem Gericht zur Entscheidung vortragen, ist es zunächst völlig gleichgültig, durch welche Partei eine tatsächliche Behauptung in den Prozess eingeführt wird. Sie braucht keineswegs zwingend von der behauptungs- oder beweisbelasteten Partei auszugehen[1069]. Daraus folgt, dass jede Partei auch die eigenen ungünstigen Behauptungen gegen sich gelten lassen muss. Die Klage ist daher abzuweisen, wenn nach dem eigenen tatsächlichen Vorbringen des Klägers sein Anspruch durch Aufrechnung erloschen ist[1070]. Anders als *Tiedtke*[1071] meint, sagt dies aber zum Einen noch lange nichts über ein etwaiges Rechtskrafterfordernis der durch Aufrechnung erloschenen Forderungen aus, zum Anderen lässt sich eine besondere Vorwerfbarkeit in dem Sinne der Kläger sei „selbst Schuld", schon in Hinblick auf § 138 I ZPO nicht halten. Der Grundsatz der Parteiherrschaft erfährt durch den Grundsatz der Wahrheits- und Vollständigkeitspflicht eine Einschränkung[1072]. Nach dem eindeutigen Wortlaut des § 139 I ZPO hat der Richter sogar dahin zu wirken, dass sich die Parteien über alle erheblichen Tatsachen vollstän-

1066 Vgl. MüKo-ZPO/Lüke, Einl. Rn 165 ff.
1067 Zu Inhalt und Abgrenzung beider Maximen: Becker-Eberhard, in: Yildirim, S. 15 ff.
1068 Stein/Jonas/Leipold, vor § 128 Rn 68.
1069 MüKo-ZPO/Lüke, Einl. Rn 185.
1070 Stein/Jonas/Leipold, vor § 128 Rn 79.
1071 Tiedtke, NJW 1992, S. 1475.
1072 Vgl. Becker-Eberhard, in: Yildirim, S. 22.

dig erklären. Dazu gehört auch die Tatsache einer zwischenzeitlichen Aufrechnung der Klageforderung. Bei der Darstellung des Sachverhalts darf die Partei nicht nur die für sie vorteilhaften Tatsachen heraussuchen und alles andere verschweigen[1073].

Zutreffend ist die mit der Einleitung des Verfahrens verbundene Festlegung des Streitgegenstandes die wichtigste Befugnis, die aus der Dispositionsmaxime fließt. Hier wird deutlich, dass die Dispositionsbefugnis auch eine Dispositionslast beinhaltet, weil die Parteien den Streitgegenstand nicht ohne weiteres verändern können[1074]. Doch wie der Beklagte durch eine Aufrechnung gegen die Klageforderung den ursprünglichen Streitgegenstand nicht verändern kann, geht es auch bei einer Aufrechnung des Klägers weiterhin um die Feststellung des Bestehens oder Nichtbestehens der klägerischen Forderung in der anfänglich geltend gemachten Höhe.

Auch bei einer regulären Beklagtenaufrechnung liegt das Interesse des Beklagten nicht in erster Linie darin, eine rechtskräftige Entscheidung über seine Gegenforderung herbeizuführen, sondern die Klageforderung zu Fall zu bringen. Wollte man hier etwa argumentieren, dass der Beklagte den Richter durch das bloße Vorbringen der Aufrechnungseinrede nicht gleichzeitig mit der rechtskräftigen Entscheidung über die Gegenforderung betraut habe[1075]? Der Richter entscheidet frei und ohne Einflussmöglichkeit der Parteien allein nach seiner eigenen rechtlichen Würdigung, ob das Klagebegehren gerechtfertigt ist und welche Entscheidung unter allen in Betracht kommenden rechtlichen Gesichtspunkten getroffen werden muss. Hat der Beklagte die Aufrechnungseinrede erhoben, so fällt der Richter die Entscheidung über das Bestehen oder Nichtbestehen seiner Gegenforderung auch ohne oder gegen dessen Willen, weil diese Entscheidung sich zur Erfüllung seiner Aufgabe, das Urteil über die Hauptforderung zu sprechen, als nötig erweist. Der Grund für die in § 322 II ZPO getroffene Erstreckung der Rechtskraft auf die aufgerechnete Gegenforderung liegt nicht allein darin, dass dies dem vermutlichen Willen des Beklagten entspricht, sondern der Gesetzgeber hat dies sehr richtig im Interesse aller Beteiligten für angemessen erachtet. Denn wie es dem Kläger recht sein muss, dass im Falle des Durchgreifens der Aufrechnungseinrede das Bestehen der Gegenforderung ihm gegenüber rechtskräftig festgestellt und er mit der Pflicht der Kostentragung abgewiesen wird, so ist es dem Beklagten billig, dass die ihm ungünstige Entscheidung in ihren Wirkungen nicht anders behandelt werde, als die ihm günstige[1076]. Es ist dagegen nicht Sinn und Zweck des § 322 II ZPO, den Beklagten in seiner Dispositionsfreiheit gegenüber seiner Forderung zu schützen. Wäre dem so, müsste man verlangen, dass jede Gegenforderung nur durch Erhebung der

---

[1073] Jauernig, ZPR, § 26 IV.
[1074] MüKo-ZPO/Lüke, Einl. Rn 169.
[1075] Redlich, ZZP 25 (1898) S. 396.
[1076] Redlich, ZZP 25 (1898) S. 396.

Widerklage zum Gegenstand des Rechtsstreits gemacht werden dürfe, um den Anforderungen an Grundsätze der Parteifreiheit und Parteiherrschaft zu genügen. Dagegen ist die Erhebung der Aufrechnungseinrede mit Recht gerade nicht an die Wirkungen einer Klageerhebung geknüpft. Dies muss entsprechend auch für die Klägeraufrechnung gelten.

Die Besonderheit der Aufrechnung besteht in ihrer Vollstreckungsfunktion. Um sich an der gegnerischen Forderung zu befriedigen, bedarf es theoretisch keines rechtskräftigen Urteils als Voraussetzung einer nachfolgenden Vollstreckungshandlung. Das sind auch die teleologischen Erwägungen, die der Vorschrift insgesamt zugrunde liegen. Hat der Aufrechnende aber die Macht, die Forderung zum Erlöschen zu bringen, ist es demgegenüber nur ein Annex dieser Macht, auch eine rechtskräftige Entscheidung über sie herbeizuführen[1077]. Dass ein solcher Eingriff von Gesetzes wegen gänzlich unzulässig sein soll, widerlegt darüber hinaus schon ein Blick auf das Institut der Feststellungsklage. Auch dort hängt es nicht vom Beklagten ab, ob dieser mit einer gerichtlichen Entscheidung über sein Recht einverstanden ist oder nicht, vielmehr kommt es allein auf ein entsprechendes Feststellungsinteresse des Klägers, an. Bei der Zwischenfeststellungsklage reicht nach § 256 II ZPO bereits die Vorgreiflichkeit des festzustellenden Rechtsverhältnisses für die Hauptentscheidung aus[1078]. Dass ein nicht unerhebliches Interesse des Klägers an der rechtskräftigen Feststellung auch der aufgerechneten Gegenforderung des Beklagten aufgrund der sonst drohenden Unsicherheit besteht, wird man nicht bestreiten können. Die Erklärung des Klägers im Prozess, dass er mit seiner Klageforderung gegen eine Forderung des Beklagten aufrechnet oder aufgerechnet hat, enthält dementsprechend einen inzidenten Feststellungsantrag, dass er nicht mehr schuldet und auch die Forderung des Beklagten erloschen ist. Ein solcher Übergang von der Leistungs- zur Feststellungsklage aufgrund einer nachträglich eingetretenen Veränderung unterliegt gemäß § 264 Nr. 2, 3 ZPO nicht den strengen Voraussetzungen einer Klageänderung und ist uneingeschränkt zulässig. Das Ergebnis dieser Feststellung wird durch § 322 I, II ZPO gesichert.

Das rechtliche Gehör, Art 103 I GG, ist durch die Gewährung von Waffengleichheit in Form gleicher Rechtskrafterstreckung nicht verletzt. Der Beklagte kann, wenn er mit der Aufrechnung des Klägers und in der Folge mit der Aberkennung seiner Gegenforderung nicht einverstanden ist, hiergegen sämtliche Angriffs- und Verteidigungsmittel vorbringen, die ihm auch sonst gegen die Klageforderung zustehen.

[1077] Foerste, NJW 1993, S. 1184 unter Hinweis schon auf Dernburg, S. 548.

[1078] Stein/Jonas/Schumann, § 256 Rn 140.

b) Ausweichmöglichkeiten des Klägers

Das Gewicht der Ungleichbehandlung fällt weit weniger stark aus, je mehr andere wirksame und zumutbare Möglichkeiten dem Kläger zur Verfügung stehen um einen durch die eingeschränkte Rechtskraft seiner Aufrechnung drohenden Rechtsverlust zu kompensieren. Da das Institut der Rechtskraft nicht allein im subjektiven und privaten Interesse der Parteien besteht, sind auch öffentliche Belange bei der Prüfung der Funktionalität alternativer Lösungen abzuwägen.

aa) Zwischenfeststellungsklage

Es wurde bereits festgestellt, dass eine die Klägeraufrechnung nicht berücksichtigende Auslegung und Anwendung des § 322 II ZPO den Zwecken und Funktionen des Rechtskraftinstitutes nicht gerecht wird. Läßt sich dieses Defizit durch eine Obliegenheit des Klägers zur Erhebung der Zwischenfeststellungsklage vermeiden? Er könnte sich auf diesem Wege eine rechtskräftige Entscheidung über die Gegenforderung des Beklagten sichern und sich somit vor allen drohenden Rechtsnachteilen seiner eigenständig herbeigeführten Klageabweisung bewahren.

Das Institut der Zwischenfeststellungsklage in § 256 II ZPO gilt als ein Resultat aus dem Kompromiss in dem Kodifikationsstreit zwischen *Savigny* und den Verfechtern des heute geltenden engen Rechtskraftverständnisses. Um *Savignys* Anliegen nach Sicherung auch der bedingenden Rechtsverhältnisse für die Zukunft durch Festlegung der einzelnen Entscheidungselemente dennoch gerecht zu werden, wurde stattdessen die Zwischenfeststellungsklage zugelassen[1079]. Sie gestattet die rechtskräftige Feststellung der tragenden Entscheidungsgründe, die § 322 I ZPO im Interesse möglichst weitreichender Vorhersehbarkeit des Urteilsumfangs und zu Lasten einer umfassenden Streiterledigung ausschließt.

Als Voraussetzung eines solchen Zwischenfeststellungsbegehrens ist erforderlich, dass in einem anhängigen Verfahren die Feststellung eines präjudiziellen Rechtsverhältnisses begehrt wird, von dessen Bestehen oder Nichtbestehen die Entscheidung des Hauptverfahrens ganz oder zum Teil abhängt. Diese Vorgreiflichkeit des festzustellenden Rechtsverhältnisses für die Hauptsache ersetzt das sonst in § 256 I ZPO vorausgesetzte Feststellungsinteresse[1080].

Als Gegenstand der Zwischenfeststellungsklage im Fall der Klägeraufrechnung kommt das durch die Aufrechnung gestaltete Rechtsverhältnis zwischen Kläger und Beklagten in Betracht. Da eine rechtskräftige Entscheidung über das Erlö-

---

[1079] Vgl. die Darstellung oben § 2 A. I. 2.; Hahn/Mugdan, Materialien II/1, S. 291 f.; Gaul, FS Flume (1978) S. 443 ff., insbes. 471 ff.

[1080] Stein/Jonas/Schumann, § 256 Rn 140.

schen der Klageforderung bereits nach § 322 I ZPO ergeht, bezieht sich das klägerische Interesse an einer solchen Feststellung auf das gleichzeitige Erlöschen der Gegenforderung des Beklagten. Dieses kann in einem späteren Prozess nicht abermals angezweifelt werden, wenn die Wirksamkeit der Aufrechnung insgesamt festgestellt wird. Das feststellungsfähige Rechtsverhältnis betrifft also die Voraussetzungen und den wirksamen Vollzug der Aufrechnung. Dieses ist auch vorgreiflich für die Entscheidung im Sinne des § 322 I ZPO. Der Streit zwischen den Parteien könnte auf diesem Wege abschließend ausgeräumt und Rechtssicherheit mit der Folge herbeigeführt werden, dass weitere Prozesse nicht zu befürchten sind.

Indes ergeben sich Bedenken gegen eine Obliegenheit des Klägers, zum Schutz seiner Interessen eine Zwischenfeststellungsklage zu erheben, schon aus gebührenrechtlicher Sicht. In erster Linie aber darf man von dem Kläger, dessen einziger Vorteil seiner Aufrechnungserklärung darin liegt, das Erlöschen der beiden Aufrechnungsforderungen für die Zukunft festgestellt zu wissen, nicht erwarten, dass er, um den sachlichen Inhalt dieses Urteils zu sichern, noch eine zusätzliche Klage im Sinne des § 256 II ZPO anzustrengt. Zu Recht kann er annehmen, dass dies Zweck und Aufgabe der in diesem Verfahren ergehenden Hauptsacheentscheidung, nicht aber der Klage nach § 256 II ZPO ist. Das Institut der Zwischenfeststellungsklage verliert deswegen nicht an Bedeutung. Zum einen ermöglicht es den Parteien, die sich hinsichtlich einer Voraussetzung des Klageanspruchs nicht sicher sind, Gewissheit darüber zu verschaffen, ob es Sinn macht, den Streit in der Hauptsache fortzusetzen. Zum anderen kann eine Partei durch die Zwischenfeststellungsklage erreichen, dass eine Voraussetzung des Klageanspruchs, die auch Voraussetzung eines später geltend zu machenden weiteren Anspruches ist, endgültig festgestellt und einer erneuten Prüfung entzogen ist[1081].

Die Zwischenfeststellungsklage wurde eingeführt, um dem Willen der Parteien hinsichtlich des objektiven Umfangs der Rechtskraft zu entsprechen. Soweit die theoretische Bewegungsfreiheit der Zwischenfeststellungsklage vom Erfordernis eines formgebundenen Antrages eingeschränkt wird, entspricht dies nicht dem geeigneten Ausdruck des Parteiwillens, sondern dient in erster Linie der Rechtsklarheit[1082]. Um von dieser Möglichkeit überhaupt Gebrauch zu machen, müsste sich der Kläger der damit einhergehenden Verantwortung auch bewusst sein. Ob die Parteien in der konkreten Situation aber die Notwendigkeit einer Zwischenfeststellung erkennen, die das atypische Risiko divergierender Entscheidungen voraussetzt, darf bezweifelt werden. Haben die Parteien keinen Anlass mit einer abweichenden Entscheidung der Vorfrage zu rechnen, ist die Erhebung der Zwischenfeststellungsklage völlig abwegig und aus Kostengrün-

---

[1081] Niklowitz, S. 10 f.
[1082] Reischl, S. 132.

den auch nicht empfehlenswert. Der Kläger sieht sich unter diesen Umständen zur Erhebung der Zwischenfeststellung ferner überhaupt nur dann veranlasst, wenn das Gericht seine Aufrechnung auch für wirksam hält. Anderenfalls macht für ihn eine Feststellung schlichtweg keinen Sinn. Diese Einsicht offenbart sich ihm aber möglicherweise nicht vor Schluss der mündlichen Verhandlung. Für die Erhebung eines Zwischenfeststellungsantrages wäre es dann zu spät. Die durch das Selbstbestimmungsrecht hinsichtlich des Rechtskraftumfangs gewährte Freiheit bleibt so zwangsläufig unausgeübt.

Der Zweck der materiellen Rechtskraft bezieht sich darüber hinaus aber nicht nur auf die subjektiven Parteiinteressen. Berücksichtigt man das zumindest gleichrangige öffentliche Interesse an Rechtssicherheit und Rechtsfrieden, an Prozessökonomie durch Vermeidung einer erneuten Inanspruchnahme der Rechtspflege oder an Autorität und Ansehen des Staates und der Justiz durch Verhinderung sich widersprechender Entscheidungen, scheint es bedenklich, die Wirkung der Rechtskraft von einem besonderen Feststellungswillen und damit von dem freien Belieben der Parteien abhängig sein zu lassen[1083]. Ihrer Aufgabe, unabhängig von einem etwaigen Parteiverhalten möglichen „Destabilisierungserscheinungen" entgegenzuwirken[1084], kann die Rechtskraft so nicht gerecht werden.

Führt man sich vor Augen, was denn eigentlich mit der besonderen Klage auf Zwischenfeststellung erreicht werden soll, nämlich die Feststellung, dass auch die Gegenforderung des Beklagten durch die wirksame Aufrechnung des Klägers erloschen ist, wird klar, dass diesem Antrag in jedem Fall stattgegeben werden müsste. Allein die innerprozessuale Bindungswirkung des urteilenden Gerichts, § 318 ZPO, erlaubt keine anderweitige Beurteilung, was das gegenseitige Erlöschen der durch Aufrechnung betroffenen Forderungen angeht. Durch den Zwang zur Zwischenfeststellung ergäbe sich für die Interessen der Parteien, außer zusätzlichem Aufwand, kein Vorteil, insbesondere keiner, der nicht durch die Anwendung des § 322 II ZPO ohnehin für alle Beteiligten gegeben wäre. Das gewöhnlich für die Begrenzung des objektiven Rechtskraftumfangs angeführte Damoklesschwert der Überraschungs- und Perpetuierungsgefahr vermag hier die Notwendigkeit der Zwischenfeststellungsklage nicht zu rechtfertigen. Das Antragserfordernis der Zwischenfeststellungsklage kann den Beklagten vor Überraschung nicht schützen, er kann sich gegen die entsprechende Feststellung ohnehin nicht wehren. Auch kann die innerprozessuale Bindungswirkung die Perpetuierung einer möglicherweise falschen Ansicht des Gerichtes nicht verhindern. Dass dann gerade der Beklagte zugunsten der Feststellung des Klägers

[1083] Ähnlich Leipold, FS Zeuner (1994) S. 448 (in Bezug auf Teilklagen).
[1084] C. Berger, S. 69 (in Bezug auf Prozessstandschaft).

verurteilt wird, lässt nach einer materiellen Rechtsgrundlage fragen. Erwartungsgemäß sollte auf Feststellung eines Rechtsverhältnisses nur klagen können, wer in seinen Rechten beeinträchtigt ist und nur gegen eine Person, die für diese Beeinträchtigung verantwortlich ist sowie der gegenüber eine durchsetzbare, d.h. abwehrfähige Rechtsposition besteht[1085]. Da sich mit der Zwischenfeststellungsklage nichts weitergehendes erreichen läßt, als man auch mit der Anwendung von § 322 II ZPO analog viel einfacher, kostengünstiger, parteifreundlicher, risikofreier, sicherer und vor allem aber systemgerechter erreichen kann, ist die Rechtfertigung eines solchen Antragserfordernisses grundlegend zu bezweifeln.

Die Erhebung der Zwischenfeststellungsklage ist daher kein geeignetes und zumutbares Mittel, um die gewünschten prozessualen Feststellungen durch die Parteien selbst zu sichern. Sie kann in dieser konkreten Angelegenheit, was die Veranlassung der Parteien zu ihrer Erhebung betrifft, als praxisfern und untauglich bezeichnet werden. Auch wenn sie den Parteien Sicherheit hinsichtlich derjenigen Rechtsbeziehungen, die sie mit ihren Anträgen zur Entscheidung gestellt haben, zu geben theoretisch imstande ist, kann eine solch eigenständige Entscheidung der Partei über die Ausdehnung der Rechtsverfolgung und des damit verbundenen Risikos nicht das öffentliche Interesse der Rechtskraftzwecke wahrnehmen. Sie ist demnach kein adäquater Ausgleich und kann anders als die von Amts wegen eintretende Rechtskraft der Beklagtenaufrechnung nicht der Gefahr von Rechtsverlusten entgegensteuern[1086].

bb) Klageänderung nach § 263 ZPO

Hätte der Kläger die Möglichkeit, nach seiner eigenen Aufrechnung und dem Erlöschen seiner Klageforderung den Klageantrag dahingehend umzustellen, dass er nun nicht mehr Leistung, sondern die Feststellung begehrt, dass beide Forderungen durch seine Aufrechnung erloschen sind, würde dies den sachlichen Streit zwischen den Parteien endgültig ausräumen und einen neuen Prozess zwischen ihnen vermeiden, was schließlich auch den Interessen der Prozessökonomie entgegenkäme[1087].

Anders als die Klagerücknahme ist die Klageänderung von einem kooperativen Verhalten des Beklagten grundsätzlich unabhängig. Liegt seine Einwilligung nicht vor, kommt es allein auf die Beurteilung des Gerichts hinsichtlich der Sachdienlichkeit an. Rechtstechnisch handelt es sich bei einer Klageänderung nach § 263 ZPO um einen Streitgegenstandsaustausch, bei dem der ursprünglich

---

[1085] Zöllner, AcP 190 (1990) S. 492.
[1086] Siehe auch Zeuner, FS Zweigert (1981) S. 619; Bruns, ZPR, § 44 Rn 233, S. 369.
[1087] Stein/Jonas/Schumann, § 263 Rn 12.

erhobene prozessuale Anspruch fallen gelassen und ein neuer Anspruch erhoben wird[1088]. Bei vollständigem Wegfall des klägerischen Anspruchs durch Aufrechnung hätte die Klageänderung jedoch den Charakter einer Klagerücknahme. Eine solche Klageänderung mit Klagerücknahmecharakter rechtfertigt nicht die analoge Anwendung der Klageänderungsvorschriften. Das ausschließlich berührte Interesse des Beklagten wird durch das Einwilligungserfordernis des § 269 ZPO geschützt[1089].

Anders als bei der Zwischenfeststellungsklage wäre für eine solche Umstellung von einer Leistungs- auf eine Feststellungsklage zudem erforderlich, dass der Kläger nach § 256 I ZPO ein rechtliches Interesse an der alsbaldigen Feststellung vortragen kann. Dazu gehört die nicht eben fern liegende Möglichkeit einer Schadensverwirklichung in naher Zukunft, die sich durch eine tatsächliche Unsicherheit ergeben muss, welche das Rechtsverhältnis gefährdet[1090]. Ein solcher Schaden wäre nur in einer abweichenden Beurteilung eines Zweitgerichts zu sehen, der zunächst einmal eine Klage des jetzigen Beklagten vorausgehen muss. Dies sind zwei völlig hypothetische Ereignisse, für deren Eintritt es in aller Regel keine Anhaltspunkte geben wird.

Darüber hinaus bestünden bei einer solchen von der alleinigen Entscheidungsprärogative des Klägers abhängenden Alternative dieselben Bedenken gegen das öffentliche Rechtskraftinteresse wie bei der Klage nach § 256 II ZPO. Die dort ausgeführten Unsicherheiten die sich aus einem fehlenden Bewusstsein für die Gefahrsituation eines sich atypischerweise verwirklichenden Risikos divergierender Entscheidungen ergeben, treffen hier ebenso zu.

cc) Einseitige Erledigungserklärung

Man könnte ferner auf den Gedanken kommen, dem Kläger nach eigener Aufrechnung eine Erklärung der Erledigung in der Hauptsache anzuempfehlen. In welcher Hinsicht ihm dies angesichts seines Rechtskraftinteresses an der Gegenforderung des Beklagten einen Vorteil bringen könnte, ist allerdings auch bei näherer Betrachtung nicht auszumachen.

Der Kläger ist natürlich daran interessiert, das von ihm veranlasste, nunmehr aussichtslos gewordene Verfahren, unter einer für ihn möglichst günstigen Kostenentscheidung zu beenden. Gegenüber einer bloßen Klagerücknahme, die ihm in jedem Fall die volle Kostenlast beschert, § 269 III S. 2 ZPO, mag in der Erle-

---

[1088] MüKo-ZPO/Lüke, § 263 Rn 7; Walther, NJW 1994, S. 423.
[1089] MüKo-ZPO/Lüke, § 263 Rn 22.
[1090] Thomas/Putzo, § 256 Rn 15.

digungserklärung unter Umständen[1091] für ihn auch ein Kostenvorteil bestehen, denn das Gericht trifft die Entscheidung zu den Kosten nach § 91 ZPO, je nach dem ob der Streit tatsächlich erledigt ist oder nicht.

Doch bereits was die eigentlichen Voraussetzungen des Vorliegens einer Hauptsacherledigung durch Aufrechnung betrifft, herrscht Unklarheit. Umstritten ist hier, wie immer wenn es um die Wirkungen einseitiger Gestaltungserklärungen geht, ob es für den Eintritt des erledigenden Ereignisses auf den Zeitpunkt der Erklärung[1092] oder auf den der Aufrechnungslage[1093] ankommt. Dass das erledigende Ereignis der Aufrechnung vom Kläger ausgeht, ist insoweit unerheblich[1094]. Nach überwiegender Meinung führt die Aufrechnung als Erfüllungssurrogat nur dann zu einer Erledigung der Hauptsache, wenn die Gegenforderung erst nach Rechtshängigkeit der Klage entstanden oder aufrechenbar geworden ist, z.B. wenn die Gegenforderung erst während des Rechtsstreits erworben wurde[1095]. Der Kläger, der bei von vornherein gegebener Aufrechnungsmöglichkeit gerichtlichen Rechtsschutz nachgesucht hat, befinde sich dagegen nicht in der das Institut der Hauptsacheerledigung rechtfertigenden „Dilemmasituation“[1096].

Kommt es mithin für das erledigende Ereignis nicht auf den Zeitpunkt der Aufrechnungserklärung, sondern wegen § 389 BGB auf die Aufrechnungslage an, scheidet für den Kläger das prozessuale Instrument der einseitigen Erledigungserklärung schon aus diesem Grund aus. Ist der Rechtsstreit somit nicht erledigt, weist das Gericht die Klage bei dennoch wirksamer Aufrechnung als unbegründet ab. Eine echte Alternative zur versagten Wirkung der Rechtskraft könnte unter diesem Gesichtspunkt aber nicht davon abhängen, wann es zur Entstehung der Aufrechnungslage gekommen ist.

Doch würde man auch annehmen, dass die Aufrechnung des Klägers immer ein erledigendes Ereignis darstellt, sei es, weil die Aufrechnungslage erst nach Rechtshängigkeit entstanden ist, sei es weil man mit der Mindermeinung auf den Zeitpunkt der Erklärung abstellt, ergibt sich für das Interesse des Klägers an der rechtskräftigen Feststellung der Gegenforderung des Beklagten kein sonderlicher Nutzen.

[1091] Es kommt darauf an, ob die Aufrechnungslage bereits bei Eintritt der Rechtshängigkeit bestanden hat. In diesem Fall kann es notwendig sein, dem Kläger die Kosten aufzuerlegen, Baumbach/ Lauterbach/Albers/Hartmann, § 91a Rn 120; Schneider, MDR 2000, S. 507.

[1092] Stein/Jonas/Bork, § 91 a Rn 6; Baumbach/Lauterbach/Albers/Hartmann, § 91a Rn 43.

[1093] Zöller/Vollkommer, § 91a Rn 58; MüKo-ZPO/Lindacher, § 91 a Rn 134 m.w.N.

[1094] BGH NJW 1986, 588, 589; El Gayar, S. 5; Stein/Jonas/Bork, § 91a Rn 6, Fn. 12; a.A. aber: Schellhammer, ZPR, Rn 1722; Furtner, JR 1961, S. 249 (vgl. El Gayar, a.a.O. Fn. 27).

[1095] Zöller/Vollkommer, § 91a Rn 58.

[1096] MüKo-ZPO/Lindacher, § 91 a Rn 134; LG Berlin, ZMR 1989, 98.

Nach der heute herrschenden Klageänderungstheorie[1097] gibt der Kläger mit seiner Erklärung seinen ursprünglichen Antrag auf und will stattdessen festgestellt wissen, dass sich die Hauptsache nunmehr erledigt hat. Schließt sich der Beklagte der Erledigung nicht an und erhält seinen Antrag auf Klageabweisung aufrecht, ergeht - anders als bei der beidseitigen Erledigungserklärung[1098] - eine rechtskräftige Entscheidung in der Hauptsache unter dem Gesichtspunkt, ob die Klage ursprünglich zulässig und begründet war und ihr nur durch ein erledigendes Ereignis die Erfolgsaussichten genommen sind[1099]. Der Beklagte hat nach h.M. stets auch ein berechtigtes Interesse daran, eine rechtskräftige Entscheidung zu bekommen, wenn er einmal mit einer Klage überzogen worden ist[1100]. Er ist also weder verpflichtet, der Erklärung zuzustimmen, noch braucht er ein besonderes Rechtsschutzinteresse daran darzutun, dass die Klage abgewiesen wird, weil sie von Anfang an unzulässig oder unbegründet war[1101]. Der Gegenstand dieser Entscheidung ist eine Sachentscheidung und keine Prozessentscheidung, wie teilweise vertreten wird[1102], denn es ergeht jedenfalls inzident eine Entscheidung über den ursprünglichen Klageantrag des Klägers der Sache nach[1103]. Mit Eintritt der Rechtskraft ist dann ein neues Verfahren über die Klageforderung ausgeschlossen.

Der Umfang der objektiven Rechtskraft des Erledigungsurteils ist freilich nicht unumstritten[1104]. Doch selbst wenn man mit den Vertretern eines weiten Rechtskraftumfangs durch die Rechtskraft des Erledigungsurteils nicht nur festgestellt sein lässt, dass der Anspruch des Klägers jedenfalls jetzt nicht (mehr)

[1097] Die Rechtsnatur der einseitigen Erledigungserklärung ist bis heute nicht unumstritten (zum Meinungsstand: El-Gayar, S. 31 ff.) Die ganz herrschende Meinung sieht darin jedoch eine wegen § 264 Nr. 2 ZPO stets zulässige Klageänderung in eine Feststellungsklage, vgl. Habscheid, FS Lent (1957) S. 166 ff.; Thomas/Putzo, § 91a Rn 32; Furtner, JA 1961, S. 249; Lüke, FS Weber (1975) S. 323 ff.; Zöller/Vollkommer, § 91a Rn 34; El-Gayar, S. 31 Fn. 184 m.w.N.

[1098] BGH NJW 1991, 2280; Becker-Eberhard, FG 50 Jahre BGH (2000) S. 284, Fn. 48 m.w.N.

[1099] Musielak/Wolst, § 91a Rn 46; Zöller/Vollkommer, § 91a Rn 46; Thomas/Putzo, § 91a Rn 51; Stein/Jonas/Bork, § 91a Rn 45; Koenigk, NJW 1975, S. 529; a.A. z.B. Schwab, ZZP 72 (1959) S. 129: aus Gründen der Prozessökonomie, wie sie insbesondere in der Regelung des § 91 a ZPO zum Ausdruck komme, sei eine solche Feststellung entbehrlich. Es komme nur darauf an, dass die Klage jedenfalls jetzt unzulässig oder unbegründet sei. So auch die Rechtsprechung des BVerwG, vgl. die umfänglichen Nachweise bei Becker-Eberhard, FG 50 Jahre BGH (2000) S. 292, Fn. 75; restriktiv auch Jost/Sundermann, ZZP 102 (1992) S. 261.

[1100] BGH NJW 1969, 237; Stein/Jonas/Bork, § 91a Rn 43; MüKo-ZPO/Lindacher, § 91a, Rn 76 m.w.N.; a.A. El-Gayar, S. 127; Jost/Sundermann, ZZP 102 (1992) S. 261 ff.

[1101] Zöller/Vollkommer, § 91a Rn 43.

[1102] So Schwab, ZZP 72 (1959) S. 136.

[1103] So auch die st. Rsp. des BGH, vgl. Becker-Eberhard, FG 50 Jahre BGH (2000) S. 296 m.w.N., Fn. 60.

[1104] Grunsky, Verfahrensrecht, S. 115; El-Gayar, S. 117 ff., 210 ff.

besteht, sondern auch, dass die Klage ursprünglich zulässig und begründet war, sagt dies noch längst nichts über den Untergang der Gegenforderung des Beklagten aus. Es steht mit Erlass des Erledigungsurteils lediglich fest, dass der Klage des Klägers zunächst hätte stattgegeben werden müssen, sie jedoch während des Verfahrens durch den Eintritt *irgend*eines Erledigungsereignisses unbegründet geworden ist[1105]. Von dem Einwand der Gegner eines solch weiten Rechtskraftumfangs, die Voraussetzungen der einseitigen Erledigungserklärung, also die ursprüngliche Zulässigkeit und Begründetheit der Klageforderung, seien bloße Urteilselemente und Vorfragen, die nicht in Rechtskraft erwachsen[1106], ist abzugrenzen, dass auch bei einem weiten Rechtskraftumfang die Urteilselemente, also der Erledigungsgrund an sich, selbst nicht rechtskräftig wird. Maßgeblich bleiben insoweit die Grenzen des § 322 I ZPO. Unter Zugrundelegung der Rechtsprechung des BGH zur Klägeraufrechnung würde die Gegenforderung des Beklagten erneut deswegen nicht von § 322 II ZPO erfasst, weil nicht der Beklagte, sondern der Kläger aufgerechnet hat[1107].

Der Kläger hat also bei einseitiger Erledigungserklärung zumindest im Falle des Eintritts der Aufrechnungslage nach Rechtshängigkeit gegenüber der Klagerücknahme einen Kostenvorteil. Auf der Rechtskraftebene bringt ihm dies jedoch keinen geeigneten Ausgleich für seinen durch nur einseitige Rechtskraft der aufgerechneten Forderungen drohenden Rechtsnachteil.

dd) Klagewiederholung aufgrund neu eingetretener Tatsachen

Die Verneinung der Rechtskraft gegenüber der Gegenforderung des Beklagten würde den selbst aufrechnenden Kläger in seinen Interessen dann nicht übergebührlich beeinträchtigen, wenn er ebenso wie der Beklagte eine zweite Chance hätte, seine Forderung einer gerichtlichen Entscheidung zuzuführen. Von dieser könnte er Gebrauch machen, falls ein zweites Gericht auf eine entsprechende Leistungsklage des ehemaligen Beklagten eine abweichende Entscheidung hinsichtlich des Erlöschens der Gegenforderung fällt.
Aufgrund der Rechtskraft einer gerichtlichen Entscheidung sind die durch sie betroffenen Parteien nicht daran gehindert, in einem späteren Prozess Tatsachen vorzutragen, die erst nach Schluss der letzten mündlichen Tatsachenverhandlung des Vorprozesses eingetreten sind[1108]. Dabei muss es sich um Tatsachen handeln, die nachträglich zu einer Veränderung der rechtskräftig festgestellten Rechtslage geführt haben, was zu beurteilen eine Sache des materiellen Rechts

---

[1105] Vgl. Thomas/Putzo, § 91a Rn 51; El-Gayar, S. 212 f.
[1106] Blomeyer, JuS 1962, S. 214.
[1107] Ebenso Grunsky, LM § 322 Nr. 132 a.E.
[1108] Musielak/Musielak, § 322 Rn 28 ff.

ist[1109]. Die geänderte Rechtslage könnte dann über die Leistungsklage hinaus auch mittels der Vollstreckungsgegenklage, der negativen Feststellungsklage oder einer Bereicherungsklage geltend gemacht werden.

Eine abweichende gerichtliche Zweitentscheidung über eine Vorfrage der Erstentscheidung ist jedoch keine solche neue Tatsache in Hinblick auf eine erneute Geltendmachung desselben Anspruchs aus dem Erstprozess[1110]. Sie hat nach der heute herrschenden prozessualen Rechtskrafttheorie keine rechtsgestaltende Wirkung und kann weder die Entstehung, das Erlöschen oder eine sonstige inhaltliche Änderung der materiellen Rechtslage herbeiführen.

Das bedeutet, dass beide Urteile aufgrund ihrer Rechtskraft verbindlich und zu beachten sind, auch wenn sie inhaltlich widersprechende Feststellungen enthalten[1111]. Eine Klagewiederholung ist ausgeschlossen.

ee) Restitutions-/Wiederaufnahmeklage §§ 578 ff. ZPO

Auch das Instrumentarium der Restitutionsklage kann nicht ausreichen, um Verstöße des Urteils gegen zwingendes materielles Recht rückgängig zu machen. Obgleich ein von der Feststellung der Wirksamkeit der Aufrechnung abweichendes Zweiturteil die Urteilsgrundlagen des Ersturteils in evidenter Weise erschüttern würde, so dass es dem Kläger billigerweise nicht zugemutet werden kann, sich mit der Rechtskraft des ihm ungünstigen Urteils abfinden zu müssen (Restitutionsprinzip)[1112], käme eine Aufhebung des Urteils allein gemäß § 580 Nr. 7a ZPO in Betracht. Dieser Restitutionsgrund betrifft den Fall, dass über eine Klage mit gleichem Streitgegenstand sachlich nochmals entschieden wird oder dass das zweite Urteil sich in Widerspruch zu präjudiziell wirkenden Feststellungen des ersten Urteils setzt[1113]. Wie bereits geprüft, ist in der Konstellation der nicht vollständig rechtskräftigen Klägeraufrechnung durch die erneute Geltendmachung der erloschenen Gegenforderung des Beklagten weder Streitgegenstandsidentität noch Präjudizialität im hier vorausgesetzten Sinne gegeben[1114]. Allein eine abweichende Rechtsauffassung eines anderen Gerichts über ein und dieselbe, aber nicht bindend festgestellte Vorfrage stellt dagegen keinen Wiederaufnahmegrund dar.

1109 Stein/Jonas/Leipold, § 322 Rn 247; BGH NJW 2000, 2022 f.

1110 Missverständlich jedoch BGH NJW 1995, 2993.

1111 Vgl. zum Meinungsstand, welches Urteil im Falle einer solchen Kollision Vorrang haben soll: Lenenbach, „Die Behandlung von Unvereinbarkeiten zwischen rechtskräftigen Zivilurteilen […]", (1997) sowie Reuschle, „Das Nacheinander von Entscheidungen", (1998).

1112 Stein/Jonas/Grunsky, § 580 Rn 1; Gaul, FS Henckel (1995) S. 237; derselbe, Grundlagen des Wiederaufnahmerechts, S. 66 ff.

1113 MüKo-ZPO/Braun, § 580 Rn 40; Stein/Jonas/Grunsky, § 580 Rn 36; Baumbach/Lauterbach/Albers/Hartmann, § 580 Rn 12; Zöller/Greger, § 580 Rn 14.

1114 § 2 D.III.

ff) Einwand des *venire contra factum proprium*

Das Gebot von Treu und Glauben gilt auch im Zivilprozess[1115]. Für die Parteien ergibt sich daraus eine allgemeine Pflicht zur redlichen Prozessführung[1116]. Als eine Unterfallgruppe ist das Verbot des *venire contra factum proprium* von der Generalklausel des § 242 BGB umfasst [1117]. Tatbestandlich setzt es voraus, dass sich der Berechtigte mit seiner Rechtsausübung in Widerspruch zu seinem eigenen Verhalten setzt und dadurch gegen einen von ihm geschaffenen Vertrauenstatbestand verstößt[1118]. Ein solcher Verstoß liegt vor, wenn der Gegner dem früheren Verhalten des Rechtsausübenden vertrauen konnte und sich deshalb auf eine bestimmte Sach- und Rechtslage eingerichtet hat[1119].

Einige versuchen, in der neuen Klage des Beklagten ein *venire contra factum proprium* zu sehen[1120]. Wenn der Beklagte der Aufrechnung des Klägers nicht widersprochen und die Klageabweisung akzeptiert hat, musste er den Eindruck erwecken, der Streit um die aufgerechneten Forderungen sei für ihn endgültig erledigt. Ein Teil der Literatur hält es daher für möglich, die mit dem früheren Parteiverhalten in Widerspruch stehenden Behauptungen in einem zweiten Prozess mit anderem Streitgegenstand als unzulässigen Rechtsmissbrauch zu qualifizieren[1121].

Dem ist jedoch nicht zu folgen. Zum einen ist ein Verstoß gegen Treu und Glauben ausgeschlossen, wenn die sich vermeintlich treuwidrig verhaltende Partei dasselbe Vorbringen widerspruchsfrei und damit konsequent noch einmal geltend machen will. So, wenn der Beklagte bereits im Erstprozess die Aufrechnung des Klägers (ohne Erfolg) bestritten hatte und nunmehr unter Aufrechterhaltung seines damaligen Vortrags seine Gegenforderung erneut zur Disposition stellt. Aber auch wenn der Beklagte sich zum Aufrechnungsvorgang überhaupt nicht äußert, wird man dies als sein gutes prozessuales Rechte unabhängig davon betrachten dürfen, dass er es sich – aus welchem legitimen Grund auch immer - im nächsten Prozess anders überlegt. Treuwidriges Verhalten im Sinne von § 242 BGB setzt ein Mindestmaß an Rechtsmissbrauch voraus. Einen solchen Anstrich wird man dem Verhalten des Beklagten, der sich mit der Aufrechnung des Klägers zufrieden zeigt, aber kaum geben können. Er bezweckt

---

[1115] BGHZ 112, 345, 349; 99, 391, 398; 69, 37, 43; Baumbach/Lauterbach/Albers/Hartmann, Einl. III, Rn 54; Stein/Jonas/Schuhmann, Einl. Rn 242; Zöller/Vollkommer, Einl. Rn 56.
[1116] Zeiss/Schreiber ZPR, Rn 196; Schilken, ZPR, Rn 147; Soergel/Teichmann, § 242, Rn 83 ff. m.w.N.
[1117] Müko-BGB/Roth, § 242 Rn 322 ff., 356a; Zeiss/Schreiber, ZPR, Rn 198; Zeiss, Die arglistige Prozesspartei, S. 100 ff.
[1118] BGHZ 118, 182, 191 f.
[1119] Jauernig/Mansel, § 242 Rn 48 ff.; Palandt/Heinrichs, § 242 Rn 55 f.
[1120] § 1 F.III.3.j.
[1121] Arens/Lüke, Rn 365; Münzberg, ZZP 97 (1984) S. 511, 513 f.

damit im Zweifel nicht mehr als den laufenden Prozess zu beenden. Jede andere Auslegung würde das Verhalten des Beklagten überinterpretieren.

gg) Durchbrechung der Rechtskraft nach § 826 BGB[1122]

Abgesehen von dem gesetzlich geregelten Fall der Wiederaufnahme des Verfahrens kann nach höchstrichterlicher Rechtsprechung der Grundsatz von Treu und Glauben auch der Berufung auf eine rechtskräftige, aber materiell unrichtige Entscheidung entgegenstehen[1123]. Die Rechtskraft muss zurücktreten, wenn es mit dem Gerechtigkeitsgedanken schlechthin unvereinbar wäre, dass der Titelinhaber seine formelle Rechtstellung unter Missachtung der materiellen Rechtslage zu Lasten seines Gegners ausnutzt[1124]. Wäre dies hier der Fall, dann ist es dem Beklagten verwehrt, sich zur Abwehr des vom Kläger erhobenen Anspruchs auf die Rechtskraft des im Vorprozess ergangenen Urteils zu berufen. In dem klassischen Konflikt zwischen Rechtskraft und Einzelfallgerechtigkeit muss eine Durchbrechung der Rechtskraftgrundsätze durch § 826 BGB jedoch auf besonders schwerwiegende, eng begrenzte Ausnahmefälle beschränkt bleiben, weil sonst das Institut der Rechtskraft ausgehöhlt, die Rechtssicherheit beeinträchtigt und der Rechtsfrieden in Frage gestellt würde[1125].

Selbst die objektive Unrichtigkeit des Titels und die - spätestens im Prozess - auch von seinem Inhaber erworbene Kenntnis davon reichen grundsätzlich allein nicht aus, um die Berufung auf ihn sittenwidrig erscheinen zu lassen. Es müssen vielmehr besondere Umstände hinzutreten, aufgrund derer es dem Titelinhaber zugemutet werden muss, die ihm unverdient zugefallene Rechtsposition aufzugeben[1126]. Erforderlich ist daher im Mindesten ein sittenwidrig erschlichenes Leistungsurteil oder ein materiell unrichtiges, aber sittenwidrig ausgenutztes Leistungsurteil[1127]. Die nach diesen Rechtsgrundsätzen erforderlichen Voraussetzungen einer Durchbrechung der Rechtskraft aufgrund Sittenwidrigkeit liegen im Fall der fehlenden Rechtskraft der Klägeraufrechnung nicht vor. Der Umstand, dass bei der Führung des Vorprozesses von beiden Parteien eine unrichtige Tatsachengrundlage angenommen wurde, reicht allein nicht aus, um eine solche Durchbrechung der Rechtskraftgrundsätze nach Deliktsrecht zu rechtfertigen.

[1122] Umfänglich dazu: Prütting/Weth, S. 41 ff.

[1123] BGH NJW 1993, 3205.

[1124] BGH NJW 1993, 3205.

[1125] BGH NJW 1987, 3256 f.; NJW 1988, 971; NJW 1999, 1257 f.; vgl. Gaul, JuS 1962, S. 1 ff.; ders., Rechtskraftdurchbrechung, S. 42; verfassungsrechtliche Bedenken haben u.a. Prütting/Weth, S. 83 ff.

[1126] BGH NJW 1987, 3256; BGH NJW 1993, 3205.

[1127] BGH NJW 1954, 880; NJW 1968, 1275 ff.; NJW 1991, 30; Lukes, ZZP 72 (1959) S. 99 ff.; MüKo-BGB/Wagner, § 826 Rn 13 m.w.N.

c) Berechtigtes Interesse des Klägers an Aufrechnung

Gibt es für den Kläger somit keine reelle Ausweichmöglichkeit, die rechtsfolgenungleichen Auswirkungen seiner Aufrechnung zu kompensieren, ist gegenüber dem Interesse des Beklagten an einer eingeschränkten Rechtskraftwirkung nunmehr nach dem berechtigten Interesse des Klägers an einer rechtsfolgengleichen Aufrechnung zu fragen.
Die Möglichkeit zur Aufrechnung schützt den Kläger einmal vor dem Insolvenzrisiko des Schuldners, darüber hinaus vor dem eigenen Vollstreckungsrisiko. Beides will das materielle Aufrechnungsrecht dem Aufrechnenden abnehmen.

Möglich ist beispielsweise, dass der Beklagte erst im Laufe des Prozesses auch eine Forderung gegen den Kläger, z.B. durch Abtretung, erwirbt, gegen die der Kläger umgehend mit seiner eigenen Klageforderung aufrechnet, weil er entweder die baldige Insolvenz des Beklagten fürchtet und schnell zu einer Befriedigung kommen will oder aber weil er in dem Fall, dass es sich um einen vollstreckungsfähigen Titel handelt, einer Vollstreckung gegen sich selbst entgehen will. In beiden Fällen kann von einer zu mißbilligenden Motivation des Klägers keine Rede sein, er nutzt lediglich die ihm durch das materielle Aufrechnungsrecht gegebenen Vorteile. Auch bietet die Aufrechnung wegen ihrer Rückwirkung einen Vorteil, wenn dem Aufrechnenden gegenüber Zinsansprüche geltend gemacht werden. Die Aufrechnung wirkt zurück auf den Zeitpunkt der Aufrechnungslage, so dass zwischenzeitlich eingetretene Wirkungen ebenfalls rückwirkend entfallen. Ferner ist die Aufrechnung für den Kläger sinnvoll, wenn seine Forderung gegen den Beklagten bereits verjährt ist, sie im Zeitpunkt der ersten Aufrechnungsmöglichkeit aber noch nicht verjährt war (§ 215 BGB). Dass er nicht vorprozessual aufgerechnet hat, ist ihm nicht schlichtweg vorwerfbar. Möglich ist, dass sich beide Parteien über die Existenz ihrer jeweiligen Forderungen nicht sicher waren oder ihre gegenseitige Erfüllung verweigerten. Das Recht auf eine gerichtliche Entscheidung samt der damit einhergehenden individuellen Rechtsklarheit ist nicht ausgeschlossen durch die bloße vorherige Aufrechnungsmöglichkeit. Die eigene Aufrechnung des Klägers und gleichzeitige Befreiung von der eigenen Verbindlichkeit stellt dann die einzige Möglichkeit dar, eine verjährte Forderung noch durchzusetzen.

d) Zufallsabhängigkeit der Ergebnisse

Die Rechtskraft der Entscheidung hängt von einer Reihe weiterer Faktoren ab, die aufgrund ihrer Unbeeinflussbarkeit seitens des Klägers die gegen ihn ergehenden Konsequenzen als rein zufällig und damit willkürlich erscheinen lassen.

Im Beispiel der dargestellten Ausgangsentscheidung des BGH v. 13.1.1984 – V ZR 55/83[1128] hat das Gericht im Rechtsstreit über die Maklerlohnforderung zeitlich vor dem parallel laufenden Prozess über die Vollstreckungsgegenklage unter Berücksichtigung der Aufrechnung in dem noch laufenden Zweitprozess entschieden, obwohl in diesem eine Entscheidung über die Aufrechnung noch ausstand. Da in dem Leistungsklageprozess die Aufrechnung vom Kläger ausging, soll der Entscheidung keine Rechtskraftwirkung analog § 322 II ZPO zukommen. Hätte per Zufall das Gericht im Rechtsstreit um die Vollstreckungsgegenklage und die dort erklärte Aufrechnung des Klägers zeitlich vor dem mit der Leistungsklage befassten Gericht entschieden, würde die Entscheidung nach herrschender Meinung und Rechtsprechung mit Rechtskraft über die aufgerechnete Gegenforderung des Beklagten bestimmen[1129]. Für die nachfolgende Entscheidung über die Maklerlohnforderung wäre diese Ansicht bindend. Weil zufällig der Prozess um die Leistungsklage zuerst entschieden wurde, ist der Kläger mit dem Risiko der Nichtanwendbarkeit des § 322 II ZPO belastet. Der Umfang der Rechtskraft wird damit zur Glückssache.

Eine doppelte Zufallsabhängigkeit ergibt sich dadurch, wenn es keinen vernünftigen Grund dafür gibt, wer von beiden Parteien die außerprozessuale Aufrechnung der Klageforderung ins Spiel bringt. Der Kläger ist einer entsprechenden Erklärung des Beklagten möglicherweise rein zufällig zuvorgekommen. Vorwerfbar ist ihm dies schon aus dem Gesichtspunkt der prozessualen Wahrheitspflicht nicht. Aus eigener Vorteilsnahme hat er ersichtlich auch nicht gehandelt. Warum ihm dann also die Rechtskraft vorenthalten werden soll, bleibt unerklärt.

Darüber hinaus hängt es vom bloßen Zufall ab, wer von den Parteien die Klage erhebt, wenn grundsätzlich beide gleichermaßen zur Leistung verpflichtet sind. Während vor Klageerhebung beide mit gleichen Wirkungen aufrechnen konnten, soll ab Klageerhebung die Aufrechnungsbefugnis aufgehoben bzw. in ihren Wirkungen beschränkt sein.

Auch im Vergleich mit den übrigen Konstellationen der Klägeraufrechnung, beispielsweise der Gegenaufrechnung, ist eine signifikante Zufallsabhängigkeit zu erkennen. Rechnet der Kläger gegen eine vom Beklagten gegen die Klageforderung erhobene Aufrechnung wiederum mit einer dritten, nicht eingeklagten Forderung auf, wird dies entweder von vornherein für unzulässig gehalten oder aber der Erklärung keine Rechtskraft gemäß § 322 II ZPO beigemessen[1130]. Kein Problem würde sich dagegen ergeben, wenn der Beklagte zur Geltendmachung seiner Gegenforderung nicht den Weg der Aufrechnung, sondern den der Widerklage wählt. Auf ein in Erwiderung auf die Widerklage des Beklagten erho-

[1128] NJW 1984, 1356.
[1129] Siehe zur analogen Anwendung des § 322 II ZPO in der Fallgruppe des aufrechnenden Schuldners § 2 C.II.
[1130] § 2 C.IV.

benen Aufrechnungseinwand des Klägers ist § 322 II ZPO direkt anwendbar[1131]. Von welchen objektiv sachlichen Kriterien aber ist es abhängig, für welche Form der Geltendmachung seiner Gegenforderung der Beklagte sich entschließt? Der Kläger hat mit Sicherheit keinen Einfluss auf diese Entscheidung, der Umfang der Rechtskraft seiner Aufrechnung liegt allein in der (zufälligen) Wahl des Verteidigungsmittels des Beklagten.

e) Interesse der Allgemeinheit

Abgesehen von dem deutlichen öffentlichen Interesse an der Erreichung der Prozesszwecke wie der Wahrung des allgemeinen Rechtsfriedens und der Verwirklichung des objektiven Rechts, ist der Grundsatz der Prozessökonomie von zentraler Bedeutung. Dieser tritt nicht nur aufgrund wachsender (Über)Belastung und Inanspruchnahme der Gerichte zunehmend in den Vordergrund[1132], sondern er spielt auch und gerade im Zusammenhang mit der Aufrechnungsproblematik eine besondere Rolle. So hat der Überblick über die Funktionen der Aufrechnung gezeigt, dass das Institut der Aufrechnung schon seiner Natur nach auf ökonomischen und prozessökonomischen Erwägungen beruht. Im Grundsatz beinhaltet der Gedanke der Prozessökonomie eine möglichst schnelle und kostengünstige Durchführung und Entscheidung des einzelnen Prozesses und eine Entlastung der Gerichte im Allgemeinen[1133]. Die weitestgehende Rationalisierung und Vereinfachung des Prozesses zur Vermeidung weiterer Verfahren und zum Schutz der Gerichte vor wiederholter Inanspruchnahme wegen derselben Streitsache entspricht insoweit auch dem Ziel und der Funktion der materiellen Rechtskraft. Die Erhaltung der Funktionsfähigkeit der Gerichte gibt der materiellen Rechtskraft damit auch eine wesentliche prozessökonomische Bedeutung[1134]. Zusammen mit den Zwecken der Aufrechnung ist somit ein wesentliches Augenmerk der Allgemeinheit auf eine schnellstmögliche, effektive, endgültige und umfassende Bereinigung des einmal vor Gericht gebrachten Streitstoffes gerichtet. Die gleichwertige Rechtskraftwirkung der Klägeraufrechnung ist daher auch in Hinblick auf im Allgemeininteresse stehende prozessökonomische Erwägungen vorzugswürdig.

g) Ergebnis

Nach dem Inhalt des Waffengleichheitsgrundsatzes sollen die Parteien ohne Rücksicht auf ihre prozessuale Stellung als Kläger oder Beklagter und ohne Rücksicht auf ihre außerprozessuale Position im Prozess die gleiche Rechtsstel-

---

[1131] § 2 C.I.
[1132] Dazu Freitag, Staatliche Handlungspflichten im Justizbereich, Berlin 2000.
[1133] V. Mettenheim, S. 13.
[1134] El-Gayar, S. 147.

lung haben. Neben der Gleichheit im Prozessrisiko und der damit verbundenen Kosten gehört dazu auch die für beide Parteien gleichermaßen bestehende Verbindlichkeit des Richterspruchs[1135]. Aus diesem geradezu selbstverständlichen Grundsatz folgt aber konsequenterweise, dass die Parteien auch eine gleichwertige Möglichkeit haben müssen, den Umfang der Rechtskraft durch ein und dieselbe Verfahrenshandlung zu beeinflussen. Eine Betrachtung der Interessenlagen der Parteien hat kein schützenswertes überwiegendes Interesse weder auf Seiten des Beklagten noch der Allgemeinheit ergeben, die eine Ungleichbehandlung in der Rechtskraftfrage rechtfertigt. Stattdessen sprechen die Rechtskraftinteressen des Klägers und das öffentliche Interesse an Prozessökonomie für eine umfassende und rechtskräftige Erledigung des Aufrechnungsprozesses.

Die Rechtsprechung des BGH zur Auslegung und Anwendung des § 322 II ZPO im Falle einer vom Kläger ausgehenden Aufrechnung verstößt somit gegen den Grundsatz der Waffengleichheit im Prozess. Sie wird den tatsächlichen Gegebenheiten der durch die §§ 387 ff. BGB festgelegten Gleichheit der Aufrechnungsparteien im Sinne einer gewissen Sachgesetzlichkeit und Folgerichtigkeit nicht gerecht[1136].

[1135] Stein/Jonas/Brehm, Einl. Rn 293.
[1136] Vgl. Sachs/Osterloh, Art. 3 GG Rn 98; v. Münch/Gubelt, Art. 3 GG Rn 30.

§ 3 Zusammenfassung und wesentliche Ergebnisse

Die Arbeit befaßt sich mit den Typen, den Voraussetzungen und insbesondere den Rechtsfolgen der Klägeraufrechnung. Im Mittelpunkt steht die Problematik der Rechtskraftreichweite bei der Aufrechnung des Klägers. Im Kern geht es um die Frage, ob § 322 II ZPO, der unmittelbar nur die Aufrechnung des Beklagten erfaßt, analog auch auf die Klägeraufrechnung anwendbar ist. Dazu ist es erforderlich, die von der ablehnenden Ansicht in Kauf genommenen Defizite herauszuarbeiten und auf der Grundlage der Lehren zur materiellrechtlichen Aufrechnung, zur Prozessaufrechnung und zur Rechtskraftlehre zu einer interessengerechten Lösung zu gelangen.
Nach einer knappen Einleitung (§ 1 A.) behandelt die Arbeit zunächst die theoretisch denkbaren Fallgruppen der Klägeraufrechnung (§ 1 B.). Aufrechnungen des Klägers kommen einmal im Rahmen der negativen Feststellungsklage und der Vollstreckungsgegenklage vor (§ 1 B I). In diesen Konstellationen ist es der (materiellrechtliche) Schuldner einer Forderung, der ausnahmsweise in der Klägerrolle gegen den vermeintlichen Gläubiger prozessual vorgeht. Komplexer sind Klägeraufrechnungen, wenn der Kläger auch die (materiellrechtliche) Gläubigerstelle inne hat (§ 1 B. II.). Dabei ist zu unterscheiden die Aufrechnung mit (einem Teil) der Klageforderung einerseits und die Aufrechnung mit einer anderen, nicht eingeklagten Forderung, die der Kläger gegen den Beklagten innehat, andererseits. Die Klägeraufrechnung ist vor-, inner- und außerprozessual möglich (§ 1 B. II. 1.). Insbesondere bei der vor- und außerprozessualen Aufrechnung kann es jedoch auch der Beklagte sein, der sich im Prozess auf die vom Kläger erklärte Aufrechnung beruft (§ 1 B. II. 2.). Eine besondere Rolle spielt die Gegenaufrechnung (§ 1 B. III.). Darunter versteht man die Aufrechnung des Klägers mit einer ihm zustehenden *nicht eingeklagten* Forderung (im Unterschied zur Klageforderung) gegen die vom Beklagten erklärte Aufrechnung, mit der dieser sich gegen die Klageforderung verteidigt hatte. Die Aufrechnung des widerbeklagten Klägers weist gegenüber der gewöhnlichen Beklagtenaufrechnung keine Besonderheiten auf (§ 1 B. IV.).

In der gerichtlichen Praxis hatte der BGH Klägeraufrechnungen bislang in zwei Konstellationen zu entscheiden (§ 1 C.). Im Kern geht der BGH davon aus, dass eine Anwendung des § 322 II ZPO im Falle der Klägeraufrechnung grundsätzlich ausscheidet. Die aufgerechnete Forderung des Beklagten kann daher von diesem in einem Zweitprozess nochmals zur Entscheidung gestellt werden, obgleich sie nach der Entscheidung des Erstprozesses „verbraucht" und erloschen ist.

Die Klägeraufrechnung ist eingebunden in die allgemeine Lehre der Prozessaufrechnung (§ 1 D.). Im Streit um das Wesen der Prozessaufrechnung hat sich heute die zivilistische Theorie zu Recht durchgesetzt. Diese deutet die Prozessaufrechnung als Doppeltatbestand, nämlich als einerseits Prozesshandlung und andererseits materiellrechtliches Gestaltungsgeschäft. Dem ist auch für die Klägeraufrechnung zu folgen.

Die Frage der Rechtskraftreichweite bei der Klägeraufrechnung stellt sich selbstverständlich nur, wenn die Klägeraufrechnung zulässig und prozessual wirksam ist (§ 1 E.). Die ZPO regelt unmittelbar nur die Aufrechnung des Beklagten. Die Prozessaufrechnung ist auch in der Praxis danach zwar ein typisches prozessuales Verteidigungsmittel des Beklagten; daraus ergibt sich aber kein Hinderungsgrund für die Statthaftigkeit der *Kläger*aufrechnung. Maßgeblich für die Zulässigkeit der Klägeraufrechnung ist allein, ob die *materiellrechtlichen* Voraussetzungen der Aufrechnung nach §§ 387 ff. BGB vorliegen. Auf die prozessuale Parteirolle kommt es nicht an (§ 1 E. I.). Fragen der Sperrwirkung der Rechtshängigkeit spielen bei der Klägeraufrechnung keine Rolle. Ebensowenig wie bei der herkömmlichen Beklagtenaufrechnung die zur Aufrechnung gestellte Gegenforderung rechtshängig wird, scheitert die Klägeraufrechnung nicht an der Rechtshängigkeit der aufgerechneten Forderung (§ 1 E. II.). Die Aufrechnungsbefugnis richtet sich in diesen Fällen allein nach materiellem Recht. Der Gefahr widersprechender Entscheidungen über die Forderungen muss anderweitig begegnet werden. In der Klägeraufrechnung liegt keine Klageänderung; die Klägeraufrechnung ist daher nicht den §§ 263 ff. ZPO unterworfen (§ 1 E. III.). Die Möglichkeit bzw. der Vollzug der Klägeraufrechnung läßt das Rechtsschutzbedürfnis für eine anderweitige Geltendmachung der aufgerechneten Forderung nicht entfallen (§ 1 E. IV.). Damit scheiden sämtliche Ansätze aus, der Gefahr widersprechender Entscheidungen bereits auf der Ebene der Statthaftigkeit der Klägeraufrechnung zu begegnen. Gründe, die Klägeraufrechnung als unzulässig anzusehen, sind nicht ersichtlich.

Ist danach die Klägeraufrechnung durchweg zulässig, stellt sich häufig die materiellrechtliche Frage, welche beiden Forderungen von der Tilgungswirkung der Aufrechnung betroffen werden, wenn sich zwischen Kläger und Beklagtem mehr als zwei Forderungen aufrechenbar gegenüber stehen (§ 1 E. V.). Im Mittelpunkt steht die Problematik, ob der Aufrechnende selbst wirksam die beiden zu tilgenden Forderungen bestimmen kann oder ob nicht vielmehr der Aufrechnungsgegner die Befugnis hat, die infolge der Aufrechnung zu erlöschenden Forderungen auszuwählen. Das § 396 I 1 BGB zugrunde liegende Bestimmungsrecht des Aufrechnenden, das im Ergebnis zu einer Art Prioritätsprinzip führen würde, wird durch § 396 I 2 BGB erheblich modifiziert. Danach hat der Aufrechnungsgegner insbesondere die Möglichkeit, durch einen unverzüglichen Widerspruch die Tilgungsreihenfolge des § 366 II BGB „in Kraft zu setzen“ (§ 1 E. V. 1.). Besondere Bedeutung erlangt dabei die Widerspruchsmöglichkeit im

Falle der Gegenaufrechnung des Klägers (§ 1 E. V. 2.). Diese Grundsätze finden auch bei der Teilklage Anwendung. Als Folge der Teilklage entstehen zwei selbständige Forderungsteile, auf die die §§ 396 I 2, 366 II BGB ebenfalls Anwendung finden (§ 1 E. V. 3.).

Vielfach diskutiert wird die Frage der Auswirkungen der prozessual irrelevanten Aufrechnungserklärung auf die materielle Tilgungswirkung (§ 1 F.). Ausgangspunkt ist die bekannte Problematik, wonach eine im Prozess (beispielsweise wegen § 296 ZPO) nicht berücksichtigte Beklagtenaufrechnung die Forderungen zwar zum Erlöschen bringt, der Beklagte aber davon im Prozess keinen Vorteil hat, denn der Klage wird wegen Unbeachtlichkeit der Aufrechnung stattgegeben (§ 1 F. I.). Dieselbe Problematik der Nichtbeachtung einer materiellrechtlichen Gestaltungserklärung im Prozess stellt sich auch bei der Klägeraufrechnung (§ 1 F. II.). Insoweit haben Literatur und Rechtsprechung eine Vielzahl scharfsinniger Lösungsvorschläge entwickelt, die es aufgrund der gleichgelagerten Struktur bei der Klägeraufrechnung darzustellen galt (§ 1 F. III.). Eine Übertragung der Lösungsansätze auf die Klägeraufrechnungsproblematik wird gleichwohl bewußt nicht verfolgt. Sie haben sich durchweg als nicht vollauf haltbar erwiesen, sieht man einmal von der von *Häsemeyer* entwickelten und hier favorisierten Lösung ab, wonach ein zwingender Zusammenhang zwischen der Durchsetzungs- und Befriedigungsfunktion der Aufrechnung gewahrt werden sollte. Dieser Grundgedanke ist ein zusätzliches Element, das im Folgenden den Analogieschluss zu § 322 II ZPO legitimiert.

Der zweite Teil der Arbeit (§ 2) befaßt sich mit den Rechtsfolgen der Klägeraufrechnung. Ganz im Mittelpunkt steht dabei die Frage der Rechtskraftreichweite eines Urteils, das über die Klägeraufrechnung entschieden hat. Einleitend waren die Bestimmungen der ZPO über die objektiven Grenzen der Rechtskraft darzustellen (§ 2 A.). Wesentlich ist dabei, dass § 322 I ZPO die Rechtskraft auf den „Anspruch" beschränkt, über den entschieden wurde. Entscheidungen über Tatsachen, präjudizielle Rechtsverhältnisse sowie Einwendungen und Einreden sind nicht bindend. Mangels Rechtskraft der Entscheidungsgründe und präjudizieller Rechtsverhältnisse stellt sich überhaupt erst die Problematik, dass die Forderung, gegen die der Kläger bereits einmal aufgerechnet hat, vom Beklagten in einem weiteren Prozess nochmals eingeklagt werden kann. Der knappe historische Abriß belegt (§ 2 A. I. 2.), dass die für die enge Rechtskraftlösung sprechenden Argumente – Schutz der Parteien vor Überraschungen und Unberechenbarkeiten sowie die Gefahr der Perpetuierung falscher Urteile – bis heute die Diskussion bestimmen.

Der moderne Streitgegenstandsbegriff setzt sich zusammen aus Antrag und Lebenssachverhalt. Eine Lösung der Problematik der Rechtskraftreichweite bei der

Klägeraufrechnung auf der Grundlage einer Erstreckung des prozessualen Anspruchs im Rahmen des Lebenssachverhalts auf die Klägeraufrechnung (§ 2 A. I. 3.) bzw. die Aufnahme der Entscheidung über die Klägeraufrechnung in die Urteilsformel (§ 2 A I. 4.) sind zwar denkbare Ansätze, zwingen jedoch zu einer Modifikation des Streitgegenstandsbegriffs, der nicht Gegenstand der Arbeit ist.

Die Untersuchung des § 322 II ZPO führt zu dem Ergebnis, dass weder aus historischen noch aus teleologischen Gesichtspunkten eine Fixierung im Wortlaut auf den Beklagten geboten ist (§ 2 A. II.). In den Materialien zur ZPO-Novelle 1898 findet sich keine positive Begründung für die Beschränkung auf die Beklagtenaufrechnung. Wohl hat man sich noch von der Natur der Aufrechnung als prozessuale Einrede leiten lassen, die allerdings nicht mehr mit der damals neuen Aufrechnungskonzeption des BGB übereinstimmte.

Die rechtsvergleichenden Überlegungen zeigen, dass einige andere Rechtsordnungen die Schranken der Rechtskraft weniger eng ziehen. Bemerkenswert erscheint insbesondere die Entwicklung in Japan, die trotz einer grundsätzlich gleichlautenden Ausgangsnorm wie § 322 II ZPO zu einem weiteren Rechtskraftverständnis gelangt ist. Diese Gesichtspunkte binden natürlich bei der Auslegung der ZPO nicht; gleichwohl liegen darin wichtige Hinweise für alternative Lösungskonzepte sowie eine zukünftige Harmonisierung des Prozessrechts auf europäischer Ebene (§ 2 B. I-III.). Die Kernpunktetheorie des EuGH ist im Ausgangspunkt geeignet, auch im Falle der Klägeraufrechnung widersprechende Urteile zu vermeiden (§ 2 B. IV.).

Der folgende Abschnitt (§ 2 C.) greift die von der Rechtsprechung entschiedenen Fälle der Klägeraufrechnung auf (dazu bereits unter § 1 C.) und untersucht die jeweilige Argumentation vor dem Hintergrund des § 322 ZPO. Für die negative Feststellungsklage und die Vollstreckungsgegenklage ist heute allgemein anerkannt, dass die Entscheidung über die vom Kläger zur Aufrechnung gestellte Gegenforderung analog § 322 II ZPO in Rechtskraft erwächst (§ 2 C. II.). Dabei löst sich die Rechtsprechung vom Wortlaut des § 322 II ZPO, der nur von der Beklagtenaufrechnung spricht. Maßgeblich sei nicht die formale Parteistellung. Für die Rechtskraftbindung an die Entscheidung über das Nicht(mehr)bestehen der Kläger-/Schuldnerforderung spreche die materielle Eigenart der Aufrechnung, die sich untrennbar auf zwei Forderungen auswirke. Dieses Argument wird aber gerade nicht auf die übrigen Konstellationen der Klägeraufrechnung bezogen (§ 2 C. III.). Insoweit stellt die Rechtsprechung maßgeblich auf den Wortlaut des § 322 II ZPO und der §§ 145 III, 302 I, 530 (a.F.) ZPO ab, die allesamt allein die Beklagtenaufrechnung erwähnen. Mit dem neuen § 533 ZPO hat der Reformgesetzgeber des Jahres 2001 jedoch an diesem Konzept nicht weiter festgehalten.

Demgegenüber werden in dieser Arbeit folgende Lösungswege beschritten (§ 2 C.):

Bei der Auslegung und Anwendung des § 322 II ZPO ist der wesentliche Unterschied zwischen Erklärung und Geltendmachung der Aufrechnung, der auch der Rechtsnatur der Prozessaufrechnung und ihrem Verständnis als Doppeltatbestand zugrunde liegt, zu berücksichtigen. Im Falle der vor- bzw. außerprozessual erklärten Aufrechnung des Klägers mit seiner eigenen Klageforderung kommt es hinsichtlich der Rechskraftfrage daher maßgeblich darauf an, von welcher der beiden Prozessparteien die erklärte Aufrechnung in den Prozess eingeführt und somit im Sinne des § 322 II ZPO „geltend gemacht" wird. Insofern bedarfes keiner Erweiterung dieser Bestimmung (§ 2 C. III. 1. c.).

Hat der Kläger neben der Klageforderung eine oder mehrere weitere Forderungen gegen den Beklagten, bezieht sich die Beklagtenaufrechnung nach §§ 396 I 2, 366 II BGB regelmäßig nicht auf die Klageforderung, wenn der Kläger rechtzeitig widerspricht, sondern auf eine nicht eingeklagte Forderung des Klägers. Da unter dieser Voraussetzung die Klageforderung von der Aufrechnung nicht berührt wird und das Erlöschen der Gegenforderung für den Prozess irrelevant ist, muss im Rahmen der Entscheidung über die Klage nicht auf die Gegenforderung eingegangen werden; § 322 II ZPO kommt insofern nicht zur Anwendung. Dann aber besteht auch kein Grund, die Rechtskraft auf die infolge der Aufrechnung erloschene Forderung des Klägers (die nicht Streitgegenstand ist) zu beziehen. Beide Parteien können die entsprechenden aufgerechneten Forderungen selbständig geltend machen. Wurde nicht rechtzeitig widersprochen, liegt hingegen eine Analogie zu § 322 II ZPO nahe, ebenso in den sonstigen Fällen der Klägeraufrechnung, die ohne eine Erweiterung des § 322 II ZPO nicht auskommen.

Theoretisch ist es denkbar, die im Falle der Klägeraufrechnung erforderliche Rechtskrafterstreckung im Rahmen des § 322 I ZPO zu erreichen. Die allgemein zur Erweiterung des § 322 I ZPO entwickelten Denkansätze (Schutz materieller Sinnzusammen- bzw. Ausgleichzusammenhänge, Erweiterung des Gedankens der Präjudizialität und der Kontradiktion, Abstellen auf den identischen wirtschaftlichen Wert) lassen wesentliche Wertungsgesichtspunkt hervortreten, die auch für eine Rechtskrafterweiterung im Falle der Klägeraufrechnung sprechen würden. Die herrschende Meinung wollte diesen Konzepten unter Hinweis auf die Aspekte „Überraschungsgefahr" und „Perpetuierung falscher Urteile" nicht folgen. Für die Klägeraufrechnung sind diese Einwände jedoch gerade nicht einschlägig.

Methodisch der Analogie vorgelagert ist die Auslegung, die im Falle des § 322 II ZPO jedoch an dem insoweit klaren Wortlaut der Norm („des Beklagten“) scheitert, wenn der *Kläger* die von ihm erklärte Aufrechnung auch selbst im Prozess geltend macht (§ 2 E. I.). Es besteht vielmehr eine Regelungslücke (§ 2 E. II.), die durch eine analoge Anwendung des § 322 II ZPO zu schließen ist. Tragende Grundlage des Analogieschlusses ist die Zwecksetzung des Zivilprozesses, welcher in erster Linie der Durchsetzung subjektiver privater Rechte zu dienen bestimmt ist. Daneben soll sich das objektive Recht bewähren sowie Rechtsgewißheit und -frieden geschaffen werden (§ 2 E. III.). Sämtliche Aspekte werden verfehlt, wenn der Beklagte eine infolge der Klägeraufrechnung materiellrechtlich erloschene Forderung in einem Folgeprozess nochmals geltend machen kann, obgleich er auf ihrer Grundlage bereits den Erstprozess gewinnen konnte. Eine solche Lösung widerspricht zudem der „dienenden Funktion“ des Prozesses. Das Prozessrecht darf keine eigenen Wertungen an die Stelle materieller Vorgaben setzen. Daraus folgt, dass die materielle Struktur der Aufrechnung, die durch das Erlöschen beider Forderungen geprägt wird, auch prozessual wirksam werden muss (§ 2 E. IV. 3.). Für die Klägeraufrechnung bedeutet dies, dass die materiellen Regeln der §§ 387 ff. BGB die Rechtskraftreichweite vorzeichnen (§ 2 E. IV. 4.). Eine Rechtskrafterstreckung steht in Einklang mit der Aufgabe der Rechtskraft, Rechtssicherheit und Rechtsklarheit zu schaffen. Es gilt der Grundsatz der Einmaligkeit der gerichtlichen Feststellung. Sowohl die parteibezogenen als auch öffentlichen Zwecke der Rechtskraft (§ 2 E. VI.) sowie die Funktionen der Aufrechnung (§ 2 E. VII.) sprechen für die Analogie. In die gleiche Richtung weist der Grundsatz der prozessualen Waffengleichheit, der es verbietet, einer Prozesspartei eine doppelte Chance zu geben, wie es bei der Klägeraufrechnung der Fall ist, wenn der Beklagte die Forderung, über deren Bestand das Gericht bereits entschieden hat, erneut zur Entscheidung stellen kann. Für eine solche doppelte Chance des Beklagten bei der Klägeraufrechnung bestehen keine legitimen Gründe (§ 2 E. VIII. 5.). Die Analogie zu § 322 II ZPO vermeidet schließlich insbesondere die von der Rechtsprechung mit der Ablehnung einer Rechtskrafterstreckung in Kauf genommenen Zufallsabhängigkeit der Ergebnisse (§ 2 E. VIII. 6. d.).

Literaturverzeichnis

Alexy, Robert, Theorie der juristischen Argumentation, 3. Aufl., Frankfurt/M. 1996

- ***derselbe,*** Theorie der Grundrechte, 3. Aufl., Frankfurt/M. 1996

Alternativkommentar ZPO, Kommentar zur Zivilprozessordnung, Hrsg.: Rudolf Wassermann, Neuwied, Darmstadt 1987
zit.: AK-ZPO/Bearbeiter

Altmeppen, Holger, Klageänderungen in der Rechtsmittelinstanz, ZIP 1992, S. 449 ff.

Arens, Peter, Willensmängel bei Parteihandlungen im Zivilprozeß, Bad Homburg v.d.H., Berlin, Zürich 1968
zit.: Arens, Willensmängel

- ***derselbe,*** Prozeßrecht und materielles Recht, AcP 173 (1973), S. 263 ff.

- ***derselbe,*** Überlegungen zum Geltungsgrund der materiellen Rechtskraft, Recht in Ost und West, Festschrift zum 30-jährigen Jubiläum des Instituts für Rechtsvergleichung der Waseda Universität, Tokyo 1988, S. 689 ff.

Arens, Peter/Lüke, Wolfgang, Zivilprozessrecht, 8. Aufl., München 2003
zit.: Arens/Lüke, ZPR

Asper, Rolf- Dieter, Die Aufrechnung im Zivilprozeß, Diss., Köln 1970

Baumbach, Adolf/Lauterbach, Wolfgang/Albers, Jan/Hartmann, Peter, Zivilprozessordnung, 63. Aufl., München 2005

Bader, Hans, Zur Tragweite der Entscheidung über die Art des Anspruchs bei Verurteilungen im Zivilprozess, Berlin 1966

Bajons, Ena-Marlies, Die Übereinkommen von Brüssel und Lugano, Baden 1997

Batsch, Karlludwig, Zur materiellen Rechtskraft bei Teilklagen und Repräsentationswirkung des Klageantrags, ZZP 86 (1973), S. 254 ff.

Batschari, Alexander/Durst, Matthias, Wirkung des Synallagmas auf die materielle Rechtskraft?, NJW 1995, S. 1650 ff.

Baumgärtel, Gottfried, Wesen und Begriff der Prozesshandlung einer Partei im Zivilprozeß, Berlin, Frankfurt/M. 1957

- ***derselbe,*** Der Zivilprozeßrechtsfall, JuS 1966, S.187 ff.

- ***derselbe,*** Treu und Glauben im Zivilprozeß, ZZP 86 (1973), S. 353 ff.

- ***derselbe,*** Neue Tendenzen der Prozeßhandlungslehre, ZZP 87 (1974), S.121 ff.

- ***derselbe,*** Ausprägung der prozessualen Grundprinzipien der Waffengleichheit und fairen Prozeßführung im zivilprozessualen Beweisrecht, Festschrift für Franz Matscher zum 65. Geburtstag, Hrsg.: Oskar J. Ballon, Johann J. Hagen, Wien 1993

Bamberger, Heinz Georg/Roth, Herbert, Kommentar zum Bürgerlichen Gesetzbuch, München 2004

Becker, Michael, Gestaltungsrecht und Gestaltungsgrund, AcP 188 (1988), S. 24 ff.

Becker-Eberhard, Ekkehard, Grundlagen und Grenzen des Verhandlungsgrundsatzes, in: Zivilprozessrecht im Lichte der Maximen, Hrsg.: Yildirim, M. Kamil, Istanbul 2001, S. 15 ff.

- ***derselbe,*** Die Entwicklung der höchstrichterlichen Rechtsprechung zur Erledigung der Hauptsache im Zivilprozess, in: 50 Jahre Bundesgerichtshof, Festgabe aus der Wissenschaft, Band III, Hrsg. Schmidt, Karsten, München 2000, S. 273 ff.

Bendix, Der civilrechtliche Inhalt des 65. und 66. Buches der Reichsgerichtsentscheidungen, SeuffBl 73 (1908) S. 444 ff.

Berger, Christian, Die subjektiven Grenzen der Rechtskraft bei der Prozeßstandschaft, Köln u.a. 1992

Berger, Klaus Peter, Der Aufrechnungsvertrag, Tübingen 1996

Bettermann, Berthold, Anmerkung zum Urteil des BGH v. 11.11.1971 VII ZR 57/70, ZZP 85 (1972), S. 486 ff.

Bettermann, Karl August, Rechtshängigkeit und Rechtsschutzform, Frankfurt/M. u.a. 1949

Beys, Kostas E, Zum Problem des Streitgegenstandes im Zivilprozeß und den (gegebenenfalls national) zu ziehenden Folgerungen, insbesondere für die Rechtskraft, ZZP 105 (1992), S. 145 ff.

- ***derselbe,*** Zur Unterscheidung zwischen materiellem Recht und Prozeßrecht im Bereich der Abgrenzung der Revisions- bzw. Kassationsgründe, Festschrift für Wolfram Henckel zum 70. Geburtstag, Hrsg.: Walter Gerhardt, Bruno Rimmelspacher, Uwe Diederichsen, Jürgen Costede, Berlin, New York 1995, S. 1 ff.

Blomeyer, Arwed, Zivilprozeßrecht, 2. Aufl., Berlin 1985, zit.: Blomeyer, ZPR

- ***derselbe,*** Grundprobleme der Erledigung der Hauptsache, JuS 1962, S. 212 ff.
- ***derselbe,*** Rechtskraft und Gestaltungswirkung, AcP 165 (1965), S. 481 ff.
- ***derselbe,*** Außerprozessuale Aufrechnung und Prozeßaufrechnung, ZZP 88 (1975), S. 439 ff.
- ***derselbe,*** Zum Urteilsgegenstand im Leistungsprozeß, Festschrift für Friedrich Lent zum 75. Geburtstag, Hrsg.: Leo Rosenberg, Karl Heinz Schwab, München Berlin 1957, S. 43 ff.

Blomeyer, Jürgen, Rechtskraft und Rechtsmittel bei Klagabweisung, NJW 1969, S. 587 ff.

Blüggel, Jens, Unvereinbarerklärung statt Normkassation durch das Bundesverfassungsgericht, Berlin 1998

Böhm, Peter, Die Ausrichtung des Streitgegenstandes am Rechtsschutzziel, Festschrift für Winfried Kralik zum 65. Geburtstag, Hrsg.: Walter H. Rechberger, Rudolf Welser, Wien 1986, S. 83 ff.

Bötticher, Eduard, Kritische Beiträge zur Lehre von der materiellen Rechtskraft im Zivilprozeß, Berlin 1930

zit.: Bötticher, Kritische Beiträge
- ***derselbe,*** Die Gleichheit vor dem Richter, Hamburger Universitätsreden, 2. Aufl., Hamburg 1961
zit.: Bötticher, Gleichheit
- ***derselbe,*** Umfang der Rechtskraft eines Urteils über den Anspruch auf Herausgabe des aus einer Geschäftsbesorgung Erlangten durch Einräumung des Miteigentums zu einer bestimmten Quote, MDR 1962, S. 723 ff.
- ***derselbe,*** Besinnung auf das Gestaltungsrecht und das Gestaltungsklagerecht, Festschrift für Hans Dölle, Band I, Hrsg.: Ernst von Caemmerer, Arthur Nikisch, Konrad Zweigert, Tübingen 1963, S. 41 ff.
- ***derselbe,*** Gestaltungsrecht und Unterwerfung im Privatrecht, Berlin 1964
zit.: Bötticher, Gestaltungsrecht
- ***derselbe,*** Die Selbstexecution im Wege der Aufrechnung und die Sicherungsfunktion des Aufrechnungsrechts, Festschrift für Hans Schima zum 75. Geburtstag, Hrsg.: Hans W. Fasching, Winfried Kralik, Wien 1969, 95 ff.
- ***derselbe,*** Prozeßrecht und Materielles Recht, ZZP 85 (1972), S. 1 ff.
- ***derselbe***, Gleichbehandlung und Waffengleichheit, Heidelberg, Hamburg, Karlsruhe 1979
zit.: Bötticher, Gleichbehandlung
Braun, Johann, Die Aufrechnung des Klägers im Prozeß, ZZP 89 (1976), S. 93 ff.
Brehm, Wolfgang, Rechtsfortbildungszweck des Zivilprozesses, Festschrift für Ekkehard Schumann zum 70. Geburtstag, Hrsg.: Peter Gottwald, Herbert Roth, Tübingen 2001, S. 57 ff.
Breit, James, Mehrheit kompensabeler Forderungen, SächsArch Bd. 10 (1900), S. 121 ff.
Brox, Hans, Die objektiven Grenzen der materiellen Rechtskraft im Zivilprozeß, JuS 1962, S. 121 ff.
Brox, Hans/Walker, Wolf-Dietrich, Zwangsvollstreckungsrecht, 7. Aufl., Köln, Berlin, Bonn, München 2003
Brückner, Gabriele Nicole, Rechtsvergleichende Bemerkungen zum Urteil des *Saikô Saibansho, Minshû* B. 52 (3) 930, J. Westhoff/G. Lennartz (Hrsg.), Ach, so ist das! Liber Amicorum für Professor Toichiro Kigawa zum 80. Geburtstag, Hamburg 2005, S. 27 ff.
Bruns, Rudolf, Zivilprozeßrecht, 2. Aufl., München 1979
Bruns, Rudolf/Peters, Egbert, Zwangsvollstreckungsrecht, 3. Aufl., München 1987
Buchwald, Delf, Objektive Bindungswirkung, Materielle Rechtskraft, Richterrecht, Aachen 1997
Bülow, Oskar, Die Lehre von den Prozeßeinreden und die Prozeßvoraussetzungen, Neudruck der Ausgabe Giessen 1868, Aalen 1969
- ***derselbe,*** Die neue Prozeßrechtswissenschaft und das System des Civilprozeßrechts, ZZP 27 (1900) S. 201 ff.

Bürgers, Tobias, Rechtskrafterstreckung und materielle Abhängigkeit, München 1993

Bunge, Jürgen, Institutionen des englischen Zivilprozeßrechts, ZZP 92 (1979), S. 351 ff.

- ***derselbe,*** Zivilprozess und Zwangsvollstreckung in England und Schottland, 2. Aufl., Berlin 2005

Bunsen, Friedrich, Prozeßrechtsgeschäfte, ZZP 35 (1906), S. 401 ff.

Buß, Thomas, Prozesßaufrechnung und materielles Recht, JuS 1994, S. 147 ff.

Bydlinski, Franz, Juristische Methodenlehre und Rechtsbegriff, 2. Aufl., Wien, New York 1991

Caemmerer, Ernst von, Bereicherung und unerlaubte Handlung, Festschrift für Ernst Rabel, Band I, Hrsg.: Hans Dölle, Max Rheinstein, Konrad Zweigert, Tübingen 1954, S. 333 ff.

Canaris, Claus Wilhelm, Die Feststellung von Lücken im Gesetz, 2. Aufl., Berlin 1983

- ***derselbe***, Gesamtunwirksamkeit und Teilgültigkeit rechtsgeschäftlicher Regelungen, Festschrift für Ernst Steindorff zum 70. Geburtstag, Hrsg.: Jürgen F. Baur, Klaus J. Hopt, K. Peter Mailänder, Berlin, New York 1990, S. 519 ff.

Coester-Waltjen, Dagmar, Die Aufrechnung im internationalen Zivilprozeßrecht, Festschrift für Gerhard Lüke zum 70. Geburtstag, Hrsg.: Hanns Prütting, Helmut Rüssmann, München 1997, S. 35 ff.

- ***dieselbe,*** Die Aufrechnung im Prozeß, Jura 1990, S. 27 ff.

Cohn, Ernst J., Die materielle Rechtskraft im Englischen Recht, Festschrift für Hans Carl Nipperdey zum 70. Geburtstag, Band I, Hrsg.: Rolf Dietz, Heinz Hübner, München, Berlin 1965, S. 875 ff.

Costede, Jürgen, Studien zum Gerichtsschutz, Bern 1977

Cross, Rupert/Tapper, Colin, Evidence, 10th ed., London Butterworth 2003

Deichmann, Zur Lehre von der Kompensation bei einer Mehrheit von Forderungen,
Gruchots Beiträge zur Erläuterung des Deutschen Rechts, Bd. 42 (1898), S. 257 ff.

Deppert, Katharina, Probleme der Prozeßaufrechnung, Diss., Berlin 1971

Dernburg, Heinrich, Geschichte und Theorie der Kompensation, 2. Auflage, Aalen 1965 (Neudruck der Ausgabe Heidelberg 1868)

Dickhuth-Harrach, Hans-Jürgen von, Gerechtigkeit statt Formalismus, Köln u.a. 1986

Diederichsen, Uwe, Das Bundesverfassungsgericht als oberstes Zivilgericht-ein Lehrstück der juristischen Methodenlehre, AcP 198 (1998), S. 171 ff.

Dietrich, Peter, Die Aufrechnungslage, AcP 170 (1970), S. 534 ff.

- ***derselbe***, Zur materiellen Rechtskraft eines klagabweisenden Urteils, ZZP 83 (1970), S. 201 ff.

Doderer, Hans- Joachim, Auswirkungen materieller Rechtskraft auf Einwendungen und Einreden, NJW 1991, S. 878 ff.

Dreier, Horst, Grundgesetz Kommentar, Band 1, 2. Aufl., Tübingen 2004
zit.: Dreier/Bearbeiter
Egert, Hans, Die Rechtsbedingung, Berlin 1974
Ehmann, Horst, Anmerkung zum Urteil des BGH v. 19. 1. 1973- V ZR 24/71, NJW 1973, S. 1035 ff.
Eisele, Fridolin, Die Compensation nach Römischem und Gemeinem Recht, Berlin 1876
El-Gayar, Michael, Die einseitige Erledigungserklärung des Klägers im Zivil- Arbeits- und Verwaltungsprozeß, Köln, Berlin, Bonn, München 1998
Engelmann-Pilger, Albrecht, Die Grenzen der Rechtskraft des Zivilurteils im Recht der Vereinigten Staaten, Diss., Berlin 1974
Engisch, Karl, Einführung in das juristische Denken, 9. Aufl., Stuttgart 1997
Engisch, Karl, Die Einheit der Rechtsordnung, Darmstadt 1987 (Nachdruck der Ausgabe Heidelberg 1935)
Enneccerus, Ludwig/Lehmann, Heinrich, Lehrbuch des Bürgerlichen Rechts, Band 2: Recht der Schuldverhältnisse, 15. Aufl., Tübingen 1958
Enneccerus, Ludwig/Nipperdey, Hans C., Lehrbuch des Bürgerlichen Rechts, Bd. I 1, 15. Aufl., Tübingen 1959
Erman, Walter, Handkommentar zum Bürgerlichen Gesetzbuch, Band I, 11. Aufl., München 1993
zit.: Erman/Bearbeiter
Ernst, Wolfgang, Gestaltungsrechte im Vollstreckungsverfahren, NJW 1986, S. 401 ff.
Esser, Josef/Weyers, Hans-Leo, Schuldrecht, Band II, Besonderer Teil, 8. Aufl., Heidelberg 2000
Feldmann, Börries von, Die Aufrechnung – ein Überblick, JuS 1983, S. 357 ff.
Fenge, Hilmar, Über die Autorität des Richterspruchs, Festschrift für Rudolf Wassermann zum 60. Geburtstag, Hrsg.: Christian Broda, Erwin Deutsch, Hans-Ludwig Schreiber, Hans-Jochen Vogel, Neuwied, Darmstadt 1985, S. 659 ff.
Fikentscher, Wolfgang, Schuldrecht, 9. Aufl., Berlin, New York 1997
Fischer, Gerfried, Objektive Grenzen der Rechtskraft im internationalen Zivilprozeßrecht, Festschrift für Wolfram Henckel zum 70. Geburtstag, Hrsg.: Walter Gerhardt, Bruno Rimmelspacher, Uwe Diederichsen, Jürgen Costede, Berlin, New York 1995, S. 199 ff.
Foerste, Ulrich, Lücken der Rechtskraft zivilgerichtlicher Entscheidungen über Aufrechnung, NJW 1993, S. 1183 f.
- derselbe, Zur Rechtskraft in Ausgleichszusammenhängen, ZZP 108 (1995), S. 167 ff.
Freitag, Jan, Staatliche Handlungspflichten im Justizbereich- Eine Arbeit über die Überlastung der bundesdeutschen Justiz in den 90er Jahren-, Berlin 2000
Furtner, Georg, Die Erledigung der Hauptsache im ersten Rechtszug, JR 1961, S. 249 ff.

Gaude, Christa, Die verdeckte richterliche Gestaltung insbesondere bei Wandlung und Prozeßaufrechnung", Diss., Kiel 1954

Gaul, Hans Friedhelm, Die Grundlagen des Wiederaufnahmerechts und die Ausdehnung der Wiederaufnahmegründe, Bielefeld, 1956

- ***derselbe***, Zur Frage nach dem Zweck des Zivilprozesses, AcP 168 (1968), S. 27 ff.

- ***derselbe***, Negative Rechtskraftwirkung und konkursmäßige Zweittitulierung, Festschrift für Friedrich Weber zum 70. Geburtstag, Hrsg.: Erhard Bökelmann, Wolfram Henckel, Günther Jahr, Berlin, New York 1975, S. 155 ff.

- ***derselbe***, Die Entwicklung der Rechtskraftlehre seit Savigny und der heutige Stand, Festschrift für Werner Flume zum 70. Geburtstag, Hrsg.: Horst Heinrich Jakobs, Köln 1978, S. 433 ff.

- ***derselbe,*** Möglichkeiten und Grenzen der Rechtskraftdurchbrechung unter Berücksichtigung neuerer Tendenzen im deutschen Zivilprozeßrecht", Athen 1986

- ***derselbe,*** Rechtskraft und Verwirkung, Festschrift für Wolfram Henckel zum 70. Geburtstag, Hrsg.: Walter Gerhardt, Bruno Rimmelspacher, Uwe Diederichsen, Jürgen Costede Berlin, New York 1995, S. 235 ff.

- ***derselbe,*** Die Ausübung privater Gestaltungsrechte nach rechtskräftigem Verfahrensabschluss, Gedenkschrift für Brigitte Knobbe-Keuk, Hrsg.: Werner Flume, Wolfgang Schön, Köln, 1997

- ***derselbe,*** Der Zweck des Zivilprozesses- ein anhaltend aktuelles Thema, Zivilprozess im Lichte der Maximen, Hrsg.: Yildirim, M. Kamil, Istanbul 2001, S. 68 ff.

Geib, Otto, Die Compensation mit rechtshängigen Forderungen, AcP 85 (1896), S. 161 ff.

- ***derselbe,*** Theorie der gerichtlichen Compensation, Tübingen 1897

Geißler, Markus, Die Vollstreckungsklagen im Rechtsbehelfssystem der Zwangsvollstreckung, NJW 1985, S. 1865 ff.

Gernhuber, Joachim, Handbuch des Schuldrechts, Band 3, „Die Erfüllung und ihre Surrogate", 2. Aufl., Tübingen 1994

Gilles, Peter, Vollstreckungsgegenklage, sog. vollstreckbarer Anspruch und Einwendungen gegen die Zwangsvollstreckung im Zwielicht prozessualer und zivilistischer Prozeßbetrachtung, ZZP 83 (1970), S. 61 ff.

Goldmann, Eduard/Lilienthal, Leo, Das Bürgerliche Gesetzbuch systematisch dargestellt, Band 1, 2. Aufl., Berlin 1903

Goldschmidt, James, Der Widerspruch gegen die Aufrechnungserklärung (Anrechnungsbestimmung) im preußischen Allgemeinen Landrecht und Bürgerlichen Gesetzbuch und die compensatio compensationis, ArchBürgR 15 (1899) S. 153 ff.

- ***derselbe,*** Der Prozeß als Rechtslage, Berlin 1925
zit.: Goldschmidt, Prozeß

- derselbe, Zivilprozeßrecht, 2. Aufl., Berlin 1932
zit.: Goldschmidt, ZPR

Gottwald, Peter, Streitgegenstandslehre und Sinnzusammenhänge, Dogmatische Grundfragen des Zivilprozesses im geeinten Europa, Akademisches Symposium zu Ehren von Karl Heinz Schwab aus Anlass seines 80. Geburtstages, Hrsg.: Peter Gottwald, Reinhard Greger, Hans Prütting, Bielfeld 2000, S. 85 ff.

Gottwald, Peter/Honold, Barbara, Anmerkung zum Urteil des BGH v. 16. 10. 1995- II ZR 298/94, JZ 1996, S. 577 ff.

Grimm, Peter, Zur Berücksichtigung nachträglicher Umstandsänderungen zu Lasten des Gestaltenden bei der Ausübung rechtsaufhebender Gestaltungsrechte, Aachen 1999

Groß, Rolf, Klageänderung und Klagerücknahme, JR 1996, S. 357 ff.

- derselbe, Das Verhältnis der Klageänderung zur Klagerücknahme, ZZP 75 (1962), S.93 ff.

Grunsky, Wolfgang, Rechtskraft von Entscheidungsgründen und Beschwer, ZZP 76 (1963), S. 165 ff..

- derselbe, Die unzulässige Prozeßaufrechnung, JZ 1965, S. 391 ff.

- derselbe, Anmerkung zum Beschluß des KG Berlin v. 23. 2. 1973- 1 W 1672/ 72, ZZP 86 (1973), S. 443 ff.

- derselbe, Grundlagen des Verfahrensrechts, 2. Aufl., Bielefeld 1974
zit.: Grunsky, Verfahrensrecht

- derselbe, Anmerkung zum Urteil des BGH v. 4. 12. 1991- VIII ZR 32/91, LM § 322 Nr. 132, Bl. 707 f.

Haase, Richard, Anmerkung zum Urteil des BGH v. 13.1. 1984-V ZR 55/83, JR 1984, S. 331 ff.

Habscheid, Walther J., Der Streitgegenstand im Zivilprozeß und im Streitverfahren der freiwilligen Gerichtsbarkeit, Bielefeld 1956
zit.: Habscheid, Streitgegenstand

- derselbe, Die Rechtsnatur der Erledigung der Hauptsache, Festschrift für Friedrich Lent zum 75. Geburtstag, Hrsg.: Leo Rosenberg, Karl Heinz Schwab, Berlin, München 1957, S. 153 ff.

- derselbe, Über die Rechtsfolgen der fehlgeschlagenen Prozeßaufrechnung, ZZP 76 (1963), S. 371 ff.

- derselbe, Rechtsvergleichende Bemerkungen zum Problem der materiellen Rechtskraft des Zivilurteils, Festschrift für Charalambos Fragistas, Bd. 1, Thessaloniki, 1966, S. 529 ff.

- derselbe, Die neuere Entwicklung der Lehre vom Streitgegenstand im Zivilprozess, Festschrift für Karl Heinz Schwab zum 70. Geburtstag, Hrsg.: Peter Gottwald, Hanns Prütting, München 1990, S. 181 ff.

- derselbe, Schweizerisches Zivilprozeß- und Gerichtsorganisationsrecht, 2. Aufl., Basel, Frankfurt/M. 1990

- ***derselbe,*** Zur materiellen Rechtskraft des Unzuständigkeitsentscheids, Festschrift für Hideo Nakamura zum 70. Geburtstag, Hrsg.: Heldrich, Andreas, Uchida, Takeyoshi, Tokyo 1996, S. 203 ff.
Häsemeyer, Ludwig, Die sogenannte Prozeßaufrechnung- eine dogmatische Fehlakzentuierung, Festschrift für Friedrich Weber zum 70. Geburtstag, Hrsg.: Erhard Bökelmann, Wolfram Henckel, Günther Jahr, Berlin New York 1975, S. 215 ff.
- ***derselbe,*** Prozeßrechtliche Rahmenbedingungen für die Entwicklung des materiellen Privatrechts- Zur Unvertauschbarkeit materieller und formeller Rechtssätze, AcP 188 (1988), S. 143 ff.
Hager, Johannes, Gesetzes- und sittenkonforme Auslegung und Aufrechterhaltung von Rechtsgeschäften, München 1983
Halsbury's Laws of England, Volume 16, 4th Edition (reissue), London 1992
Hausmann, Rainer, Die kollisionsrechtlichen Schranken der Gestaltungskraft von Scheidungsurteilen, München 1980
Heath, Christopher/***Petersen***, Anja, „Das Japanische Zivilprozeßrecht", Zivilprozeßgesetz und Zivilprozeßverordnung nach der Reform von 1996, Tübingen 2002
Heck, Phillipp, Grundriß des Schuldrechts, Tübingen 1929
Heckelmann, Dieter, Die Rechtshängigkeit bei der Prozeßaufrechnung, NJW 1972, S. 1350 ff.
Heiderhoff, Bettina, Diskussionsbericht zur Streitgegenstandslehre und EuGH, ZZP 111 (1998), S. 455 ff.
- ***dieselbe,*** Der entschiedene Lebenssachverhalt und die Rechtskraftsperre, ZZP 118 (2005), S. 185 ff.
Heinrichs, Helmut, Anmerkung zum Urteil des BGH v. 14. 6. 1994- XI ZR 127/93, EWiR § 388 BGB 1/94, S. 1069
Heller, Theodor, Logik und Axiologie der analogen Rechtsanwendung, Walter de Gruyter, Berlin 1961
Hellwig, Konrad, Lehrbuch des Deutschen Civilprozeßrechts, Band I, Leipzig 1903; Band II, Leipzig 1907
zit.: Hellwig, Lb. Bd. I; Lb. Bd. II
- ***derselbe,*** System des Deutschen Zivilprozeßrechts, Teil I, Neudruck der Ausgabe Leipzig 1912, Aalen 1968
zit.: Hellwig, System I
- ***derselbe***, Wesen und subjektive Begrenzung der Rechtskraft, Leipzig 1901, Neudruck Aalen 1967
zit.: Hellwig, Rechtskraft
- ***derselbe,*** Prozeßhandlung und Rechtsgeschäft, Festgabe der Berliner juristischen Fakultät für Otto Gierke, Band II, Breslau 1910, S. 41 ff.
Henckel, Wolfram, Materiellrechtliche Folgen der unzulässigen Prozeßaufrechnung, ZZP 74 (1961), S. 165 ff.
zit.: Henckel, S.

- ***derselbe***, Anmerkung zum Urteil des BGH v. 22. 11. 1962- VII ZR 264/61, JZ 1963, S. 682 f.
- ***derselbe,*** Prozeßrecht und Materielles Recht, Göttingen 1970
- ***derselbe***, Stein-Jonas - ein Großkommentar zur Zivilprozeßordnung, JZ 1992, S. 645 ff.

Herschel, Wilhelm, Teilnichtigkeit kollektiver Regelungen, BB 1965, S. 791 ff.

Hippel, Fritz von, Zur modernen konstruktiven Epoche der deutschen Prozeßrechtswissenschaft, ZZP 65 (1952), S. 424 ff.

Hollaender, Otto, Das prozessuale Verfahren im Falle der Aufrechnung mit unbestrittener Gegenforderung, ZZP 48 (1920), S. 368 ff.

Homfeldt, Arne, Die Beachtung der Rechtskraft im Zivilprozeß von Amts wegen, Frankfurt/M. u.a. 2001

James, Fleming/Hazard, Goeffrey/Leubsdorf, John, Civil Procedure, 4th ed. 1992

Jarass, Hans/Pieroth, Bodo, Grundgesetz für die Bundesrepublik Deutschland, 7. Aufl., München 2004

Jauernig, Othmar, Das fehlerhafte Zivilurteil, Frankfurt/M. 1958
- ***derselbe,*** Materielles Recht und Prozeßrecht, JuS 1971, S. 329 ff.
- ***derselbe,*** Teilurteil und Teilklage, Festgabe 50 Jahre BGH, Band III, Hrsg.: Karsten Schmidt, München 2000, S. 311 ff.
- ***derselbe,*** Zivilprozessrecht, 28. Aufl., München 2003
zit.: Jauernig, ZPR
- ***derselbe***, Bürgerliches Gesetzbuch, 11. Aufl., München 2004
zit.: Jauernig/Bearbeiter

Jakobs Horst Heinrich/Schubert Werner, Die Beratung des Bürgerlichen Gesetzbuchs in systematischer Zusammenstellung unveröffentlichter Quellen; Einführungsgesetz zum Bürgerlichen Gesetzbuch und Nebengesetze,
  - 1. Teilband, Berlin 1990
  - 2. Teilband, Berlin 1990

zit.: Jakobs/Schubert, Die Beratung des BGB

Jost, Fritz/Sundermann, Werner, Reduzierung des Verfahrensaufwands nach der einseitigen Erledigungserklärung, ZZP 102 (1992), S. 261 ff.

Jung, Heike, Der Grundsatz des fair trial in rechtsvergleichender Sicht, Festschrift für Gerhard Lüke zum 70. Geburtstag, Hrsg.: Hans Prütting, Helmut Rüssmann, München 1997, S. 323 ff.

Jung, Thomas, Der Grundsatz der Waffengleichheit im Zivilprozeß, Diss., Erlangen-Nürnberg 1990

Kannengießer, Matthias N., Die Aufrechnung im internationalen Privat- und Verfahrensrecht, Tübingen 1998

Kerameus, Konstantin, Die Rechtskraftwirkung der Entscheidungsgründe nach gemeinem und partikularem Recht, AcP 167 (1967), S. 241 ff.

Karwacki, Angelika Christiane, Der Anspruch der Parteien auf einen fairen Zivilprozeß, Köln u.a. 1984

Kaser, Max/Knütel, Rolf, Römisches Privatrecht, 18. Aufl., München 2005
Kaufmann, Arthur, Analogie und „Natur der Sache", 2. Aufl., Heidelberg 1982 zit.: Kaufmann, Analogie
- ***derselbe,*** Das Verfahren der Rechtsgewinnung, München 1999, zit.: Kaufmann, Verfahren der Rechtsgewinnung,
Kauppert, Erwin, Die Rechtsnatur der Aufrechnung im Prozeß, Diss., Nürnberg 1965
Kawano, Masanori, Der prozessual unberücksichtigte Aufrechnungseinwand und seine materiellen Folgen, ZZP 94 (1981), S. 1 ff.
Kion, Hans-Jürgen, Eventualverhältnisse im Zivilprozeß, Berlin 1971
Klug, Ulrich, Juristische Logik, 4. Aufl., Berlin 1982
Knöringer, Dieter, Der Begriff der Verzögerung nach der Vereinfachungsnovelle, NJW 1977, S. 2336 ff.
Koch, Matthias, Unvereinbare Entscheidungen i.S.d. Art. 27 Nr. 3 und 5 EuGVÜ und ihre Vermeidung, Frankfurt a.M. 1993
Koenigk, Johannes, Rechtskraftwirkung einer gerichtlichen Erledigungserklärung zur Hauptsache, NJW 1975, S. 529 f.
Kössinger, Brigitte, Rechtskraftprobleme im deutsch-französischen Rechtsverkehr, München 1993
Kötz, Hein, Abschied von der Rechtskreislehre, ZEuP 1998, S. 493 ff.
Kohler, Josef, Lehrbuch des Bürgerlichen Rechts, Bd. I: Allgemeiner Teil, Berlin 1906
- ***derselbe,*** Kompensation und Prozeß, ZZP 20 (1894), S. 1 ff.
- ***derselbe,*** Literaturanmerkung zu Leonhard, Franz, Die Aufrechnung, Göttingen 1896 und Geib, Otto, Theorie der gerichtlichen Kompensation, Tübingen 1897, ZZP 23 (1897), S. 488 ff.
- ***derselbe,*** Die Aufrechnung nach dem Bürgerlichen Gesetzbuche, ZZP 24 (1898), S. 1 ff.
- ***derselbe,*** Prozeßhandlungen mit Civilrechtswirkung, ZZP 29 (1901), S. 2 ff.
- ***derselbe,*** Der sogenannte Rechtsschutzanspruch, ZZP 33 (1904), S. 211 ff.
- ***derselbe,*** Das materielle Recht im Urteil, Festschrift für Franz Klein zum 60. Geburtstage, Wien 1914, S. 1 ff.
Koppensteiner, Hans-Georg/Kramer, Ernst A., Ungerechtfertigte Bereicherung, 2. Aufl., Berlin, New York 1988
Koshiyama, Kazuhiro, Rechtskraftwirkung und Urteilsanerkennung nach amerikanischem, deutschen und japanischem Recht, Tübingen 1996
Koussoulis, Stelios, Beiträge zur modernen Rechtskraftlehre, Köln u.a. 1986
- ***derselbe,*** Der dogmatische Gehalt von Prozeßrechtstheorien, S. 7 ff., Dogmatische Grundfragen des Zivilprozesses im geeinten Europa, Akademisches Symposium zu Ehren von Karl Heinz Schwab aus Anlass seines 80. Geburtstages, Hrsg.: Peter, Gottwald, Reinhard Greger, Hans Prütting, Bielfeld 2000
Kropholler, Jan, Europäisches Zivilprozeßrecht: Kommentar zu EuGVO und Lugano-Übereinkommen, Heidelberg 2002

Kübel, Franz Phillip von, Die Vorlagen der Redaktoren für die erste Kommission zur Ausarbeitung des Entwurfs eines Bürgerlichen Gesetzbuches, Recht der Schuldverhältnisse, Teil 1, Hrsg.: Werner Schubert, Berlin 1980
zit: v. Kübel, Die Vorentwürfe der Redaktoren zum BGB

Kwaschik, Annett, Die Parteivernehmung und der Grundsatz der Waffengleichheit im Zivilprozess, Tübingen 2004

Lang, Georg, Das Aufrechnungsrecht nach Bürgerlichem Recht, München 1906

Langheineken, Paul, Anspruch und Einrede nach dem deutschen bürgerlichen Gesetzbuch, Leipzig 1903

Larenz, Karl, Grundformen wertorientierten Denkens in der Jurisprudenz, Festschrift für Walter Wilburg zum 70. Geburtstag (1975), Graz 1976, S. 217 ff.

- *derselbe,* Lehrbuch des Schuldrechts, Erster Band, Allgemeiner Teil, 14. Aufl., München 1987
zit.: Larenz, SR I

- *derselbe,* Lehrbuch des Schuldrechts, Zweiter Band, 1. Halbband, 13. Aufl., München 1986 zit.: Larenz, SR II/1

Larenz, Karl/Canaris, Claus-Wilhelm, Lehrbuch des Schuldrechts, Zweiter Band, 2. Halbband, 13. Aufl., München 1994
zit.: Larenz/Canaris, SR II/2

Larenz, Karl/Canaris, Claus-Wilhelm, Methodenlehre der Rechtswissenschaft, 3. Aufl., Berlin, Heidelberg, New York 1995
zit.: Larenz, Methodenlehre

Larenz, Karl/Wolf, Manfred, Allgemeiner Teil des Bürgerlichen Rechts, 8. Aufl., München 1997
zit.: Larenz/Wolf AT

Lehmann, Heinrich, Literaturanmerkung zu, Oertmann, Paul, Aufrechnung im deutschen Zivilprozessrecht, ZZP 47 (1918), S. 184 ff.

Leipold, Dieter, Teilklagen und Rechtskraft, Festschrift für Albrecht Zeuner zum 70. Geburtstag, Hrsg.: Karl August Bettermann, Tübingen 1994, S. 431 ff.

- *derselbe*, Internationale Rechtshängigkeit, Streitgegenstand und Rechtsschutzinteresse – Europäisches und Deutsches Zivilprozeßrecht im Vergleich, Gedächtnisschrift für Peter Arens, Hrsg.: Dieter Leipold, Wolfgang Lüke, Shozaburo Yoshino, München 1993, S. 227 ff.

- *derselbe,* Wege zur Konzentration von Zivilprozessen, Berlin 1999

Lenenbach, Markus, Die Behandlung von Unvereinbarkeiten zwischen rechtskräftigen Zivilurteilen nach deutschem und europäischem Zivilprozeßrecht, Berlin 1997

***Lent, Friedrich*,** Ausübung von Gestaltungsrechten nach einem Prozeß, DR 1942, S. 868 ff.

- *derselbe,* Literaturanmerkung zu Albrecht Zeuner, Die objektiven Grenzen der Rechtskraft im Rahmen rechtlicher Sinnzusammenhänge, Tübingen 1959, ZZP 73 (1960), S. 316 ff.

- ***derselbe,*** Zivilprozeßrecht, 9. Aufl., München, Berlin 1959
Leonhard, Franz, Band I, Allgemeines Schuldrecht des BGB, 1929; Band II, Besonderes Schuldrecht des BGB, München 1931
Leverenz, Kent, Die Gestaltungsrechte des Bürgerlichen Rechts, Jura 1996, S. 1 ff.
Liebs, Detlef, Bereicherungsanspruch wegen Misserfolgs und Wegfall der Geschäftsgrundlage, JZ 1978, S. 697 ff.
Lindacher, Walter F., Prozeßaufrechnung und Rechtshängigkeit, JZ 1972, S. 429 ff.
Lindemeier, Alexandra, Waffen- und Chancengleichheit im deutschen und englischen Zivilprozess, Hamburg 2004
Linke, Hartmut, Ungelöste Probleme des europäischen Zivilverfahrensrechts, RIW 1988, S. 818 ff.
Lorenz, Stephan, Schwebende Unwirksamkeit und Präklusion im Zwangsvollstreckungsrecht, NJW 1995, S. 2258
Lüke, Gerhard, Literaturanmerkung zu Baumbach/Schwab: Schiedsgerichtsbarkeit, 2. Aufl., München, 1963, AcP 162 (1963), S. 534 ff.
- ***derselbe,*** Zum Streitgegenstand im arbeitsgerichtlichen Kündigungsschutzprozeß, JZ 1960, S. 203 ff.
- ***derselbe,*** Die Beseitigung des Prozeßvergleichs durch Parteivereinbarung-BGHZ 41, 310, JuS 1965, S. 482 ff.
- ***derselbe,*** Zur Erledigung der Hauptsache, Festschrift für Friedrich Weber zum 70. Geburtstag, Hrsg.: Erhard Bökelmann, Wolfram Henckel, Berlin, New York 1975, S. 323 ff.
Lüke, Gerhard/Huppert, Ulf, Durchblick- Die Aufrechnung, JuS 1971, S. 167 ff.
Lüke, Gerhard/Zawar, Rolf, Durchblick: Die Fehlerhaftigkeit von Rechtsakten, JuS 1970, 205 ff.
Lüke, Wolfgang, Die Beteiligung Dritter im Zivilprozeß, Tübingen1993
zit.: Lüke, Beteiligung
Lüttringhaus, Emil Theodor, Die Aufrechnung gegen den eingeklagten Teilbetrag und die replica compensationis, Diss., Erlangen 1933
Lukes, Rudolf, Die Vollstreckungsabwehrklage bei sittenwidrig erschlichenen und ausgenutzten Urteilen, ZZP 72 (1959), 99 ff.
Mangoldt, Hermann von/Klein, Friedrich/Starck, Christian, Das Bonner Grundgesetz, Band 1, 4. Aufl., München 1999
Mankowski, Peter, Gegenaufrechnung des Klägers und Teilklage, JR 1996, S. 223 ff.
Marczak, Elke, Das Fairnessgebot im Prozess unter besonderer Berücksichtigung des Strafprozesses, Diss., Köln 2000
Martens, Joachim, Rechtskraft und materielles Recht, ZZP 79 (1966), S. 441 f.

Matscher, Franz, Zur Theorie der Anerkennung ausländischer Entscheidungen nach österreichischem Recht, Festschrift für Hans Schima zum 75. Geburtstag, Hrsg.: Hans W. Fasching, Winfried Kralik, Wien 1969, S. 265 ff.
Medicus, Dieter, Bürgerliches Recht, 19. Aufl., Köln 2000
zit: Medicus BR
- *derselbe,* Allgemeiner Teil des BGB, 8. Aufl., Heidelberg 2002
zit.: Medicus AT
Mettenheim, Christoph von, Der Grundsatz der Prozeßökonomie im Zivilprozeß, Berlin 1970
Mittenzwei, Ingo, Die Aussetzung des Prozesses zur Klärung von Vorfragen, Berlin, 1971
Motive, Motive zu dem Entwurf eines Bürgerlichen Gesetzbuches für das Deutsche Reich, Band II, Recht der Schuldverhältnisse, Berlin 1896
zit.: Motive, Bd. II
Hahn, Carl/Mugdan, Benno, Die gesamten Materialien zu den Reichsjustizgesetzen, Hrsg.: Eduard Stegemann
- Band 2, Abteilung 1, Aalen 1983, Neudruck der Ausgabe Berlin 1881
- Band 8, Aalen 1983, Neudruck der Ausgabe Berlin 1898
zit.: Hahn/Mugdan, Materialien II/1, VIII
Millar, Robert Wyness, The Premises of Judgment as Res Judicata in Continental and Anglo-American Law, Michigan Law Review, Vol. 39, 1940/41, S. 1 ff. und S. 238 ff.
- *derselbe,* The Historical Relation of Estoppel by Record to Res Judicata, 35 Ill Law Review 41 (1940), The Berkeley Electronic Press, 1940, p. 13
Mittenzwei, Ingo, Rechtshängigkeit der im Prozeß zur Aufrechnung gestellten Forderung ?, ZZP 85 (1972), S. 466 ff.
Möller, Andreas, Die Prozeßaufrechnung, JA 2001, S. 49 ff.
Mugdan, Benno, Die gesamten Materialien zum Bürgerlichen Gesetzbuch für das deutsche Reich, I. Band, Einführungsgesetz und Allgemeiner Teil, Aalen 1979 (Neudruck der Ausgabe Berlin 1899)
zit.: Mugdan, Materialien I
Mugdan, Benno, Die gesamten Materialien zum Bürgerlichen Gesetzbuch für das deutsche Reich, II. Band, Recht der Schuldverhältnisse, Aalen 1979 (Neudruck der Ausgabe Berlin 1899)
zit.: Mugdan, Materialien II
Müller, Friedrich, Juristische Methodik, 7. Aufl., Berlin 1997
Münch, Ingo von/Kunig, Philip, Grundgesetz- Kommentar, Band 1, 5. Aufl., München 2000
Münchener Kommentar zum Bürgerlichen Gesetzbuch, 4. Aufl., München 2000 ff.
Münchener Kommentar zur Zivilprozessordnung, 2. Aufl., München 2000/01
Münzberg, Wolfgang, Literaturanmerkung zu Schlosser, Peter, Zivilprozeßrecht I, München 1983, ZZP 97 (1984), S. 511 ff.

Musielak, Hans-Joachim, Die Aufrechnung des Beklagten im Zivilprozeß, JuS 1994, S. 817 ff.
- ***derselbe,*** Der rechtskräftig entschiedene Lebenssachverhalt, NJW 2000, S. 3593 ff..
- ***derselbe,*** Einige Gedanken zur materiellen Rechtskraft, in Festschrift für Hideo Nakamura zum 70. Geburtstag, Hrsg.: Andreas Heldrich, Takeyoshi Uchida, Tokyo 1996, S. 423 ff.
- ***derselbe,*** Grundkurs ZPO, 6. Aufl., München 2002
zit.: Musielak, GK ZPO
- ***derselbe,*** Grundkurs BGB, 8. Auflage, München 2003
zit.: Musielak, GK BGB
- ***derselbe,*** Kommentar zur Zivilprozessordnung, 4. Aufl., München 2005
zit. Musielak/Bearbeiter
Nagel, Heinrich/***Gottwald***, Peter, Internationales Zivilprozessrecht, 5. Aufl., Münster 2002
Nakamura, Hideo, Die Rezeption des deutschen Rechts in Japan, ZZP 84 (1971), S. 74 ff.
- ***derselbe,*** Die japanische ZPO in deutscher Sprache, übersetzt von Hideo Nakamura, und Barbara Huber, 1. Aufl., Köln u.a. 1978
- ***derselbe,*** Japan und das deutsche Zivilprozeßrecht, Das deutsche Zivilprozeßrecht und seine Ausstrahlung auf andere Rechtsordnungen, Hrsg. Habscheid, Walther, Bielefeld, 1991, S. 415 ff.
Niese, Werner, Doppelfunktionelle Prozeßhandlungen, Göttingen 1950
Nikisch, Arthur, Zivilprozeßrecht, 2. Aufl., Tübingen 1952
- ***derselbe,*** Die Aufrechnung im Prozeß, Festschrift für Heinrich Lehmann, Band 2, Berlin, Tübingen, Frankfurt, 1956, S. 765 ff.
Niklas, Uwe, Die Klägeraufrechnung, MDR 1987, S. 96 ff.
Niklowitz, Gerhard, Über die Grenzen der objektiven Rechtskraft des Zivilurteils: Maßgeblichkeit von Entscheidungsgründen zur Sicherung des Prozessergebnisses, Diss., München 1968
Noltze, Guido Karl, Aufrechnung und Prozeß, Diss., Bonn 2000
Nussbaum, Arthur, Die Prozeßhandlungen, ihre Voraussetzungen und Wirkungen, München 1908
Oberhammer Paul, Objektive Grenzen der materiellen Rechtskraft: Bindung und Präklusion, JBl 2000, S. 205 ff.
- ***derselbe***, Internationale Rechtshängigkeit, Aufrechnung und objektive Rechtskraftgrenzen in Europa, IPRax 2002, S. 424 ff.
Oertmann, Paul, Die Aufrechnung im Deutschen Zivilprozeßrecht, Berlin 1916
- ***derselbe,*** Die rechtliche Natur der Aufrechnung, AcP 113 (1915), S. 376 ff.
Oppenheim, Abhandlungen. Zu §§ 301, 375, 155, Theil I. Titel 16 ALR, Gruchots Beiträge zur Erläuterung des Deutschen Rechts, Band 28, (1884), S. 305 ff.

Otte, Karsten, Umfassende Streitentscheidung durch Beachtung von Sachzusammenhängen: Gerechtigkeit durch Verfahrensabstimmung?, Tübingen 1998

Otto, Hansjörg, Grundprobleme der Vollstreckungsgegenklage, JA 1981, S. 649 ff.

Pagenstecher, Max, Zur Lehre von der materiellen Rechtskraft, Nachdruck der Ausgabe Berlin 1905, Frankfurt/M. 1968

Palandt, Otto, Bürgerliches Gesetzbuch, 64. Aufl., München 2005

Pawlowski, Hans-Martin, Einführung in die Juristische Methodenlehre, 2. Aufl., Heidelberg 2000
zit.: Pawlowski, Methodenlehre

- ***derselbe,*** Aufgabe des Zivilprozesses, ZZP 80 (1967), S. 345 ff.

- ***derselbe,*** Die Gegenaufrechnung des Klägers im Prozess, ZZP 104 (1991), S. 249 ff.

Patow, Roland, Die Aufrechnung bei dem Vorhandensein mehrerer Forderungen nach gemeinem Recht und dem Bürgerlichen Gesetzbuch, Diss., Rostock 1909

Peetz, Hans Günther, Die materiellrechtliche Einordnung der Rechtsfolge und die materielle Rechtskraft der Sachentscheidung im Zivilprozeß, Köln u.a. 1976

Pentz, Adolf, Die Aufrechnung bei einer Teilklage, NJW 1966, S. 2392 ff.

Peters, Egbert, Zur Rechtskraftlehre Zeuners, ZZP 76 (1963), S. 229 ff.

Petersen, Wird durch die Kompensationseinrede Rechtshängigkeit begründet?, ZZP 1 (1879), S. 93 ff.

Pfeiffer, Friedrich, Beitrag zur Lehre von der Wirkung rechtskräftiger Urtheile, AcP 37 (1854), S. 93 ff.

Pfeiffer, Thomas, Literaturanmerkung zu Johanna Adelheid Lüpfert, Konnexität im EuGVÜ, Berlin 1997, ZZP 112 (1999), S. 517 f.

Planck's, Kommentar zum Bürgerlichen Gesetzbuch, Hrsg.: Strohal, E.; II. Band, 1. Hälfte, Berlin 1914
zit.: Planck/Bearbeiter

Pleister, Wilhelm, Das Widerspruchsrecht gegen die Aufrechnungerklärung, Diss., Göttingen 1926

Postpieschel, Edith, Die Aufrechnung im Prozeß, Diss., Erlangen 1951

Prütting, Hanns/Weth, Stephan, Rechtskraftdurchbrechung bei unrichtigen Titeln, 2. Aufl., Köln 1994

Rahn, Guntram, Rechtsdenken und Rechtsauffassung in Japan, München 1990

Rauscher, Thomas, Europäisches Zivilprozeßrecht: Kommentar, München 2002
zit. Rauscher/Bearbeiter

Redlich, Die Rechtskraft der Entscheidung über die Gegenforderung im Falle der Aufrechnung", ZZP 25 (1898), S. 357 ff.

Rehbein, Hugo, Das Bürgerliche Gesetzbuch mit Erläuterungen, II. Band, Recht der Schuldverhältnisse, Berlin 1903
zit.: Rehbein, BGB II

Reichsgerichtsrätekommentar, Das Bürgerliche Gesetzbuch, Kommentar
- Band I, 12. Aufl., Berlin, New-York 1982
- Band II, 1. Teil, 12. Aufl., Berlin, New York 1976
- Band II, 2. Teil, 11. Aufl., Berlin 1960
zit.: RGRK/Bearbeiter

Reischl, Klaus, Die objektiven Grenzen der Rechtskraft im Zivilprozess, Tübingen 2002

Reinicke, Dietrich/Tiedtke, Klaus, Rechtskraft und Aufrechnung, NJW 1984, S. 2790 ff.

Reiterer, Irmgard, Die Aufrechnung, Graz 1976

Reuling, Wilhelm, Die wahre rechtliche Natur der vermeintlichen Kompensationseinrede, Berlin 1899

Reuschle, Fabian, Das Nacheinander von Entscheidungen, Berlin 1998

Reuter, Dieter/Martinek, Michael, Ungerechtfertigte Bereicherung, Tübingen 1983

Rimmelspacher, Bruno, Materiellrechtlicher Anspruch und Streitgegenstandsprobleme im Zivilprozess, Göttingen 1970

Ritter, Ulf, Die Bestimmung der objektiven Rechtskraftgrenzen in rechtsvergleichender Sicht, ZZP 87 (1974), S. 138 ff.

Röhl, Klaus F., Gerichtsverwaltung und Court- Management in den USA: vom Effizienzmanagement zum Qualitätsmanagement, Köln 1993

Rohwedder, Ruth, Aufrechnung innerhalb und außerhalb eines Prozesses, Diss., Königsberg 1934

Romeo, Francesco, Analogie, Erbelsbach 1991

Rosenberg, Leo, Die Stellvertretung im Prozeß, Berlin 1908
- derselbe, Anmerkung zum Urteil des RG v. 22. 12. 1934- V 226/34, ZZP 59 (1935), S. 229 f.

Rosenberg, Leo/Gaul, Hans Friedhelm/Schilken, Eberhard, Zwangsvollstreckungsrecht, 11. Aufl., München 1997

Rosenberg, Leo/Schwab, Karl-Heinz/Gottwald, Peter, Zivilprozessrecht, 16. Aufl., München 2004 (frühere Aufl. zitiert unter Angabe der Aufl.)

Roth, Herbert, Geltungserhaltende Reduktion im Privatrecht, JZ 1989, S. 411 ff.

Roth, Marianne, Parteivernehmung und Art 6 I EMRK, ZEuP 1996, S. 490 ff.

Rothweiler, Winfried, Die Eventualaufrechnung und ihre prozessuale Behandlung, Diss., Frankfurt/M. 1972

Rüßmann, Helmut, Die Streitgegenstandslehre und die Rechtsprechung des EuGH- nationales Recht unter gemeineuropäischem Einfluß?, ZZP 111 (1998), S. 399 ff.

Sachs, Michael, Grundgesetz Kommentar, 3. Aufl., München 2003

Savigny, Friedrich Carl von, System des heutigen Römischen Rechts, Band VI, Aalen 1973, Neudruck der Ausgabe Berlin 1847

Schack, Haimo, Einführung in das US-amerikanische Zivilprozessrecht, 3. Aufl., München 2003

Schaper, Jürgen, Studien zur Theorie und Soziologie des gerichtlichen Verfahrens, Berlin 1985

Schellhammer, Kurt, Zivilprozess, 10. Aufl., Heidelberg 2003

Schiedermair, Gerhard, Vereinbarungen im Zivilprozeß, Bonn 1935

Schilken, Eberhard, Zivilprozeßrecht, 4. Aufl., Köln u.a. 2002

- derselbe, Gerichtsverfassungsrecht, 3. Aufl., Köln u.a. 2003

- derselbe, Zur Aussetzung des Zivilprozesses gemäß und analog § 148 ZPO, Gedächtnisschrift für Meinhard Heinze, Hrsg.: Alfred Söllner u.a., C.H.Beck, München 2005, S. 763 ff.

Schlosser, Peter, Zivilprozeßrecht I, Erkenntnisverfahren, 2. Aufl., München 1991

Schmidt, Eike, Die Prozeßaufrechnung im Spannungsfeld von Widerklage und prozessualer Einrede, ZZP 87 (1974), S. 29 ff.

Schmidt, Karsten, Anmerkung zum Urteil des BGH v. 12.7.1990- IX ZR 245/ 89, JuS 1991, S. 248 f.

Schneider, Egon, Die Aufrechnung gegen rechtshängige Teilforderungen, MDR 1958, S. 823 ff.

Schneider, K., Anfechtung wegen Irrtums im Laufe des Prozesses, ZZP 31 (1903), S. 271 ff.

Schneider, Norbert, Erledigung der Hauptsache bei Aufrechnung des Beklagten – Auswirkung auf die Kostenentscheidung, MDR 2000, S. 507 ff.

Schönke, Adolf/Kuchinke, Kurt, Zivilprozeßrecht, 9. Aufl., Karlsruhe 1969

Schreiber, Klaus, Die Aufrechnung im Prozeß, 50 Jahre Bundesgerichtshof, Festgabe aus der Wissenschaft, Band III, Hrsg. Schmidt, Karsten, München, 2000, S. 227 ff.

- derselbe, Prozeßvoraussetzungen bei der Aufrechnung, ZZP 90 (1977), S. 395 ff.

- derselbe, Grundprobleme der Prozeßaufrechnung, JA 1980, S. 344 ff.

Schubert, Werner, Protokolle der Kommission zur Ausarbeitung des Entwurfs einer Civilprozeßordnung für die Staaten des Norddeutschen Bundes, Band 1/2, Frankfurt/M. 1985
zit.: Schubert, Protokolle CPO, Bd. 1/2

Schütze, Rolf A., Die Berücksichtigung der Rechtshängigkeit eines ausländischen Verfahrens nach dem EuG- Übereinkommen über die gerichtliche Zuständigkeit und die Vollstreckung gerichtlicher Entscheidungen, RIW 1975, S. 78 ff.

Schumann, Ekkehard, Fehlurteil und Rechtskraft- Eine dogmengeschichtliche Auseinandersetzung mit den Leugnern des Fehlurteils, Festschrift für Eduard Bötticher zum 70. Geburtstag, Hrsg.: Karl August Bettermann, Albrecht Zeuner, Berlin 1969, S. 289 ff.

- ***derselbe***, Die materiellrechtsfreundliche Auslegung des Prozeßgesetzes, Festschrift für Karl Larenz zum 80. Geburtstag, Hrsg.: Claus Wilhelm Canaris, Uwe Diederichsen, München, 1983, S. 571 ff.

- ***derselbe,*** Bundesverfassungsgericht, Grundgesetz und Zivilprozeß, Berlin 1983

- ***derselbe***, Internationale Rechtshängigkeit (Streitanhängigkeit), Festschrift für Willfried Kralik zum 65. Geburtstag, Hrsg.: Walther Rechberger, Rudolf Welser, Wien 1986, S. 301 ff.

Schulte, Alexander, Zur Rechtskrafterstreckung bei Teilklagen, Hagen 1999

Schuschke, Winfried/Walker, Wolf-Dietrich, Vollstreckung und vorläufiger Rechtsschutz, Kommentar zum achten Buch der Zivilprozessordnung, Bd. I, 2. Aufl., Köln 1999

Schwab, Karl Heinz, Der Streitgegenstand im Zivilprozess, München, Berlin 1954

- ***derselbe***, Die einseitige Erledigungserklärung, ZZP 72 (1959), S. 127 ff.

- ***derselbe***, Literaturanmerkung zu Albrecht Zeuner, Die objektiven Grenzen der Rechtskraft im Rahmen rechtlicher Sinnzusammenhänge, Tübingen 1959, JZ 1959, S. 757 f.

- ***derselbe,*** Anmerkung zum Urteil des BGH v. 16. 2. 1961- VII ZR 191/59, ZZP 74 (1961), S. 301 f.

- ***derselbe***, Bemerkungen zur Prozeßaufrechnung, Festschrift für Hans Carl Nipperdey zum 70. Geburtstag, Bd. I, Hrsg.: Rolf Dietz, Heinz Hübner, Berlin, München 1965, S. 939 ff.

- ***derselbe***, Der Stand der Lehre vom Streitgegenstand im Zivilprozeß, JuS 1965, S. 81 ff.

- ***derselbe,*** Die Bedeutung der Entscheidungsgründe, Festschrift für Eduard Bötticher zum 70. Geburtstag, Hrsg.: Karl August Bettermann, Albrecht Zeuner, Berlin 1969, S. 321 ff.

Schwander, Daniel, Die objektive Reichweite der materiellen Rechtskraft-Ausgewählte Probleme, Zürich u.a. 2002

Schweickert, Klaus-Dieter, Die subjektiven Grenzen der materiellen Rechtskraft französischer Zivilurteile unter vergleichender Heranziehung des deutschen Rechts, Diss., München 1967

Seeler, Wilhelm von, Aufrechnung bei einer Mehrheit von Forderungen nach § 396 BGB, ArchBürgR 15 (1899), S. 104 f.

Seiler, Hans Hermann, Utile per inutile non vitiatur. Zur Teilunwirksamkeit von Rechtsgeschäften im römischen Recht, Festschrift für Max Kaser zum 70. Geburtstag, Hrsg.: Dieter Medicus, Hans Hermann Seiler, München 1976, S. 127 ff.

Seuffert, Lothar, Zur Revision der Civilprozeßordnung bei Einführung des Bürgerlichen Gesetzbuches, ZZP 16 (1891), S. 463 ff.

Seuffert, Lothar/Walsmann, Hans, Kommentar zur ZPO, Bd. I, 12. Aufl., München 1932

Sigloch, Gerhard, Die Analogie als rechtstheoretischer Grundbegriff, Frankfurt/M. 1982
Simshäuser, Wilhelm, Zur Entwicklung des Verhältnisses von materiellem Recht und Prozessrecht seit Savigny, Bielefeld 1965
Simitis, Spiros, Die faktischen Vertragsverhältnisse, Frankfurt/M. 1957
Singer, Romuald, Die materielle Rechtskraft zivilgerichtlicher Entscheidungen im französischen Zivilrecht unter vergleichender Heranziehung des deutschen Rechts, Diss., München 1956
Soergel, Bürgerliches Gesetzbuch, Band I, Schuldrecht I, 12. Aufl., Stuttgart u.a. 1990
Spellenberg, Ulrich, Prozeßführung oder Urteil- Rechtsvergleichendes zu Grundlagen der Rechtskraft, Festschrift für Wolfram Henckel zum 70. Geburtstag, Hrsg.: Walter Gerhardt, Bruno Rimmelspacher, Uwe Diederichsen, Jürgen Costede, Berlin, New York 1995, S. 841 ff.
- ***derselbe***, Drittbeteiligung im Zivilprozeß in rechtsvergleichender Sicht, ZZP 106 (1993), S. 283 ff.
Staudinger, Julius von, Kommentar zum Bürgerlichen Gesetzbuch,
Buch 1 §§ 134 -163, 2003
Buch 2 §§ 362 – 396, 2000; §§ 812 – 82, 1999
(frühere Aufl. zitiert unter Angabe der Aufl.)
zit.: Staudinger/Bearbeiter
Stein, Friedrich/Jonas, Martin, Zivilprozessordnung, 22. Aufl. Tübingen 2002 ff.
(frühere Aufl. zitiert unter Angabe der Aufl.)
zit.: Stein/Jonas/Bearbeiter
Steininger, Viktor, Einige Überlegungen zur Streitanhängigkeit, Festschrift für Hans Schima zum 75. Geburtstag, Hrsg.: Hans W. Fasching, Winfried Kralik, Wien 1969, S. 407 ff.
Strohmayer, Peter, Urteilswirkungen: Vorfragen und Präklusion auf der Grundlage des rechtlichen Gehörs und der Logik der Rechtssätze, Wien, 2001
Stürner, Rolf, Die richterliche Aufklärung im Zivilprozess, Tübingen 1982
- ***derselbe***, Prinzipien der Einzelzwangsvollstreckung, ZZP 99 (1986), S. 291 ff.
- ***derselbe***, Rechtskraft in Europa, Festschrift für Rolf A. Schütze zum 65. Geburtstag, Hrsg.: Reinhold Geimer, München 1999, S. 913 ff.
- ***derselbe***, Der deutsche Prozeßrechtslehrer am Ende des 20. Jahrhunderts, Festschrift für Gerhard Lüke zum 70. Geburtstag, Hrsg.: Hanns Prütting, Helmut Rüssmann, München 1997, S. 829 ff.
Tannhäuser, Gerhard, Die neuere Rechtsprechung zum Rechtsschutzbedürfnis im Zivilprozeß, Diss., Regensburg 1997
Tapper, Colin, Cross on Evidence, 7th edition, Butterworths, London, Dublin, Edinburgh 1990
Tettinger, Peter J., Fairneß und Waffengleichheit, München 1984

Teubner, Ernst/Prange, Kerstin, Die Rechtshängigkeit einer Aufrechnungsforderung, JR 1988, S. 401 ff.
Thomas, Heinz/Putzo, Hans, Zivilprozessordnung, 26. Aufl., München 2004
Thülen, Gustav von, Die Aufrechnung bei mehreren Forderungen des einen oder des anderen Teils nach dem Bürgerlichen Gesetzbuch, Diss., Göttingen 1926
Unger, Josef, System des österreichischen Allgemeinen Privatrechts, Band 2, Leipzig 1859
Tiedtke, Klaus, Aufrechnung und Rechtskraft, NJW 1992, S. 1473 ff.
- ***derselbe***, Aufrechnung, Umfang der Rechtskraftwirkung, EWiR 1992, S. 409 f.
Tiedke Smith, Craig, Einseitige präjudizielle Rechtskraftwirkung zugunsten Dritter im US-amerikanischen Zivilprozessrecht, DRiZ 1995, S. 94 ff.
Varvitsiotis, Dimitrios, Einführung in die Rechtsnatur der Aufrechnungseinrede im Zivilprozeß, Diss., Frankfurt am Main, Bern, New York, Paris 1987
Vollkommer, Max, Anmerkung zum Urteil des BGH v. 7. 11. 2001- VIII ZR 263/00, MDR 2002, S. 412 f.
- ***derselbe,*** Der Grundsatz der Waffengleichheit im Zivilprozeß- eine neue Prozeßmaxime?, Festschrift für Karl Heinz Schwab zum 70. Geburtstag, Hrsg.: Peter Gottwald, Hanns Prütting, München 1990, S. 503 ff.
Wach, Adolf, Handbuch des Deutschen Civilprozeßrechts, 1885
- ***derselbe,*** Vorträge, 1. Aufl., Bonn 1879
- ***derselbe***, Prozeßvollmacht und Einrede der Aufrechnung, ZZP 27 (1900), S. 1 ff.
Walker, Wolf-Dietrich, Beseitigung und Durchbrechung der Rechtskraft, Festgabe 50 Jahre BGH, Band III, Hrsg.: Karsten Schmidt, München 2000, S. 367 ff.
- ***derselbe,*** Die Streitgegenstandslehre und die Rechtsprechung des EuGH – nationales Recht unter gemeineuropäischem Einfluß, ZZP 111 (1998), S. 429 ff.
Walsmann, Hans, Der Irrtum im Prozeßrecht, AcP 102 (1907), S. 432
Walther, Richard, Klageänderung und Klagerücknahme, NJW 1994, S. 423 ff.
Weigelin, Ernst, Das Recht zur Aufrechnung als Pfandrecht an der eigenen Schuld, Hannover 1904
- ***derselbe,*** Die Replik der Aufrechnung, JW 1938, S. 1152 ff.
Weismann, Jakob, Die Aufrechnung nach dem Bürgerlichen Gesetzbuch, ZZP 26 (1899), S. 1 ff.
Welker, Gerhard, Bereicherungsausgleich wegen Zweckverfehlung?, Berlin 1974
Wetzell, Georg Wilhelm, System des ordentlichen Civilprozesses, 3. Aufl., Leipzig, Tauchnitz 1878, Neudruck Aalen 1969
Wieling, Hans, Hereditatis petitio und res iudicata, JZ 1986, S. 5 ff.
Windscheid, Bernhard, Die Actio des römischen Civilrechts, vom Standpunkte des heutigen Rechts, Nachdruck der Ausgabe Düsseldorf 1856, Aalen 1969

Windscheid, Bernhard/Kipp, Theodor, Lehrbuch des Pandektenrechts, Band 1 und 2, 9. Aufl., Frankfurt/M. 1906, Neudruck Aalen 1963

Wolf, Manfred, Gerichtsverfassungsrecht aller Verfahrenszweige, 6. Aufl., München 1987

Yoshimura, Tokushige, Die Bindungswirkung der Entscheidungsgründe – aus Sicht des Collateral Estoppel, Hrsg.: Gottfried Baumgärtel, Japanisches Recht: Grundprobleme des Zivilprozessrechts, Bd.1 Köln 1976, S. 241 ff.

Yoshino, Shozaburo, Zur Lehre der Rechtskrafterstreckung, Diss., Freiburg/Breisgau 1981

Zeiss, Walter
Die arglistige Prozesspartei, Berlin, 1967

- ***derselbe,*** Anmerkung zum Urteil des BGH v. 11. 11. 1971. VII ZR 57/70, JR 1972, S. 338

Zeiss, Walter/Schreiber, Klaus
Zivilprozeßrecht, 10. Aufl., Tübingen 2003
zit.: Zeiss/Schreiber, ZPR

Zeuner, Albrecht, Rechtsvergleichende Bemerkungen zur objektiven Begrenzung der Rechtskraft im Zivilprozeß, Festschrift für Konrad Zweigert zum 70. Geburtstag, Hrsg.: Herbert Bernstein, Ulrich Drobnig, Hein Kötz, Tübingen, 1981, S. 605 ff.

- ***derselbe***, Beobachtungen und Gedanken zur Behandlung von Fragen der Rechtskraft in der Rechtsprechung des Bundesgerichtshofes, Festgabe 50 Jahre BGH, Band III, Hrsg.: Karsten Schmidt, München 2000, S. 337 ff.

- ***derselbe***, Zur Bemessung der Rechtskraft in Fällen der Aufrechnung- BGHZ 89, 349, JuS 1987, S. 354 ff.

- ***derselbe***, Zum Umfang der Rechtskraft bei Aufrechnung durch den Kläger, NJW 1992, S. 2870 f.

- ***derselbe,*** Die objektiven Grenzen der Rechtskraft im Rahmen rechtlicher Sinnzusammenhänge, Tübingen 1959
zit.: Zeuner, Sinnzusammenhänge

Zimmermann, Reinhard, Die Aufrechnung - Eine rechtsvergleichende Skizze zum Europäischen Vertragsrecht, Festschrift für Dieter Medicus zum 70. Geburtstag, Hrsg.: Volker Beuthin, Maximilian Fuchs, Herbert Roth, Köln 1999, S. 707 ff.

Zippelius, Reinhold, Juristische Methodenlehre, 7. Aufl., München 1999

Zöller, Richard, Zivilprozessordnung, 25. Aufl., Köln 2005
zit.: Zöller/Bearbeiter

Zöllner, Wolfgang, Materielles Recht und Prozeßrecht, AcP 190 (1990), S. 471 ff.

Zweigert, Konrad/Kötz, Hein, Einführung in die Rechtsvergleichung, 3. Aufl., Tübingen 1996

FSC
www.fsc.org
MIX
Papier | Fördert gute Waldnutzung
FSC® C083411

Kolibri 360 GmbH
Ferdinand-Jühlke-Straße 7
99095 Erfurt, Deutschland
produktsicherheit@kolibri360.de

Druck:
CPI Druckdienstleistungen GmbH
im Auftrag der
Kolibri 360 GmbH
Ferdinand-Jühlke-Str. 7
99095 Erfurt